"十四五"普通高等教育精品系列教材

财务报表分析理论与实务

（第二版）

▶ 主　编◎洪　洁　刘新星
▶ 副主编◎吴　洁　周海燕　韩　玮

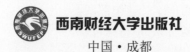

西南财经大学出版社

中国·成都

图书在版编目(CIP)数据

财务报表分析理论与实务/洪洁,刘新星主编;吴洁,周海燕,韩玮副主编.—2 版.—成都:西南财经大学出版社,2024.1(2025.1 重印)
ISBN 978-7-5504-4861-2

Ⅰ.①财… Ⅱ.①洪…②刘…③吴…④周…⑤韩… Ⅲ.①会计报表—会计分析 Ⅳ.①F231.5

中国国家版本馆 CIP 数据核字(2023)第 251051 号

财务报表分析理论与实务(第二版)
CAIWU BAOBIAO FENXI LILUN YU SHIWU

主　编　洪　洁　刘新星
副主编　吴　洁　周海燕　韩　玮

策划编辑:孙　婧
责任编辑:廖　韧
责任校对:植　苗
封面设计:墨创文化
责任印制:朱曼丽

出版发行	西南财经大学出版社(四川省成都市光华村街 55 号)
网　　址	http://cbs.swufe.edu.cn
电子邮件	bookcj@swufe.edu.cn
邮政编码	610074
电　　话	028-87353785
照　　排	四川胜翔数码印务设计有限公司
印　　刷	郫县犀浦印刷厂
成品尺寸	185 mm×260 mm
印　　张	19.375
字　　数	467 千字
版　　次	2024 年 1 月第 2 版
印　　次	2025 年 1 月第 2 次印刷
印　　数	2001— 4000 册
书　　号	ISBN 978-7-5504-4861-2
定　　价	45.00 元

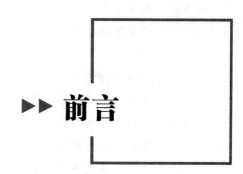

▶▶ 前言

　　财务报表分析课程一直是高等学校财务、会计专业能力学习模块中的核心课程之一，具有很强的应用性。本教材是我们在学习贯彻习近平总书记在党的二十大报告中提出的"必须坚持系统观念"和"实现高质量发展"相关论述，以及编者多年教学探索的基础上，参考和学习了国内外众多优秀的相关著作和参考资料，吸收和借鉴了同行最新的相关成果，在强调对财务报表分析相关知识、方法的学习的同时，遵循"学做一体""理实结合""活学活用"的原则编写的。本教材突出实务分析，致力于体现如下特色：

　　1. 帮助学习者完整认识财务报表，建立财务报表分析的基本框架

　　在习近平总书记于党的二十大报告中明确提出的系统观念、辩证联系看问题的精神的指导下，本教材侧重帮助学习者正确认识财务报表的完整体系及报表间的关系，在此基础上，帮助学习者掌握财务报表分析的基本方法、程序及分析思路。

　　2. 突出案例教学

　　本教材坚持案例与理论教学相结合，使学习者在学习理论的同时，能及时将分析方法、思路应用于案例分析。本教材包含大量的财务报表实例计算和案例分析，且所涉及的案例都是以近年来国内外真实的公司事件为背景编写的，这使本教材具有很强的可读性和实用性。

　　3. 具有知识的拓展性

　　本教材每章都设有学习目标及学习小结、主要概念、习题和案例分析题等内容，并附有参考答案，帮助学习者集中了解应该关注的知识点及学习要求；同时设计了大量有价值、生动有趣的相关链接资料来拓展学习者的知识面，这使得本教材在侧重培养学习者分析能力的同时，又兼顾了对财务报表分析相关知识的探讨。

　　4. "学做一体"

　　本教材强调实用性和可操作性，按照学习内容和要求，精心设计了相应的实训内容，以指导学习者在学完每个单元后能将知识用来分析某一实际上市公司财务报表。

通过实训内容，学习者可以将理论教学内容、分析方法、思路等立即应用于对实际上市公司的实践分析。

为方便安排学习者动手实践，提高动手能力和计算机软件的使用技能，本教材同时提供了实训中会用到的基于 Excel 的财务报表分析实训使用模板，以链接的形式供学习者参考使用。

5. 注重提升学习者综合运用财务知识的能力

本教材注重培养学习者分析和解决财务报表问题的基本能力，以提升学习者综合运用财务知识的能力。这些能力主要包括：搜寻分析目标企业的财务报表分析信息源；根据给定的财务报表，运用财务报表分析的基本方法进行数据的初步加工、整理；运用财务相关知识对企业财务基本状况、整体质量、资产质量、利润质量和现金流的质量做出基本的评判；对给定的财务报表，通过分析提出一定的财务、管理方面的建议。

因此，本教材适用性较强，可作为高等学校本（专）科会计学、财务管理、审计、工商管理、金融学等专业开设的相应课程的教学用书，还可作为 MPAcc（专业会计硕士）、MBA（工商管理硕士）的参考用书，也可作为财务分析师、工商管理者、财务管理人员进行财务分析的工具书。

还需要特别说明的是，在本教材编写过程中，编者采用了两家实际上市公司（案例中的 A 公司与 B 公司）的财务报表数据，且以两家公司财务报表为例贯穿始终。由于教材编写时间较长，编者在获取 A、B 两家公司财务数据时，两家公司财务报表未按财政部 2019 年版财务报表格式要求编制，因此两家公司财务报表与财政部 2019 年版财务报表在几个项目上有所出入，但财务报表主要项目没有差别；且考虑到本教材以介绍财务报表分析的原理、思路及方法为主，几个财务报表项目的变化并不会影响教材编写的主旨，因此对本教材中 A、B 两家公司的财务报表格式，未按照 2019 年版财务报表格式进行调整。但本教材介绍了新版财务报表基本格式并加入了近年我国财务报表格式变化的说明，以提醒读者注意。

本教材由洪洁教授、刘新星主编，书中各章执笔人员如下：第一章、第二章及各章实训任务及财务报表分析实训使用模板由洪洁教授编写，第三章由周海燕副教授编写，第四章、第八章由刘新星编写，第五章、第六章由吴洁编写，第七章由韩玮教授编写，全书由洪洁教授统稿。平丽、阳丽娜参与了部分表格数据的校对。

本教材在编写过程中，得到了昆明理工大学会计系主任刘秀丽副教授及西南财经大学出版社的大力支持，在此表示感谢！同时在此谨向本教材借鉴、参考过相关成果的有关作者表示深深的谢意和敬意！

由于编者水平和时间有限，本教材难免存在不足，对此恳请各位专家、同行及时联系我们，不吝赐教，以便我们后续改进完善。

编者

2023 年 7 月

▶▶ 内容提要

　　本教材是高等学校会计与财务管理专业系列教材之一。本教材介绍了财务报表分析的基本概念、体系、方法和思路，重点介绍了基于比较分析法的资产负债表、利润表、现金流量表的分析基础及总体分析思路、方法；基于财务指标比率分析方法的财务报表分析方法；基于沃尔评分法及杜邦分析法的财务报表综合分析法。本教材是在多年课程教学探索和实践的基础上，借鉴同行相关最新研究成果编写的集理论与实务于一体的教材，可作为会计学、财务管理等专业的教材，也可作为广大财会人员、工商管理人员的学习用书。

▶▶ 目录

第一章

财务报表分析概论

　　习近平总书记在党的二十大报告中指出，"必须坚持系统观念。万事万物是相互联系、相互依存的。只有用普遍联系的、全面系统的、发展变化的观点观察事物，才能把握事物发展规律……要善于通过历史看现实、透过现象看本质"。在习近平总书记这一系统观和联系观的指引下，我们充分认识到财务报表是与企业管理实际及未来发展相联系的，是企业经营及竞争的财务历史。而历史的功用绝不只是过去事迹的记录而已，它是未来的先行指标，它能发出信号，预测未来的凶吉。财务报表也是管理层和股东的桥梁，财务报表的宗旨是为股东或其他利益相关者（比如投资者或潜在投资者、政府部门、债权人）、新闻媒体甚至是任何对企业感兴趣的人，提供一面"镜子"，通过这面"镜子"，股东或其他利益相关者能够看到管理层的活动、企业的过去和现在，还能利用它来预测未来。在党的二十大报告提出的系统观和联系观的引领下，股东、管理者及其他利益相关者认真分析利用财务报表所提供的信息，能够更有效地进行决策、管理活动。

　　台湾大学管理学院会计系主任刘顺仁教授认为，财务报表分析方法是利用"呈现事实"及"解释变化"这两种方式，不断帮助决策者拆解会计数字来找出管理的问题。巴菲特说：只有你愿意花时间学习如何分析财务报表，才能独立地选择投资目标；相反，如果你不能从财务报表中看出上市公司是好是坏，你就别在投资圈里混了。巴菲特喜欢看公司的财务报表，他认为对财务报表的分析是了解公司价值的根本途径，也是企业经营分析的基础和起点。

■**学习目标**

1. 了解财务报表对决策的重要性及财务报表分析的意义。
2. 理解企业内外部环境对财务报表数据的影响。
3. 掌握企业财务报告体系的组成及内容、财务报表分析的基本方法。
4. 熟悉财务报表分析信息源及相关信息的获取途径。

■**导入案例**

　　王先生是一位初涉股票市场的投资者，虽熟悉各种投资分析工具，但不太了解公司的财务信息。王先生看好一家药品类公司，准备将其纳入他的投资组合中。他需要知道该公司及其所处行业的整体盈利水平和发展潜力，因此他查阅了该公司公开披露的年报。他发现：在资产负债表中，该公司的资产过亿，但其中的应收账款金额很大，无形资产所占比例很大；公司负债水平也很高；年度利润表中，该公司营业利润很高但净利润为负；年度现金流量表中，该公司现金及现金等价物净增加额为负。他很不理解，无法做出是否购买该公司股票的决定。

第一节　财务报表分析概述

一、财务报表分析的含义

（一）财务报表分析的概念

　　财务报表分析就是从财务报表数据及相关信息中获取符合财务信息需求主体分析目的的信息，运用一定的方法和手段，对财务报表及相关资料提供的数据进行系统和深入的分析研究，揭示有关指标之间的关系及变化趋势，以便对企业的财务活动和有关经济活动做出评价和预测，从而为报表使用者进行相关经济决策提供直接、相关的信息，给予具体、有效的帮助。这些财务信息需求主体主要包括股权投资者、债权投资者、经营管理者和其他关心企业的组织或个人，也称财务报表分析主体。

　　财务报表分析的对象是企业的各项经营活动，企业的各项经营活动最终都会体现在财务报表中。但是单纯的财务报表上的数据还不能直接或全面地说明企业的财务状况，特别是不能说明企业经营状况的好坏和经营成果的大小，我们只有将企业的财务报表数据与有关的数据进行比较才能掌握企业财务状况。

（二）财务报表分析的特点

1. 财务报表分析是一个"分析研究过程"，而非计算过程

　　财务报表分析，不是报表计算，重点在分析。它是基于财务数据，通过分析数据，

并基于分析数据给出认识与结论的过程。在这个过程中，我们不光要看财务报表的数字，也要计算，还要发挥推理想象能力，看到数字背后隐藏的原因、财务后果，这样才能对公司的过去、现在和未来做出评价。

2. 财务报表分析既有分析也有综合

财务报表分析的起点是阅读财务报表，终点是做出某种判断（包括评价和找出问题），为财务信息需求主体的决策服务。中间的财务报表分析过程，由比较、分类、类比、归纳、演绎、分析和综合等认识事物的步骤和方法组成。其中分析与综合是两种最基本的逻辑思维方法，财务报表分析的过程也可以说是分析与综合的统一。

3. 财务报表分析有广义和狭义之分

狭义的财务报表分析，是以企业财务报表为主要依据，有重点、有针对性地对有关项目及其质量加以分析和考察，并对企业的财务状况、经营结果进行评价和剖析，以反映企业在运营过程中的战略执行、决策管理及发展趋势，为报表使用者的经济决策提供重要信息支持的一种分析活动。广义的财务报表分析，在此基础上还包括公司概况分析、企业优势分析（地域、资源、政策、行业、人才、管理等）、企业战略分析、金融市场分析及发展前景分析等。广义的财务报表分析所依据的分析信息来源不只以企业的财务报表为主，还包括企业的财务报告、年度报告、内部管理报告、行业分析、市场分析等信息。

二、财务报表分析的主体及其目的

企业财务报表分析的主体即企业财务信息需求主体，包括股权投资者、债权投资者、经营管理者和其他关心企业的组织或个人。企业财务信息需求主体与现代企业制度下的多元产权主体密切相关，但不局限于企业的产权主体。在多元制产权主体的所有制形式下，不同的产权主体拥有不同的产权利益，这就造成他们分析的侧重点不同。

1. 股权投资者

企业的股权投资者包括企业的现有投资者和潜在投资者，他们进行财务分析的最根本目的是考察企业的盈利能力，因为盈利能力是投资者资本保值和增值的关键。但是投资者仅关心盈利能力是不够的，为了确保资本保值增值，他们还应研究企业的风险水平、经营效率、发展能力。只有投资者认为企业有着良好的发展前景，企业的现有投资者才会保持或增加投资，潜在投资者才会把资金投向该企业；否则，企业现有投资者将会尽可能地抛售股权，潜在投资者将会转向其他企业投资。另外，对企业现有投资者而言，财务报表分析也能评价企业经营者的经营业绩，发现经营过程中存在的问题，从而通过行使股东权利，为企业未来发展指明方向。因此，股权投资者进行财务报表分析的目的是评估企业的盈利能力、风险水平、经营效率和发展能力。

2. 债权投资者

企业债权投资者包括为企业提供借款的银行和一些金融机构，以及购买企业债券的单位与个人等。债权投资者不能参与企业管理，只拥有按期收回债权本金及利息的权利。作为企业债权的所有者，他们十分关注持有债权的安全性和收益性，而收益的大小又与其承担的风险程度相适应，通常偿还期越长，风险越大。债权的安全性首先取决于债务人的经营状况和信誉程度，其次取决于借贷市场利率的变化；债权的收益性取决于债务人的盈利能力。因此，债权人进行财务报表分析的目的是评估企业的偿债能力、信誉程度、盈利能力和经营状况。

3．企业经营者和管理者

企业经营者和管理者是企业内部财务分析的主体，包括董事会、监事会、经理人员。经理人员是指被所有者聘用的、对公司资产和负债进行管理的个人组成的团体，有时称之为"管理当局"。经理人员关心公司的财务状况、盈利能力和持续发展的能力。经理人员可以获取外部使用人无法得到的内部信息。他们分析报表的主要目的是改善报表。企业经营者主要指企业的经理以及各分厂、部门、车间等的管理人员，经营者受所有者所托对企业的生产经营活动进行管理，其受托责任要求其实现企业财务目标，追求经济效益最大化。从对企业所有者负责的角度，他们首先关心盈利能力，这是他们的总体目标。此外他们还关心盈利的原因及过程，如资产结构分析、营运状况与效率分析、经营风险与财务风险分析、支付能力与偿债能力分析等。通过此类分析，他们可及时发现生产经营中存在的问题与不足，从而采取有效措施解决这些问题，使企业盈利水平保持持续增长。因此，经营者分析财务报表的目的是评估企业的偿债能力、资金营运能力和盈利能力的合理性、有效性和趋势性。

4．公司员工

公司员工不仅关心公司目前的经营状况和盈利能力，而且关心公司未来的发展前景，并期待在企业经营状况改善的情况下得到更多的薪水。通过财务报表分析，公司员工可以了解工资、奖金状况，公司的福利保障程度，员工持股计划的执行和分配状况等。

5．政府部门

政府部门使用财务报表主要是为了履行自己的监督管理职责。对企业负有监督职责的政府部门主要包括财政、税务、工商、审计、国资、社保、证监会等部门，它们主要通过定期了解和检查企业的财务信息，把握和判断企业是否依法经营、依法纳税，维护正常、公平的市场秩序，保证国家经济政策、法规和有关制度的有效执行。

6．其他利益相关者

公司的其他利益相关者可能包括业务往来相关单位，如客户、供货商、顾客、中介机构、社会公众、竞争对手等。他们更多关心的是公司的信用状况。通过财务报表分析，业务单位可以判断公司的商业信用和财务信用，顾客则通过分析公司的整体信用借以判断公司的产品质量。

注册会计师通过财务报表分析可以确定审计的重点，对异常项目实施更细致的审计程序。注册金融分析师利用报表分析的专业能力为投资者提供专业的咨询服务。经济学家也结合财务报表分析来解释和研究经济现象和经济问题。

三、财务报表分析的内容

财务报表分析的内容主要是揭示和反映企业开展生产经营活动的过程和结果，包括企业筹资活动、投资活动、经营活动或财务活动的效率等方面。因此，财务报表阅读和分析的内容如下。

（一）财务报表分析

财务报表提供了最重要的财务信息，但是财务报表分析并不是直接使用报表上的数据计算一些比率指标得出结论，而是先尽力阅读财务报表及其附注，明确每个项目数据的含义和编制过程，掌握报表数据的特征和结构。

从应用角度上讲，财务报表分析可分为以下三个部分：

1. 财务报表的结构分析

财务报表的结构分析是指对报表各项内容之间的相互关系的分析。通过结构分析，我们可以了解企业财务状况的组成、利润的形成以及现金流量的来源，深入探究企业财务结构，有利于更准确地评价企业的财务能力及财务质量。例如，通过观察流动资产在总资产中的比重，可以明确企业当前是否面临较大的流动风险，是否对长期资产投入过少，是否影响了资产整体的盈利能力，等等。

2. 财务报表的趋势分析

在取得多期财务报表的情况下，可以进行趋势分析。趋势分析是依据企业连续多期的财务报表，以某一年或某一期间（作为基期）的数据为基础，计算各期各项目相对于基期同一项目的变动状况，观察该项目数据的变化趋势，揭示各期企业经济行为的性质和发展方向。

3. 财务报表的质量分析

企业披露的最主要的财务报表包括资产负债表、利润表、现金流量表、所有者权益变动表，涵盖了六个会计要素和现金流量状况。对于财务报表的质量，张新民教授（2001）将财务状况质量的概念界定为：企业财务状况（局部或整体）质量是按照账面金额进行运转（如资产）或分配（如利润）的质量。这就是说，企业财务状况质量指的是财务报表中所体现出来的企业基本运行状况的质量。他认为："财务报表质量分析就是对财务状况质量、经营成果质量和现金流量表质量进行分析，至于财务质量，则可以做更加广泛的理解：既可以将其理解为财务状况质量，也可以将其理解为包括财务状况质量和财务管理质量等内容。如果对财务质量做较为狭义的理解，则专指财务状况质量。"

在本书中，我们采用张新民教授的观点，对财务质量和财务状况质量不加以严格区分，视为同一概念。为简化表述，将财务状况质量简单表述为财务质量，企业财务质量分析就是对企业财务状况质量的分析。财务状况是体现在基本财务报表上的，因此，对基本财务报表要素及其相互关系的质量分析，就是对企业财务质量的分析。

按照现行会计准则，我国企业的基本财务报表包括资产负债表、利润表、现金流量表和所有者权益变动表。其中，所有者权益变动表主要涉及股东入资、利润积累和利润分配等内容。所有者权益变动表所包含的质量分析内容可以体现在资产质量分析、利润质量分析和现金流量质量分析中。因此，本书将资产负债表、利润表、现金流量表三张报表作为主要研究对象，并遵循"资产创造利润，利润带来现金流量"这一基本逻辑关系，分别就资产质量分析、利润质量分析、资本结构质量分析和现金流量质量分析等内容展开研究。

（二）财务比率分析

财务比率是在对财务报表进行解读并熟悉企业财务报表所揭示的基本信息的基础上，根据表内或者表间的各项目之间存在的相互关系，计算出的一系列反映企业财务能力的指标。财务比率分析是财务报表阅读与分析的核心内容，根据计算出的各项指标，财务比率分析主要包括以下四个部分：

1. 偿债能力分析

偿债能力是关系企业财务风险的重要内容，企业使用负债融资，可以获得财务杠杆收益，提高净资产收益率，但同时也会加大企业财务风险。如果企业陷入财务危机，不能偿还到期债务，企业相关利益人会受到损害，所以人们应当关注企业的偿债能力。企业的偿债能力分为短期偿债能力和长期偿债能力，对两种偿债能力的关注点不同。企业偿债能力不仅与偿债结构有关，还与企业未来收益能力联系紧密，所以在分析时应结合企业其他方面的能力一起分析。

2. 盈利能力分析

企业盈利能力也叫获利能力，是企业赚取利润的能力。首先，利润的大小直接关系企业所有相关利益人的利益，企业存在的目的就是最大限度地获取利润，所以，盈利能力分析是企业财务分析中最重要的一项内容。其次，盈利能力还是评估企业价值的基础，企业价值的大小取决于企业未来获取利润的能力。最后，企业盈利能力指标还可以用于评价企业内部管理层的业绩。在盈利能力分析中，应当明确企业盈利的主要来源和结构、盈利能力的影响因素、盈利能力的未来可持续状况。

3. 营运能力分析

企业营运能力主要指企业资产运用、循环效率的高低。如果企业资产运用效率高、循环快，则企业能够以较少的投入获取较多的收益，减少资金的占用和积压。营运能力分析不仅关系企业的盈利水平，还反映企业的生产经营、市场营销等方面的情况。通过营运能力分析，经营者可以发现企业资产利用效率的不足，挖掘资产潜力。营运能力分析包括营运能力分析和总资产营运能力分析两部分。

4. 发展能力分析

企业发展的内涵是企业价值的增长，是企业通过自身的生产经营，不断扩大积累而形成的发展潜能。企业发展不仅仅是规模的扩大，更重要的是企业收益能力的提升，即净收益的增长。同时企业发展能力受到企业经营能力、制度环境、人力资源、分配制度等诸多因素的影响，所以在分析企业发展能力时，还需要预测这些因素对企业发展的影响程度，将其变为可量化的指标进行表示。总之，对企业发展能力的评价是一个全方位、多角度的评价过程。

（三）财务综合分析

在对企业各个方面进行深入分析的基础上，最后应当给企业相关利益人提供一个总体的评价结果，否则仅仅凭借某一方面的优劣状况难以评价一个企业的总体状况。财务综合分析就是解释各种财务能力之间的相互关系，得出企业整体财务状况及效果的结论，说明企业总体目标事项的情况。财务综合分析采用的具体方法有杜邦财务体系法、沃尔评分法等方法。

（四）业绩评价

财务报表分析的目的除了分析现在的财务状况、预测未来的发展趋势外，更重要的目的在于评价过去的经营业绩。企业业绩评价就是按照企业目标设计相应的评价指标体系，根据特定的评价标准，采用特定的评价方法，对企业一定经营期间的经营业绩做出客观、公正和准确的综合判断。业绩评价是以财务信息为主体进行的，财务报表是财务信息的载体，业绩评价是财务报表分析的主要目的。

第二节　财务报表分析的相关信息基础

一、财务报表与财务报告

　　财务报表是会计信息的主要载体，是对企业财务状况、经营成果和现金流量的结构性表述，是对企业各种经济活动财务后果的综合性反映。它是根据企业会计账簿记录，按照规定的报表格式，总括反映一定期间的经济活动和财务收支情况及其结果的一种报告文件，由基本财务报表和其他财务报表组成。目前世界各国的基本财务报表一般包括资产负债、利润表、现金流量表和所有者（股东）权益变动表，它们从不同的角度说明公司、企业的财务状况、经营业绩和现金流量等情况。其他财务报表主要是用于补充说明基本财务报表信息的文件，如资产减值准备明细表等。

　　财务报告是企业对外提供的反映某一特定日期的财务状况和某一会计期间经营成果、现金流量等会计信息的一系列报告文件，财务报告包括财务报表和其他应当在财务报告中披露的相关信息和资料。基本财务报表是财务报告的主要组成部分，一套完整的财务报告至少应当包括"四表一注"，即资产负债表、利润表、现金流量表、所有者（股东）权益变动表和附注。企业的交易和事项最终通过财务报表进行列示，通过附注进行披露。

　　"财务报告"概念的内涵比"财务报表"大，财务报告包括财务报表以及其他应当在财务报告中披露的相关信息和资料，如报表附注和审计报告等。财务报告能提供许多信息使用者需要的非报表中的财务信息，图 1-1 和图 1-2 以上市公司年度财务报告为例，展示了基本财务报表、财务报告、年度报告的关系。

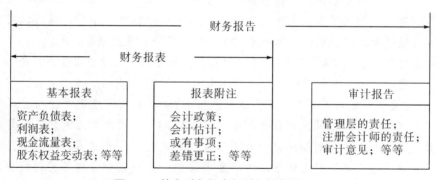

图 1-1　基本财务报表与财务报告的关系

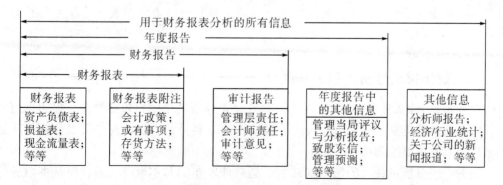

图 1-2　财务报表与年度报告的关系

链接 1-1 　　　　　　　　　　　**上市公司财务报告体系**

以上市公司为例，年度报告体系一般包括三个方面的内容：审计报告、财务报表和公司当年重要会议及重要事项说明。其中，审计报告是由会计师事务所对上市公司财务报表的真实性给出的鉴定意见；财务报表附注是对在资产负债表、利润表、所有者权益变动表和现金流量表等报表中列示项目所做的进一步说明及对未能在这些报表中列示项目的补充和说明等。

财务报表附注是为帮助理解财务报表的内容而对报表的有关事项等所做的解释，其内容主要包括所采用的主要会计处理方法，会计处理方法的变更情况、变更原因及对财务状况和经营成果的影响，对非经营性项目的说明，财务报表中有关重要项目的明细资料，以及其他有助于理解和分析报表需要说明的事项。财务信息主要是由基本财务报表提供的，但审计报告、财务报表附注和公司当年重要会议及重要事项说明也是补充提供财务信息与非财务信息的重要手段。财务报表连同它的附注是财务报告的核心，而审计报告、公司当年重要会议及重要事项说明则是必要的补充。财务报表是上市公司年报的核心。上市公司公布上一年度年报的时间是每年的 1 月 1 日至 4 月 30日。每家上市公司公布两个版本的年报，即年报正文和年报正文摘要。年报正文摘要是年报正文的"简装版"。年报摘要虽然内容精练，但也将一些有价值的信息删除了，特别是财务报表附注部分。因此，财务报表使用者最好养成阅读与分析年报正文的良好习惯。在年报正文中，比较重要的非财务信息主要反映在"董事会报告"中的"管理层讨论与分析"部分中，该部分主要包括八项内容：整体经营情况的回顾与分析；公司存在的主要优势和困难；报告期内主营业务及其经营情况；报告期内资产同比发生重大变动的说明；报告期内主要财务数据同比发生重大变动的说明；报告期内公司现金流量构成情况、同比发生重大变化的情况与净利润存在重大差异的原因说明；参股公司的经营情况及业绩说明；公司技术创新、安全环保、节能减排情况。

值得注意的是，继 2008 年 5 月 22 日财政部会同证监会、审计署、银监会、保监会发布《企业内部控制基本规范》之后，2010 年 4 月 26 日又发布了《企业内部控制配套指引》。该配套指引包括《企业内部控制应用指引》《企业内部控制评价指引》和《企业内部控制审计指引》。《企业内部控制基本规范》和《企业内部控制配套指引》的发布标志着中国企业内部控制规范体系基本形成。内部控制已在我国广泛实施，内部控制规范体系要求上市公司在对外报送的年度报告中公开披露企业内部控制报告，企业内部控制报告为企业在财务报告的编制、公布方面提供了规范管控措施，为减少财务报告的失真提供了有力保证，同时也为报表使用者进行报表分析提供了较为真实的数据资料。

二、财务报表分析的信息基础 ├────────────────────

财务报表分析的信息基础是指进行财务报表分析的依据，包括数据、报表、信息等，这些信息基础对于保证财务报表分析工作的顺利进行、提高财务报表分析的质量与效果都有着重要的作用。

财务报表分析最核心的信息基础主要是对外发布的基本财务报表，但基本财务报表绝对不是财务报表分析唯一的信息来源，与财务报表有关的数据及信息都是财务报表分析的基础和依据。财务报表分析的有关信息基础可以按照信息提供的主体分为内部信息基础及外部信息基础。

（一）内部信息基础

这些内部信息是由分析主体即企业按国家法律、法规对外部信息需求主体提供的反映其本身经营活动的财务信息，包括基本财务报表、附表、报表附注以及企业年度报告中的董事会报告、管理层分析报告和重要事项等。

1. 基本财务报表

一般而言，基本财务报表是对企业财务状况、经营成果和现金流量的结构性表述。从基本财务报表的发展、演变过程来看，世界各国的报表体系逐渐趋于形式上的一致。目前，世界各国的企业基本财务报表一般包括资产负债表、利润表、现金流量表和所有者权益变动表。基本财务报表是财务报表分析的基本素材。

目前企业财务报表分析涉及的财务报表，主要是指财务会计报表。财务会计是一种对外会计，又称监管会计或者法律会计，是会计主体依据法定会计准则对所发生的财务活动或经济活动进行确认、计量、记录和报告后，对外部提供的反映财务状况和经营情况的会计报表。这里提到的财务会计报表，也可以简称为财务报表。

（1）资产负债表。

资产负债表是基本财务报表之一，是以"资产＝负债＋所有者权益"会计等式为平衡关系，反映企业在某一特定日期的财务状况的报表。它揭示企业在某一特定日期所拥有或控制的经济资源、所承担的现时义务和所有者享有的剩余权益。

链接1-2   **资产负债表三要素及会计恒等式**

（1）资产是企业因过去的交易或事项所形成的并由企业拥有或控制，能以货币计量，预期会给企业带来未来经济利益的流入。

资产具有如下特征：

①资产是由过去的交易所获得的。企业所能利用的经济资源能否被列为资产，标志之一就是其是否由已发生的交易所引起。

②资产应能为企业所实际拥有或控制。在这里，"拥有"是指企业拥有资产的所有权；"控制"则是指企业虽然没有某些资产的所有权，但实际上可以对其自由支配和使用，如融资租入的固定资产。

③资产必须能以货币计量。这就是说，会计报表上列示的资产并不是企业所拥有的全部资源，只有能用货币计量的资源才会在报表中列示。对企业的某些资源，如人力资源等，由于无法用货币计量，目前的会计实务并不在会计系统中对其加以处理。

④资产应能为企业带来未来经济利益。在这里，所谓未来经济利益是指直接或间接地为未来的现金净流入作出贡献的能力。这种贡献，可以是直接增加未来的现金流入，也可以是因耗用（如材料存货）或提供经济效用（如对各种非流动资产的使用）而节约的未来的现金流出。

一般而言，资产按其变现能力的大小，可分为流动资产和非流动资产两大类。

关于各项资产的具体含义与包含的内容等，我们将在以后对资产负债表的讨论中予以详细介绍。

（2）负债是指企业由过去的交易或者事项形成的，预期会导致经济利益流出企业的现时义务。负债具有如下基本特征：

①与资产一样，负债应由企业过去的交易或者事项引起。

②负债必须在未来某个时点（且通常有确切的收款人和偿付日期）通过转让资产或提供劳务来清偿，即预期会导致经济利益流出企业。

③负债应是金额能够可靠地计量的债务责任。

一般而言，负债按偿还期的长短，可分为流动负债和非流动负债两大类。至于负债的具体内容，也留待以后加以介绍。

（3）所有者权益是指企业资产扣除负债后由所有者享有的剩余权益，公司的所有者权益又称为股东权益。所有者权益的来源有企业投资者对企业的投入资本、直接计入所有者权益的利得和损失、留存收益等。具体项目包括实收资本（股本）、资本公积、盈余公积和未分配利润等。

（4）会计恒等式"资产＝负债＋所有者权益"。

（2）利润表。

利润表是反映企业某一会计期间财务成果的报表。它可以提供企业在月度、季度或年度内净利润或亏损的形成情况。利润表各项目间的关系可以由"收入－费用＝利润"来概括。与资产负债表不同，利润表是一种动态的时期报表，它全面揭示并总括地反映了企业在某一特定时期（月、季、年）实现的收入、产生的成本费用以及由此计算出来的企业实现利润或发生亏损的情况，是反映企业一定期间内经营成果的会计报表。

链接 1-3　　　　　　　　　　利润表三要素及会计等式

收入是指企业在日常活动中形成的、会导致所有者权益增加的、与所有者投入资本无关的经济利益的总流入。收入只有在经济利益很可能流入从而导致企业资产增加或者负债减少，且经济利益的流入额能够可靠计量时才能予以确认。收入不包括为第三方或者客户代收的款项。

费用是指企业在日常活动中发生的、会导致所有者权益减少的、与向所有者分配利润无关的经济利益的总流出。应该指出的是，不同类型的企业，其费用构成不尽相同。对制造业企业而言，按照是否构成产品成本，费用可划分为生产费用和期间费用。

生产费用是指与生产产品有关的各种费用，包括直接材料费用、直接人工费用和间接制造费用。一般而言，在制造过程中发生的上述费用应通过有关成本计算方法，归集、分配到各成本计算对象。各成本计算对象的成本将从有关产品的销售收入中得到补偿。

期间费用是指那些与产品的生产无直接关系、与某一时期相联系的费用。对制造业企业而言，期间费用包括管理费用、销售费用和财务费用等。

此外，在企业的费用中，还有一项所得税费用。在会计利润与应税利润没有差异的条件下，所得税费用是指企业按照当期应税利润与适用税率确定的应缴纳的所得税支出。

利润的会计恒等式是"收入－费用＝利润"。

（3）现金流量表。

现金流量表是反映企业在一定会计期间内现金流入与现金流出情况的报表。

需要说明的是，现金流量表中的"现金"概念，指的是货币资金（库存现金、银行存款、其他货币资金等）和现金等价物（企业持有的期限短、流动性强、易于转换为已知金额现金、价值变动风险很小的投资）。

（4）所有者（股东）权益变动表。

所有者（股东）权益变动表是反映构成所有者权益的各个组成部分当期增减变动情况的报表。它是我国 2006 年颁布的《企业会计准则》中新增加的报表。

值得注意的是，所有的财务报表都是为了描述企业的经济活动而制定的，四张报表有机地构成了一个整体，同时它们又各自承担着不同的作用，并且各个财务报表并不是孤立存在的，它们之间存在着一定的联系。当我们在做不同决策的时候，我们最关注的会计信息，可能来自不同的报表。进行财务报表分析时，如果不考虑财务报表之间的联系，则可能造成分析的片面性，最终影响分析结果的准确性与说服力。

链接 1-4　　　　　　　　　　财务报表间的关系

1. 财务报表之间关系的整体描述

财务报表可以在某一时点或一段时间内联系在一起。资产负债表是存量报表，它报告的是在某一时点上的价值存量。利润表、现金流量表和所有者权益变动表是流量报表，它们度量的是流量，或者说是两个时点的存量变化。

2. 不同财务报表之间的具体关系

（1）资产负债表与利润表的关系。

资产负债表与利润表的关系主要体现在：如果企业实现盈利，首先需要按《中华人民共和国公司法》规定提取盈余公积，这样会导致资产负债表盈余公积期末余额增加；其次，如果企业进行利润分配，那么在实际发放股利（利润）之前，资产负债表应付股利期末余额会相应增加；最后，如果净利润还有剩余，则反映在资产负债表的未分配利润项目当中，未分配利润实际上就是资产负债表和利润表之间产生联系的一个最直接的桥梁。因此，利润表的净利润项目分别与资产负债表中的盈余公积、应付股利和未分配利润项目具有一定的对应关系。

（2）资产负债表与现金流量表的关系。

在不考虑交易性金融资产、受限制使用的货币资金的前提下，现金流量表中的现金及现金等价物净增加额会等于资产负债表中的货币资金期末余额与期初余额两者之间的差额。

（3）资产负债表与所有者（股东）权益变动表的关系。

资产负债表与所有者（股东）权益变动表的关系主要表现为：资产负债表所有者权益项目的期末余额与期初余额之间的差额，应该与所有者权益变动表中的所有者权益增减变动金额相一致。

（4）利润表与现金流量表的关系。

利润表所反映的利润是由会计人员遵循权责发生制，将企业在一定时期所实现的收入及其利得减去为实现这些收入和利得所发生的费用与损失而得来的。现金流量表则是遵循收付实现制，将一定期间收付实现制下的收入与收付实现制下的成本、费用相减后的成果，因此两张表是从不同的角度度量、报告企业一定时期的经营成果，二者之间存在一定联系，这种联系主要反映在现金流量表的附表中。具体来说，若将利润表中的净利润调节成经营活动产生的现金流量净额，实际上就是将按权责发生制原则确定的净利润调整为现金净流入，并剔除投资活动和筹资活动对现金流量的影响额。

（5）利润表与所有者（股东）权益变动表的关系。

利润表与所有者权益变动表之间关系主要表现为：利润表中的净利润、归属于母公司所有者的净利润、少数股东损益等项目的金额，应与所有者权益变动表中的本年净利润、归属于母公司所有者的净利润、少数股东损益等项目的金额一致。也就是说，净利润是股东权益本年增减变动的原因之一。

综上所述，主要财务报表之间的关系如图1-3所示。

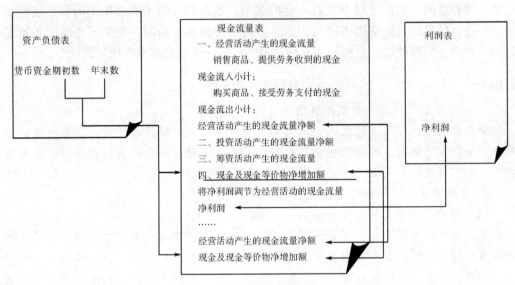

图1-3　主要财务报表间的关系

2. 附注

附注是对资产负债表、利润表、现金流量表和所有者（股东）权益变动表等报表中列示项目的文字描述或明细资料，以及对未能在这些报表中列示的项目的说明等。附注是财务报表不可缺少的组成部分。报表的附注提供会计报表信息生成的依据，并提供无法在报表上列示的定性信息和定量信息，从而使得报表中数据的信息更加完整，为财务分析奠定良好的信息基础。附注可以帮助报表使用者更加全面准确地了解企业的财务状况、经营成果和现金流量。附注一般应当按照下列顺序披露：

（1）财务报表的编制基础。

（2）遵循《企业会计准则》的声明。

（3）重要会计政策的说明，包括财务报表项目的计量基础和会计政策的确定依据等。

（4）重要会计估计的说明，包括下一会计期间内很可能导致资产、负债账面价值重大调整的会计估计的确定依据等。

（5）会计政策和会计估计变更以及差错更正的说明。

（6）对已在资产负债表、利润表、现金流量表和所有者权益变动表中列示的重要项目的进一步说明，包括终止经营税后利润的金额及其构成情况等。

（7）或有和承诺事项、资产负债表日后非调整事项、关联方关系及其交易等需要说明的事项。

企业还应当在附注中披露在资产负债表日后、财务报告批准报出日前提议或宣布发放的股利总额和每股股利金额（向投资者分配的利润总额）。

此外，下列各项未在与财务报表一起公布的其他信息中披露的，企业应当在附注中披露：

（1）企业注册地、组织形式和总部地址。

（2）企业的业务性质和主要经营活动。

（3）母公司以及集团最终母公司的名称。

链接 1-5　　　　　　　　　　**LT 股份存货结构质疑**

LT 股份财务舞弊案人尽皆知，但是可能还有很多人不知道 LT 股份的曝光是与中央财经大学财经研究所的一名研究员的研究密切相关的。她是刘某某，因为 "LT 事件"，她生平第一次遭到起诉，第一次遭到死亡威胁，第一次打 110 报警电话；也正因为 "LT 事件"，她于 2002 年成为 CCTV 中国经济年度人物。其中，刘某某成功运用了结构分析法，将 LT 股份造假疑点锁定在 "存货" 项目上。具体分析情况如下：LT 股份 2000 年 12 月 31 日的存货是 279 344 857.29 元。根据其会计报表附注，存货的明细资料如表 1-1 所示。

表 1-1　LT 股份存货明细

项目	期初		期末	
	金额/元	百分比/%	金额/元	百分比/%
原材料	10 730 985.16	4.06	13 875 667.01	4.97
库存商品	1 064 540.82	0.4	44 460.85	0.02
低值易耗品	183 295.90	0.07	2 598 373.02	0.93
产成品	40 215 082.73	15.2	9 203 332.90	3.29
在产品	212 298 168.51	80.27	229 742 603.02	82.24
其他	2 769.70	0	23 880 420.49	8.55
合计	264 494 842.80	100	279 344 857.29	100

从表 1-1 中可以看出，LT 股份 2000 年期末存货中在产品达 2 亿多元，所占比重高达 80%，而 LT 股份的主营产品是农副产品和饮料。这种存货不易于保存，一旦产品滞销或腐烂变质就会带来巨大损失。与同行业比较，不难发现其在产品占存货的百分比高于同业平均值 1 倍，在产品绝对值高于同业平均值 3 倍。基于此，刘某某指出，LT 股份的存货及其结构应该是调查的重点，存货很可能存在虚假成分。

3. 审计信息

注册会计师审计报告是委托注册会计师，根据独立审计原则的要求，对对外编报的财务报告的合法性、公允性和一贯性做出的独立鉴证报告。借助它，财务报表分析主体可以对财务报表的可信度进行判断。审计报告主要包括不附加条件的审计报告、附加条件的审计报告、否定意见的审计报告、无法发表意见的审计报告。

4. 年度报告、半年报告、季度报告

对于上市公司而言，进行财务报表分析的信息基础离不开比较重要的非财务信息，这些非财务信息主要反映在公司的年度报告、半年报告、季度报告中。其中，年度报告是上市公司披露信息的主要方式之一，里面包括最重要、最全面的信息。对于我国目前的上市公司而言，每年公司的年度财务报告是与公司的年度报告一起在每年4月30日前公开披露的，公开披露的年度报告信息也可以对该公司的财务报告起到补充说明作用，这些年度报告信息除财务报告外，还包括董事会报告、管理层分析报告和重要事项等。年度报告又比财务报告所提供的信息的范围更广。它可以为报表分析者提供与企业相关的财务与非财务信息，这些信息在很大程度上会影响企业财务报表的形成。

链接 1-6   **上市公司年度报告的基本架构**

了解上市公司年度报告的基本架构是我们认识年度报告的基础，只有掌握了报告的基本架构，我们才能快捷地获取所需要的信息。近年来，上市公司年度报告从形式上、内容上都有了较大的改变，上市公司披露的信息越来越多，投资者可从中撷取的有用信息也越来越多。但是，一般的投资者往往不太注重上市公司年度报告的基本结构，只注重财务报告揭示的一些基本数据，对其他一些非财务性的信息或其他部分披露的财务信息未加以重视，结果造成对企业的判断失之偏颇。目前上市公司年度报告的基本结构一般如下：

（1）公司简况。它主要是公司名称、注册地、法人代表、联系方式、股票代码等。

（2）会计数据和业务数据摘要。它列示了主营业务收入、净利润、总资产、所有者权益、每股收益、每股净资产、净资产收益率等重要会计数据，旨在使投资者对公司经营现状有一个初步的了解，但投资者不能仅仅局限于用这样几个指标对公司做出判断，而应结合其他几个部分披露的信息来进一步分析。

（3）股本变动及股东情况介绍。它包括公司近期的股本变动情况及主要股东基本资料，并可在一定程度上反映公司管理层的意向。

（4）募集资金使用情况。它主要反映公司募集资金的使用情况和项目运行状况，透过募资项目的运行状况可对公司现状及未来新的利润增长点做出判断，可揭示公司对投资者资金使用是否依承诺项目进行，反映管理层对资金使用的重视程度和态度。

（5）重要事项。它包含年报期间的股东大会、董事会、监事会会议情况，公司收购事项，会计师变更，关联交易及重大诉讼简况，利润分配预案，等等，投资者通过它可大体把握公司在此期间的内外部运行情况。

（6）财务报告。会计师首先对公司主要报表发表审计意见，然后陈述主要的会计政策，注释主要会计账项，披露关联方关系及交易情况，揭示其他事项、或有事项、期后事项等重要事项。此部分是公司报告的主体，获取的信息较多，分析时不应只局限于三大报表，应结合其他几个部分。

其他事项及备查文件。它主要是公司注册情况、中介机构情况及可查询的资料情况。

（二）外部信息基础

1. 政策信息

政策信息主要指国家的经济政策与法规信息。影响财务报表分析质量的政策信息主要有产业政策、税收政策、价格政策、信贷政策、分配政策、会计政策等。分析者

可以从企业的行业性质、组织形式的角度分析和评价企业财务管理对这些政策的敏感程度，全面揭示和评价经济政策变化及法律制度的调整对企业财务状况、经营成果和现金流量的影响。

2. 市场信息

及时有效的市场信息是市场经济中的企业合理地组织财务活动，科学地处理财务关系的必要条件。相关的市场信息主要包括资本市场、劳动力市场、技术市场、商品市场等市场信息。因此，在进行财务报表分析时，有必要关注这些信息的发展变化，以便从市场环境的变化中分析可能对财务报表结果产生的影响。

3. 行业信息

行业信息主要是指企业所处行业中相关企业的产品、成本、规模、效益、经营策略等方面的信息。因此，在进行财务分析时，着重关注行业平均水平、先进水平以及行业发展前景信息，以客观评价企业当前的经营现状，合理预测和把握企业财务状况、经营成果与现金流量的发展趋势，为企业决策提供可靠的信息依据。

三、财务报表分析信息的获取及整理

财务报表分析的关键是搜寻到足够的、与分析决策相关的各项财务信息资料（也称信息源），以期从中分析并解释报表数据间的相互关系、发现分析的线索，从而做出确切的判断和分析结论。毋庸置疑，财务报表分析的基本信息源是企业的财务报表本身，因为，各项数据、指标都是经过人工加工处理的结果，如果财务报表分析只是止于各项财务数据、指标，不深入了解企业的业务等信息，财务分析就不能落在实处。我们必须通过分析"路标"——财务数据，来找到"路标"指示的"藏宝地"——企业的业务。

有效的财务报表分析不能仅分析报表数据，更应从影响企业的宏观大背景，比如经济、法规体系、行业背景、市场等，结合企业的发展竞争策略、会计政策的选择等方面来解释报表数据，报表分析的结果才能客观和准确。

（一）企业（公司）基本信息

企业（公司）基本信息涉及企业内部和外部信息基础，是报表分析者根据内部信息和外部信息基础整理出来的，主要包括：

（1）经营类型；

（2）主要产品；

（3）战略目标；

（4）财务状况和经营目标；

（5）主要竞争对手；

（6）行业竞争程度（国内和国外）；

（7）公司的行业地位（如市场份额）；

（8）行业发展趋势；

（9）管制事项；

（10）经济环境；

（11）近期或远期发展计划或战略。

以上这些信息有助于解释企业当前状况和对企业未来前景的影响。例如，分析企业的扩张性战略目标，我们可以解释公司资产负债表上的长期股权投资为何会持续升高。

根据我国的企业信息披露制度，若该企业是上市公司，大多数公司的基本信息可以从公司年度报告、中期报告、季度报告中整理获得。获取上市公司的年度报告、中期报告、季度报告中的这些信息是比较容易的，每一上市公司都会按要求按时在相关网站、媒体上公开披露，公司为使投资者和客户了解自己，愿意提供这些信息。竞争者和公司产品市场的相关信息则较多取决于分析者对公司产品和其竞争者的熟悉程度。经济环境等相关信息可通过很多媒体渠道获得，除相关财经、经济网站上的信息，政府部门提供的相关信息也有助于我们分析公司行业、经济环境。

（二）财务报表的整理

财务报表的整理，是指获取企业基本财务报表、附表、报表附注后，运用一定的财务报表分析方法形成比较财务报表和共同比财务报表等。具体运用方法将在下节详细论述。

链接 1-7 　　　　　　　　　**上市公司年报等资讯获取的途径**

（1）上海证券交易所（证券信息、上市公司财务报表）；

（2）深圳证券交易所（证券信息、上市公司财务报表）；

（3）新浪财经（投资理财信息、财经资讯、证券信息、上市公司财务报表）；

（4）东方财富（投资理财信息、财经资讯、证券信息、上市公司财务报表）；

（5）同花顺（投资理财信息、财经资讯、证券信息、上市公司财务报表）；

（6）中国上市公司资讯网（上市公司财务报表、招股说明书、上市公告书、董事会公告）；

（7）中华财会网（会计准则、会计制度信息、会计问题探讨）；

（8）中国证券报（证券市场信息、公司研究、行业研究、投资理财信息）；

（9）21世纪经济报道（产业经济信息、财经报道、管理信息、评论、金融信息、商业信息）；

（10）中国经营报（经济类文章和企业经营跟踪报道）。

第三节　影响财务报表数据的因素

财务报表是公司会计系统的产物。每个公司的会计系统，受到外部会计环境和会计战略等因素的影响，尽管遵循的是同一个会计准则、制度，每个公司的财务报表还是会表现出不同的"性格特点"，甚至有的财务报表会扭曲公司的实际情况。这些因素的影响使得财务报表分析具有灵活性和复杂性。

一、会计环境因素

会计的环境因素主要包括财务报表的法规体系和经济环境等，这些因素是决定公司会计系统质量的外部因素。

（一）财务报表的法规体系

财务数据的可靠性是财务报表分析的前提，财务数据的可靠性必须根据严格的一套法规体系才能实现，企业财务报表的编制如果没有具有一定强制性、约束性的法规的制约，将会给报表信息使用者的使用带来极大障碍，使其不能得出正确的分析结论。从世界各国的实际情况来看，各国大都针对企业财务报表的编制与报告内容制定了法规，使报表信息的提供者——企业在编制报表时操纵报表信息的可能性受到限制。

在我国，制约企业财务报表编制的法规体系包括会计规范体系以及约束上市公司信息披露的法规体系。

链接 1-8　　　　　　　　我国上市公司财务报表披露规则简介

财务报表是公司的语言，是我们了解公司的第一手资料。要了解公司的基本面，就一定要会读财务报表。这里主要总结一下财务报表的披露规则供大家参考。

一、基本概念

上市公司财务报表主要有以下两类：

1. 正式披露报表：年报、一季度报、半年报、三季度报

年报：1月1日—12月31日的财务状况。一季度报：1月1日—3月31日的财务状况。半年报：1月1日—6月30日的财务状况。三季度报：7月1日—9月30日的财务状况。

2. 预测性报表：业绩预告、业绩快报

业绩预告：一般是对下一年或者下一季度的预测，比如在2018年11月预测2018年全年的业绩。业绩快报：一般是在正式报表已经做好了还没审计时提前公布一下业绩，比如某公司定于在2018年4月30日公布2017年的年报，那在4月30日前几天可以先公布做好的业绩快报。

两者区别：业绩预告相比业绩快报要及时一点，但准确性没有业绩快报高。

二、财务报表公布时间

1. 正式披露报表的强制性披露时间

年报：每年1月1日—4月30日。一季度报：每年4月1日—4月30日。半年报：每年7月1日—8月30日。三季度报：每年10月1日—10月31日。

2. 预测性报表每个版块要求的分别说明

（1）上交所主板。

①业绩预告。对于年报，如果上市公司预计出现以下情况需要预告：全年可能出现亏损；扭亏为盈、净利润较前一年度增长或下降50%以上（基数过小的除外）。年报预告披露是在1月31日前。如果不存在上述情况，可以不披露年度业绩预告。对于半年报和季度报告，不做强制要求。

②业绩快报：上交所不强制要求披露业绩快报。

（2）深交所主板。

①业绩预告。如果上市公司预计出现以下情况需要预告：净利润为负值、实现扭亏为盈、实现盈利，且净利润与上年同期相比上升或者下降50%以上、期末净资产为负值、年度营业收入低于一千万元。

②业绩快报：深交所主板不强制要求披露业绩快报。

（3）中小板。

①业绩预告：年报预告同三季度报，每年10月1日—10月31日披露；半年报预告同一季度报，每年4月1日—4月30日披露；三季度报预告同半年报，每年7月

1 日—8 月 30 日披露。

②业绩快报：年报在 3—4 月披露的企业，2 月底前需披露年度业绩快报，季报、半年报无强制要求。

（4）创业板。

①业绩预告。年报预告：1 月 31 日前披露。一季度预告：年报在 3 月 31 日前披露，预告最晚在年报时间披露；年报在 4 月份披露的，预告在 4 月 10 日前披露。半年报：7 月 15 日前披露。三季度报：10 月 15 日前披露。

②业绩快报：年报在 3—4 月披露的，2 月底前披露年度业绩快报；季报、半年报无强制要求。

三、股票板块的区分

股票板块通过股票代码可以很好地辨认。上交所主板：股票代码以"6"开头，比如 600000 浦发银行。深交所主板：股票代码以"000"开头，比如 000001 平安银行。中小板：股票代码以"002"开头，比如 002508 老板电器。创业板：股票代码以"3"开头，比如 300750 宁德时代。

（二）经济环境

企业财务报表数据除受相关法规体系制约外，与企业所处经济环境的外部因素密不可分。一般来说，报表数据是可以反映企业所处经济环境、发展前景、产品和劳务的市场竞争程度的，比如：身处经济环境优良、高速发展的行业中，由于发展机会较多，企业报表数据会反映出较高的盈利能力；当企业所处弱势发展环境中，财务数据会反映较低的盈利能力。即使身处相同的经济环境，由于生产的产品或劳务的市场竞争程度不同，也会使企业的报表数据表现出不同的经营能力、盈利能力和风险性。

二、会计战略因素

会计战略因素主要包括竞争战略、会计政策选择等，这些因素是决定公司会计系统质量的内部因素。

会计战略是公司根据环境和经营目标做出的主观选择，各公司会有不同的会计战略。公司会计战略包括会计政策的选择、会计估计的选择、补充披露的选择以及报告具体格式的选择。不同的会计战略会导致不同公司财务报告的差异，并影响其可比性；同时，受利益驱动的影响，对会计战略的不同选择，会出现不同程度的财务数据偏离实际的情况。例如，对同一会计事项的账务处理，会计准则允许使用几种不同的规则和程序，公司可以自行选择，包括存货计价方法、折旧方法、对外投资收益的确认方法等。虽然财务报表附注对会计政策的选择有一定的表述，但报表使用人未必能完成可比性的调整工作。

总之，由于受外部经济环境、内部会计战略选择两方面因素的制约，财务报表存在以下三方面的局限性：

（1）财务报告没有披露公司的全部信息，管理层拥有更多的信息，得到披露的只是其中的一部分；

（2）已经披露的财务信息存在会计估计误差，不一定是真实情况的准确计量；

（3）管理层的各项会计政策选择，使财务报表扭曲了公司的实际情况。

这些影响财务数据的因素，提示我们在进行财务报表分析时，不能"就报表分析报表"，只有结合环境因素，分析结果才能较客观和正确；并且我们在分析时不能忽视财务报表以外的战略选择，如会计政策选择和估计，注意与本企业以往或行业标准的选择相比较，如果导致企业收入、盈利水平与同行业其他公司相比相差悬殊，或在目前经济环境下并不合理，对这样的差异我们便应高度重视并尽量予以剔除。

第四节　财务报表分析的程序与方法

一、财务报表分析的基本程序

财务报表分析是一项系统工作，并不是一蹴而就的，它必须依据科学的程序和方法，才能得出逻辑合理、推理可靠的分析结论。

财务报表分析主要包括以下几个基本程序：

（1）确立分析目标；

（2）明确分析范围；

（3）收集分析资料；

（4）确定分析评价标准；

（5）选择分析方法；

（6）得出分析结论，提出对策建议。

（一）确立分析目标

财务报表分析目标，是整个财务报表分析的出发点，决定着分析范围、收集资料的详细程度、分析标准及分析方法的选择等整个财务报表分析过程。财务报表分析主体不同，财务报表分析内容不同，财务报表分析的目标也会不同。这就要求分析者首先应确立分析目标。

（二）明确分析范围

并不是每一项财务报表分析都需要对企业的财务状况和经营成果进行全面分析，更多的情况是仅对其中的某一个方面进行分析，或者是对某一方面进行重点分析，其他方面的分析仅起辅助参考作用，这就要求分析者在确立分析目标的基础上，明确分析的范围，将有限的精力放在分析重点上。

（三）收集分析资料

财务分析资料是财务报表分析的基础。确定分析目标和内容后，财务报表分析主体应当按照准备实施的内容收集所需的资料，按照事先确定的财务报表分析目标与范围，收集尽可能丰富的财务信息和辅助信息。财务信息主要包括企业定期的财务报告、审计报告、外部信息等。资料的收集方式有：通过公开渠道获取，如可以在相关网站及媒介上取得上市公司的财务报告；通过实地调研取得；通过参加会议取得；等等。

在取得相关资料后还应当对资料进行检查和核实，尤其需要核对财务报告数据的真实性，仔细查看审计报告，确认注册会计师是否出具了非标准审计意见。此外，还需要对数据的时间序列进行检查，观察企业是否存在某些数据异常的事项，核实该事项的可靠性。只有在核对数据的真实性后，才能开始财务报表分析，否则得到的分析结论也是没有价值的。

（四）确定分析评价标准

财务报表分析结论应当通过比较得出，所以确定合理的分析评价标准就非常重要。财务报表分析的评价标准包括四类：经验标准、行业标准、历史标准、预算标准。不同的标准有不同的优缺点，在进行财务报表分析时，应当结合分析对象的实际情况和分析目标进行选择。

例如，对于垄断型企业，由于不存在具有可比性的其他企业，所以就只能使用本企业自身的历史标准或者是预算标准。此外，还应当注意分析评价标准自身随着时间、地域等的不同而发生的变动，并进行适当调整，以适合分析对象和分析目的。

（五）选择分析方法

财务报表分析方法是多种多样的，而且随着财务报表分析学科的发展，新方法也在不断涌现。在现代的财务报表分析中，大量使用数学方法和数学模型，可以强化分析结果的可靠性，并尽量减少分析人员的主观影响。但是新方法的出现并不说明原有的一些基本方法必须淘汰；相反，传统的基本分析方法在实际分析中由于简便易行、易于理解等仍然具有重要的作用。因为每种分析方法都有优点和局限，所以财务人员应当依据分析目的和可能得到的分析资料对分析方法进行比较，选择最优的方法，以得出客观全面的结论。

（六）得出分析结论，提出对策建议

采用特定的方法计算出有关的指标，并与分析标准进行对比，做出有针对性的判断，为各类决策提供参考依据。对内部财务报表分析人员来说，还需要揭示企业财务管理中存在的问题，对于一些重大的问题，还需要进行深入细致的分析，找出问题存在的原因，以便采取对策加以改进。

二、财务报表分析的一般方法

财务报表分析的方法多种多样，在实际工作中应根据分析主体的具体目的和分析资料的实际特征进行选择。财务报表分析的一般方法概括起来主要有比较分析法、趋势分析法、比率分析法、因素分析法等。

（一）比较分析法

1. 比较分析法的含义

比较分析法是财务报表分析中最常用的一种分析方法，也是一种基本方法。所谓比较分析法，是指将实际达到的数据同特定的各种标准相比较，从数量上确定其差异，发现规律的一种分析方法。

2. 比较数据

比较数据有绝对数比较和相对数比较两种。

（1）绝对数比较。

绝对数比较，即利用财务报告中两个或两个以上的绝对数进行比较，以揭示其数量差异。例如，某公司去年的产品销售额为200万元，产品销售利润为20万元；今年的产品销售额为240万元，产品销售利润为30万元。那么今年与去年的差异额为：产品销售额40万元，产品销售利润10万元。

（2）相对数比较。

相对数比较，即利用财务报告中有关系的数据的相对数进行对比，如将绝对数换算成百分比、结构比重、比率等进行对比，以揭示相对数之间的差异。比如，某公司去年的产品销售成本占产品销售额的百分比为85%；今年的产品销售成本占产品销售额的百分比为80%。那么今年与去年相比，产品销售成本占产品销售额的百分比下降了5%，这就是利用百分比进行比较分析。对某些由多个个体指标组成的总体指标，就可以通过计算每个个体指标占总体指标的比重进行比较，分析其构成变化和趋势。这就是利用结构比重进行比较分析。也可以将财务报表中存在一定关系的项目数据组成比率进行对比，以揭示企业某一方面的能力，如偿债能力、获利能力等。这就是利用比率进行比较分析。

一般来说，绝对数比较只通过差异数说明差异金额，但没有表明变动程度，而相对数比较则可以进一步说明变动程度。如上面示例中，对某公司的产品销售成本占产品销售额的比重进行比较，就能求得今年比上年降低了5%的变动程度。在实际工作中，绝对数比较和相对数比较可以交互应用，以便通过比较做出更充分的判断和更准确的评价。

3. 比较标准

比较的标准有以下几种分类：

（1）经验标准。

经验标准指依据大量且长期的实践经验而形成的标准（适当）的财务比率值。经验标准的优点：相对稳定，客观。经验标准的不足：并非广泛适用（受行业限制），随时间推移而变化。

（2）历史标准。

历史标准指本企业过去某一时期（上年或上年同期）该指标的实际值。历史标准对于评价企业自身经营状况和财务状况是否得到改善是非常有用的。历史标准可以选择本企业历史最高水平，也可以选择企业正常经营条件下的业绩水平，还可以选取以往连续多年的平均水平。另外，在财务分析实践中，本年业绩还经常与上年实际业绩做比较。应用历史标准的好处：比较可靠、客观；具有较强的可比性。历史标准的不足：往往比较保守；适用范围较窄（只能说明企业自身的发展变化，不能全面评价企业的财务竞争能力和健康状况）；当企业主体发生重大变化（如企业合并）时，历史标准就会失去意义或至少不便直接使用；企业外部环境发生突变后，历史标准的作用会受到限制。

（3）行业标准。

行业标准可以是行业财务状况的平均水平，也可以是同行业中某一比较先进企业的业绩水平。行业标准的优点：可以说明企业在行业中所处的地位和水平（竞争的需要）；也可用于判断企业的发展趋势（例如，在一个经济萧条时期，企业的利润率从12%下降为9%，而同期该企业所在行业的平均利润率由12%下降为6%，那么，就可以认为该企业的盈利状况是相当好的）。行业标准的不足：同"行业"内的两个公司并不一定具有可比性，多元化经营带来的困难，同行业企业也可能存在会计差异。

（4）预算标准。

预算标准指实行预算管理的企业所制定的预算指标。预算标准的优点：符合战略及目标管理的要求；对于新建企业和垄断性企业尤其适用。预算标准的不足：外部分析通常无法利用；预算具有主观性，也未必可靠。

4. 比较方法

比较分析法有以下两种具体方法：

（1）横向比较法。

横向比较法又称为水平分析法，是指将反映企业报告期财务状况的信息（特别指财务报告信息资料）与反映企业前期或历史某一时期财务状况的信息进行对比，研究企业各项经营业绩或财务状况的发展变动情况的一种财务分析方法。横向比较法所进行的对比，一般而言，不是单指指标对比，而是对反映某方面情况的报表的全面、综合的对比分析，尤其在对财务报告的分析中应用较多。因此，通常也将横向比较法称为财务报表分析方法。横向比较法的基本要点是，将报表资料中不同时期的同项数据进行对比，得到比较财务报表。对比的方式有以下几种：

一是绝对值增减变动，其计算公式是：

$$绝对值变动数量 = 分析期某项指标实际数 - 基期同项指标实际数$$

二是增减变动率，其计算公式是：

$$变动率 = \frac{变动绝对值}{基期实际数量} \times 100\%$$

三是变动比率值，其计算公式是：

$$变动比率值 = \frac{分析期实际数值}{基期实际数量} \times 100\%$$

上式中所说的基期，可指上年度，也可指以前某年度。注意：若比较的年度在三年以上，可用平均增减变动的方法加以计算。

$$平均增减变动值 = \frac{变动绝对值}{n} \quad （n 为年数）$$

$$平均增减变动率（复合增长率） = \sqrt[(n-1)]{\frac{分析期实际数}{基期实际数}} - 1$$

横向比较法中应同时进行绝对值和变动率或比率两种形式的对比，因为仅以某种形式进行对比，可能得出错误的结论。

例 1.1　A 公司本年与上年资产负债表（以资产部分为例）如表 1-2 所示，对本年水平分析计算结果如下：

表 1-2　A 公司本年比较资产负债表

报表日期　　流动资产	本年年末/元	上年年末/元	本年比上年	
			变动额/元	变动率/%
货币资金	3 911 388 163.80	1 123 857 282.19	2 787 530 881.61	248.03
交易性金融资产	4 916 096.71	1 379 095.27	3 537 001.44	256.47
衍生金融资产	148 035 070.49	345 668 526.17	-197 633 455.68	-57.17
应收票据	85 526 801.88	95 639 906.70	-10 113 104.82	-10.57
应收账款	866 628 518.28	797 639 218.27	68 989 300.01	8.65
预付款项	152 210 201.86	934 817 501.14	-782 607 299.28	-83.72

表1-2(续)

报表日期	本年年末/元	上年年末/元	本年比上年	
流动资产			变动额/元	变动率/%
应收利息	151 594.88	97 716.37	53 878.51	55.14
其他应收款	884 414 340.64	2 401 240 137.42	-1 516 825 796.78	-63.17
存货	4 247 947 941.91	6 238 951 784.23	-1 991 003 842.32	-31.91
划分为持有待售的资产	51 165 236.25	—	51 165 236.25	—
其他流动资产	357 346 278.64	538 001 622.57	-180 655 343.93	-33.58
流动资产合计	10 709 730 245.34	12 477 292 790.33	-1 767 562 545.00	-14.17
非流动资产	—		—	
可供出售金融资产	59 303 236.07	54 417 059.03	4 886 177.04	8.98
长期股权投资	513 549 476.45	551 316 645.40	-37 767 168.95	-6.85
投资性房地产	24 781 867.57	25 549 630.51	-767 762.94	-3.00
固定资产净额	4 252 611 928.68	4 468 653 007.80	-216 041 079.10	-4.83
在建工程	34 032 027.01	32 231 909.58	1 800 117.43	5.58
工程物资	2 771 758.18	2 801 070.58	-29 312.40	-1.05
无形资产	1 000 958 835.44	903 392 973.73	97 565 861.71	10.80
商誉	358 587 808.75	358 587 518.93	289.82	0.00
长期待摊费用	42 528 534.36	42 463 267.64	65 266.72	0.15
递延所得税资产	80 677 281.76	37 566 895.04	43 110 386.72	114.76
其他非流动资产	22 914 652.76	26 457 743.53	-3 543 090.77	-13.39
非流动资产合计	6 392 717 407.03	6 503 437 721.77	-110 720 314.70	-1.70
资产总计	17 102 447 652.37	18 980 730 512.10	-1 878 282 859.73	-9.90

从 A 公司本年的资产总额来看，本年为 17 102 447 652.37 元，比上年减少了 1 878 282 859.73 元，下降了 9.9%。该公司资产项目中变化最大（超过 30%）的项目是：

①货币资金本年比上年增加了 2 787 530 881.61 元，增加了 248.03%。通过查阅该公司本年年度报告中的资料可知，该公司披露该变动主要系资金回笼为生产、贸易经营储备所致。

②交易性金融资产本年比上年增加了 3 537 001.44 元，增加了 256.47%。通过查阅该公司本年年度报告中的资料可知，该公司披露该变动主要系远期结售汇合约汇率变动影响所致。

③衍生金融资产本年比上年减少了 197 633 455.68 元，减少了 57.17%。通过查阅该公司本年年度报告中的资料可知，该公司披露该变动主要系期货糖浮动盈利比年初少所致。

④预付款项本年比上年减少了 782 607 299.28 元，减少了 83.72%。通过查阅该公司本年年度报告中的资料可知，该公司披露该变动主要系预付食糖采购款及糖产季预付采购物资较期初减少所致。

⑤应收利息本年比上年增加了 53 878.51 元，增加了 55.14%。通过查阅该公司本年年度报告中的资料可知，该公司披露该变动主要系 Tully 糖业（中粮糖业控股澳大利亚公司）应收一般存款利息增加所致。

⑥其他应收款本年比上年减少 1 516 825 796.78 元，减少了 63.17%。通过查阅该公司本年年度报告中的资料可知，该公司披露该变动主要系公司对托管公司投入往来款及支付的期货糖保证金较期初减少所致。

⑦存货本年比上年减少 1 991 003 842.32 元，减少了 31.91%。通过查阅该公司本年年度报告中的资料可知，该公司披露该变动主要系食糖采购及产品库存量较期初减少所致。

⑧其他流动资产本年比上年减少 180 655 343.93 元，减少了 33.58%。通过查阅该公司本年年度报告中的资料可知，该公司披露该变动主要系待抵扣增值税减少所致。

⑨递延所得税资产本年比上年增加 43 110 386.72 元，增加了 114.76%。通过查阅该公司本年年度报告中的资料可知，该公司披露该变动主要系现金流量套期及资产减值准备产生的可抵扣暂时性差异增加所致。

通过比较分析发现：

①引起该公司资产减少的主要项目是预付款项、其他应收款、衍生金融资产、其他流动资产和存货。当我们分析资产规模减小的主要原因时，需要重点关注并进一步挖掘这几个项目的详细信息来分析。

②引起资产增加的其他信息，比如货币资金、交易性金融资产、递延所得税资产，也应是我们重点关注并加以进一步详细分析的信息。

③预付款项、其他应收款、存货减少对于一家生产经营性企业而言毕竟是有利的，而货币资金、交易性金融资产大幅度增加则表明该公司资产流动性增加，但是否合理，则需要结合公司的负债水平、结构、盈利水平进行分析才能做出进一步的判断。

因此，水平分析法可以让我们知道在那么多报表数据中，我们的分析关注点应该在哪里。这是一种比较简单的横向比较，常用于差异分析。横向比较分析经常采用的一种形式是编制比较财务报表。这种比较财务报表可以选择最近两期的数据并列编制，也可以选取数期的数据并列编制。前者一般用于差异分析，后者则可用于趋势分析。

应当指出，横向比较法通过将企业财务报表当期的财务会计资料与前期资料对比，揭示各方面存在的问题，为全面深入分析企业财务状况奠定基础。因此横向比较法是会计分析的基本方法。另外，横向比较法可用于一些可比性较高的同类企业之间的对比分析，以找出企业间存在的差距。但是，横向比较法在不同企业间应用时，一定要注意其可比性问题，即使在同一企业中应用，对于差异的评价也应考虑其对比基础；另外，在横向比较中，应将两种对比方式结合运用，仅用变动量或仅用变动率可能得出片面的甚至是错误的结论。

（2）纵向比较法。

纵向比较法也叫垂直分析法。纵向分析与横向分析不同，它的基本点不是将企业报告期的分析数据直接与基期进行对比求出增减变动量和增减变动率，而是通过计算报表中各项目占总体的比重或结构，反映报表中的项目与总体的关系情况及其变动情况。财务报表经过纵向比较法处理后，通常称为度量报表，或称总体结构报表、共同比报表等。如同度量资产负债表、同度量利润表、同度量成本表等，都是应用纵向比较法得到的。纵向比较法的一般步骤是：

第一，确定报表中各项目占总额的比重或百分比，其计算公式是：

$$某项目的比重 = \frac{该项目金额}{各项目总金额} \times 100\%$$

第二，通过各项目的比重，分析各项目在企业经营中的重要性。一般项目比重越大，说明其重要程度越高，对总体的影响越大。

第三，将分析期各项目的比重与前期相同项目比重对比，研究各项目的比重变动情况。也可将本企业报告期项目比重与同类企业的可比项目比重进行对比，研究本企业与同类企业的不同，以及取得的成绩和存在的问题。

资产负债表的共同比报表通常以资产总额为基数，利润表的共同比报表通常以营业收入总额为基数，现金流量表的共同比报表一般可以现金流入总额、现金流出总额或现金流量净额为基数。

共同比财务报表亦可用于几个会计期间的比较，为此而编制的财务报表称为比较共同比财务报表。它不仅可以通过报表中各项目所占百分比的比较让我们看出其差异，而且可以通过数期比较让我们看出它的变化趋势。

例 1.2　A 公司本年与上年的资产负债表（部分）如表 1-3 所示，对本年垂直分析计算结果如下：

表 1-3　A 公司本年共同比资产负债表（以资产部分为例，以资产总额为 100)

报表日期	本年 12 月 31 日/元	上年 12 月 31 日/元	本年/%	上年/%
流动资产				
货币资金	3 911 388 163.80	1 123 857 282.19	22.87	5.92
交易性金融资产	4 916 096.71	1 379 095.27	0.03	0.01
衍生金融资产	148 035 070.49	345 668 526.17	0.87	1.82
应收票据	85 526 801.88	95 639 906.70	0.50	0.50
应收账款	866 628 518.28	797 639 218.27	5.07	4.20
预付款项	152 210 201.86	934 817 501.14	0.89	4.93
应收利息	151 594.88	97 716.37	0.00	0.00
其他应收款	884 414 340.64	2 401 240 137.42	5.17	12.65
存货	4 247 947 941.91	6 238 951 784.23	24.84	32.87
划分为持有待售的资产	51 165 236.25	—	0.30	0.00
其他流动资产	357 346 278.64	538 001 622.57	2.09	2.83
流动资产合计	10 709 730 245.34	12 477 292 790.33	62.62	65.74
非流动资产				
可供出售金融资产	59 303 236.07	54 417 059.03	0.35	0.29
长期股权投资	513 549 476.45	551 316 645.40	3.00	2.90
投资性房地产	24 781 867.57	25 549 630.51	0.14	0.13
固定资产净额	4 252 611 928.68	4 468 653 007.80	24.87	23.54
在建工程	34 032 027.01	32 231 909.58	0.20	0.17
工程物资	2 771 758.18	2 801 070.58	0.02	0.01
无形资产	1 000 958 835.44	903 392 973.73	5.85	4.76
商誉	358 587 808.75	358 587 518.93	2.10	1.89
长期待摊费用	42 528 534.36	42 463 267.64	0.25	0.22
递延所得税资产	80 677 281.76	37 566 895.04	0.47	0.20
其他非流动资产	22 914 652.76	26 457 743.53	0.13	0.14
非流动资产合计	6 392 717 407.03	6 503 437 721.77	37.38	34.26
资产总计	17 102 447 652.37	18 980 730 512.10	100.00	100.00

通过对 A 公司上年及本年的垂直分析，得到相应的共同比资产负债表，我们可以发现：

①流动资产占资产总额的比重在上年和本年分别为 65.74% 和 62.62%，说明该企业的资产主要以流动资产为主，资产流动性较强，有一定的适应性。

②在流动资产中，我们看到占比最大的是存货。存货占资产总额的比重在上年和本年分别为 32.87% 和 24.84%；货币资金占资产总额的比重在上年和本年分别为 5.92% 和 22.87%；其他应收款占资产总额的比重在上年和本年分别为 12.65% 和 5.17%；应收账款占资产总额的比重在上年和本年分别为 4.2% 和 5.07%。这说明该企业重要的流动资产是存货、货币资金、其他应收款和应收账款，即在对该企业的资产负债表进行分析时，这几项流动资产项目是我们需要重点分析的。

③在非流动资产中，我们看到占比最大的是固定资产净额，其次是无形资产，同时长期股权投资和商誉占比也相对较高。固定资产净额占资产总额的比重在上年和本年分别为 23.54% 和 24.87%；无形资产占资产总额的比重在上年和本年分别为 4.76% 和 5.85%；上年的长期股权投资和商誉占比分别为 2.9% 和 1.89%，本年分别为 3% 和 2.1%。这说明该企业重要的非流动资产是固定资产净额、无形资产、长期股权投资和商誉，是后续具体分析时需要关注的项目。

④通过以上分析，结合财务、管理知识，我们可以认为该企业为轻资产的公司，属于比较传统的农产品加工经营公司。它流动性充足，具备一定的创新研发能力、对外投资能力，近期有过财务并购或重组行为。具体分析还要结合该企业相关财务信息做出进一步判断。

因此，共同比财务报表分析的主要优点是便于对不同时期报表的相同项目进行比较，如果能对数期报表的相同项目做比较，可以观察到相同项目变动的一般趋势，有助于评价和预测。但无论是金额、百分比还是共同比的比较，都只能做出初步分析和判断，还需在此基础上做进一步分析，才能对变动的有利或不利的因素做出较明确的判断。

5. 运用比较分析法应注意的问题

在运用比较分析法时应注意相关指标的可比性。具体来说有以下几点：

（1）指标内容、范围和计算方法的一致性。

如在运用比较分析法时，必须大量运用资产负债表、利润表、现金流量表等财务报告中的项目数据。必须注意这些项目的内容、范围以及使用这些项目数据计算出来的经济指标的内容、范围和计算方法的一致性，只有一致才具有可比性。

（2）会计计量标准、会计政策和会计处理方法的一致性。

财务报告中的数据来自账簿记录，而在会计核算中，会计计量标准、会计政策和会计处理方法都有可能变动，若有变动，则必然影响到数据的可比性。因此，在运用比较分析法时，对由于会计计量标准、会计政策和会计处理方法的变动而不具可比性的会计数据，就必须进行调整，使之具有可比性后才可以进行比较。

（3）时间单位和长度的一致性。

在采用比较分析法时，不管是实际与实际的对比，实际与预定目标或计划的对比，或是本企业与先进企业的对比，都必须注意所使用的数据的时间及其长度的一致，包括月、季、年度的对比，不同年度的同期对比，特别是本企业的数期对比或本企业与先进企业的对比，所选择的时间长度和选择的年份都必须具有可比性，以保证通过比较分析所做出的判断和评价具有可靠性和准确性。

（4）企业类型、经营规模和财务规模以及目标大体一致。

企业类型等是本企业与其他企业对比时应当注意的地方。只有这些地方大体一致，企业之间的数据才具有可比性，比较的结果才具有实用性。

（二）趋势分析法

趋势分析法是根据企业连续几年或几个时期的分析资料，通过指数或完成率的计算，确定分析期各有关项目的变动情况和趋势的一种财务分析方法。趋势分析法既可用于对财务报告的整体分析，即研究一定时期报表各项目的变动趋势，也可对某些主要指标的发展趋势进行分析。趋势分析法的一般步骤是：

第一步，计算趋势比率或指数。通常指数的计算有两种方法，一是定基指数，二是环比指数。定基指数就是各个时期的指数都以某一固定时期为基期来计算。环比指数则是各个时期的指数以前一期为基数来计算。趋势分析法通常采用定基指数。

第二步，根据指数计算结果，评价与判断企业各项指标的变动趋势及其合理性。

第三步，预测未来的发展趋势。根据企业以前各期的变动情况，研究其变动趋势或规律，从而可预测出企业未来发展变动的情况。

例 1.3　A 公司连续三年有关销售额、税后利润、每股收益的资料如表 1-4 所示。

表 1-4　A 公司相关指标

指标	前年	上年	本年	平均增长率/%
销售额/元	11 667 552 095.32	13 557 145 517.61	19 157 209 815.31	28
税后利润/元	68 457 521.58	510 455 475.75	754 003 227.95	232
每股收益/（元/股）	0.04	0.25	0.36	200

从表 1-4 可看出，该企业三年来的销售额、税后利润和每股收益都在逐年增长，特别是本年的销售额比上年增长更快；每股收益上年比前一年有很大程度的增长。从总体状况看，该企业近三年来，各项指标都完成得比较好，销售、盈利状况有很大程度的增长，盈利能力提升很快。从各指标之间的关系看，税后利润的平均增长速度最快，高于销售额、每股收益的平均增长速度。企业几年来的发展趋势说明，企业的经营状况和财务状况不断改善，如果这个趋势能保持下去，状况也会较好。

值得指出的是，计算趋势比率应认真、谨慎地选择好基期，使之符合代表性或正常性条件。在通常情况下，在进行趋势分析时，在实务上一般有两种选择：一种是以某选定时期为基期，即固定基期，以后各期数均以该期数作为共同基期数，计算出趋势比例，这叫定期发展速度，也称定比；另一种是以上期为基数，即移动基数，各期数分别以前一期数作为基期数，基期不固定，且顺次移动，计算出趋势比率，这叫环比发展速度，亦称环比。

链接 1-9　　　　　　　　　　　**关于定基与环比**

（1）定基动态比率：即用某一时期的数值作为固定的基期指标数值，将其他各期数值与其对比来分析。其计算公式为：

$$定基动态比率 = 分析期数值 \div 固定基期数值$$

例：以 2020 年为固定基期，分析 2021 年、2022 年利润增长比率，假设某企业 2020 年的净利润为 100 万元，2021 年的净利润为 120 万元，2022 年的净利润为 150 万元，则：

2021 年的定基动态比率 = 120÷100×100% = 120%

2022 年的定基动态比率 = 150÷100×100% = 150%

（2）环比动态比率：是以每一分析期的前期数值为基期数值而计算出来的动态比率。其计算公式为：

$$环比动态比率 = 分析期数值 ÷ 前期数值$$

仍以上例资料举例，则：

2021 年的环比动态比率 = 120÷100×100% = 120%

2022 年的环比动态比率 = 150÷120×100% = 125%

（三）比率分析法

1. 比率分析法的含义和作用

比率分析法是把某些彼此存在相关关系的项目加以对比，计算出比率并据以确定经济活动变动程度的分析方法，比率分析法是财务报表分析中的一个重要方法。

比率是两数相比所得的值，任何两个数字都可以计算出比率，但是要使比率具有意义，计算比率的两个数字就必须具有相互联系。由于比率是由密切联系的两个或者两个以上的相关数字计算出来的，所以往往利用一个或几个比率就可以独立地揭示和说明企业某一方面的财务状况和经营业绩，或者说明某一方面的能力。例如，总资产报酬率可以揭示企业的总资产获取利润的水平和能力，净资产收益率可以在一定程度上说明投资者的获利能力，等等。

当然，对比率分析法的作用也不能估计过高。它和比较分析法一样，只适用于某些方面，其揭示信息的范围也有一定的局限，更为重要的是，在实际运用比率分析法时，还必须以比率所揭示的信息为起点，结合其他有关资料和实际情况，做更深层次的探究，才能做出正确的判断和评价，更好地为决策服务。因此，在财务报表分析中既要重视比率分析法的利用，又要和其他分析方法密切配合，合理运用，以提高财务报表分析的效果。

根据财务报表计算的比率主要有三类：①反映企业偿债能力的比率，如流动比率、速动比率、负债比率等；②反映企业获利能力的比率，如资产报酬率、营业利润率、每股盈利等；③反映企业经营和管理效率的比率，如总资产周转率、存货周转率等。实际上，第三类指标既与评价企业偿债能力有关，也与评价获利能力有关。有关各个比率的计算和分析，我们将在以后各章中专门进行详细讲述。

2. 财务比率的类型

在比率分析中应用的财务比率很多，为了有效地应用，一般要对财务比率进行科学的分类。但目前还没有公认、权威的分类标准。比如美国早期的会计著作对同一年份财务报表的比率分类中，将财务比率分成五类——获利能力比率、资本结构比率、流动资产比率、周转比率和资产流转比率。英国特许公认会计师公会编著的 ACCA 财会资格证书培训教材《财务报表解释》一书中，将财务比率分为获利能力比率、清偿能力比率、财务杠杆比率和投资比率四类。我国一般将财务比率分为四类，即获利能力比率、偿债能力比率、营运能力比率和发展能力比率。

（四）因素分析法

1. 因素分析法的含义和应用

因素分析法也是财务报表分析中常用的一种技术方法，是指按照一定的程序和方法，确定影响因素、测量其影响程度、查明指标变动原因的一种分析方法。企业是一个有机整体，每个指标的高低，都受不止一个因素的影响。从数量上测定各因素的影响程度，可以帮助人们抓住主要矛盾，或者更有说服力地评价企业状况。比如，在生产性企业中，产品生产成本的降低或上升，受材料和动力耗费、人力耗费、生产设备的优劣等多种因素的影响。利润的变动更是受到产品生产成本、销售数量和价格、销售费用和税金等多种因素的影响。在分析这些综合性经济指标时，就可以从影响因素入手，分析各种影响对经济指标变动的影响程度，并在此基础上查明指标变动的原因。因素分析法的基本方法是连环替代法。

2. 连环替代法

连环替代法又称因素替代法，是在许多因素都对某一项指标综合发生作用的情况下，分别确定各个因素的变动对该指标变动的影响的方法。具体而言，连环替代法是指将多个因素所构成的指标分解成各个具体因素，然后，顺序地把其中的一个因素作为变量，把其他因素看作不变量，依次逐项进行替换，逐一测算各个因素对指标变动的影响程度的方法。

为正确理解连环替代法，首先应明确连环替代法的一般程序或步骤。连环替代法的程序有以下五个：

（1）确定分析指标与其影响因素之间的关系。确定分析指标与其影响因素之间关系的方法，通常是指标分解法，即将经济指标在计算公式的基础上进行分解或扩展，从而得出各影响因素与分析指标之间的关系式。如对于总资产报酬率指标，要确定它与影响因素之间的关系，可按下式进行分解：

$$总资产报酬率 = \frac{息税前利润率}{平均资产总额} \times 100\%$$

$$= \frac{销售净额}{平均资产总额} \times \frac{息税前利润率}{销售净额} \times 100\%$$

$$= \frac{总产值}{平均资产总额} \times \frac{销售净额}{总产值} \times \frac{息税前利润率}{销售净额} \times 100\%$$

$$= 总资产产值率 \times 产品销售率 \times 销售利润率$$

分析指标与影响因素指标间的关系式，既说明哪些因素影响分析指标，又说明这些因素与分析指标之间的关系及顺序。如上式中影响总资产报酬率的有总资产产值率、产品销售率和销售利润率三个因素；它们都与总资产报酬率呈正比例关系；它们的排列顺序是，总资产产值率在先，其次是产品销售率，最后是销售利润率。

（2）根据分析指标的报告期数值与基期数值列出两个关系式，或指标体系，确定分析对象。如对总资产报酬率而言，两个指标体系是：

基期总资产报酬率 = 基期资产产值率 × 基期产品销售率 × 基期销售利润率

实际总资产报酬率 = 实际资产产值率 × 实际产品销售率 × 实际销售利润率

分析对象 = 实际总资产报酬率 − 基期总资产报酬率

（3）连环顺序替代，计算替代结果。连环顺序替代就是以基期指标体系为计算基础，用实际指标体系中每一因素的实际数顺序地替代其相应的基期数，每次替代一个因素，替代后的因素被保留下来。计算替代结果，就是在每次替代后，按关系式计算其结果。有几个因素就替代几次，并相应确定计算结果。

（4）比较各因素的替代结果，确定各因素对分析指标的影响程度。比较替代结果是连环进行的，即将每次替代计算的结果与这一因素被替代前的结果进行对比，两者的差额就是替代因素对分析对象的影响程度。

（5）检验分析结果，即将各因素对分析指标的影响额相加，其代数和应等于分析对象。如果两者相等，说明分析结果可能是正确的；如果两者不相等，则说明分析结果一定是错误的。

连环替代法的程序和步骤是紧密相连、缺一不可的，尤其是前四个步骤，任何一个步骤出现错误，都会出现错误结果。下面举例说明连环替代法的步骤和应用。

例 1.4　某企业 2022 年与 2021 年的总资产产值率、产品销售率、销售利润率和总资产报酬率相关指标如表 1-5 所示。

表 1-5　某企业 2022 年与 2021 年相关指标　　　　单位：%

指标	2022 年	2021 年
总资产产值率	80	82
产品销售率	98	94
销售利润率	30	22
总资产报酬率	23.52	16.96

由以上指标的计算公式可知：

总资产报酬率＝总资产产值率×产品销售率×销售利润率

在此基础上，按照因素分析的连环替代法，可以得出：

报告期（2022 年）指标体系的总资产报酬率＝80%×98%×30%＝23.52%

基期（2021 年）指标体系的总资产报酬率＝82%×94%×22%＝16.96%

总影响程度＝23.52%−16.96%＝6.56%

其中，

总资产产值率的影响＝80%×94%×22%−82%×94%×22%＝−0.41%

产品销售率的影响＝80%×98%×22%−80%×94%×22%＝0.70%

销售利润率的影响＝80%×98%×30%−80%×98%×22%＝6.27%

总影响程度＝−0.41%+0.70%+6.27%＝6.56%

从以上分析可以看出，2022 年总资产报酬率为 23.52%，高于 2021 年的 16.96%，其原因主要在于销售利润率大幅提高及产品销售率的提升，而总资产产值率却小幅下降。

3. 因素分析法的特征

从因素分析法的计算程序和上述举例可以看出，因素分析法具有以下三个特征：

（1）要按照影响因素同综合性经济指标之间的因果关系确定影响因素。只有按照因果关系确定影响因素，才能说明综合性经济指标的变动是由于哪些因素变化所导致的结果。因此，运用因素分析法进行分析时，必须首先依据因果关系合理确定影响因素，并依据各个影响因素的依存关系确定计算公式。这是运用因素分析法的基础。

（2）计算过程的假设性，即在分步计算各个因素的影响数时，要假设影响数是在某一因素变化而其他因素不变的情况下得出的。这是一个假设，但它是分别计算各个因素影响数的前提条件。

（3）因素替代的顺序性，即在运用因素分析法时，要按照影响因素和综合性经济指标的因果关系，确定合理的替代顺序，且每次分析时，都要按照相同的替代顺序进行测算，才能保证因素影响数的可比性。合理的替代顺序要按照因素之间的依存关系，分清基本因素和从属因素、主要因素和次要因素来加以确定。

目前，财务报表分析方法主要包括比较分析法、比率分析法和因素分析法。这些分析方法都存在一定的局限性。比较分析法对应用范围有较大限制。例如，在进行行业内数据比较时，需要选取同行业相同或尽可能具有类似性质的业务，同时还需要企业的规模和运作模式类似或相同。比率分析法的局限性则主要表现在：如果单纯使用比率分析法，那么所得出的结论仅仅是通过堆砌数据指标而形成的分析结果；由于这些数据是历史形成的，所以常常无法判断是否足以为企业未来财务和经营状况形成一个可靠的基础。因素分析法在实践中应用比较广泛。但是这个方法在使用时，要谨慎确定因素分解的相关性，注意各个因素的顺序性，而且分析过程存在某些假设前提。

因此，对财务报表的分析要尽量采用多种分析方法，才能比较全面。

（1）定量分析与定性分析相结合。现代企业都面临国际化的竞争，面临风云突变的国际环境，这些外部环境对企业都产生了相当大的影响。这些外部环境很难定量，因此，在对企业进行内部定量分析的同时，需要同时做出定性的判断，再进一步进行定量分析和判断。要充分发挥人的丰富经验和量的精密计算两方面的作用，使分析结论精确化。

（2）动态分析和静态分析相结合。企业的生产经营业务和财务活动是一个动态的发展过程。我们所看到的信息资料，特别是财务报表资料一般是静态地反映过去的情况。因此要注意进行动态分析，在弄清过去情况的基础上，分析当前情况的可能结果，使其对恰当预测企业未来有一定帮助。

（3）个别分析与综合分析相结合。财务指标数值具有相对性，同一指标在不同的情况下反映不同的问题，甚至会得出相反的结论。在进行财务分析和评价时，单个指标不能说明问题，我们就要对多个相关联的指标进行综合分析，才能得出正确结论。

以上我们介绍了财务报告分析的四种基本方法，在实际运用时要依据分析的对象和目的选用恰当的方法。但是不管哪种分析方法都有一定的局限性，从而影响分析者做出恰当的分析判断和结论，因此，需要几种方法结合起来，效果才好。

第五节　财务报表分析之外的话题

一、财务报表分析的难点及应注意的方面

财务报表是企业竞争的财务历史，是企业与内外部环境互动的结果，因此内外部信息的影响不同，结果可能也不一样。能否以过去的财务数据有效评价企业的财务状况和经营成果、预测未来的财务业绩，是个挑战。对于分析人员来讲，财务报表分析的

有效性取决于以下几个方面:

1. 财务报表分析信息源的充分性

财务报表是企业经营活动的最终体现,但由于财务报表数字的加总性太高,又受企业内外部相关因素的影响,仅靠基本财务报表不能直接得出分析者所需要的答案。又由于财务报表只涉及那些能用货币形式表达的经济事项,容纳的信息有一定的局限性,且有些数据带有估计的性质,因此需要做出必要的解释和说明,否则会在一定程度上影响分析判断和结论。分析者掌握的财务报表分析信息越充分,则越能降低复杂因素对报表信息的影响,弥补财务报表提供的信息的局限性。

因此,解决的最佳途径是尽可能扩大报表分析的信息源。分析财务报表不能只看死板的数字,还要看到产生数字的管理活动,正如前文所述,不能"就报表分析报表",需要将分析的信息源扩大到包含报表以外的附注信息、内控信息、企业经营发展环境、计划、战略等会计、管理、经济信息。我们要遵循"行业分析""企业分析"先于报表分析的原则,按照由大到小的顺序,通过不断拆解问题,挖掘相关信息,直到深入了解每个细节为止,因为"魔鬼都躲在细节里"。

2. 选择分析的标准

比较分析方法是进行企业财务报表分析时贯穿于始终的有效方法,按照"不同报表、信息比着来看"的方法进行分析。比较分析方法最为重要的是比较标准的选择问题,若选择不当,会使报表分析结论偏离实际。因此,要注意比较标准选择的可比性,包括时间、企业性质、规模、比较指标的内涵、计算方法等方面;在比较标准的选择上,可以是与企业前期指标、历史先进水平、平均水平或行业平均水平、标准值比较。

3. 财务报表分析结论的相对性问题

由于内外影响因素是随时、动态变化的,因此到目前为止,并没有一套理想或标准的财表模版可以直接采用。我们并不能说某一优秀企业的报表,甚至是同一企业前期良好的报表数据就是进行报表分析时可以采用的比较标准,我们的分析结论只能是在目前特定影响因素的作用下,采用某一比较标准得到的较合理的结论,具有一定的相对性,因此,我们在进行分析时切忌用静止的眼光看待问题,需要有发展的眼光。

4. 分析人员的专业知识水平和综合运用、分析能力

财务报表分析的难点在于报表数据是复杂的企业经营管理活动的一个表现,本身除具有专业性,还具有复杂性。这就要求分析者除了具备较高的会计、财务专业知识,还要具备相应的管理、经济知识,并能通过这些专业知识的综合运用来分析看见的数据,这样才能得到合理的结论。这样的要求会导致不同的财务分析人员由于专业知识及综合运用、分析能力的不同,在对财务报表的认识度、解读力与判断力,以及掌握财务分析理论和方法的深度和广度等各方面都存在着差异,理解财务报表分析指标的结果就有所不同。就像医生看病一样,不同水平的医生得到的结论及治疗方案会出现差异。值得注意的是,目前会计专业人士,包括专业教育中的学生,比较注重专业知识的学习,甚至有的学生还停留在重"知识"学习、轻"运用",重"做账"、轻"分析"的阶段,综合运用知识能力较差。

因此,应提高分析人员的综合素质,提高其对报表指标的解读与判断能力,并使他们同时具备会计、财务、市场营销、战略管理和企业经营等方面的知识,熟练掌握现代化的分析方法和分析工具,在学习中树立正确的分析理念,逐步培养和提高对所

分析的问题的判断能力以及综合数据的收集能力和掌握运用能力。在专业知识的学习中，学生应改变只会学不会用、只会看数据不懂含义的学习思维模式，才能适应报表分析的需要。

二、关于财务报表中的"财务粉饰""财务欺诈"

财务报表的编制主要由经营者完成，出于各种动机及制度上的不完善，企业财务报表有可能被粉饰，甚至出现"财务欺诈"的问题。"财务粉饰"和"财务欺诈"都会使财务报表具有不可分析性，降低财务信息的质量，出现分析结论大大偏离实际的问题，使利益相关者的利益受损。高质量的会计信息则有助于提高分析结论的有效性，帮助人们区分资本市场上效益好的公司，降低利益相关者在决策中面临的不确定性。因此，我们在进行企业财务报表分析时，从一般意义上讲，分析的假设前提是，目标企业的财务报表是可信的，尤其是经过注册会计师出具了"肯定意见"的审计报告的公司。然而，很多上市公司"财务粉饰""财务欺诈"的案例使得这一假设的正当性备受怀疑。当目标企业财务报表存在广泛的粉饰行为，导致信息失真时，财务分析者还需具备一定的有效识别"财务粉饰""财务欺诈"的方法。

但在分析时，我们也应注意到：由于报表数据联系紧密，不论在时间上还是在报表间，企业在粉饰报表时，一定会存在"一张报表造假、粉饰容易，一套报表粉饰较难""一年粉饰容易，连续几年粉饰较难"的现象。因此我们在对目标企业财务报表进行分析时，一定不能"就一张报表而分析""就一年而分析"，要遵循联系分析的思路，联系其他报表、信息分析，多看几年的财务数据，并将其联系起来一起分析，重点分析财务指标、财务信息的质量，这样便可以降低由于"财务粉饰""财务欺诈"带来的信息不对称、质量低下的问题。

> ### 本章小结
>
> 本章从总体上介绍财务报表分析的内容、作用，有针对性地介绍了财务报表分析依据的信息基础、要求及获取途径，重点介绍了企业财务报表分析的程序和方法，最后对财务报表分析中存在的难点提出了解决的办法。本章内容包括：
>
> （1）财务报告是反映企业某一特定日期财务状况和某一会计期间财务成果、现金流量的文件。财务报表是财务报告中的一部分。财务报告体系包括基本财务报表、附注、审计报告。
>
> （2）财务报告的用户有投资者、债权人、政府、企业管理当局以及证券分析人员等。各个用户对财务信息的需求，既有共同点，也有不同点和各自的侧重点。
>
> （3）企业财务报表分析的内容主要包括财务报表总体分析和具体项目分析、财务比率分析、财务报表综合分析和企业业绩评价。
>
> （4）财务分析的前提是正确理解财务报表。因此在进行财务报表分析前必须具备、掌握财务会计的相关知识。报表分析的过程是将整个报表的数据分成不同部分和指标，并找出有关财务数据的关系以达到对企业各方面及总体上的认识。分析时要按照"从大往小""由粗到细"的顺序进行分析。

（5）由于企业财务报表是外部会计环境和内部会计战略因素互动的结果，因此企业财务报表分析的信息基础除基本财务报表，还包括财务报表附注、审计报告、年度报告资料及行业、经济环境等外部信息基础，不能"就报表分析报表"。

（6）财务报表分析是运用一定的方法、技术将企业财务报表所提供的数据转换成对特定决策有用的信息。企业财务报表分析的基本方法有比较分析法、趋势分析法、比率分析法、因素分析法等。比较分析法是最常用的方法。无论哪一种分析方法都有一定的局限性，需要克服其缺陷，力求得出恰当的结论。

本章重要术语

财务报告　　资产负债表　　利润表　　现金流量表　　所有者权益变动表
报表附注　　趋势分析法　　比率分析法　　比较分析法　　因素分析法

习题·案例·实训

一、单选题

1. 财务报表信息的生成主要是（　　）。
　　A. 财务　　　　　B. 会计　　　　　C. 统计　　　　　D. 业务经营活动
2. 投资人最关心的财务信息是（　　）。
　　A. 总资产收益率　B. 销售利润率　C. 净资产收益率　D. 流动比率
3. 利润表当期的净利润应转入资产负债表里的（　　）。
　　A. 实收资本　　　　　　　　B. 应付股利
　　C. 留存收益　　　　　　　　D. 股本溢价
4. 在进行趋势分析时，通常采用的比较标准是（　　）。
　　A. 计划数　　　　　　　　　B. 预定目标数
　　C. 以往期间实际数　　　　　D. 评估标准值
5. 外部信息使用者了解单位会计信息最主要的途径是（　　）。
　　A. 财务报告　　　B. 账簿　　　　C. 财产清查　　D. 会计凭证
6. 从企业债权者角度看，财务报表分析的最直接目的是看（　　）。
　　A. 企业的盈利能力　　　　　B. 企业的营运能力
　　C. 企业的偿债能力　　　　　D. 企业的增长能力
7. 企业资产经营的效率主要反映企业的（　　）。
　　A. 盈利能力　　　B. 偿债能力　　C. 营运能力　　D. 增长能力
8. 企业投资者进行财务报表分析的根本目的是关心企业的（　　）。
　　A. 盈利能力　　　B. 营运能力　　C. 偿债能力　　D. 增长能力

9. 可提供企业变现能力信息的财务报表是（　　　）。

    A. 现金流量表　　　　　　　　　　B. 所有者权益变动表

    C. 资产负债表　　　　　　　　　　D. 利润分配表

10. 进行财务报表分析的第一步是（　　）。

    A. 分析会计政策变化　　　　　　　B. 分析会计估计变化

    C. 阅读会计报告　　　　　　　　　D. 修正会计报表信息

11. 应用水平分析法进行分析评价时关键应注意分析资料的（　　　）。

    A. 全面性　　　　B. 系统性　　　　C. 可靠性　　　　D. 可比性

12. 可以预测企业未来财务状况的分析方法是（　　　）。

    A. 水平分析　　　B. 垂直分析　　　C. 趋势分析　　　D. 比率分析

13. 对于连环替代法中各因素的替代顺序，传统的排列方法是（　　　）。

    A. 主要因素在前，次要因素在后

    B. 影响大的因素在前，影响小的因素在后

    C. 不能明确责任的在前，可以明确责任的在后

    D. 数量指标在前，质量指标在后

14. （　　　）法是计算财务报表中的各项目占总体的比重的一种方法。

    A. 水平分析　　　B. 垂直分析　　　C. 趋势分析　　　D. 比率分析

15. 在进行趋势分析时，以某选定时期为基础，以后各期数均以该期数作为共同基期数，计算出的比例称为（　　　）。

    A. 定比　　　　　B. 环比　　　　　C. 水平比率　　　D. 垂直比率

16. 我国会计规范体系的最高层次是（　　　）。

    A. 企业会计制度　　　　　　　　　B. 企业会计准则

    C. 会计法　　　　　　　　　　　　D. 会计基础工作规范

17. 利润表的共同比财务报表通常选用以下哪个项目的金额作为100？（　　　）

    A. 销售收入　　　B. 资产总额　　　C. 净利润　　　　D. 净资产

二、多选题

1. 企业财务信息的主要用户有（　　　）。

    A. 债权人　　　　　　　　　　　　B. 投资人

    C. 国家财政和税务部门　　　　　　D. 证券监管部门

    E. 企业本身

2. 企业对外报送的财务报表有（　　　）。

    A. 资产负债表　　　　　　　　　　B. 利润表

    C. 现金流量表　　　　　　　　　　D. 主要产品单位成本表

    E. 期间费用表

3. 我国一般将财务比率分为四类，它们是（　　　）。

    A. 获利能力比率　　　　　　　　　B. 资本结构比率

    C. 偿债能力比率　　　　　　　　　D. 营运能力比率

    E. 发展能力比率

4. 财务报告分析的基本方法有（　　　）。

  A. 比较分析法   B. 差量分析法

  C. 比率分析法   D. 因素分析法

  E. 本量利分析法

5. 财务报告分析的目标有（　　　）。

  A. 为企业的经营决策提供依据

  B. 为考核企业的管理水平和评价管理人员的业绩提供依据

  C. 为投资人的投资决策提供依据

  D. 为债权人的贷款决策提供依据

  E. 为政府的宏观经济决策提供依据

6. 财务报告的时点报表是（　　　）。

  A. 利润表   B. 资产负债表

  C. 现金流量表   D. 合并资产负债表

7. 企业债权人不包括（　　　）。

  A. 股东   B. 职工   C. 银行   D. 工商管理局

8. 企业管理者对财务报告分析的目的主要是了解企业的（　　　）。

  A. 销售情况   B. 职工素质

  C. 债务还本付息情况   D. 技术水平

9. 下列属于会计政策的有（　　　）。

  A. 存货计价方法   B. 企业执行的会计期间

  C. 记账原则和计价基础   D. 外币折算方法

  E. 固定资产的折旧年限

10. 财务报表分析的基本资料包括（　　　）。

  A. 资产负债表   B. 利润表

  C. 所有者权益变动表   D. 现金流量表

  E. 审计报告

11. 比率分析的基本形式有（　　　）。

  A. 百分比   B. 比例   C. 增长率   D. 分数

12. 财务报表分析的方法有（　　　）。

  A. 比率分析法   B. 因素分析法

  C. 代数分析法   D. 边际贡献分析法

  E. 比较分析法

13. 财务分析的四个步骤包括（　　　）。

  A. 明确分析目标，制订分析计划 B. 收集数据资料，确定分析对象

  C. 选定分析方法，测算因素影响 D. 评价分析结果，提出管理建议

14. 比率分析法的具体形式包括（　　　）。

  A. 趋势比率分析法   B. 构成比率分析法

  C. 相关比率分析法   D. 水平比率分析法

15. 采用比率分析法时，需要注意的问题包括（　　　　）。
  A. 对比项目的相关性   B. 对比口径的一致性
  C. 衡量标准的科学性   D. 应剔除偶发性项目的影响

16. 能够作为财务报表分析主体的政府机构，包括（　　　　）。
  A. 税务部门   B. 国有企业的管理部门
  C. 证券管理机构   D. 会计监管机构
  E. 社会保险部门

17. 能够作为报表分析依据的审计报告的意见类型的有（　　　　）。
  A. 无保留意见的审计报告   B. 赞成意见的审计报告
  C. 否定意见的审计报告   D. 保留意见的审计报告
  E. 拒绝表示意见的审计报告

三、判断题

1. 会计是一种经济管理活动。 （　　）
2. 会计分期不同，对利润总额不会产生影响。 （　　）
3. 财务报告的纵向分析是同一时间不同项目的分析。 （　　）
4. 债权人通常不仅关心企业偿债能力比率，而且关心企业盈利能力比率。 （　　）
5. 财务活动及其结果都可以直接或间接地通过财务报表来反映。 （　　）
6. 使用分析方法时还应结合考察分析企业的诚信状况等非财务信息资料才能得出正确的答案。 （　　）
7. 公司年度报告中的财务会计报告必须经会计师事务所审计，审计报告须由该所至少两名注册会计师签字。 （　　）
8. 财务指标分析就是财务比率分析。 （　　）
9. 不能提供非财务信息是公司年度报告的主要局限性。 （　　）
10. 财务分析主要采用量化方法，因此，只要收集公司财务报表的数据信息，就可以完成财务分析。 （　　）
11. 财务报表分析的第一个步骤是收集与整理分析信息。 （　　）
12. 水平分析法在不同企业间应用时，一定要注意其可比性问题，即使在同一企业中应用，对于差异的评价也应考虑其对比基础。 （　　）
13. 比率分析法能在一定程度上综合反映比率与计算它的会计报表之间的联系。 （　　）
14. 差额计算法只是连环替代法的一种简化形式，两者实质上是相同的。 （　　）

四、思考题

1. 有人说："上市公司的财务信息带有虚假性，进行财务报表分析有意义吗？"你如何评价上述说法？
2. 财务报告体系有哪些内容？它们间的关系是什么？
3. 企业财务报表分析的信息源组成内容包括哪些？
4. 四张主表之间的对应关系如何？
5. 财务报告分析的方法有哪些？

五、计算分析题

某企业近 3 年的主要财务数据和财务比率资料如表 1-6 所示。

要求：1. 运用因素分析法分析该公司 2022 年与 2021 年相比，净资产收益率的变动影响。

2. 分析说明该公司 2022 年资产、负债和所有者权益的变化及原因。

表 1-6　某企业近 3 年的主要财务数据

项　　目	2020 年	2021 年	2022 年
销售额/万元	4 000	4 300	3 800
总资产/万元	1 430	1 560	1 695
普通股/万元	100	100	100
留存收益/万元	500	550	550
股东权益/万元	600	650	650
权益乘数		2.39	2.5
流动比率	1.19	1.25	1.2
平均收现期/天	18	22	27
存货周转率/%	8	7.5	5.5
长期债务/股东权益	0.5	0.46	0.46
销售毛利率/%	20.0	16.3	13.2
销售净利率/%	7.5	4.7	2.6

六、案例阅读及思考

财务报表中的价值点

财务报表分析是整个投资的起点，是投资绕不开的能力圈的核心能力，没有财务报表分析能力，在投资上是致命的。财务报表，特别是每年的年报，是公司经营状况的完整体现，会呈现出很多有用的东西，比如财务数据简介、业务概要、经营情况分析、重要事项、股东变化、董监高情况、公司债务、财务报告等。其中最重要的三个重点内容是：业务概要、经营情况分析、财务报告。

一、财务报表分析需要基于公司的主营业务

优先要看的是财务报表中显示出来的主营业务的产品和行业，以及重点销售区域等信息。这里最重要的是主营业务产品。通过查看多年的财务报表累进，能观察到企业的主营业务的变化，通过它可以分辨企业最赚钱的业务。比如云南白药，批发零售的业务占据一半多的收入，但是毛利率也是奇低的，只有工业制品药品和牙膏这块有用。有时候批发零售这块增长很多，看起来成长了，其实是没用的，对业绩没有帮助。格力电器也是这样，目前空调占据了 90% 的业务和利润，基本上可以忽略其他所有的业务，你只要关注空调就可以了。因此，从产品里分辨出公司的有用的主营业务，是对公司定性的基础。

二、公司经营情况的分析对财务报表的重要意义

财务报表中篇幅最大的文字描述是经营情况分析，它表述了公司管理层对于企业发展的战略和对未来的看法。绝大部分人，是不去理解公司发布的战略的，他们习惯于用自己的思维去套公司的战略行为，继而坚决地否定公司的战略。我们作为报表外部信息使用者，和天天面对企业的管理层相比，管理层的实际管理能力远超我们。这就像田忌赛马，管理层管理公司，是上等马；我们管理公司，是下等马。为什么要用我们的下等马和他们的上等马比高低？诸如此类的错误非常多。我认为你能想到的幼稚问题，管理层早就想过了，他们现在做的，比你想的更好。

因此，正确的做法应该是理解企业的战略是什么，管理层是否诚实，实行这个战略的能力怎样，这个战略实行效果是怎样的，在财务数据上怎样正向体现出来。

三、分析报表中重要程度高的财务数据

为什么我认为受欢迎的财务数据是重要程度低的项目呢？因为财务数据是过去式，只是公司战略执行的副产物，如果公司战略和主营业务是大树的树根和主干，那财务数据就是树叶，前两者不行，财务数据都是没用的。

1. 财务报表数据中具有防守作用的数据，对我们面对未来的风险是非常好的保护

作为价值投资人，都是时刻准备应对风险的来临的，比如经济危机、行业危机，如果财务报表数据中风险巨大，那将是危险的，如何才能在冬天安然过冬，这是我们首要考虑的问题。在财务数据中具有防守作用的数据有低应收账款、低负债率、低存货、低应付账款、高预收款、高货币资金或类现金金融产品等。在这样的财务数据下，即使出现 2008 年的金融危机也没有什么可怕的，棉被够厚。

2. 财务数据中也有相互验证的数据

关于扣非净利润和经营现金流量净额的印证，理想的状况下，经营现金流量净额应该是大于等于扣非净利润的，表明我赚到的钱都是实实在在的人民币，并不是赚了存货，赚了固定资产，或者赚了一堆废铁。现金流量不会说谎。关于扣非净利润与税收的增幅的印证，有时候扣非净利润的增长率和税收的增长率不相符，这也是不科学的，一般情况下扣非净利润增长率和税收是同步增长的，国家的税收不会假。如果净利润增长远远超过税收的增长，要特别警惕。

财务数据中扣除了经营项目的因素后所得到的利润数据，在经过验证合理后，可以作为估值的数值基础。

3. 从财务数据中验证企业过往的经营能力和竞争力

主要指标有毛利率、净利率、净资产收益率（黄金指标），以及扣除非经常性损益的净利润和净利润增长率，较高的毛利率说明你有节约出利润的空间，比如 90% 的毛利率，你节省 5% 的利润很容易；但如果是 10% 的毛利率，你节省 5% 试试看？较高的毛利率同时也预示公司的竞争力较强。较高的净利润率和净资产收益率，扣非营业收入和净利润增长率超越同行，也是企业竞争优势的表现，现在的 GDP 增速是 6.8%，如果企业的净资产收益率低于 GDP 增长率的数据，说明这个企业的盈利能力，连平均数都达不到。这类企业，就不值得投资了。

对于财务报表中的其他数据，是不是值得仔细研究？按照大数方法，只要涉及金额较大的项目，还是要仔细查看后面的明细。不过，对于几百亿上千亿的资产负债表来说，看那些几百万几千万的数据项目，就不值得了。

总结：年报中的主营业务是企业投资关注的起点，股东应该理解企业的战略是什么，管理层是否诚实，实行这个战略的能力怎样，这个战略实行效果是怎样的，

在财务数据上怎样正向体现？财务数据只是作为过去和当下的判断依据，要找到财务数据中具有防守能力的数据，要印证利润的含金量和真实性，关注企业的盈利能力数据与行业的比较，印证其他的定性分析。

（资料来源于微信公众平台"京城操盘手"，作者为石 stone）

案例思考题：

（1）为什么分析财务报表不能"就报表分析报表"？

（2）为什么财务报表分析观察数据越多、时间越长，分析越有效？

（3）重要的财务报表数据应该是哪些？

七、实训任务

根据本章学习内容和实训要求，完成实训任务 1 和实训任务 2。

（一）实训目的

1. 掌握财务报表、财务报告、年度报告的获取途径和方式，能通过相应的途径建立财务报表分析的相关信息源。

2. 能熟练运用财务报表的水平、垂直分析方法，使用 Excel 等工具对目标分析企业的财务报表进行数据加工。

3. 培养资料查找（上网查询）能力、汇总能力、协调和沟通能力等。

（二）实训任务 1：财务报表分析信息源的形成——收集目标分析企业财务报表分析信息

要求：

1. 搭建实训团队——自愿组合，1~3 人为一个小组，并选出责任心较强的 1 人为组长，团队的小组成员通过分工合作、相互沟通和交流，共同完成本课程的实训并共享实训成果。

2. 根据本章所学知识，确定小组所选的行业并选择分析的目标企业，为便于比较分析，应再确定另外一家同行业同类型的公司，作为被比较的企业。

（建议：因为是刚开始学习，选择分析的公司为 A 股上市公司，最好是规模不是很大、组织结构不复杂、业务集中且自己较感兴趣的公司。）

3. 从相关财经网站下载一两家公司最近 3 年的年度报告、基本财务报表、财务报告，及了解公司基本信息。

4. 收集整理目标分析企业资料，熟悉目标分析企业基本情况。

根据本章所要求的"企业基本信息"的内容，从各相关网站查阅资料，按要求并整理分析。整理分析思路可按如下内容进行：

（1）经营类型；

（2）主要产品；

（3）战略目标；

（4）财务状况和经营目标；

（5）主要竞争对手；

（6）行业竞争程度（国内和国外）；

（7）公司的行业地位（如市场份额）；

（8）行业发展趋势；

（9）管制事项；

（10）经济环境；

（11）近期或远期发展计划或战略。

5. 年度报告下载为 PDF 格式文档。

6. 以 Excel 形式下载近三年的基本财务报表，即年度"资产负债表""利润表""现金流量表""所有者权益变动表"及"资产减值明细表"，并进行整理，以备后续实训使用。注意本实训只要近三年的年末数据，其余非年末数据可以删除。

7. 根据获取的公司财务报告及年度报告，寻找相关信息并回答：

（1）该公司年度审计报告属于什么类型的审计报告？有无特别提示的项目，若有，你认为反映了什么？

（2）确认公司现金流量表的起点与利润表的净利润是否一致？

（3）确认公司的现金流量表显示的现金变动数额与资产负债表上期初与期末数的差异？若不一致，请寻找原因。

（三）实训任务2：目标分析企业基本财务报表比较、垂直分析

1. 对选定的两家公司的基本财务报表，运用财务报表水平分析法及趋势分析法等方法计算并建立两家公司的比较财务报表（环比及定基比较）。要求比较财务报表以 Excel 格式形成。

2. 对选定的两家公司的基本财务报表，运用财务报表水平分析法、垂直分析法及趋势分析法等方法计算并建立两家公司的共同比财务报表。要求比较财务报表以 Excel 格式形成。

3. 将两家公司比较财务报表中变化幅度较大的项目及变动率（一般超过30%的变化幅度）用红色标注出来；将两家公司共同比财务报表中占比较大的项目及比值用绿色标注出来，以便后续做重点分析。

4. 对标注红色的目标分析企业的比较财务报表变动项目及数据，查阅实训任务1中下载的该公司年度报告资料，将变动原因批注于数据项目上。

5. 运用 Excel 绘图功能，生成与比较财务报表和共同比财务报表相应的图形。

（1）对目标分析企业的定基比较资产负债表中的红色标注项目，分别按资产类、负债类、所有者权益类生成"近三年资产重要变动项目示意图""近三年负债重要变动项目示意图""近三年所有者权益重要变动项目示意图"；对目标分析企业的共同比资产负债表中的绿色标注项目，分别按资产类、负债类、所有者权益类生成"近三年资产重要构成项目示意图""近三年负债重要构成项目示意图""近三年所有者权益重要构成项目示意图"。

（2）对目标分析企业的定基比较利润表中的红色标注项目，分别按收入类、成本费用类生成"近三年收入类重要变动项目示意图""近三年成本费用类重要变动项目示意图"；对目标分析企业的共同比利润表中的绿色标注项目，分别按收入类、成本费用类生成"近三年收入重要构成项目示意图""近三年成本费用重要构成项目示意图"。

（3）对目标分析企业的定基比较现金流量表中的红色标注项目，分别按现金流入类、流出类及净流量类生成"近三年现金流入类重要变动项目示意图""近三年现金流出类重要变动项目示意图""近三年现金净流量重要变动项目示意图";对目标分析企业的共同比现金流量表中的绿色标注项目,分别按流入类、流出类及现金净流量类生成"近三年现金流入重要构成项目示意图""近三年现金流出重要构成项目示意图""近三年现金净流量重要构成项目示意图"。

6. 比较分析目标分析企业财务报表的变动及构成情况,并与被比较企业做对比,结合实训任务1目标分析企业基本信息,初步判断该公司的财务特点及基本财务状况、业绩等。

链接1-10   第一章部分练习题答案

一、单选题

1. B 2. C 3. C 4. C 5. A 6. C 7. C 8. A 9. C 10. C
11. D 12. C 13. A 14. B 15. A 16. C 17. A

二、多选题

1. ABCDE 2. ABC 3. ACDE 4. ACD 5. ABCDE 6. BD 7. ABD 8. AC
9. ABCD 10. ABCDE 11. ABC 12. ABE 13. ABCD 14. BCD 15. ABCD
16. ABCD 17. ACDE

三、判断题

1. √ 2. × 3. × 4. √ 5. √ 6. × 7. √ 8. × 9. × 10. ×
11. √ 12. √ 13. √ 14. √

五、计算分析题

1. 第一,计算指标

2021 年:

净利润 $= 4\,300 \times 4.7\% = 202.1$ (万元)

资产周转率 $= 4\,300/[(1\,560+1\,430)/2] = 2.88$

净资产收益率 $= 4.7\% \times 2.88 \times 2.39 = 32.35\%$

2022 年:

净利润 $= 3\,800 \times 2.6\% = 98.8$ (万元)

资产周转率 $= 3\,800/[(1\,695+1\,560)/2] = 2.33$

净资产收益率 $= 2.6\% \times 2.33 \times 2.5 = 15.15\%$

第二,分析影响

销售净利率变动影响:$(2.6\%-4.7\%) \times 2.88 \times 2.39 = -14.45\%$

资产周转率变动影响:$(2.33\%-2.88\%) \times 2.6 \times 2.39 = -3.42\%$

权益乘数变动影响:$(2.5-2.39) \times 2.6\% \times 2.33 = 0.67\%$

2. 分析变化及原因:

2022 年的总资产在增加,主要原因是存货和应收账款占用增加。2022 年负债是筹资的主要来源,而且主要是流动负债。长期负债和所有者权益增加很少,大部分盈余都用于发放股利。

第二章

资产负债表分析

习近平总书记在党的二十大报告中指出：坚持以推动高质量发展为主题，推动经济实现质的有效提升和量的合理增长，高质量发展是全面建设社会主义现代化国家的首要任务。可见，高质量发展是宏观经济稳定性增强的基石，而富有竞争力的企业是高质量发展的微观基础。在党的二十大精神的引领下，质量发展观深入人心。而我们也充分认识到资产负债表与公司价值及公司未来高质量发展程度密切相关，因为我们观察上市公司财务报告时会发现，财务报表附注信息大半都与资产负债表有关。

美国通用汽车的创始人斯隆（Alfred Sloan）在他的回忆录《我在通用汽车的岁月》里说：在市场发展的高峰期，我最担心的事有三件，一是投资过分，二是库存积压，三是现金短缺。这三件事都与资产负债表密切相关。

在企业的日常经营管理活动中，我们会经常听到关于企业不良资产和优质资产的议论，那到底如何判断企业资产是不良资产还是优质资产？用什么来判断？我们还看到企业的规模与效益不一定有直接关系，规模大的企业效益不一定好。为什么？

一家优秀公司一定有一张优质的资产负债表。我们该怎样看待资产负债表？如何通过资产负债表的分析来了解这张报表提供的信息？

■学习目标

1. 了解资产负债表构成项目的含义及相互关系。
2. 理解资产负债表对决策的重要性及分析的意义。
3. 掌握资产负债表分析的方法、分析的内容及思路。
4. 理解影响资产质量的因素，掌握资产质量分析的基本思路及方法。
5. 掌握所有者权益质量分析的思路及方法。
6. 熟悉资产负债表重要项目的分析思路。

第一节　资产负债表原理

一、资产负债表的概念

1. 资产负债表的基本概念

资产负债表（balance sheet）是基本财务报表之一，是以"资产＝负债＋所有者权益"为平衡关系，反映企业财务状况的静态报表，揭示企业在某一特定日期所拥有或控制的经济资源、所承担的现时义务和所有者享有的剩余权益。资产负债表是最古老的一张报表，19 世纪中叶以前，企业的财务报表只有资产负债表。

从资产负债表的定义可见，该表是说明企业在某一特定时刻的财务存量的报表，反映的是在这一时刻的财务状况；所依据的基本理论是"资产＝负债＋所有者权益"这一财务关系；反映的内容是这一财务关系的基本要素"资产""负债""所有者权益"。资产负债表就好比企业经营活动、财务状态在某一时刻的快照，它没有开始和结束。

2. 资产负债表的理论依据——会计恒等式

资产负债表描述的是在某一特定时点企业的资产、负债及所有者权益的关系，这种关系是建立在"资产＝负债＋所有者权益"恒等关系基础上的，这一恒等式描述的是某一特定时点企业的经济资源的状况，及这些经济资源的资金来源。等式左边表达的就是这些经济资源，即企业的资产，包括状况、规模、变化情况、分布和质量等；等式右边表达的就是经济资源的来源，它可以通过举债和接受投资形成，举债和接受投资对应的权益称为企业的权益。只是由举债形成的权益是债权人的权益，会计上统称负债，由接受投资形成的权益是投资人（股东）的权益，会计上统称为所有者（股东）权益。企业的一定的经济资源必然有一定的来源，经济资源的形成与经济资源的来源是相等的，即企业的一定的经济资源必然产生一定的企业权益，且这一关系是恒等的。

该恒等式从通俗意义上可理解为，左边表示企业拥有的东西，右边表示这些东西属于谁。这个等式好比一张快照，显示了企业生产经营时的财务状况，需要关注的是，资产负债表右边的负债与所有者权益的相对比率称为"财务结构"。企业负债越多，财务压力越大，越可能面临倒闭的风险。

二、资产负债表三要素的概念及特征

资产负债表集中反映了资产、负债、所有者权益三大静态会计要素在企业经营过程中的状态和变化。

1. 资产

资产是企业因过去的交易或事项而形成，并由企业拥有或控制，预期会给企业带来未来经济利益的资源，包括财产、债权和其他权利。资产具有如下基本特征：

（1）资产是由过去的交易取得的。企业所能利用的经济资源能否被列为资产，标志之一就是是否由已发生的交易引起。

（2）资产应能被企业实际拥有或控制。在这里，"拥有"是指企业拥有资产的所有权；"控制"则是指企业虽然没有某些资产的所有权，但实际上可以对其自主支配和使用，例如融资租入的固定资产。

（3）资产必须能以货币计量。也就是说，会计报表上列示的资产并不是企业拥有或控制的所有资源，而只是那些能用货币计量的资源。这样就会导致企业的某些资源甚至是非常重要的资源，如人力资源、客户资源和大数据资源等，由于无法用货币计量而不能作为企业的资产列示在报表中。

（4）资产应能为企业带来未来经济利益。在这里，能为"未来经济利益"是指直接或间接地为未来的现金净流入作出贡献的能力。这种贡献可以是直接增加未来的现金流入，也可以是因耗用（材料存货）或提供经济效用（对各种非流动资产的使用）而节约的未来的现金流出。资产的这一特征通常被用来作为判断资产质量的一个重要方面，那些无法为企业带来未来经济利益的资产往往被贴上"不良资产"的标签。

资产的分类有很多种，有长期与短期、固定与流动、有形与无形之分。一般而言，资产按其变现能力（流动性）的大小分为流动资产和非流动资产两大类。因此资产负债表中的分类是按流动性分类的，按流动资产、长期投资、固定资产、无形资产和其他资产列示。

链接 2-1 　　　　　　　　　　　资产的拓展认识

讨论 1：资产概念的拓展认识：资产与财产物资、成本费用的区别

（1）"资产"不等于"财产物资"。

有些财产物资虽为企业所控制、拥有，也是过去交易事项形成的，可能也能以货币计量，但却不能为企业带来未来经济利益，它们就不能称为企业的资产，比如：待处理财产损失、长期待摊费用等。

（2）今天的资产就是未来的成本费用，它们只是时间概念上的不同。

其实资产与成本费用是有直接联系的，某一时间点的资产可能会在下一时间点变成企业的成本费用，比如：管理不善造成的企业逾期多年收不回的应收账款，这种应收账款就会由资产变成公司的费用；而某一时刻的成本费用在另一时刻也可能转换为企业的资产，比如：采购完毕验收入库的原材料，此时，采购成本就会转作企业的资产。

讨论2：资产确认的两个条件与讨论

同时满足以下两个条件才能确认资产：

（1）与该资源有关的经济利益很可能流入企业（本质）。

（2）该资源的成本或价值能可靠计量（前提）。

这说明资产是与未来相联系的，且离不开假设。对未来该资源的经济利益的可能性的判断具有一定的主观性，且是在一定条件下做出的，有一定的可选择性。价值计量的可靠性，则要求必须以价值计量为基础，所以无法收回的应收账款是费用而非资产，还有价值无法可靠计量的商誉、人力资源等则无法列入资产负债表中。商誉只有在企业有并购等财务行为时价值可以计量，此时因为能被计量才能在资产负债表中被列示出来。

因此，企业的某些资源甚至是非常重要的资源，如人力资源、客户资源和大数据资源等，由于无法用货币计量而不能作为企业的资产列示在报表中。

2. 负债

负债是指企业由于过去的交易或者事项形成的，预期会导致经济利益流出企业的现时义务。负债具有如下基本特征：

（1）与资产一样，负债是由企业过去的交易或者事项引起的一种现时义务。只有在发生相应的交易或事项后所形成的现时义务才构成企业的负债。同理，或有负债由于具有"有可能发生也有可能不发生"这一特点，也不构成企业的负债。

（2）负债必须在未来某个时点（通常有确切的收款人和偿付日期）通过转让资产或提供劳务来清偿，即预期会导致经济利益流出企业。

（3）负债应是金额能够可靠地计量（货币计量）的经济义务。在实务中企业通常需要根据谨慎性原则将很有可能发生并且金额能够可靠计量的经济义务确认为预计负债，列示于负债项目之中。

负债的分类有很多种，有长期与短期、固定与流动、有形与无形之分。一般而言，负债按其偿还期限的长短分为流动负债和非流动负债两大类。因此资产负债表中的负债按偿还期（也可看作流动性）的长短分为流动负债和非流动负债两大类。

链接2-2　　　　　　　　　**负债的拓展认识**

讨论1：负债确认的两个条件

负债需要同时满足以下两个条件才能确认：

（1）与该负债有关的经济利益很可能流出企业。

（2）未来流出的经济利益能可靠计量。

这说明负债是与未来相联系的，且离不开假设。对未来该经济利益流出的可能性的判断具有一定的主观性，且是在一定条件下做出的，有一定的可选择性。价值计量的可靠性，则要求必须以价值计量为基础，这样也会使得那些不能可靠计量的，但对企业实际上是有重要影响的负债（如或有负债、隐性负债）无法列示在资产负债表中。

讨论2：资产与负债的讨论：其实资产比负债更危险。

（1）负债与资产是对立统一的。

对立：对交易双方而言你的资产就是别人的负债。

统一：负债的主要目的是增加资产（来源）。

（2）负债是好还是坏？

财务管理已经告诉我们，负债有两面性，一方面具有财务杠杆利益，另一方面具有财务杠杆风险。如何做到利益与风险的平衡，完全取决于管理。

（3）其实资产比负债更危险：因为所有的资产都有可能转化为负债。

① 今天的资产可能就是未来的成本费用，它们只是在时间概念上有所不同。

② 高负债成为问题的主要原因常常是资产管理出现问题。

讨论3：人力资源到底是资产还是负债呢？

由于人力资源的产出带有很大的不确定性，按财务谨慎性原则（保守原则）的要求，在可能获得的收益与可能发生的损失间，财务是宁可认可可能的损失而不相信可能的收益的，因此，在财务意义上一般是把人力资源归为负债而非资产的（人力成本）。

3. 所有者权益

所有者权益又称净资产（公司的所有者权益又称股东权益），是指企业资产扣除负债后由所有者享有的剩余权益，又称净资产或账面净值。与债权人权益比较，所有者权益一般具有如下基本特征：

（1）所有者权益在企业经营期内可供企业长期、持续地使用，企业不必向投资人（或称所有者）返还所投入的资本。

（2）企业的所有者凭借其对企业投入的资本，享受税后分配利润的权利。所有者权益是企业分配税后净利润的主要依据。

（3）企业的所有者有权行使企业的经营决策和管理权，或者授权管理人员行使经营管理权。

（4）企业的所有者对企业的债务和亏损负有无限责任或有限责任（依企业性质而定），而债权人与企业的其他债务不发生关系，一般也不承担企业的亏损。

在资产负债表中，所有者权益一般按照净资产的来源和用途分类，所有者权益的来源包括所有者投入的资本、其他综合收益、留存收益等，通常由股本（或实收资本）、资本公积（含股本溢价或资本溢价、其他资本公积）、其他综合收益、盈余公积和未分配利润等构成。

所有者投入的资本，是指所有者投入企业的资本部分，它既包括构成企业注册资本或者股本的金额，也包括投入资本超过注册资本或股本部分的金额，即资本溢价或股本溢价，这部分投入资本由资本公积（资本溢价）反映。它能反映公司法人财产权的大小及作为法人财产权的资本准备金额有多大，并用以作为公司经营的保障和社会信用方面的保障。

其他综合收益，是指企业根据会计准则规定未在当期损益中确认的各项利得和损失。

留存收益，是指企业从历年实现的利润中提取或形成的留存于企业的内部积累，包括盈余公积和未分配利润。这部分主要用于资本积累、以丰补歉。

链接2-3　　对所有者权益的再认识：所有者权益其实比负债更可怕！

所有者权益风险其实比债务投资风险大，不像借钱给你的银行家，只跟你提欠债还钱的事，所有者不仅要享红利，还要跟你分享所有权！

三、资产负债表的基本结构

资产负债表的结构一般是指资产负债表的组成内容及各项目在表内的排列顺序。就组成内容而言，资产负债表包括表头、基本内容和补充资料等。

（1）表头部分提供了编报企业的名称、报表的名称、报表所反映的日期、金额单位及币种等内容。

（2）基本内容部分列示了资产、负债及所有者权益等内容。

（3）补充资料部分列示或反映了一些在基本内容中未能提供的重要信息或未能充分说明的信息。这部分资料主要在报表附注中列示。

我国企业资产负债表的排列及各项目的含义受《企业会计准则》的直接制约。

资产负债表的基本结构和主要项目如表 2-1 所示。

表 2-1　资产负债表

编制单位：　　　　　　　　　　　　　　　　　　　　　　　　　　　　单位：

报表项目	期末余额	期初余额	报表项目	期末余额	期初余额
流动资产			**流动负债**		
货币资金			短期借款		
交易性金融资产			交易性金融负债		
衍生金融资产			衍生金融负债		
应收票据			应付票据		
应收账款			应付账款		
应收款项融资			预收款项		
预付款项			应付手续费及佣金		
其他应收款			应付职工薪酬		
买入返售金融资产			应交税费		
存货			其他应付款		
持有待售资产			一年内的递延收益		
一年内到期的非流动资产			应付短期债券		
待处理流动资产损溢			一年内到期的非流动负债		
其他流动资产			其他流动负债		
流动资产合计			**流动负债合计**		
非流动资产			**非流动负债**		
发放贷款及垫款			长期借款		
其他债权投资			应付债券		
其他权益投资工具			长期应付款		
债权投资			长期应付职工薪酬		
长期应收款			预计非流动负债		
长期股权投资			递延所得税负债		
投资性房地产			长期递延收益		
固定资产			其他非流动负债		

表2-1(续)

报表项目	期末余额	期初余额	报表项目	期末余额	期初余额
在建工程			**非流动负债合计**		
生产性生物资产			**负债合计**		
公益性生物资产			**所有者权益**		
油气资产			实收资本（或股本）		
无形资产			资本公积		
开发支出			减：库存股		
使用权资产			其他综合收益		
商誉			专项储备		
长期待摊费用			盈余公积		
递延所得税资产			一般风险准备		
其他非流动资产			未分配利润		
非流动资产合计			归属于母公司股东权益合计		
			少数股东权益		
			所有者权益（或股东权益）合计		
资产总计			**负债和所有者权益（或股东权益）总计**		

从表2-1可以看出，在资产方，按照资产变现能力由强到弱的顺序排列为流动资产和非流动资产；在负债和所有者权益方，则依据负债需要偿还的先后顺序将负债分为流动负债和非流动负债分别列示，所有者权益列示在负债的下方。此种格式的基本依据是"资产＝负债+所有者权益"这一会计恒等式。由于这种排列呈左右水平对称形式，故又称水平式或账户平衡式。账户平衡式除了忠实表达资金来源与去处的恒等关系外，也创造了相互钩稽的可能性，它使复式记账法得以贯穿始终。

为了便于分析者比较不同时点资产负债表的数据，资产负债表还将各项目再分为"期初余额"和"期末余额"两栏分别填列。在实务中，一些项目还可能出现排列上的变化，但基本内容不会变。

链接2-4　　　　**扩展阅读：财务报表格式近年的调整变化**

自2017年年底以来财政部进行了3次财务报表格式调整，对应着政府补助、持有待售、金融工具、收入、租赁等会计新规。

（1）未执行新金融工具准则、新收入准则和新租赁准则的企业，按照2019年版财务报表的格式一编制财务报表。自2017年年底以来的这3次财务报表格式调整中，资产负债表的重要变化包括："应收票据""应收账款"和"应付票据""应付账款"的先合并后拆分；将"应收利息""应收股利"归并至"其他应收款"，"应付利息""应付股利"归并至"其他应付款"；新增"持有待售资产"和"持有待售负债"；将"固定资产清理"归并至"固定资产"；将"工程物资"归并至"在建工程"；将"专项应付款"归并至"长期应付款"；新增"专项储备"；等等（如表2-2所示）。

表 2-2　未执行新准则的一般企业财务报表重要变化

2017 年版财务报表	2018 年版财务报表	2019 年版财务报表
应收票据 应收账款	归并至"应收票据及应收账款"	重新拆分为"应收票据" 和"应收账款"
应付票据 应付账款	归并至"应付票据及应付账款"	重新拆分为"应付票据" 和"应付账款"
其他应收款 应收利息 应收股利	归并至"其他应收款"	其他应收款
其他应付款 应付利息 应付股利	归并至"其他应付款"	其他应付款
新增"持有待售资产" 新增"持有待售负债"	持有待售资产 持有待售负债	持有待售资产 持有待售负债
固定资产 固定资产清理	归并至"固定资产"	固定资产
在建工程 工程物资	归并至"在建工程"	在建工程
长期应付款 专项应付款	归并至"长期应付款"	长期应付款
无	无	新增"专项储备"
管理费用	分拆出"管理费用" 和"研发费用"	管理费用 研发费用
新增"其他收益" 新增"资产处置收益" "营业外收入"涵盖范围缩小	其他收益 资产处置收益 营业外收入	其他收益 资产处置收益 营业外收入
新增"持续经营净利润" 新增"终止经营净利润"	持续经营净利润 终止经营净利润	持续经营净利润 终止经营净利润

已执行新金融工具准则、新收入准则和新租赁准则的企业，按照 2019 年版财务报表的格式二编制财务报表（如表 2-3 所示）。

表 2-3　已执行新准则的一般企业财务报表重要变化

2017 年版财务报表	2018 年版财务报表	2019 年版财务报表
以公允价值计量且其变动计入 当期损益的金融资产	近似过渡至"交易性金融资产"	交易性金融资产
以公允价值计量且其变动计入 当期损益的金融负债	近似过渡至"交易性金融负债"	交易性金融负债
应收票据 应收账款	归并至"应收票据及应收账款"	重新拆分为"应收票据" 和"应收账款" 新增"应收款项融资"
持有至到期投资	近似过渡至"债权投资"	债权投资
可供出售金融资产	债权部分近似过渡至"其他债权投资" 权益部分近似过渡至"其他权益工具投资"	其他债权投资 其他权益工具投资
无 无	无 无	新增"使用权资产" 新增"租赁负债"
无 无	新增"合同资产" 新增"合同负债"	合同资产 合同负债
无	新增"信用减值损失"	信用减值损失

（2）利润表的重要变化包括：从"管理费用"中分拆出"研发费用"；新增"其他收益""资产处置收益"，"营业外收入"大瘦身；新增"持续经营净利润"和"终止经营净利润"；等等。

（3）现金流量表无重大变化。

表2-4显示了A上市公司近3年年末的资产负债情况，它反映了该公司近3年来年末的财务状况。（由于资料来源左右两边不够排版，以下我们将3年的资产负债表分两部分表达，上半部分是资产，下半部分是负债与所有者权益，这样也便于我们在后续分析、实训中运用Excel做报表数据处理，而不影响资产负债表平衡的原理。）

表2-4 A公司近三年资产负债情况

单位：A公司 单位：元

报表日期	本年12月31日	上年12月31日	前年12月31日
流动资产			
货币资金	3 911 388 163.80	1 123 857 282.19	2 056 882 460.78
交易性金融资产	4 916 096.71	1 379 095.27	38 733 890.58
衍生金融资产	148 035 070.49	345 668 526.17	—
应收票据	85 526 801.88	95 639 906.70	72 007 744.36
应收账款	866 628 518.28	797 639 218.27	1 178 274 276.58
预付款项	152 210 201.86	934 817 501.14	141 948 886.55
应收利息	151 594.88	97 716.37	—
应收股利	—	—	—
其他应收款	884 414 340.64	2 401 240 137.42	906 445 805.47
买入返售金融资产			
存货	4 247 947 941.91	6 238 951 784.23	4 291 170 288.15
划分为持有待售的资产	51 165 236.25	—	—
一年内到期的非流动资产	—	—	—
待摊费用	—	—	—
待处理流动资产损溢			
其他流动资产	357 346 278.64	538 001 622.57	556 476 701.56
流动资产合计	10 709 730 245.34	12 477 292 790.33	9 241 940 054.03
非流动资产			
发放贷款及垫款	—	—	—
可供出售金融资产	59 303 236.07	54 417 059.03	30 351 944.81
持有至到期投资			
长期应收款	—	—	—
长期股权投资	513 549 476.45	551 316 645.40	632 708 647.30
投资性房地产	24 781 867.57	25 549 630.51	25 414 170.03
固定资产净额	4 252 611 928.68	4 468 653 007.80	3 937 429 086.60
在建工程	34 032 027.01	32 231 909.58	26 593 945.46

表2-4（续）

报表日期	本年 12 月 31 日	上年 12 月 31 日	前年 12 月 31 日
工程物资	2 771 758.18	2 801 070.58	2 640 792.40
固定资产清理	—	—	—
生产性生物资产	—	—	—
公益性生物资产	—	—	—
油气资产	—	—	—
无形资产	1 000 958 835.44	903 392 973.73	531 825 839.11
开发支出	—	—	—
商誉	358 587 808.75	358 587 518.93	185 040 967.68
长期待摊费用	42 528 534.36	42 463 267.64	39 039 578.27
递延所得税资产	80 677 281.76	37 566 895.04	12 635 904.28
其他非流动资产	22 914 652.76	26 457 743.53	30 945 305.15
非流动资产合计	6 392 717 407.03	6 503 437 721.77	5 454 626 181.09
资产总计	17 102 447 652.37	18 980 730 512.10	14 696 566 235.12
流动负债			
短期借款	6 181 725 043.81	6 659 099 896.14	7 057 960 811.75
交易性金融负债	3 529 509.95	851 395.89	85 200.00
衍生金融负债	49 549 948.85	155 157 269.29	
应付票据	21 391 565.47	16 810 747.11	44 706 728.54
应付账款	624 967 346.07	900 941 127.82	590 061 219.51
预收款项	777 468 256.76	454 276 849.73	322 802 503.81
应付手续费及佣金	—	—	—
应付职工薪酬	203 395 777.71	166 877 439.35	117 008 224.04
应交税费	143 708 159.92	132 057 823.19	69 786 047.49
应付利息	25 751 977.89	54 591 886.98	3 613 569.49
应付股利	816 615.32	1 674 288.29	32 526 904.57
其他应付款	529 284 165.07	901 866 293.81	181 337 810.54
一年内的递延收益	—	—	—
应付短期债券	—	—	—
一年内到期的非流动负债	—	—	—
其他流动负债	—	1 200 000 000.00	96 184 356.53
流动负债合计	8 561 588 366.82	10 644 205 017.60	8 516 073 376.27
非流动负债			
长期借款		270 000 000.00	—
应付债券	996 040 217.35	993 593 234.90	—
长期应付款	—	—	—
长期应付职工薪酬	—	30 094.20	

表2-4（续）

报表日期	本年12月31日	上年12月31日	前年12月31日
专项应付款	—	—	—
预计非流动负债	7 740 655.54	7 740 655.54	7 740 655.54
递延所得税负债	113 911 874.23	176 701 632.47	102 253 760.55
长期递延收益	114 303 772.19	107 799 710.94	103 998 681.66
其他非流动负债	—	—	—
非流动负债合计	1 231 996 519.31	1 555 865 328.05	213 993 097.75
负债合计	9 793 584 886.13	12 200 070 345.65	8 730 066 474.02
所有者权益			
实收资本（或股本）	2 051 876 155.00	2 051 876 155.00	2 051 876 155.00
资本公积	4 149 642 352.67	4 129 432 663.14	4 129 757 453.53
减：库存股	—	—	—
其他综合收益	120 509 703.35	84 354 963.53	−190 072 854.12
专项储备	—	—	—
盈余公积	238 878 742.02	219 879 667.56	188 819 437.31
一般风险准备	—	—	—
未分配利润	620 033 546.36	165 686 342.34	−246 485 618.47
归属于母公司股东权益合计	7 180 940 499.40	6 651 229 791.57	5 933 894 573.25
少数股东权益	127 922 266.84	129 430 374.88	32 605 187.85
所有者权益（或股东权益）合计	7 308 862 766.24	6 780 660 166.45	5 966 499 761.10
负债和所有者权益（或股东权益）总计	17 102 447 652.37	18 980 730 512.10	14 696 566 235.12

四、资产负债表的作用——体现企业价值

1. 揭示企业资产规模，反映企业的资产结构

资产负债表向人们揭示了企业拥有或控制的能用货币表现的经济资源即资产的总规模及具体的分布状态。由于不同形态的资产对企业的经营活动具有不同的影响，因而通过资产负债表，可以了解企业的资产结构，寻求一种既能满足生产经营对不同资产的需求，又能使经营风险最小的资产结构，进而从一个侧面对企业的资产质量做出一定的判断。

2. 反映企业资金来源和构成情况

资产负债表右方反映了企业资金来源，即权益总额及其构成。企业的资金全部来自投资者投入的资本，或者全部来自向债权人借入的资本的情况是很少见的，甚至可以说是根本不存在的。负债和所有者权益一般各占一定的比重，这就是通常所说的资本结构。由于负债需要按期偿还，所有者权益是永久性资本，因此其比例不同，反映了企业偿还长期债务的能力、债权人所冒的风险、企业财务安全程度的不同。

3. 反映企业财务实力、偿债能力和支付能力

负债要用资产或劳务偿还，资产与负债之间就应当有一个合理的比例关系。流动负债需要有相当规模的流动资产作为保证。资产负债表的左方，各类资产按变现能力由强到弱依次排列；右方的权益则按偿还期限由短到长依次排列。流动资产与流动负债相比计算出的实际比率，与合理比率相对比，可用以判断企业短期偿还债务的能力。

4. 反映企业未来的财务趋势

资产负债表中的数字有"年初数"和"期末数"两栏，通过对比可以分析其变动情况，掌握其变动规律，研究其变动趋势，为决策提供依据。

5. 反映企业的财务弹性

财务弹性是指企业融通资金和使用资金的能力。企业财务弹性取决于其资产的构成和资本结构。保持合理的资产构成和资本结构，使企业既能以较低资本成本获得所需要的资金，又可以改变现金流量的数额和时间分布，以便抓住有利的投资机会或应付突发事件。因此，资产负债表的使用者根据它可以评价企业的财务弹性。

6. 反映企业的经营绩效

企业的经营绩效主要表现在获利能力上，而对企业获利能力的考察，可以单独依据利润表，但这只能观察企业的销售或营业的获利能力。若要观察企业利用所控制的经济资源的获利能力，以及投资者投入资本的增值能力，就要运用资产负债表。资产负债表与利润表的结合，为全面分析和评价企业的获利能力和营运能力提供基本依据。

五、资产负债表的局限性

1. 资产负债表并不能真实反映企业的财务状况

资产负债表是以历史成本为基础的，它不反映资产负债和股东权益的现行市场价值。因而，由于通货膨胀的影响，账面上的原始成本与编表日的现时价值已相去甚远，所代表的不一定就是资产的真实价值。

举一个例子来说，如果你今年买的厂房以 20 万元入账，如果明年涨到了 30 万元，明年的账目上是怎么列示的呢？还是以 20 万元入账。什么时候才能体现出增值的 10 万元呢？只有在你交易的时候，就是说你把厂房卖出去的时候，才能体现增值的 10 万元。

2. 资产负债表并不能反映企业所有的资产和负债

货币计量是会计的一大特点，财务报告表现的信息是能用货币表述的信息，因此，资产负债表会遗漏无法用货币计量的重要经济信息，如商誉、人力资源等。

3. 资产负债表中许多信息是人为估计的结果

例如坏账准备、固定资产折旧和无形资产摊销等，这些估值难免主观，会影响信息的可靠性。

4. 资产负债表项目的计价运用不同的计价方法

资产项目的计量，受制于会计核算原则和计价方法。如现金按其账面价值表示，应收账款按照扣除坏账准备后的净值表示，存货则按成本与可变现净值孰低法表示等。这样，由于不同资产采用不同的计价方法，资产负债表上得出的合计数失去可比的基础，并变得难以解释，这无疑会影响会计信息的相关性。

5. 资产负债表展示的是瞬间的财务状况，不能反映企业一段时间的情况

过了这个瞬间，什么情况都可能发生。比如资产负债表编制前后有些财务数据可

能会有不同的表现。

6. 理解资产负债表的含义必须依靠报表阅读者的判断

很多有关企业长期、短期偿债能力和经营效率等的信息，企业往往不会直接披露，靠报表用户自己分析判断。由于各企业采用的会计政策可能不同，导致用户难以判断比较。

综上所述，我们在分析资产负债表时应尽可能关注与其相关的更多信息，才能更好地评价分析。另外尽管资产负债表存在一定的局限性，但无论如何，资产负债表应该是企业价值形成的基础。

第二节　资产负债表分析的内容及思路

一、资产负债表分析的目的

借助于资产负债表的分析，我们可以达到以下目的：

（1）资产负债表提供的只是静态数据，通过对企业不同时点资产负债表的比较，我们可以对企业财务状况的发展趋势做出判断；同时，将不同企业同一时点的资产负债表进行对比，还可对不同企业的相对财务状况做出判断。

（2）通过资产结构和权益结构的分析，我们可以了解企业筹集和使用资金的能力，了解企业资产的流动性和财务弹性，进而判断企业的偿债能力和支付能力；同时借助比较数据，通过对比分析，可以预测企业未来财务状况的变动趋势。

（3）进一步明确企业提供的资产负债表体现的财务状况质量。根据对资产负债表反映的资产总额数据质量、流动资产质量、非流动资产质量的分析，找出影响各构成项目的重点内容与重点环节，一定程度上可以判断其数据内容的真实性。

（4）通过资产负债表与利润表有关项目的比较，我们可以对企业各种资源的利用情况做出评价，如可以计算资产利润率、净资产收益率等指标，评价企业的盈利能力和资产的使用情况。

二、资产负债表分析的内容

基于以上目的，对资产负债表的分析主要应包括以下内容：

1. 资产负债表总体分析（一般分析）

（1）资产负债表水平分析——运用水平分析法。

水平分析法，是通过企业各项资产、负债和所有者权益对比分析，揭示企业筹资与投资过程的差异、变动情况，反映各项生产经营活动、会计政策及其变更对企业筹资和投资的影响的方法。水平分析包括资产规模分析和各资产负债表组成项目的差异变动分析。

（2）资产负债表结构分析——运用垂直分析法。

资产负债表结构分析就是运用垂直分析法，通过将资产负债表中各项目与总资产或权益总额的对比，分析企业的资产结构、负债结构和所有者权益结构的具体构成，揭示企业资产结构和资本结构的合理程度，探索优化企业资产结构和资本结构的思路。垂直分析包括资产结构分析、资本结构分析及资产负债表整体结构的分析。

2. 资产负债表项目分析

资产负债表项目分析就是指在资产负债表全面分析的基础上，对资产、负债和所有者权益的主要项目或重要项目，结合报表附注等相关资料进行深入分析，包括对会计政策、会计估计等变动对相关项目影响的分析，从而更清晰地了解企业各项财务活动的变动情况及其变动的合理性及质量。

3. 资产负债表质量分析

资产负债表质量分析有助于人们更好地解释、评价和预测企业的财务状况质量，透视企业的管理质量。财务状况是指企业从事筹资、投资和经营等各种经济活动所产生的财务后果，资产负债表主要提供的就是企业财务状况的有关信息。传统的资产负债表分析主要局限于一般分析和具体项目的合理性判断分析，本书认为资产负债表分析还应包括资产负债表质量分析。资产负债表质量分析主要通过资产质量，负债的适应性，所有者权益质量以及资产、负债、所有者权益的对称性等一系列质量维度的分析，并遵循"资产管理质量决定资产质量，资产质量决定负债适应性，资产质量、所有者权益质量及资产负债表对称性决定资产负债表整体质量"这一基本逻辑关系，分别从整体上、具体项目上对企业的资产负债表质量做出评价。对资产负债表分别从不同的层次进行质量分析与评价，也有助于分析者判断企业资源利用、资产管理等方面的质量。

因此，资产负债表质量分析包括资产负债表整体质量分析与具体项目质量分析。整体质量分析应包括资产整体质量分析、负债适应性分析、所有者权益整体质量分析及资产负债表对称性分析；具体项目质量分析主要是指资产负债表各类组成项目的质量分析。

三、资产负债表分析的思路

当我们面对一份企业资产负债表时，首先关注到的是资产负债表的三大要素，因此，根据资产负债表分析的目的和内容，遵循"由粗到细""由大往小"的分析原则，可以按以下路径进行分析：

（一）资产负债表总体分析

1. 资产总体分析

资产负债表左边项目最引人关注，因此资产的分析应该是分析的第一项内容。根据分析的目的和内容，本书认为，对于资产项目的分析主要应从以下两个方面去分析：

（1）资产总体变动分析。

资产总体变动分析主要运用水平分析，分析资产变化的方向、规律及影响，找出资产变化关键性项目，以便在后续分析中进行重点分析；同时借助相关资料分析变动的合理性。资产总体变动分析，主要包括资产规模分析、资产流动性分析、具体项目变动分析。

（2）资产结构分析。

资产结构分析主要指对流动资产与非流动资产两大类资产及资产具体项目的结构分析。对于报表使用者来说，这种分析有助于其深入地了解企业资产的组成状况、盈利能力、风险程度及弹性等方面的信息，从而为其合理地做出决策提供强有力的支持；对于企业管理者而言，这种分析有助于其优化资产结构，改善财务状况，使资产保持适当的流动性，降低经营风险，加速资金周转；对于债权人而言，这种分析有助于其了解债权的物资保证程度或安全性；对于企业的关联企业而言，这种分析可使其了解企业的存货状况和支付能力，从而对合同的执行前景心中有数；对于企业的所有者而言，这种分析有助于其对企业财务的安全性、资本的保全能力以及资产的收益能力做出合理的判断。

2. 负债总体分析

对于负债的总体分析主要应从以下两个方面去分析：

（1）负债总体变动分析。

负债总体变动分析主要运用水平分析，分析负债变化的方向、规律及影响，找出负债变化关键性项目，以便在后续分析中进行重点分析，同时借助相关资料分析变动的合理性。负债总体变动分析，主要包括负债规模分析、负债具体项目变动分析。

（2）负债结构分析。

负债结构相应于资产结构，主要指流动负债与非流动负债两大类负债及负债具体项目的结构。负债结构分析主要运用垂直分析，了解企业的流动负债、具体负债项目等占负债总额的比重，反映其与总体的关系情况及其变动情况，并根据垂直分析结果找出占负债比重大的具体项目，以便在后续的分析过程中予以重点分析。对负债结构的分析，重点应对流动负债和非流动负债的结构进行具体比较、分析。

3. 所有者权益总体分析

对于所有者权益项目的分析主要应从以下两个方面去分析：

（1）所有者权益总体变动分析。

所有者权益总体变动分析主要运用水平分析，分析所有者权益变化的方向、规律及影响，找出所有者权益项目变化关键性项目，以便在后续分析中进行重点分析。它主要包括所有者权益规模分析、具体项目变动分析。

（2）所有者权益结构分析。

所有者权益结构主要指构成所有者权益的实收资本（股本）、资本公积、盈余公积、未分配利润占所有者权益总额的比重。所有者权益结构分析主要运用垂直分析，了解企业的所有者权益具体项目对所有者权益的影响，并根据分析结果找出所占比重大的具体项目，以便在后续的分析过程中予以重点分析。

（二）资产负债表整体质量分析

资产负债表整体质量分析包括资产整体质量分析、负债适应性分析、所有者权益质量分析及资产负债表对称性分析。

1. 资产整体质量分析

在分析了资产变动、结构安排的合理性以及具体项目质量的基础上，对资产的分析最终要落脚在资产质量的分析判断上，因为资产质量能够反映企业经营绩效、成长性、企业价值等方面的状况，资产质量的好坏，将直接导致企业实现利润、创造价值水平方面的差异。

对资产负债表中资产质量的分析，需要在分析影响企业资产质量的主要因素的基础上，借助相关资料、财务指标，通过比较分析等方法进行，最终能够对资产负债表涉及的资产质量做出一个基本判断，包括资产质量的相对高低的基本判断、资产质量管理方面存在的问题的基本判断。

2. 负债适应性分析

负债适应性是指负债与资产的配比关系，负债适应性分析通过分析资产结构与负债结构的适应性，了解负债的性质和数额，进而判断企业负债的主要来源、偿还期限，从而揭示企业抵抗破产风险的能力和融资能力，以判断企业负债结构变动的合理性。

本书认为负债适应性主要取决于资产质量，资产质量较高，负债的适应性就强，资产负债表所表现出来的资产与负债的对称性就会较好。因此，负债适应性分析可以并入资产质量与资产负债表的对称性分析中一并进行。

3. 所有者权益质量分析

在分析所有者权益变动、结构合理性的基础上，对所有者权益的分析同样最终需要落实到所有者权益质量的分析判断上，因为所有者权益的质量直接影响投资者（股东财富）价值、投资价值，进而影响企业价值。

对资产负债表中所有者权益质量的分析，需要在分析影响企业所有者权益质量的主要因素的基础上，借助相关资料、财务指标，通过比较分析等方法进行，最终对所有者权益质量做出一个基本判断，包括所有者权益质量的相对高低的基本判断、企业盈余管理方面存在的问题的基本判断。

4. 资产负债表对称性分析

资产负债表左边表示资产，即企业拥有的经济资源，右边表示这些资源的来源，即资本，包括债务资本和股权资本。资产负债表的对称性问题就是企业资产与资本的适应性，分析资产负债表的对称性能更好地分析企业资产和资本的依存关系，从而有助于判断企业资产结构和资本结构的合理性。

（三）资产负债表具体项目分析

根据资产负债变动及结构分析的结果，变动幅度较大、影响值较大的或占资产（权益总额）比重大的资产项目、负债和所有者权益项目，作为重要的资产负债表项目，需要给予重点分析，主要是结合报表相关资料，利用表间数据关系、表内外数据联系，通过对比、比较，对资产负债表重要项目的变动情况、变动的合理性及各具体项目的质量进行分析。其中资产负债表重要项目的分析可以分为：重要资产项目的具体分析、重要负债项目的具体分析和重要所有者权益项目的具体分析。

根据资产负债表各项目变动及结构分析的结果，变动影响较大或占资产、资本比重大的重要资产、负债、所有者权益项目，需要给予重点分析，主要是结合报表相关资料，利用表间数据关系、表内外数据联系，通过对比、比较，对这些重要项目的变动情况、变动的合理性及质量进行分析。

值得注意的是，作为外部信息使用者，由于具体项目的变动、影响因素复杂，加上信息的不对称，实际分析起来并不容易，因此，本书关于这部分的分析仅就一般意义上的分析进行论述。

第三节　资产负债表总体分析实务

我们以 A 公司近三年资产负债表为例进行实际分析。由于报表数据观察年份越多，相关变化趋势、特点越明显，据此进行的分析越具有说服力，因此，本节以 A 公司为例进行的实际分析选取了该公司最近三年的数据。

一、资产负债表的比较分析

（一）水平分析

下面在表 2-4 原报表数据的基础上，利用水平分析方法对 A 公司近三年年末的资产负债表进行加工，可得到 A 公司近三年的比较资产负债表（环比），如表 2-5 所示。

表 2-5　A 公司近三年比较资产负债表（环比）

项目	本年比上年		上年比前年	
	增减变动额/元	变动比率/%	增减变动额/元	变动比率/%
流动资产				
货币资金	2 787 530 881.61	248.03	−933 025 178.59	−45.36
交易性金融资产	3 537 001.44	256.47	−37 354 795.31	−96.44
衍生金融资产	−197 633 455.68	−57.17	345 668 526.17	
应收票据	−10 113 104.82	−10.57	23 632 162.34	32.82
应收账款	68 989 300.01	8.65	−380 635 058.31	−32.3
预付款项	−782 607 299.28	−83.72	792 868 614.59	558.56
应收利息	53 878.51	55.14	97 716.37	
其他应收款	−1 516 825 796.78	−63.17	1 494 794 331.95	164.91
存货	−1 991 003 842.32	−31.91	1 947 781 496.08	45.39
划分为持有待售的资产	51 165 236.25		0.00	
其他流动资产	−180 655 343.93	−33.58	−18 475 078.99	−3.32
流动资产合计	−1 767 562 544.99	−14.17	3 235 352 736.30	35.01
非流动资产				
可供出售金融资产	4 886 177.04	8.98	24 065 114.22	79.29
持有至到期投资	0.00		0.00	
长期应收款	0.00		0.00	
长期股权投资	−37 767 168.95	−6.85	−81 392 001.90	−12.86
投资性房地产	−767 762.94	−3	135 460.48	0.53
固定资产净额	−216 041 079.12	−4.83	531 223 921.20	13.49
在建工程	1 800 117.43	5.58	5 637 964.12	21.2
工程物资	−29 312.40	−1.05	160 278.18	6.07
无形资产	97 565 861.71	10.8	371 567 134.62	69.87
商誉	289.82	0	173 546 551.25	93.79
长期待摊费用	65 266.72	0.15	3 423 689.37	8.77
递延所得税资产	43 110 386.72	114.76	24 930 990.76	197.3
其他非流动资产	−3 543 090.77	−13.39	−4 487 561.62	−14.5
非流动资产合计	−110 720 314.74	−1.7	1 048 811 540.68	19.23
资产总计	−1 878 282 859.73	−9.9	4 284 164 276.98	29.15

表2-5（续）

项目	本年比上年		上年比前年	
	增减变动额/元	变动比率/%	增减变动额/元	变动比率/%
流动负债				
短期借款	−477 374 852.33	−7.17	−398 860 915.61	−5.65
交易性金融负债	2 678 114.06	314.56	766 195.89	899.29
衍生金融负债	−105 607 320.44	−68.06	155 157 269.29	
应付票据	4 580 818.36	27.25	−27 895 981.43	−62.4
应付账款	−275 973 781.75	−30.63	310 879 908.31	52.69
预收款项	323 191 407.03	71.14	131 474 345.92	40.73
应付手续费及佣金	0.00		0.00	
应付职工薪酬	36 518 338.36	21.88	49 869 215.31	42.62
应交税费	11 650 336.73	8.82	62 271 775.70	89.23
应付利息	−28 839 909.09	−52.83	50 978 317.49	1 410.75
应付股利	−857 672.97	−51.23	−30 852 616.28	−94.85
其他应付款	−372 582 128.74	−41.31	720 528 483.27	397.34
其他流动负债	−1 200 000 000.00	−100	1 103 815 643.47	1 147.6
流动负债合计	−2 082 616 650.78	−19.57	2 128 131 641.33	24.99
非流动负债				
长期借款	−270 000 000.00	−100	270 000 000.00	
应付债券	2 446 982.45	0.25	993 593 234.90	
长期应付职工薪酬	−30 094.20	−100	30 094.20	
递延所得税负债	−62 789 758.24	−35.53	74 447 871.92	72.81
长期递延收益	6 504 061.25	6.03	3 801 029.28	3.65
非流动负债合计	−323 868 808.74	−20.82	1 341 872 230.30	627.06
负债合计	−2 406 485 459.52	−19.73	3 470 003 871.63	39.75
所有者权益				
实收资本（或股本）	0.00	0	0.00	0
资本公积	20 209 689.53	0.49	−324 790.39	−0.01
减：库存股				
其他综合收益	36 154 739.82	42.86	274 427 817.65	−144.38
专项储备				
盈余公积	18 999 074.46	8.64	31 060 230.25	16.45
一般风险准备				
未分配利润	454 347 204.02	274.22	412 171 960.81	−167.22
归属于母公司股东权益合计	529 710 707.83	7.96	717 335 218.32	12.09
少数股东权益	−1 508 108.04	−1.17	96 825 187.03	296.96
所有者权益（或股东权益）合计	528 202 599.79	7.79	814 160 405.35	13.65
负债和所有者权益（或股东权益）总计	−1 878 282 859.73	−9.9	4 284 164 276.98	29.15

注：表中删除了增长为零的不重要项目。

（二）横向分析

下面在表 2-4 报表数据的基础上，利用横向分析方法对 A 公司近三年的资产负债表进行加工，可得到 A 公司近三年的共同比资产负债表（以资产总额为 100），如表 2-6 所示。

表 2-6　A 公司近三年共同比资产负债表　　　　　单位:%

年份	本年	上年	前年
流动资产			
货币资金	22.87	5.92	14.00
交易性金融资产	0.03	0.01	0.26
衍生金融资产	0.87	1.82	0.00
应收票据	0.50	0.50	0.49
应收账款	5.07	4.20	8.02
预付款项	0.89	4.93	0.97
其他应收款	5.17	12.65	6.17
存货	24.84	32.87	29.20
划分为持有待售的资产	0.30	0.00	0.00
一年内到期的非流动资产	0.00	0.00	0.00
其他流动资产	2.09	2.83	3.79
流动资产合计	62.62	65.74	62.89
非流动资产			
可供出售金融资产	0.35	0.29	0.21
持有至到期投资	0.00	0.00	0.00
长期应收款	0.00	0.00	0.00
长期股权投资	3.00	2.90	4.31
投资性房地产	0.14	0.13	0.17
固定资产净额	24.87	23.54	26.79
在建工程	0.20	0.17	0.18
工程物资	0.02	0.01	0.02
固定资产清理	0.00	0.00	0.00
无形资产	5.85	4.76	3.62
开发支出	0.00	0.00	0.00
商誉	2.10	1.89	1.26
长期待摊费用	0.25	0.22	0.27
递延所得税资产	0.47	0.20	0.09
其他非流动资产	0.13	0.14	0.21
非流动资产合计	37.38	34.26	37.11
资产总计	100.00	100.00	100.00
流动负债			
短期借款	36.15	35.08	48.02

表2-6（续）

年份	本年	上年	前年
交易性金融负债	0.02	0.00	0.00
衍生金融负债	0.29	0.82	0.00
应付票据	0.13	0.09	0.30
应付账款	3.65	4.75	4.01
预收款项	4.55	2.39	2.20
应付职工薪酬	1.19	0.88	0.80
应交税费	0.84	0.70	0.47
应付利息	0.15	0.29	0.02
应付股利	0.00	0.01	0.22
其他应付款	3.09	4.75	1.23
一年内到期的非流动负债	0.00	0.00	0.00
其他流动负债	0.00	6.32	0.65
流动负债合计	50.06	56.08	57.95
非流动负债			
长期借款	0.00	1.42	0.00
应付债券	5.82	5.23	0.00
长期应付款	0.00	0.00	0.00
长期应付职工薪酬	0.00	0.00	0.00
预计非流动负债	0.05	0.04	0.05
递延所得税负债	0.67	0.93	0.70
长期递延收益	0.67	0.57	0.71
其他非流动负债	0.00	0.00	0.00
非流动负债合计	7.20	8.20	1.46
负债合计	57.26	64.28	59.40
所有者权益			
实收资本（或股本）	12.00	10.81	13.96
资本公积	24.26	21.76	28.10
减：库存股	0.00	0.00	0.00
其他综合收益	0.70	0.44	-1.29
盈余公积	1.40	1.16	1.28
一般风险准备	0.00	0.00	0.00
未分配利润	3.63	0.87	-1.68
归属于母公司股东权益合计	41.99	35.04	40.38
少数股东权益	0.75	0.68	0.22
所有者权益（或股东权益）合计	42.74	35.72	40.60
负债和所有者权益（或股东权益）总计	100.00	100.00	100.00

注：表中删除了占比接近零的不重要项目。

（三）平均变动分析

为突出 A 公司近三年年末资产负债表变动趋势及特点，可以借助平均增长率及平均共同比的计算来进行集中分析。根据表 2-4、表 2-5、表 2-6，可编制其间的平均比较资产负债表、变动项目影响表（对资产总额、资本总额的影响）及平均共同比资产负债表，如表 2-7 所示。

表 2-7　A 公司近三年年末资产负债表平均变动及平均共同比

报表项目	近三年		平均变动影响/%	近三年平均共同比（以资产总额为100）/%
	变动额/元	平均变动率/%		
流动资产				
货币资金	1 854 505 703.02	37.90	12.62	14.26
交易性金融资产	−33 817 793.87	−64.37	−0.23	0.10
衍生金融资产	148 035 070.49		1.01	0.90
应收票据	13 519 057.52	8.98	0.09	0.50
应收账款	−311 645 758.30	−14.24	−2.12	5.76
预付款项	10 261 315.31	3.55	0.07	2.26
应收利息	151 594.88		0.00	0.00
应收股利	0.00		0.00	0.00
其他应收款	−22 031 464.83	−1.22	−0.15	8.00
存货	−43 222 346.24	−0.50	−0.29	28.97
划分为持有待售的资产	51 165 236.25		0.35	0.00
一年内到期的非流动资产	0.00		0.00	0.00
待摊费用	0.00		0.00	0.00
待处理流动资产损溢	0.00		0.00	0.00
其他流动资产	−199 130 422.92	−19.87	−1.35	2.90
流动资产合计	1 467 790 191.31	7.65	9.99	63.75
非流动资产	0.00		0.00	0.00
可供出售金融资产	28 951 291.26	39.78	0.20	0.28
持有至到期投资	0.00		0.00	0.00
长期应收款	0.00		0.00	0.00
长期股权投资	−119 159 170.85	−9.91	−0.81	3.40
投资性房地产	−632 302.46	−1.25	0.00	0.15
固定资产净额	315 182 842.08	3.93	2.14	25.07
在建工程	7 438 081.55	13.12	0.05	0.18
工程物资	130 965.78	2.45	0.00	0.02
固定资产清理	0.00		0.00	0.00
无形资产	469 132 996.33	37.19	3.19	4.74
开发支出	0.00		0.00	0.00
商誉	173 546 841.07	39.21	1.18	1.75

表2-7（续）

财务报表分析
理论与实务

报表项目	近三年		平均变动影响/%	近三年平均共同比（以资产总额为100）/%
	变动额/元	平均变动率/%		
长期待摊费用	3 488 956.09	4.37	0.02	0.25
递延所得税资产	68 041 377.48	152.68	0.46	0.25
其他非流动资产	-8 030 652.39	-13.95	-0.05	0.16
非流动资产合计	938 091 225.94	8.26	6.38	36.25
资产总计	2 405 881 417.25	7.88	16.37	100.00
流动负债	0.00		0.00	0.00
短期借款	-876 235 767.94	-6.41	-5.96	39.75
交易性金融负债	3 444 309.95	543.63	0.02	0.01
衍生金融负债	49 549 948.85		0.34	0.37
应付票据	-23 315 163.07	-30.83	-0.16	0.17
应付账款	34 906 126.56	2.92	0.24	4.14
预收款项	454 665 752.95	55.19	3.09	3.05
应付职工薪酬	86 387 553.67	31.84	0.59	0.95
应交税费	73 922 112.43	43.50	0.50	0.67
应付利息	22 138 408.40	166.95	0.15	0.15
应付股利	-31 710 289.25	-84.16	-0.22	0.08
其他应付款	347 946 354.53	70.84	2.37	3.03
一年内到期的非流动负债	0.00		0.00	0.00
其他流动负债	-96 184 356.53	-100.00	-0.65	2.33
流动负债合计	45 514 990.55	0.27	0.31	54.70
非流动负债	0.00		0.00	0.00
长期借款	0.00		0.00	0.47
应付债券	996 040 217.35		6.78	3.69
长期应付款	0.00		0.00	0.00
长期应付职工薪酬	0.00		0.00	0.00
预计非流动负债	0.00	0.00	0.00	0.05
递延所得税负债	11 658 113.68	5.55	0.08	0.76
长期递延收益	10 305 090.53	4.84	0.07	0.65
其他非流动负债	0.00		0.00	0.00
非流动负债合计	1 018 003 421.56	139.94	6.93	5.62
负债合计	1 063 518 412.11	5.92	7.24	60.31
所有者权益	0.00		0.00	0.00
实收资本（或股本）	0.00	0.00	0.00	12.26
资本公积	19 884 899.14	0.24	0.14	24.71
其他综合收益	310 582 557.47	127.83	2.11	-0.05

表2-7（续）

报表项目	近三年		平均变动影响/%	近三年平均共同比（以资产总额为100）/%
	变动额/元	平均变动率/%		
盈余公积	50 059 304.71	12.48	0.34	1.28
未分配利润	866 519 164.83	187.50	5.90	0.94
归属于母公司股东权益合计	1 247 045 926.15	10.01	8.49	39.14
少数股东权益	95 317 078.99	98.08	0.65	0.55
所有者权益（或股东权益）合计	1 342 363 005.14	10.68	9.13	39.69
负债和所有者权益（或股东权益）总计	2 405 881 417.25	7.88	16.37	100.00

注：1. 根据 A 公司近三年资产负债表计算整理得到，表中删除了变化较小的不重要项目；

2. 近三年变动额以前年为基年、平均变动率为几何平均值（复合增长率）；

3. 变动影响值是指对资产总额（或资本总额）的影响值（计算见后）；

4. 未分配利润与其他综合收益项的平均增长率由于前年为负值，因此在计算平均增长率时分母取了绝对数计算。

　　资产负债表总体分析主要是针对资产负债表反映的基本财务情况进行分析，包括资产规模分析、资产结构分析、负债分析以及所有者权益情况的分析。通过对资产负债表的总体分析，我们可以了解企业生产经营规模及变化情况、资产管理的特点、财务风险、投资者投入资本的回报来源及债务、所有者权益的基本情况。对资产负债表的总括分析还可以在一定程度上帮助报表信息使用者了解企业管理、财务管理中存在的各种问题。

　　资产负债表总体分析主要是运用比较、结构分析法，基于报表本身或报表间的相互联系，通过对资产负债表反映出来的企业整体财务状况结合实际所做出的基本判断分析，是基于资产负债表对公司的财务状况、经营管理水平及经营特点所做出的判断认识。比如企业经营规模、资产构成、整体情况、负债水平、所有者权益的情况等，它主要是基于财务报表中数据间的相关联性所做出的基本分析。一般分析应从资产总体分析、负债总体分析和所有者权益总体分析三个方面进行。

二、资产总体分析

（一）资产规模分析

　　总资产在一定程度上反映了企业的经营规模。一个企业的资产规模不是越大越好，资产规模过大，将形成资产的大量闲置，造成资金周转缓慢；但是，资产规模过小，也将因为难以满足企业生产经营需要而使企业的生产经营活动难以正常进行。为此，一个企业必须保持合理的资产规模。进行企业资产规模分析通常采用以下步骤：

　　1. 资产规模变动分析

　　对资产规模的分析，可以利用比较资产负债表，从数量上了解企业资产的变动情况，分析变动的具体原因。比较资产负债表可以将企业资产负债表中不同时期的资产进行对比，方式有两种：一是确定其增减变动数量，二是确定其增减变动率。应用横向比较法，可以观察资产规模以及各资产项目的增减变化情况，发现重要或者异常的变化，对这些变化再做进一步分析，找出其变化的原因，并判断这种变化是有利的还是不利的。

下面根据 A 公司近三年年末资产负债表，根据表 2-7 的数据编制 A 公司资产结构变动表（见表 2-8），分析该公司资产的变动及构成情况。

表 2-8 近三年 A 公司资产结构变动表

项目	去年比前年		本年比去年	
	变动值/元	变动率/%	变动值/元	变动率/%
流动资产	3 235 352 736.30	35.01	−1 767 562 544.99	−14.17
非流动资产	1 048 811 540.68	19.23	−110 720 314.74	−1.7
资产总额	4 284 164 276.98	29.15	−1 878 282 859.73	−9.9

从表 2-8 可看出，A 公司近三年流动资产波动最大，去年总资产比前年增加 29.15%，其中流动资产增加 35.01%，增长幅度超过非流动资产；但本年总资产则比去年减少 9.9%，其中流动资产减少 14.17%，减少幅度超过非流动资产。这说明该公司在前两年经营规模增加的基础上，本年则出现大幅度降低，主要原因是流动资产规模缩减，前一章通过该公司比较资产负债表（部分）（见表 1-2），已经看到引起该公司流动资产减少的主要项目是预付账款、其他应收款、衍生金融资产、其他流动资产和存货（具体分析见后文）。

2. 分析资产规模变动的合理性与效率性

判断一个企业资产规模变化是否合理，要联系企业生产经营活动的发展变化，即将资产规模增减比率同企业产值、销售收入等生产成果指标的增减比率相对比，判断增资与增产、增收之间是否协调，资产营运效率是否提高。

由于资产规模变动与企业生产经营特点及发展、行业特点等有密切关系，因此，我们需要联系企业生产经营活动发展变化情况、所有者权益变动情况及其他因素变动情况综合考察资产规模变化的合理性。因此，我们可将资产增减变动率与同期企业产值、销售收入、利润、现金流量等成果指标的增减率进行对比，分析收入成果、现金流量与资产三者之间的协调性，遵循"资产带来产值，产值带来收入，收入带来利润，利润带来现金流量"的逻辑关系判断资产的效率性，进而判断资产变动的合理性。一般来说，如果资产变化明显，收入也明显增加，利润也有相应增加，则资产的这种变化属于有效率的，有一定的合理性，而如果利润增加的同时最终也能带来相应的现金流量，是最有效率的。对于报表外部信息使用者来说，由于产值资料不易获取，遵循"资产带来收入，收入带来利润，利润带来现金流量"的逻辑也有效。

为更好地比较分析 A 公司资产规模合理性，使分析结论更具说服力，可以选择另一家同行业、同生产类型的 B 公司的报表数据加以对比，并结合同期利润表和现金流量表分析，结果如表 2-9 所示。

财务报表分析
理论与实务

表 2-9   A 公司与 B 公司近三年资产变动合理性分析

项目	企业	资产总额	销售收入	利润总额	现金流量净额	营业利润	经营活动现金净流量
平均变动率/%	A 公司	7.88	28.14	142.93	104.84	184.71	173.75
	B 公司	14	-3.77	负增长	189.04	负增长	负增长

注：1. 表中数据分别来源于近三年 A 公司与 B 公司比较资产负债表、比较利润表和比较现金流量表；

2. B 公司近三年利润、营业利润和经营活动现金净流量平均增长额均为负值。

表 2-9 显示：A 公司今年资产比前年有一定程度的增加，三年间，资产平均增长7.88%；销售收入、营业利润、利润总额平均增长率分别为 28.14%、184.71% 和142.93%；经营活动现金净流量、现金流量净额分别增长 173.75% 和 104.84%。与之同业、同时期的 B 公司资产变动率平均为 14%；除现金流量净额平均增速为正值外，其余销售收入、营业利润、利润总额、经营活动现金净流量平均增长均为负增长。

由此可见，A 公司三年间，资产增长的同时，无论收入、利润，还是现金流量净额都有很大幅度增加，其中尤以经营活动产生的利润、现金净流量增幅最大，都超过了销售收入和现金流量净额的增长，说明该公司资产的一定程度的增长能够带来收入、利润的增长，同时能够带来实实在在的现金流量，尤其是核心经营活动现金净流量的大幅度增长，符合"资产带来收入，收入带来利润，利润带来现金流量"的逻辑关系，资产利用率比较高，在一定程度上可以说明此时企业的资产变动是有效率的，具有合理性。

而 B 公司在资产增幅超过 A 公司的情况下，并未带来相应成果，说明该公司资产变动具有一定的不合理性。

（二）资产结构分析

1. 资产结构分析的基本原理

资产结构分析主要运用垂直分析，了解企业的流动资产、具体资产项目等占资产总额的比重，反映其与总体的关系情况及其变动情况，并根据垂直分析结果找出占资产比重大的具体项目，以便在后续的分析过程中予以重点分析。对资产结构的分析，重点是对流动资产和非流动资产的结构进行具体比较、分析，判断企业资产结构变动的合理性，对资产结构的合理性进行分析，在判断企业资产各项目结构变动合理性时应结合企业生产经营特点和实际情况。

链接 2-5   **企业资产结构的影响因素**

企业资产结构主要受以下因素影响：

（1）企业所处行业的特点和经营领域。不同的行业、不同的经营领域，往往需要企业具有不同的资产结构。生产性企业固定资产的比重往往要大于流通性企业；机械行业的存货比重则一般要高于食品行业。

（2）企业的经营特点和状况。企业的资产结构与其经营特点、状况紧密相连。在同一行业中，流动资产、非流动资产所占的比重反映出企业的经营特点。流动资产较高的企业稳定性较差，但较灵活；那些非流动资产占较大比重的企业底子较厚，但调头难；长期投资占比较高的企业，金融利润和风险较高。经营状况好的企业，其存货资产的比重相对可能较低，货币资金则相对充裕；经营状况不佳的企业，可能由于产品积压，存货资产所占的比重会较大，其货币资金则相对不足。

（3）盈利水平与风险。企业将大部分资金投资于流动资产，虽然能够减少企业的经营风险，但是会造成资金大量闲置或固定资产不足，降低企业生产能力，降低企业的资金利用效率，从而影响企业的经济效益；反之，固定资产比重增加，虽然有利于提高资产利润率，但同时也会导致经营风险的增加。企业选择何种资产结构，主要取决于企业对风险的态度。如果企业敢于冒险，就可能采取冒险的固流结构策略，如果企业倾向于保守，则宁愿选择保守的固流结构策略而不会为追求较高的资产利润率而冒险。

（4）市场需求的季节性。若市场需求具有较强的季节性，则要求企业的资产结构具有良好的适应性，即资产中临时波动的资产应占较大比重，耐久性、固定资产应占较小比重；反之亦然。旺季和淡季的季节转换也会对企业的存货数量和货币资金的持有量产生较大影响。

（5）宏观经济环境。宏观经济环境制约着市场的机会、投资风险，从而直接影响企业的长期投资数额。通货膨胀效应往往直接影响到企业的存货水平、货币资金和固定资产所占的比重。一些法律或行政法规、政策，也会影响企业的资产结构。

分析资产结构与变动情况通常采用垂直分析法。垂直分析法的基本要点是通过计算资产中的各项目占总资产的比重，反映资产各项目与总资产的关系情况及其变动情况。

2. 资产结构基本分析

通过对资产结构的基本分析，我们可以了解企业资产的构成、重要的资产项目是什么，分析该企业的行业特点、经营特点、经营状况和技术装备等特点。

这种分析在垂直分析基础上，主要通过分析流动资产与非流动资产的构成、固流结构类型反映资产结构。

（1）流动资产构成比重的计算与分析。

流动资产构成比重是指流动资产占资产总额的百分比。计算公式为：

$$流动资产比重 = \frac{流动资产}{资产总额} \times 100\%$$

一般地，流动资产比重高的企业，其资产的流动性和变现能力较强，企业的抗风险能力和应变力也较强，但由于缺乏雄厚的固定资产作后盾，一般而言其经营的稳定性会较差。流动资产比重低的企业，虽然其底子较厚，但灵活性较差。流动资产比重上升则说明：企业应变能力提高，企业创造利润和发展的机会增加，加速资金周转的潜力较大。但是，这并不意味着企业流动性较强的资产占总资产的比例越大越好。归根结底，企业资产的流动性是为企业整体的发展目标服务的，企业管理所追求的应该是资产结构的整体流动性与盈利性的动态平衡。

（2）非流动资产构成比重的计算与分析。

非流动资产构成比重是指非流动资产占资产总额的百分比。计算公式为：

$$非流动资产比重 = \frac{非流动资产}{资产总额} \times 100\%$$

非流动资产的比重过高，首先意味着企业非流动资产周转缓慢，变现力低，势必会增大企业经营风险；其次，使用非流动资产会产生一笔巨大的固定费用，这种费用具有刚性，一旦生成短期内就不易消除，这样也会加大企业的经营风险；最后，非流动资产比重过高会削弱企业的应变能力，一旦市场行情出现较大变化，企业可能会陷入进退维谷的境地。非流动资产比重的合理范围应结合企业的经营领域、经营规模、市场环境以及企业所处的市场地位等因素来确定，并可参照行业的平均水平或先进水平。

（3）固流结构类型的计算与分析。

在企业资产结构体系中，固定资产与流动资产之间的结构比例是最重要的。固定资产与流动资产之间的结构比例通常称为固流结构或固流比。计算公式：

$$固流比 = \frac{固定资产}{流动资产} \times 100\%$$

在企业经营规模一定的条件下，如果固定资产存量过大，则正常的生产能力不能充分发挥出来，造成固定资产的部分闲置或生产能力利用不足；如果流动资产存量过大，则又会造成流动资产闲置，影响企业的盈利能力。无论以上哪种情况出现，最终都会影响企业资产的利用效果。

链接 2-6   **企业固流结构类型**

对一家企业而言，目前主要有三种类型的固流结构：

第一类，适中的固流结构，是指企业在一定销售量的水平上，使固定资产存量与流动资产存量的比例保持在平均合理的水平上。这种资产结构可在一定程度上提高资金的使用效率，但同时也增大了企业的经营风险和偿债风险，是一种风险一般、盈利水平一般的资产结构。

第二类，保守的固流结构，是指企业在一定销售水平上，维持大量的流动资产，并采取宽松的信用政策，从而使流动资金处于较高的水平。这种资产结构中流动资产比例较高，可降低企业偿债或破产风险，使企业风险处于较低的水平。但流动资产占用大量资金会降低资产的运转效率，从而影响企业的盈利水平。因此，该种资产结构是一种流动性高、风险小、盈利低的资产结构。

第三类，冒险的固流结构，是尽可能少地持有流动资产，从而使企业流动资金维持在较低水平上。这种资产结构中流动资产比例较低，资产的流动性较差。虽然固定资产占用量增加而相应提高了企业的盈利水平，但同时也给企业带来较大的风险。这是一种高风险、高收益的资产结构。

从表 2-10 可见，A 公司流动资产占比平均在 60%以上，固流比近三年分别为42.60%、35.81%和39.71%，说明该公司主要以流动资产为主，是偏向轻资产的、相对保守的资产结构形态。从资产结构变化来看，流动资产的比重三年来持续高于非流动资产的比重，且固流比持续下降，说明该公司资产的流动性和变现能力越来越强，对经济形势的应变能力较好。但评价一个企业资产规模变动、结构是否合理，也就是说企业在总资产中保持有多少流动资产、多少固定资产才合适，还应对企业的经营性质、规模、经营状况、市场环境等因素进行综合分析，或者对近几年来的资产结构进行趋势比较，或者与同行业的平均水平、先进水平进行比较，才能正确评价资产结构的合理性和先进性。

表 2-10　近三年来 A 公司资产结构比及固流比

指标	前年	去年	本年
流动资产比重/%	62.62	65.74	62.89
非流动资产比重/%	37.38	34.26	37.11
固流比/%	42.60	35.81	39.71

注：表中数据由近三年 A 公司共同比资产负债表 2-6 及资产负债表 2-4 计算整理得到。

3. 资产结构合理性分析

在企业经营规模一定的条件下，如果流动资产存量过大，长期资产的存量过小，那么在资产弹性较大、财务风险降低的同时，又会造成流动资产闲置，影响企业的盈利能力；而如果流动资产存量过小，长期资产的存量过大，则正常的生产能力不能充分发挥出来，造成固定资产的部分闲置或生产能力利用不足，同时会降低资产弹性、加大财务风险。无论以上哪种情况出现，最终都会影响企业资产的利用效果、盈利水平和风险水平。因此，资产结构合理性分析就变得尤为重要，资产结构合理性体现了企业资源配置战略的实施及其产生的经济后果。

链接 2-7 <center>**关于资产结构合理性的讨论**</center>

讨论 1：资产结构安排中的盈利性与风险性

资产流动性大小与资产的风险大小和收益高低是相联系的。通常情况下，流动性大的资产，其风险相对要小，但收益也相对较小且易波动；流动性小的资产，其风险相对较大，但收益相对较高且稳定。当然也有可能出现不一致的情况。

企业将大部分资金投资于流动资产，虽然能够减少企业的财务风险，但是会造成资金大量闲置或固定资产不足，降低企业生产能力，降低企业的资金利用效率，从而影响企业的盈利性；反之固定资产比重增加，虽然有利于提高资产盈利性，但同时也会导致财务风险的增加。

企业选择何种资产结构，主要取决于企业对风险的态度、营运资本的管理效率。如果企业敢于冒险，同时营运资本管理效率比较高，就可能采取冒险的固流结构策略，存有较低的流动资产；而如果企业倾向于保守，营运资本管理效率较低，则会选择保守的固流结构策略，不会为追求较高的资产利润率而冒险。

讨论 2：资产结构与企业战略承诺的吻合性

企业的资源配置战略主要是靠资产的有机整合和配置来实现的，无论资源配置战略的具体内容是什么，在资产结构上的表现一定是资产项目之间的不同组合。

企业之所以要确立其资源配置战略，并使其与竞争者区分开来，完全是出于竞争的需要。尽管一个行业的经济特征在一定程度上限制了企业参与行业竞争时可供选择的资源配置战略的弹性，但是许多企业仍然可以通过制定符合自身特定要求的、难以复制的资源配置战略来保持竞争优势。

通常在上市公司年报的"经营情况讨论与分析"部分，企业都会表述自身所选择的资源配置战略，即战略承诺；而通过考察企业资产中经营性资产与投资性资产的结构关系，以及经营性资产的内部结构等方面，人们就可以在一定程度上透视企业资源配置战略的具体实施情况。通过将企业实际的资源安排与企业战略承诺进行比较，人们便能判断公司资源配置战略具体的实施情况与所承诺的选择之间的吻合性。在我国现阶段，上市公司的资产结构与战略承诺之间的吻合性可以从两个层面来分析。其一，资产结构与全体股东的战略相吻合，即在财务上要求企业最大限度降低不良资产占用，提高资产周转率和盈利能力。其二，资产结构与控股股东的战略相吻合，即在控股股东的战略不同于全体股东战略的条件下，控股股东有可能以上市公司为融资平台谋求另外的发展，控股股东战略的实施也许就会表现为上市公司自身的不良资产占用（掏空上市公司）。对于那些存在其他应收款巨额增加、存货超常增加、固定资产闲置等情况的上市公司，在形成其财务状况的过程中，往往能够看到控股股东战略（利用上市公司融资能力为控股股东服务）实施的种种迹象。

（资料来源：张新民，钱爱民. 财务报表分析［M］. 4 版. 北京：中国人民大学出版社，2017.）

企业资产结构合理性是研究企业的资产中各类资产如何配置才能使企业在降低风险的同时，取得最佳经济效益的指标。在实际中，报表外部信息使用者通常可结合企业的生产经营特点、盈利水平和风险状况、营运资本管理能力、效率性等方面来进行分析，在分析中可以结合选择某一标准比较分析结构比例是否具有合理性。标准可以是行业平均值、企业历史平均值。

第一，可对企业现有资本结构合理性做一个基本判断。分析时应注意把流动资产比重的变动与销售收入和营业利润的变动联系起来，可以从效率性方面说明资产结构。具有一定合理性的资产结构的表现是：如果营业利润和流动资产变动同时提高，说明企业正在发挥现有经营潜力，经营状况好转；如果流动资产变动降低而销售收入和营业利润呈上升趋势，说明企业资金周转加快，经营形势优化。不具有合理性的资产结构的表现是：如果流动资产变动上升而营业利润并没有增长，则说明企业产品销路不畅，经营形势不好；如果流动资产变动和营业利润、销售收入同时下降，则表明企业生产萎缩，沉淀资产增加。由于各行业生产经营情况不一样，因此流动资产在资产总额中的比重就不一样，合理的程度应根据具体行业、企业的生产经营特点等来判断分析。

下面仍以 A 公司近三年利润表资料及表 2-5、表 2-7 比较资产负债表进行分析，结果见表 2-11。

表 2-11　近三年 A 公司流动资产变动、销售、营业利润变动比较　　　单位：%

指标	前年	上年	本年	三年平均
流动资产变动	—	35.01	-14.17	7.65
营业收入变动	—	16.20	41.31	28.14
营业利润变动	427.84	53.57	184.71	

注：三年平均变动率是近三年的几何平均（复合增长）率。

由表 2-11 可知，A 公司近三年来流动资产、营业收入、营业利润变动都是增长的，且营业利润及营业收入的增长均大于流动资产的增长，说明流动资产的增长是有效率的，这样的资产流动性安排具有一定的合理性。

第二，可结合企业财务管理效率做出进一步的判断。资产结构的合理性受很多因素影响，分析起来具有一定的复杂性和难度，除比较分析法分析外，也可以运用一些企业财务管理的原理加以分析，如根据营运资本管理效率原理，通过计算营运资金需

第二章　资产负债表分析

求量（working capital requirement，WCR）指标，我们可以在一定程度上判断企业资产结构的合理性，因为营运资金需求量与营运资本管理效率有直接关系，而营运资金管理效率又会影响企业资产结构的安排。

链接 2-8　　　扩展阅读 1：企业营运资金需求量与营运资本管理效率

营运资本需求完全可以与企业的经营效率联系在一起。当我们衡量一个企业的效率时，现实中的指标太散，需要我们做大量的分析，直观度不够。我们需要一个综合性的指标，能将企业管理的各方面都涵盖，那么如何使用营运资本衡量企业管理效率？

在整个企业经营过程中，会出现企业的资金要么被别的企业无偿占用，要么无偿占用其他企业的资金的情形。我们把二者之差称为营运资金需求量（WCR）。被别的企业占用的项目主要是应收账款、预付账款及存货；占用别的企业的项目主要是预收账款、应付账款。

营运资本需求是存货、应收账款减应付账款的余额。如果流动资产中包括预付费用，流动负债中包括预提费用，那么净投资就是流动资产减流动负债的差额，但不包括现金，因为现金是公司全部投资剩下的部分，全部投资包括营运资本需求；同样地，营运资本需求也不包括短期借款。短期借款是为支持公司的投资而筹集的，这里也包括为营运资本需求而筹集；短期借款为公司的营业循环筹集资金，但不是营业循环的组成部分。

扩展阅读 2：营运资金需求量（WCR）与资产结构的合理性

一般来说，如果企业占用其他企业的资金大于被其他企业占用的资金，则 WCR 值为负值，说明企业提供的产品和劳务具有较强的市场竞争能力，可以较好地运用营运资金管理中的策略"快快收钱、慢慢付款"，为企业产生甚至创造出超过自身需要的现金。此时，企业无须产生出对资金的新的需求，这样财务风险也较小，同时资金成本也会得到节约，盈利能力也会上升。

因此，营运资金需求量（WCR）当然是越小越好，越小表明企业营运资金管理效率越高，此时，企业自身的生产经营创造资金的能力很强，基本不存在为维持支付需要而安排较多的流动资产的情况，财务弹性很好，此时，就可以考虑安排较少的流动资产、较多的非流动资产，以实现较高的盈利性。企业营运资金需求量（WCR）大，则说明企业被其他企业占用的资金大于占用其他企业的资金，企业创造资金的能力有限，则企业为了满足支付需要，就必须安排较多的流动性强的资产，此时资产结构安排中应该保持较多的流动资产才是合理的。

营运资金需求量（WCR）指标提供给我们一个解决资产结构安排中的盈利性与风险性矛盾的思路，即若营运资金需求量（WCR）越小，就越应该考虑安排较少的流动资产，以较多考虑资产的盈利性；而若营运资金需求量（WCR）越大，就越应该考虑安排较多的流动资产，以较多考虑资产的支付需要。

营运资金需求量指标也是一个综合性很强的指标，能将企业管理的各方面都涵盖。应付款项主要涉及企业的采购环节，存货主要涉及企业的生产环节，应收款项主要涉及企业的销售环节。要提高营运资金的管理效率，就必须在采购环节管控企业的应付账款，生产环节做好企业的存货管控，销售环节管控好企业的应收账款。

因此我们可以借助这个指标来对资产结构安排中的合理性做出一定的判断。

营运资金需求量（WCR）的基本计算公式如下：

营运资金需求量（WCR）＝（应收账款 + 存货）− 应付账款

扩展公式：

营运资金需求量（WCR）＝（应收账款 + 预付账款 + 存货）−（应付账款 + 预收账款）

但考虑营运资金需求量绝对值受企业规模、行业特征等影响，我们可用销售额和营运资金需求量相比的相对值进行分析比较，这样一方面可以看出销售的增长和营运资金需求量之间的关系，另一方面可把营运资金需求量和销售做匹配分析，这样能更好地判断出企业资产结构安排的合理性。因此，对于不同行业、规模的企业，可计算营运资金需求量与营业收入比来做分析，计算公式如下：

$$营运资金需求量与营业收入比 = \frac{营运资金需求量（WCR）}{营业收入} \times 100\%$$

该指标越低，说明企业获取营业收入过程中需要耗用的资金越少，则企业的经营管理效率就越高。对于反映资产结构的指标，除了流动资产占比外，还有流动比率这一关键的财务指标，这一指标同时也能反映资产结构安排中的风险性。

下面我们以 A 公司近三年资产负债表为基础，按以上原理，整理计算相关指标，如表 2-12 所示。

表 2-12　近三年 A 公司资产结构合理性对比分析

项目	前年	上年	本年
流动资产比重/%	62.62	65.74	62.89
流动比率	1.09	1.17	1.25
营运资金需求量（WCR）/元	4 698 529 727.96	6 616 190 526.09	3 864 351 059.22
营运资金需求量与营业收入比/%	40.27	48.80	20.17

资料来源：根据 A 公司近三年财务报表计算整理得到。

据表 2-12 计算整理的结果，近三年 A 公司流动资产比重呈先升后降趋势，流动比率呈上升趋势，显著低于公认标准 2 甚至是最低标准 1.5，这样的安排合理吗？

结合该企业营运资金需求量（WCR）、营运资金与营业收入的比值来看，两者都呈显著下降趋势，说明该企业经营竞争力、营运资金管理效率越来越高；可见随着 A 公司经营竞争力的提升，营运资金管理效率也在逐步提高，企业生产经营创造流动性的能力越来越强。为此，从资产结构安排来看，没必要再安排较高的流动性来满足企业的生产经营需要。营运资金与营业收入的比值显著下降，从前年的 40.27%，下降到今年的 20.17%，也可以说明企业资产结构安排的效率性越来越高，因此，这样的安排是具有一定的合理性的。

（三）发现对资产影响较大的重点类别和重点项目

在资产规模变动、结构情况分析的基础上，我们应进一步分析对资产、资本规模变动影响较大的各类资产、资本（负债及所有者权益）情况，通过分析，找到影响总资产、总资本变化的原因，进而再针对影响较大的个别资产、负债、所有者权益做深入的分析。分析时，第一，要注意发现变动幅度较大的资产、负债、所有者权益类别或具体项目，特别是发生异常变动的项目；第二，要把变动影响较大的项目作为后文分析的重点。某项具体项目的变动自然会引起各类项目发生同方向变动，但不能完全根据该项目本身的变动来说明对各类项目的影响。该项目变动对各类项目的影响，不仅取决于该项目本身的变动程度，还取决于该项目在该类项目中所占的比重。当某项目本身变动幅度较大时，如果该项目所占比重较小，则该项目的变动就不会有太大影响；即使某个项目本身变动幅度较小，如果其比重较大，则其变动的影响也很大。

例如表 2-7 中，A 公司的"货币资金"和"交易性金融资产"项目，近三年变动幅度都很大，平均变动率分别为 37.90% 和 -64.37%，但是对资产总额的影响却相差很大，"货币资金"项目对总资产的影响为 12.62%，而"交易性金融资产"项目对总资产的影响仅为 -0.23%。同时，根据近三年共同比平均值计算发现，"货币资金"平均占资产比重为 14.26%，而"交易性金融资产"项目平均仅占 0.1%。由此可以发现"货币资金"项目是较"交易性金融资产"更加重要的资产项目。

因此，分析时只有注意到这一点，才能突出分析重点。抓住关键问题有助于我们进行深入分析，而且能减轻分析工作量。这一步通常需要运用比较资产负债表提供的变动情况，计算变动影响值，可以发现影响资产或资本变动的原因。之后再根据共同比资产负债表，找出占比大的项目，就是我们需要重点关注，以便后续进一步具体分析的重点项目。其中，变动影响值通常需要计算影响各类项目的增长率，该值大，则该具体项目就为这类资产负债表项目变动的重要影响因素。具体公式如下：

影响各类项目增长率=该项具体项目的变动额/该类项目期初数×100%

比如资产类项目的影响增长：

影响总资产增长率=该项资产类项目变动额/总资产期初数×100%

资本类（负债+所有者权益）类项目的影响增长：

影响总资本增长率=该项资本类项目变动额/总资本期初数×100%

而其中：负债类项目的影响增长：

影响负债增长率=该项负债类项目变动额/负债总额期初数×100%

所有者权益类项目的影响增长：

影响所有者权益增长率=该项所有者权益类项目变动额/所有者权益总额期初数×100%

以 A 公司为例，根据表 2-7 中的近三年 A 公司共同比资产负债表平均数发现，近三年该公司流动资产占资产总额的平均比重为 63.75%，说明该公司是资产以流动资产为主的公司，具有轻资产公司生产经营的一些特征。其中最为重要的流动资产为存货、货币资金、其他应收账款、应收账款，占资产总额的比重分别为 28.97%、14.26%、8% 和 5.76%。固定资产、无形资产和长期股权投资是其最重要的非流动资产，占资产总额的比重分别为 25.07%、4.74% 和 3.45%。

由表 2-7 的变动影响值可见，影响 A 公司本年比前年资产增加的主要原因是流动资产的变动，使资产增加 9.99%，而流动资产中的货币资金、衍生金融资产是主要增长原因，非流动资产中的固定资产、无形资产及商誉的增长的影响是最明显的，其中货币资金影响最大，使得资产增加了 12.62%，无形资产的增长变动使得资产增加了 3.19%；而最为明显的还是应收账款的减少变动，使得资产总额减少了 2.12%。

通过上述分析发现，引起 A 公司资产变动的主要原因是流动资产增加，即流动资产是重点类别，其中主要类别是存货、其他应收账款及货币资金。非流动资产中的固定资产影响明显。结合共同比资产负债表三年平均结果，我们可以认为该公司的货币资金、衍生金融资产、固定资产和无形资产是资产负债表中的重点资产类项目，在后续具体项目分析中需要重点关注，并加以详细分析。

三、负债总体分析

（一）负债变动分析

负债变动分析，就是分析负债内部各项目发生哪些变化，从期初、期末的流动负债、非流动负债及具体项目，如短期借款、应付票据、应付账款、长期借款、长期应付款等的增减变化，来分析判断负债变动趋势是否合理，及其对企业的生产经营活动有什么影响。负债变动分析表，可借助比较资产负债表进行分析。

据表 2-7 的 A 公司平均比较资产负债表，对负债变动分析如下：

（1）A 公司近三年负债总额增长 1 063 518 412.11 元，平均增长 5.92%，其中非流动负债增长显著，今年比前年增加 1 018 003 421.56 元，平均增长 139.94%，而流动负债则呈缓慢增长的态势，三年增加 45 514 990.55 元，平均增长仅为 0.27%，说明今年负债总额增长的主要原因是非流动负债增长。

（2）在流动负债的变动中，交易性金融负债、应付利息、其他应付款、预收款项的增长明显，分别比前年增长 3 444 309.95 元、22 138 408.40 元、347 946 354.53 元和 454 665 752.95 元，平均增长分别为 543.63%、166.95%、70.84% 和 55.19%。通过查阅该公司近两年的年报资料，可知，交易性金融负债大幅度增加的原因是期货糖的浮动盈亏；应付利息增幅大的原因是应付短期融资及中期票据利息增加；其他应付款增加的原因是应付期货抵押金、保理款增加；而预收款项增加的原因是预收的食糖货款增加。其他流动负债和应付股利减少明显，分别比前年减少 96 184 356.53 元、31 710 289.25 元，平均减少 100.00%、84.16%。

（3）在非流动负债的变化中，各项非流动负债变化都不是很明显，但在负债总额中变化最大的毕竟是非流动负债，因此，其变动影响程度不容忽视，需要后续结合变动影响计算分析后再做进一步分析。

（二）负债结构分析

负债结构分析，就是分析负债内部各项目如短期借款、应付票据、应付账款、长期借款、长期应付款等所占比重的情况及增减变化，来分析判断负债构成比重与变动趋势是否合理，为后续做负债适应性分析奠定分析基础。对各项负债所占比重的计算分析，可借助共同比资产负债表进行。其中所选择的共同比，依据分析目的的不同，有不同的选择。若是分析负债结构对资本结构的影响，可选择以负债及所有者权益所形成的资本总额为 100（见表 2-6），也可以选择以负债总额为 100（见表 2-13），来进一步分析负债各具体项目对负债本身的影响。

表 2-13　近三年 A 公司平均负债结构分析　　　　　　　　　单位:%

项目	流动负债				非流动负债	
	合计	其中:短期借款	其中:应付账款	其中:预收款项	合计	其中:应付债券
共同比（以负债总额为100）	90.74	66.18	6.84	5.12	9.26	6.10

注：表中数据由近三年 A 公司资产负债表整理计算得到。

由表 2-13 可知，A 公司近三年来债务资本主要以流动负债为主，流动负债占负债总额的比平均为 90.74%，那么这种以流动负债为主要债务资本的安排是否具有合理性？

这可以通过结合资产结构合理性及资产质量来进行分析。结合前文对于资产及负债的扩展认识，本书赞同这样的分析观点，即只要企业资产质量好、管理效率高、资产结构安排是合理的，则负债的适应性也没有问题。

因此，就前述 A 公司资产结构安排的合理性分析来看，企业资产结构以流动资产为主，有其合理性。但结合流动比率都在最低值 1.5 来看，尽管该企业经营管理效率越来越高，但离优秀的企业尚有很大差距，较高的流动负债还是具有一定的风险性，需要给予适当调整。当然，最后我们还可以结合后续的资产质量分析来进一步论证分析。

（三）发现对资本总额影响大的负债项目

资本类（负债+所有者权益）项目的影响增长：

影响总资本增长率=该项资本类项目变动额/总资本期初数×100%

由表 2-7 的变动影响值可见，债务资本对总资本变动的影响为 7.24%，债务资本中的非流动负债类是主要影响项目，对总资本的影响值为 6.93%，而流动负债的变动影响值仅为 0.31%。债务资本中具体项目的影响结合共同比来看，非流动负债中的应付债券、流动负债中的短期借款、预收款项和其他应付款对总资本的变动影响相对较大，分别为 6.78%、-5.96%、3.09%和 2.37%，结合三年平均共同比数据看，这几项占总资本的比重也是相对较高的项目。

因此，负债项目中的应付债券、短期借款、预收款项及其他应付款是重点的负债项目，是后续的具体负债项目分析中应重点加以关注的项目。

四、所有者权益总体分析

（一）所有者权益变动分析

所有者权益变动分析，就是分析所有者权益项目及内部各项目发生哪些变化，从期初、期末的所有者权益及具体项目，如所有者权益总额、实收资本（股本）、资本公积、盈余公积及未分配利润等的增减变化，来分析判断其变动趋势是否合理，对企业的生产经营活动有什么影响。所有者权益的变动分析，可借助比较资产负债表进行分析。

据表 2-7 A 公司近三年比较资产负债表分析如下：

A 公司近三年所有者权益总额增长 1 342 363 005.14 元，平均增长 10.68%，其中未分配利润、其他综合收益增长最显著，本年比前年分别增加 866 519 164.83 元和

310 582 557.47 元，平均增长 187.50% 和 127.83%，而盈余公积也比前年增长 50 059 304.71 元，平均增长 12.48%。通过查阅公司本年年度报告资料可知，未分配利润本年大幅增加是因为盈利增加；而其他综合收益大幅增加的原因是该企业套期保值增加。

（二）所有者权益结构分析

所有者权益结构分析，就是分析所有者权益内部各项目如实收资本（股本）、资本公积、盈余公积、未分配利润等所占比重的情况及增减变化，来分析判断所有者权益构成比重与变动趋势是否合理。对各项所有者权益所占比重计算分析，可借助共同比资产负债表。其中所选择的共同比，可以依据分析目的不同，做出不同的选择。若是分析所有者权益结构对资本结构的影响，可选择以负债及所有者权益所形成的资本总额为 100（见表 2-6），也可以选择以所有者权益总额为 100（见表 2-14），来进一步分析所有者权益各具体项目对所有者权益本身的影响。

表 2-14　近三年 A 公司平均所有者结构分析　　　　单位：%

项目	股本	资本公积	盈余公积	未分配利润	其他综合收益
共同比 （以所有者权益总额为 100）	30.91	62.30	3.23	2.27	-0.10
共同比 （以资本总额为 100）	12.26	24.71	1.28	0.94	-0.05

由表 2-14 可知，三年间，不论从总资本的构成看，还是从所有者权益本身的构成看，A 公司以股本和资本公积组成的投资性所有者权益是最为重要的所有者权益，而盈余公积和未分配利润所组成的经营性所有者权益比重较小，这是否合理，我们可以留到资产负债表质量分析的相关内容中去进一步考察。

（三）发现对资本总额影响大的所有者权益项目

资本类（负债+所有者权益）类项目的影响增长：

影响总资本增长率＝该项所有者权益类项目变动额/总资本期初数×100%

通过计算变动对资本总额的影响（见表 2-7）可知，影响 A 公司近三年资本总额增加的主要原因是所有者权益中的未分配利润及其他综合收益增长对资本总额增长的影响，分别为 5.9% 和 2.11%。这也说明 A 公司所有者权益项目中的未分配利润及其他综合收益是重点的所有者权益项目，是后续的具体负债项目分析中应重点加以关注分析的项目。

第四节　资产负债表整体质量分析

一、资产整体质量分析

（一）资产质量的内涵

本书沿用张新民的观点，认为"资产的质量是指资产的变现能力或被企业在未来进一步利用的质量，是指资产在特定的经济组织中实际发挥的效用与其预期效用之间的吻合程度"。企业对资产的安排和使用程度上的差异，即资产质量的差异，将直接导致企业在实现利润、创造价值水平方面的差异，因此不断优化资产质量，促进资产的新陈代谢，保持资产的良性循环，是决定企业能否长久地保持竞争优势的源泉。

但不同项目资产的属性各不相同，企业预先对其设定的效用也就各不相同。此外，不同的企业或同一企业在不同时期、不同环境之下，对同一项资产的预期效用也会有所差异，因此，对资产质量的分析要结合企业特定的经济环境，不能一概而论，要强调资产的相对有用性。

（二）资产质量分析的意义

1. 资产质量的差异，将直接导致企业实现利润的差异

长期以来，我国部分上市公司屡屡出现一个看似很不正常的现象，即在连续几年收入和利润持续稳定增长的情况下，却突然陷入严重的财务危机。这一现象涉及很多方面的问题，其中有企业业绩评价体系本身存在的问题，有会计法规、政策规定不合理的问题，也有市场体系不完善的问题，等等。但从财务报表分析的角度来看，有一点不容忽视，那就是有的企业在追求"良好"的财务业绩的同时，也在制造大量的不良资产，致使资产质量日益恶化，最终陷入财务困境而无法自拔。

2. 资产质量问题关乎企业的生存与发展

现行会计准则的首要特点体现在会计观念的变化上，强化资产负债表观念，淡化利润表观念，追求企业高质量资产与恰当负债条件下的净资产的增加，体现全面收益观念，更加关注企业资产的质量，更加强调对企业资产负债表日的财务状况进行恰当、公允的反映，更加重视企业的盈利模式和资产的营运效率，不再仅仅关注营运效果。因此，研究资产质量问题关乎企业的生存与发展，成为财务报表分析领域的一个重要内容。资产质量分析具有重要的理论研究价值，对企业来说也具有重大的现实意义。

3. 资产质量的好坏是决定企业能否长久地保持竞争优势的源泉

资产质量的好坏，将直接导致企业在实现利润、创造价值水平方面的差异，不断优化资产质量，促进资产的新陈代谢，保持资产的良性循环，是决定企业是否能够长久地保持竞争优势的源泉。对企业资产质量的分析，能使各利益相关者对企业有一个全面、清晰的了解和认识。

4. 资产质量影响企业价值

资产质量越好的企业其盈利持续性越强，而企业价值是企业盈利能力及持久性的市场体现，高质量的资产可以为企业带来较多的经济利益的流入，并且反映到企业价值上，会带来较高的企业价值，提升企业价值增值的空间。

（三）资产质量的属性

1. 资产质量的相对有用性

从财务分析的角度看，资产质量主要关注的并不是资产的物理质量，而更多地强调在生产经营中为企业带来的未来收益的质量。资产质量会因所处的企业背景的不同而有所不同，其中包括宏观经济环境、企业所处的行业背景、企业的生命周期背景、企业的不同发展战略等。

在移动互联网时代，商业模式创新日新月异，同样的资产项目，按照不同的商业模式加以运用，其创造的价值会迥然不同，所表现出来的资产质量也就大相径庭。比如，基于物联网的工业 4.0 将颠覆传统的制造模式。具有个性化定制、网络化协作等特点的智能制造，强调分工协作、优势互补。因此，在"资源整合定成败"的移动互联网时代，企业的资产质量还将取决于商业模式、整合效应等更多因素，因此其相对性特征将更加明显。

2. 资产质量的时效性

技术变革、消费者偏好的改变、竞争环境的变化等对企业的资产质量均会造成影响。例如，去年某项无形资产会给企业带来超额利润，但今年出现了新的技术专利，企业的无形资产于是相对贬值。在有形资产方面，设备可能会因企业的产业结构或产品结构变化而闲置，从优质资产变成不良资产；存货有可能因消费者偏好发生变化而卖不出去；信誉优良的赊销客户也有可能面临破产危机而导致应收账款回笼困难；等等。因此我们认为，企业的资产质量会随着时间的推移而不断发生变化，研究资产质量，应强调其所处的特定历史时期和宏观经济背景。

3. 资产质量的层次性

企业资产质量有整体资产质量和单项资产质量之别。一个经济效益好、资产质量总体上优良的企业，也可能有个别资产项目质量差。一个面临倒闭、资产质量总体上很差的企业，也可能会有个别资产项目质量较好。因此，研究企业的资产质量，一定要分层次进行，不但要从企业资产总体上把握，确定企业资产整体质量的好坏，还有必要分项目展开分析，根据各项资产的具体特征和预期效用，逐一确定各个资产项目的质量。

（四）资产项目的质量特征

资产项目的质量特征是指企业针对不同的资产项目，根据自身具有的属性和功用所设定的预期效用。总体来说，研究各个资产项目的质量特征，可以从资产的存在性、盈利性、周转性、保值性和变现性五个方面进行分析。

1. 资产的存在性

资产的存在性是指符合资产定义的资产是否真实客观存在，以及资产的分布状况，即结构。影响资产存在性的主要方面是异常资产，包括虚拟资产和虚增资产。虚拟资产是指为会计的配比原则资本化的费用，如长期待摊费用、待摊费用、股权投资差额等，这些都是已经发生的费用或损失，但由于企业缺乏承受能力而暂时挂列为待摊费用、递延资产、待处理流动资产损失和待处理固定资产损失等资产项目。这些资产是不能给企业带来经济利益的。虚增资产是指不符合会计准则的，企业为一定目的粉饰报表而产生的气泡。这两个方面不管是合法存在还是非法存在，都影响了资产的存在性。

链接 2-9   **虚拟资产的影响及构成**

1. 虚拟资产的影响

利用虚拟资产作为"蓄水池"，不及时确认、少摊销或不摊销已经发生的费用和损失，也是上市公司粉饰会计报表的惯用手法。它们的借口包括权责发生制、配比原则、地方财政部门的批示等。

2. 虚拟资产的构成

虚拟资产是企业资产的特殊组成部分，是持续经营的会计假设的产物。从本质上说，虚拟资产并不是资产，而是企业已经发生的费用或损失，按照权责发生制和会计配比的要求，暂时作为资产进行核算的部分。

它具体包括两个部分：

一部分是直观的虚拟资产,它包括待摊费用、长期待摊费用和待处理财产损失等。这部分虚拟资产在企业的资产负债表中一目了然,其中待处理财产损失在实行新的企业会计制度后已从年度资产负债表中剔除。

另一部分是隐含的虚拟资产,即企业资产的账面价值与实际价值相背离的部分,如应收账款中的坏账、报废和滞销的存货、固定资产和在建工程的历史成本与公允价值的差额等,这部分虚拟资产在 1998 年《股份有限公司会计制度》中要求将其作为坏账准备、短期投资跌价准备、长期投资跌价准备、存货跌价准备等项目反映,作为各项资产价值的备抵项目,从企业的资产总额中剔除;而新的企业会计制度实行以后更是将它扩展到固定资产减值准备、在建工程减值准备、无形资产减值准备、委托贷款减值准备等,当然这种计提属于会计职业判断的范畴,有可能出现偏差,只有在企业资产重组或破产清算时才能最终得到验证。

由此可见,虚拟资产的特点集中体现在一个"虚"字上,由于它的界定需要参与会计人员的主观判断,而且受益和分摊的期限也难以精确估算,因此往往成为上市公司用以调节利润、粉饰会计报表的一种工具。一般而言,利润及其构成是投资者最为关心的财务信息,但是虚拟资产的大量存在意味着即使企业利润较高,人为调节的可能性也极大,同时往往预示企业的经营状况与财务状况欠佳等,因此对上市公司虚拟资产的研究具有重要的意义。

2. 资产的盈利性

资产的盈利性,是指资产在使用中能够为企业带来经济效益的能力,它强调的是资产能够为企业创造价值这一效用。资产是指由企业过去的交易或事项引起,为企业拥有或控制,能够给企业带来未来经济效益的经济资源。因此,对资产有盈利性的要求是毋庸置疑的,它是资产的内在属性,是其存在的必然要求。资产质量好的公司盈利性一般较高,而通过保持企业稳定的盈利能力就能够确保企业的资产升值,因此,资产的盈利性是资产运作结果最综合的表现,也是提升资产质量的条件。

3. 资产的周转性

资产的周转性,是指资产在企业经营运作中的利用效率和周转速度,它强调的是资产作为企业生产经营的物质基础而被利用的效用。资产只有在企业的日常经营运作中得到利用,它为企业创造价值的效用才能得以体现。同行业企业相比较,相同资产条件下,资产周转速度越快,说明该项资产与企业经营战略的吻合性越高,对该资产利用得越充分,企业赚取收益的能力越强。因此,资产的利用越频繁,也就越有效,说明其质量越高。如果资产闲置,资产的周转性必然会受到损害,质量就较差。马克思认为资产的周转性非常重要,他在《资本论》中提出,提高资本周转速度对实现剩余价值或资本增值至关重要。

4. 资产的保值性

资产的保值性,是指企业的非现金资产在未来不发生减值的可能性。在实务中,当企业的资产账面净值低于其可回收金额(公允价值)时,通常要对其进行减值处理。企业资产发生减值,资产保值性降低,一方面会给企业带来减值损失,影响企业的当期业绩,降低资产收益性;另一方面也会使债权人在受偿时蒙受损失(如抵押贷款),影响企业的未来信用。资产减值准备数额越大,说明资产价值贬值越多,企业资产整体质量越差；反之，说明企业资产整体质量越好。

5．资产的变现性

资产的变现性是指具有物理形态的资产通过交换能够直接转换为现金的属性。资产的变现特征是由资产实现价值补偿和价值转换为现金的要求所决定的，资产的变现能力直接影响着企业生产的正常进行，甚至有可能影响到企业的生死存亡。现金流入是企业正常良性运作的必要条件之一，企业只有通过资产变现的过程，原垫付在资产上的价值才能最终得到补偿。资产的变现性影响资产的流动性和收益性，变现性越强，质量越高。

（五）资产负债表资产质量评价实务

基于以上分析，利用财务报表评价资产质量，可以借助相关财务指标进行分析。

1．资产存在性的评价

由于虚拟资产的存在影响了资产的存在性，可以依据资产负债表中虚拟资产的多少做基本判定。该类资产占比越多，比重越大，则说明企业整体资产质量越差；反之，则说明企业整体资产质量越好。因此，可以设计指标"虚拟资产的比重"来分析。计算公式为：

$$虚拟资产（占总资产）比重 = \frac{虚拟资产}{总资产} \times 100\%$$

式中：虚拟资产包括直观的虚拟资产和隐含的虚拟资产，这里主要以直观的虚拟资产为主。

$$虚拟资产 = 长期待摊费用 + 待处理财产损失 + 递延所得税资产$$

运用上述分析原理，据 A 公司近三年资产负债表及相关资料，对比计算 B 公司的报表资料，得到结果如表 2-15 所示。

表 2-15　A 公司与 B 公司资产存在性对比分析

企业	项目	前年	去年	本年	平均
A公司	虚拟资产合计/元	51 675 482.55	80 030 162.68	123 205 816.12	84 970 487.12
	其中：三年以上应收账款/元	—	—	—	—
	长期待摊费用/元	39 039 578.27	42 463 267.64	42 528 534.36	41 343 793.42
	递延所得税资产/元	12 635 904.28	37 566 895.04	80 677 281.76	43 626 693.69
	总资产/元	14 696 566 235.12	18 980 730 512.10	17 102 447 652.37	16 926 581 466.53
	虚拟资产比重/%	0.35	0.42	0.72	0.50
B公司	虚拟资产合计/元	98 356 461.06	238 278 085.99	385 487 290.19	240 707 279.08
	其中：三年以上应收账款/元	633 234.32	538 184.17	12 232 122.38	4 467 846.96
	长期待摊费用/元	7 994 402.79	156 381 256.30	251 122 051.68	138 499 236.90
	递延所得税资产/元	89 728 823.95	81 358 645.52	122 133 116.13	97 740 195.20
	总资产/元	5 685 007 323.49	6 713 388 300.58	7 388 821 816.93	6 595 739 147.00
	虚拟资产比重/%	1.73	3.55	5.22	3.65

注：表中平均数为绝对数取算术平均、相对数为分子、分母取算术平均后再计算得出的（下同）。

由表 2-15 可知，A 公司三年间，比较同业、同期的 B 公司，虚拟资产的占比都比较小，平均为 0.5%，说明 A 公司资产的存在性较好，资产的整体质量优于同业的 B 公司。

2. 资产盈利性的评价

盈利性是资产质量内在属性的必然要求，盈利性越高，资产质量就越高。衡量资产盈利性，最为适当的指标应该是资产报酬率（ROA），资产报酬率是指企业投入资产经营后获取收益的多少，一方面可以反映资产的盈利性，另一方面也可以说明投入资产的利用效率。

$$资产报酬率 = \frac{净利润}{总资产} \times 100\%$$

上式中，为消除资本结构对该指标的影响，分子可用息税前利润（EBIT）这一数值：

$$资产报酬率 = \frac{息税前利润}{总资产} \times 100\%$$

该指标越高，说明资产的盈利性越强，一般来说，资产的整体质量也越好。

据 A 公司近三年资产负债表及相关资料，对比计算 B 公司的报表资料，得到结果如表 2-16 所示。

表 2-16　A 公司与 B 公司资产盈利性对比分析

企业	项目	前年	去年	本年	平均
A 公司	息税前利润/元	299 395 621.96	785 377 674.13	1 428 894 131.93	837 889 142.70
	总资产/元	14 696 566 235.12	18 980 730 512.10	17 102 447 652.37	16 926 581 466.53
	资产报酬率/%	2.04	4.14	8.35	4.95
B 公司	息税前利润/元	191 489 208.44	218 661 193.73	−22 942 207.49	129 069 398.20
	总资产/元	5 685 007 323.49	6 713 388 300.58	7 388 821 816.93	6 595 739 147.00
	资产报酬率/%	3.37	3.26	−0.31	1.96

注：分子采用 EBIT 计算。

由表 2-16 可知，A 公司三年间，资产报酬率呈上升趋势，平均为 4.95%。同业、同期的 B 公司，资产报酬率呈明显下降趋势，甚至出现负值，平均只有 1.96%。这说明 A 公司资产的盈利性明显好于 B 公司，从资产的盈利性来看，其资产质量优于同业的 B 公司。

3. 资产周转性的评价

资产的利用效率越高，其创造的价值就越多，资产质量越好。衡量资产的利用效率，可用资产周转率指标。周转率指标包括总资产周转率、流动资产周转率、固定资产周转率、存货周转率及应收账款周转率。其中我们主要选取总资产周转率，这一指标也可以用来衡量整体资产质量。虽然企业各类资产功能各不相同，但它们互相配合，其总体目的都是使企业获取收入。在企业毛利率为正的情况下，企业的总资产周转率越高或总资产周转天数越短，不仅说明企业全部资产利用效率越高，营运能力越强，而且也说明企业整体资产的变现能力及创造收入的能力越强，并且还说明了企业整体资产质量越好，反之亦然。

据 A 公司近三年资产负债表及相关资料，对比计算 B 公司的报表资料，得到结果如表 2-17 所示。

表 2-17　A 公司与 B 公司资产周转性对比分析

项目	前年	去年	本年	平均
A 公司总资产周转率/%	79.39	71.43	112.01	87.59
B 公司总资产周转率/%	55.21	53.46	39.34	49.34

由表 2-17 可知，A 公司三年间，总资产周转率总体呈上升趋势，平均为 87.59%，明显比同业、同期的 B 公司高很多，且 B 公司总资产周转率呈明显的下降趋势，平均只有 49.34%。这说明 A 公司资产的周转性、管理效率明显好于 B 公司，从资产的周转性看，其资产质量优于同业的 B 公司。

4. 资产保值性的评价

资产减值准备数额可以反映资产的保值性。资产减值准备是企业根据资产减值等准则按单项资产分别计提的，其数额为单项资产（资产组）的账面价值超过其可收回金额的差额。由于资产减值准备数额是一个绝对额，不同资产规模的企业不具有可比性，因此，可用资产减值准备占总资产比重来衡量整体资产质量。衡量指标为：

$$资产减值准备占总资产比重 = \frac{各类资产减值准备总额}{总资产} \times 100\%$$

式中，各类资产减值准备总额包括应收账款坏账准备、存货跌价准备、短期投资跌价准备、长期投资减值准备、固定资产减值准备、无形资产减值准备、在建工程减值准备和委托贷款减值准备等。数值可以在年度报表资产负债表的附表"资产减值准备明细表"中或年度报表附注中直接查阅到。资产减值准备占总资产比重越低，说明企业整体资产质量越好；反之，说明企业整体资产质量越差。

据 A 公司近三年资产负债表及相关资料，对比计算 B 公司的报表资料，得到结果如表 2-18 所示。

表 2-18　A 公司与 B 公司资产保值性对比分析

企业	项目	前年	去年	本年	平均
A 公司	资产减值准备总额/元	766 433 062.31	827 232 126.05	1 009 169 893.18	867 611 693.85
	总资产/元	14 696 566 235.12	18 980 730 512.10	17 102 447 652.37	16 926 581 466.53
	资产减值准备占总资产的比重/%	2.04	4.14	8.35	5.13
B 公司	资产减值准备总额/元	141 097 210.74	162 439 637.82	194 565 671.88	166 034 173.48
	总资产/元	5 685 007 323.49	6 713 388 300.58	7 388 821 816.93	6 595 739 147.00
	资产减值准备占总资产的比重/%	2.63	2.42	2.48	2.52

由表 2-18 可知，A 公司三年间，资产减值准备占总资产的比重呈上升趋势，平均为 5.13%，比较同业、同期的 B 公司来看，比 B 公司资产减值准备占总资产的比重明显偏高，说明 A 公司资产的保值性、管理效率不如 B 公司，需要进一步改进，即从资产的保值性来看，A 公司的资产保值管理存在一定问题，需要进一步详细分析。

5. 资产变现性的评价

资产变现性是资产在正常的生产经营周期内以货币为出发点又以货币为回归点，资产的变现性指标应能体现企业获取现金的能力。对于一个正常发展的企业，经营现金净流量是现金净流量的决定因素，反映公司的核心能力，具有持续性。因此用经营现金净流量来衡量企业获取现金的能力更合理、更准确。

指标可以采用：

$$资产回收率 = \frac{经营现金流入量}{总资产} \times 100\%$$

该指标可以反映资产获取现金的能力，数值越高，资产获取现金的能力越强，资产的变现性越好，资产质量越高。

据 A 公司近三年资产负债表及相关资料，对比计算 B 公司的报表资料，得到结果如表 2-19 所示。

表 2-19　A 公司与 B 公司资产变现性对比分析

企业	项目	前年	去年	本年	平均
A 公司	经营性现金流入量/元	13 933 669 688.91	15 955 602 419.27	23 062 384 047.82	17 650 552 052.00
	总资产/元	14 696 566 235.12	18 980 730 512.10	17 102 447 652.37	16 926 581 466.53
	资产回收率/%	94.81	84.06	134.85	104.28
B 公司	经营性现金流入量/元	3 753 485 801.51	4 279 480 475.07	3 636 890 042.03	3 889 952 106.00
	总资产/元	5 685 007 323.49	6 713 388 300.58	7 388 821 816.93	9 893 608 721.00
	资产回收率/%	66.02	63.75	49.22	39.32

由表 2-19 可知，A 公司三年间，资产的变现性总体呈上升趋势，平均为 104.28%，比较同业、同期的 B 公司，B 公司资产的变现性呈下降趋势，平均只有 39.32%。A 公司资产的变现性高于 B 公司，说明 A 公司资产获取现金的能力优于 B 公司，从资产变现能力看，其整体优于 B 公司，资产质量较好。

6. 上市公司资产整体质量辅助评价指标——市净率

资产的以上五个指标特征不是相互孤立的，而是相互联系、相互影响的。对于上市公司而言，资产质量的这些指标相互影响，最终反映在公司股价与资产质量的对应关系上，而最能反映上市公司这一对应关系的指标是市净率。市净率指的是每股股价与每股净资产的比率。计算公式如下：

$$市净率 = \frac{每股股价}{每股净资产}$$

式中：

$$每股净资产 = \frac{年度末股东权益}{年度末普通股股数}$$

每股净资产是股票的账面价值，它是用成本计量的，而每股市价是这些资产的现在价值，它是证券市场上交易的结果。市价低于每股净资产的股票，就像售价低于成本的商品一样，属于"处理品"。市价高于账面价值时企业资产的质量较好，有发展潜力；反之，则资产质量差，没有发展前景。因此市净率越高，说明公司的资产质量越好。

优质股票的市价都超出每股净资产许多，一般来说，市净率达到 3，可以树立较好的公司形象。注意，由于该指标受股价影响，而影响股价的因素很多、很复杂，因此，本书认为该指标只能用于对上市公司资产质量的辅助评价。

由于 A 公司与 B 公司同为上市公司，因此，据 A 公司近三年资产负债表及相关资料，对比计算 B 公司的报表资料，得到结果如表 2-20 所示。

表 2-20　A 公司与 B 公司资产整体质量表现对比分析

企业	项目	前年	去年	本年	平均
A 公司	年度末股东权益/元	5 966 499 761.10	6 780 660 166.45	7 308 862 766.24	—
	年度末普通股股数/股数	2 051 876 155.00	2 051 876 155.00	2 051 876 155.00	—
	每股净资产/元	2.91	3.3	3.56	3.26
	每股股价/元	9.84	12.16	7.78	9.93
	市净率	3.38	3.68	2.18	3.05
B 公司	年度末股东权益/元	1 654 890 893.89	1 614 600 628.35	1 415 678 541.50	—
	年度末普通股股数/股数	324 080 937.00	324 080 937.00	324 080 937.00	—
	每股净资产/元	5.11	4.98	4.37	4.82
	每股股价/元	16.75	16.24	7.93	13.64
	市净率	3.28	3.26	1.82	2.83

注：股价取的是该公司年末最后一个交易日收盘价。

据表 2-20，用市净率指标做辅助评价可知，A 公司三年间，该指标尽管总体呈下降趋势，平均为 3.05，比较同业、同期的 B 公司的平均值 2.83，也是明显偏高的。这说明 A 公司资产整体质量较好，发展潜力大于 B 公司。

综合上述各方面分析可知，三年来，A 公司资产质量整体优于同业、同期的 B 公司，只是需要在资产保值性方面，再进一步考虑在恰当的管理措施、计提减值准备的比例等多方面再进一步完善，以增强资产质量。

二、所有者权益质量评价

所有者权益，是指企业资产扣除负债后，由所有者享有的剩余权益。公司的所有者权益又称为股东权益。它既可反映所有者投入资本的保值增值情况，又体现了保护债权人权益的理念。所有者权益的质量很大程度上受所有者权益的形成来源的影响。

所有者权益如按照形成来源分类，可分为投入资本和留存收益。前者是所有者初始和追加投入的资本以及其他集团或个人投入的不属于负债的资本，包括"实收资本（股本）"和"资本公积"，属于"输血性"所有者权益；后者是企业所得税后利润的留存部分，包括"未分配利润"与"盈余公积"两项，属于"盈利性"所有者权益。对于正常经营的企业而言，"盈利性"所有者权益的重要性超过"输血性"所有者权益。"盈利性"所有者权益是由企业经营过程中的经营业绩决定的，一般在分配政策一定的情况下，经营业绩越好，"盈利性"所有者权益越多，所有者权益积累越多、整体质量越高；若这部分较少，则说明企业经营业绩欠佳，留存积累不足，所有者权益整体质量不高，甚至可能会影响后续发展。

另外，所有者权益形成来源中，"资本公积"具有极大的不确定性，持续性较弱，若这部分比较多，则所有者权益持续性较弱，整体质量会变差。

据以上分析，我们可以通过设计计算两个指标来分析企业所有者权益的整体质量。

（1）"盈利性"所有者权益占比（占所有者权益总额）= $\dfrac{\text{盈余公积+未分配利润}}{\text{年末所有者权益总额}} \times 100\%$

一般来说，该指标越高，说明企业所有者权益整体质量越高。

（2）资本公积占比（占所有者权益总额）= $\dfrac{\text{资本公积}}{\text{年末所有者权益总额}} \times 100\%$

一般来说，该指标越高，说明企业所有者权益整体质量越差。

据 A 公司近三年资产负债表及相关资料，对比计算 B 公司的报表资料，得到结果如表 2-21 所示。

表 2-21　A 公司与 B 公司所有者权益对比分析　　　　　　单位:%

企业	项目	前年	去年	本年	平均
A 公司	"盈利性"所有者权益占比	-0.97	5.69	11.75	5.49
	资本公积占比	69.22	60.90	56.78	62.30
B 公司	"盈利性"所有者权益占比	-11.36	-10.50	-25.65	-15.84
	资本公积占比	88.01	89.23	101.73	92.99

由表 2-21 可知，A 公司近三年所有者权益中的"盈利性"所有者权益都较低，平均仅为 5.49%，说明 A 公司的所有者权益主要来源于"输血性"所有者权益，且具有极大不确定性的资本公积一直都处于较高水平，平均达 62.30%。可以认为所有者权益整体质量不好，具有极大的不确定性。

但值得注意的是，从两项指标的变化来看，"盈利性"所有者权益占比越来越高，从前年的 -0.97% 上升到了本年的 11.75%，上升了 12.72%；而不确定性所有者权益"资本公积"的占比越来越低，从前年的 69.22% 下降到了本年的 56.78%，下降了 12.44%，说明 A 公司所有者权益整体质量有了好的变化。

对比同业同期的 B 公司，B 公司连续三年"盈利性"所有者权益占比都为负值，"资本公积"的占比一直远远高于 A 公司，说明 B 公司所有者权益三年来全部源于"输血性"所有者权益，且近 90% 的所有者权益一直源于不确定极高的"资本公积"，其经营效益欠佳，所有者权益的整体质量远远不如 A 公司。与 B 公司对比，A 公司所有者权益整体质量显著高于同业的 B 公司。

三、资产负债表整体对称性分析

在对资产负债表进行总体分析时，仅仅依靠企业规模研究、分析资产结构或资本结构是远远不够的，这样也就不能全面地判断出企业的整体财务状况风险。为此在分析资产负债表质量时，有必要对资产负债表左右两方进行对称性分析，即资产、资本（负债和所有者权益）对称性分析，其中资产结构与资本结构的依存关系是核心。如果资产结构与资本结构不相适应，即二者对称性差，则会加大企业的财务风险，导致财务状况恶化，此时资产与资本的依存关系弱，资产负债表的整体质量下降。

资产结构与资本结构的对称性主要体现在：第一，企业资产报酬率应能补偿企业资本成本；第二，资产结构中基于流动性的构成比例要与资金来源的期限构成比例相互匹配。

具体地说，企业的流动资产作为企业最有活力的资产，应能为企业偿还短期债务提供可靠保障；流动资产的收益率较低，所以应主要由资本成本相对较低的短期资金来提供支持；长期负债的资金占用成本较高，因而应与企业的长期资产项目相匹配。有了这样的资产结构，才能保证企业有可能在允许的范围内将资本成本和财务风险降至合理水平，从而达到最佳的生产经营状态。资产结构与资本结构的对称性通常要求企业在所能承受的财务风险范围内运行。

链接 2-10　　案例 2-1　QC 酒厂：短贷长投扼住"标王"咽喉

QC 酒厂是山东省潍坊市临朐县的一家生产 QC 白酒的企业。1992 年，它还是一家亏损的国营小酒厂，全部资产仅为几间低矮的平房、一地的大瓦缸、厂里一人多高的杂草和 500 多个人心涣散的工人。1993 年，正营级退伍军人姬某某来到这里，任经营副厂长。1995 年 11 月，姬某某赴京参加第一届"标王"竞标，以 6 666 万元的价格夺得中央电视台黄金时段广告"标王"后，引发轰动效应，QC 酒厂一夜成名，QC 白酒也身价倍增。中标后的 1 个多月时间里，QC 酒厂就签订了销售合同 4 亿元，头 2 个月 QC 销售收入就达 2.18 亿元，实现利税 6 800 万元，相当于 QC 酒厂建厂以来 55 年的总和。到 1996 年 6 月底时其订货单已排到了年底。1996 年，QC 酒厂的销售额也由 1995 年的 7 500 万元跃至 9.8 亿元，实现利税 2.2 亿元。

尝到了甜头的 QC 酒厂在 1996 年 11 月再次以 3.2 亿元的"天价"买下了中央电视台黄金时段广告，从而成为令人瞩目的连续两届"标王"。然而，好景不长，1997 年年初的关于"QC 白酒是用川酒勾兑"的系列新闻报道，把 QC 酒厂推进了无法自辩的大泥潭，当年 QC 酒厂的销售额减少到 6.5 亿元。1998 年，其销售额更锐减到 3 亿元，并传出 QC 酒厂生产经营陷入困境、出现大幅亏损的消息。2000 年 7 月，因供应商起诉 QC 酒厂拖欠其 300 万元货款，法院判决 QC 酒厂败诉，并裁定拍卖"QC"注册商标。令人啼笑皆非的是，几亿元打造的商标最终却以几百万元的价格抵债。2004 年 4 月，国内媒体纷纷报道了一条消息：QC 酒厂准备将资产整体出售。

从财务角度看，QC 酒厂陷入财务困境的原因主要有两个：一方面，酒厂在扩大生产规模，提高生产能力，从而提高固定资产等长期性资产比例的同时，使流动资产在总资产中的比例相应下降，由此降低了企业资金的流动能力和变现能力；另一方面，巨额广告支出和固定资产投资所需资金要求企业通过银行贷款解决，按当时的银行信贷政策，此类贷款往往为短期贷款，这就造成了银行的短期贷款被用于资金回收速度较慢、周转期较长的长期性资产上，由此使企业资产结构与资本结构在时间和数量上形成较大的不协调性，"短贷长投"结果形成了很大的资金缺口。此时 QC 酒厂所面临的现实问题是，在流动资产相对不足从而使企业现金流动能力产生困难的同时，年内到期的巨额银行短期贷款又必须偿还，从而陷入了无力偿还到期债务的财务困境。可以说，是"短贷长投"扼住了"标王"的喉咙。

资产负债表整体结构主要有以下两种表现形式：

（1）稳健结构。稳健结构的主要标志是企业流动资产的一部分资金需要由流动负债来满足，另一部分资金则需要由非流动负债来满足。在这种结构下，企业资产结构中流动资产占全部资产的比重，高于资本结构中流动负债占负债和所有者权益总额的比重。

在实务中，企业的资产负债表整体结构普遍都表现为这种形式。

（2）风险结构。风险结构的主要标志是流动负债不仅用于满足流动资产的资金需要，还用于满足部分长期资产的资金需要。在这种结构下，企业资产结构中流动资产占全部资产的比重，低于资本结构中流动负债占负债和所有者权益总额的比重。

这一结构形式只适用于企业发展壮大时期，而且只能短期之内采用。

链接 2-11　　　　　　　　　黑字破产

黑字破产是指账面上有利润，资产负债率也不高，就是账面上没有现金，企业陷入缺乏现金的危机中，既不能清偿到期债务，又不能启动下游生产，企业陷入关闭、倒闭之境，即"在盈利中破产"。自美国的次贷危机爆发后，黑字破产就成了一个被广泛关注的问题。有资料显示，发达国家的破产企业中，有85%的企业账面上都有盈利，但由于现金流量不足，造成资金链断裂，最终引发黑字破产。

黑字破产的原因很多，包括控股股东及关联方占用上市公司资金，行业周期影响，经济政策性和体制性财务危机等，但从财务角度来看，黑字破产的内部原因主要是：盲目扩张，过快的增长速度使经营管理和财务能力跟不上；资产结构不合理，自有资金不足，负债过多，特别是过度依赖银行贷款发展；现金流量管理混乱，弹性小，流动性差。可见资产结构不合理是黑字破产的主要原因。

在分析资产负债表对称性时，长期资产适合率有重要的参考意义。该指标反映企业长期的资金占用与长期的资金来源之间的配比关系，长期资产和长期资金之间的关系越适合，对称性就越好。计算公式如下：

$$长期资产适合率 = \frac{所有者权益总额 + 长期负债总额}{固定资产 + 长期投资总额} \times 100\%$$

其中，长期投资总额主要包括持有至到期投资、可供出售金融资产、长期股权投资等，在实际计算时，简单化处理可用长期资产近似替代。

理论上，该指标在100%左右较合适。因此，若该指标大于1，且较高，一方面可以说明企业的长期资金来源充足，但过高的长期资金存在使用过程中成本较高的问题；另一方面，过高的长期资金甚至可能会被企业用于短期资产，有出现"长贷短投"的可能性，此时会加大财务风险，资产负债表的整体对称性降低。该指标小于1，说明企业可能存在长期资金不足，挤占短期资金的情况，甚至出现"短贷长投"的可能性，此时，也会加大财务风险，资产负债表的整体对称性下降。

根据A公司与同业的B公司的资产负债表相关资料，对资产负债表整体对称性对比分析，结果如表2-22所示。

表2-22　A公司与B公司近三年资产负债表对称性比较分析

企业	项目	前年	去年	本年	平均
A公司	流动资产比重/%	62.89	65.74	62.62	63.75
	流动负债比重/%	57.95	56.08	50.06	54.70
	非流动负债/元	213 993 097.75	555 865 328.05	1 231 996 519.31	1 000 618 315.04
	所有者权益/元	5 966 499 761.10	6 780 660 166.45	7 308 862 766.24	6 685 340 897.93
	非流动资产/元	5 454 626 181.09	6 503 437 721.77	6 392 717 407.03	6 116 927 103.30
	长期资产适合率/%	113	128	134	126

表2-22(续)

企业	项目	前年	去年	本年	平均
B公司	流动资产比重/%	57.16	54.89	53.34	55.29
	流动负债比重/%	55.61	59.21	57.89	57.49
	非流动负债/元	739 286 874.55	1 123 559 681.40	1 864 183 623.53	1 242 343 393.16
	所有者权益/元	1 654 890 893.89	1 614 600 628.35	1 415 678 541.50	1 561 723 354.58
	非流动资产/元	2 652 602 768.58	3 028 188 266.00	3 165 199 081.11	2 948 663 371.90
	长期资产适合率/%	90	90	104	95

注：1. 表中流动资产比重为占总资产的比重；流动负债比重也为占总资产（总资本）的比重；

2. 长期资产适合率计算中采用了长期资产近似替代（固定资产+长期投资）。

从表2-22中可以发现，A公司近三年年末流动资产的比重平均为63.75%，高于流动负债的平均比重54.70%，比起同业的B公司，属于相对稳健型的结构。结合长期资产适合率这一指标来看，A公司近三年间平均为126%，且有上升的趋势，比起同业的B公司，同样偏高。这说明该公司在资金使用过程中太稳健，趋于保守，资产负债表整体对称性存在一些不合理的方面，应当完善资产、资本结构，注重资产的盈利性，改善资产的配置分布。

第五节 资产负债表重要具体项目分析实务

虽然企业持有各类资产的总体目的都是获取收入，但其具体功能却不相同。部分资产是实现盈利性目的的，部分资产则是实现安全性目的的，还有部分资产是实现销售目的的。从资产为企业带来经济利益的途径来看，总体有三种情况：一是直接出售或变现，如交易性金融资产、应收款项、存货等；二是通过对外投资或出租获取投资收益，如长期股权投资、投资性房地产等；三是通过生产经营活动创造经营收益，如固定资产、无形资产等。因此，对于交易性金融资产、应收账款、长期股权投资、投资性房地产、固定资产和无形资产等各项具体资产的质量评价，应根据其持有功能进行分析。

这种分析需要报表使用者从资产负债表总体变动分析中找出需要进一步重点关注的具体项目，再收集比较充分的相关资料，才能做出比较合理的判断。本节主要就资产负债表主要的资产具体项目做分析介绍。

一、货币资金

（一）货币资金的基本概念

货币资金是企业在生产经营过程中处于货币形态的资金，包括库存现金、银行存款和其他货币资金。库存现金是指企业为了满足经营过程中的零星支付情境而保留的现金，是流动性最大的货币资金；银行存款是企业存入银行或其他金融机构的各种存款（划分为其他货币资金的情况除外）；其他货币资金包括外埠存款、银行汇票存款、银行本票存款、信用证保证金存款、信用卡存款、存出投资款、在途货币资金等。其中，库存现金和银行存款因其可作为支付手段并被普遍接受等特性，常被人们看作企业的"血液"。由于货币资金本身可用于偿债，其变现时间等于零，并且通常不存在变现损失问题，因此货币资金是偿债能力最强的资产。

注意：有时候货币资金中有一部分资金属于受限的货币资金，不可随意支取，流动性较低，这类不可随意支取的部分通常计入货币资金中的其他货币资金。受限的货币资金通常有两类：一类是用于支持企业日常经营而形成的受限资金，如企业用于开立银行承兑汇票的保证金及银行备用信用证保证金和保函保证金等，这类受限资金在财务分析时通常放在经营性营运资金里考虑，如零售企业为了向供应商开具商业票据，往往需要在银行存入大量保证金；另一类则是属于被他人（通常是企业股东或其他关联方）占用的资金或为其他企业做担保而放在银行的保证金，这类受限资金意味着资金被占用且往往是否可全部及时回收具有不确定性，通常作为非核心资产来分析。

链接 2-12 案例 2-2 有"18 亿货币资金"，却拿不出 6 000 万元分红款，18 亿货币资金有待落实，交易所要求尽快核查

FR 药业是一家以药业、酒业为主导，集研发、生产、经营、投资、管理于一体的综合性集团公司。2006 年，随着河南 FRT 制药有限公司成功实现上市，资本的力量不仅把 FR 推向飞速发展的阶段，其行业地位亦逐步提升。

公司于 2019 年 7 月 19 日晚公告称，因为资金安排原因，未按有关规定完成现金分红款划转，无法按照原定计划在 7 月 22 日发放现金红利，而公司 2019 年一季报披露的货币资金尚有 18.16 亿元。但公司 2019 年 7 月 24 日晚间公告又称，公司财务提供资料显示，截至 7 月 19 日，公司及子公司拥有现金总额 1.27 亿元，其中大部分还处于受限状态，受限金额为 1.23 亿元，未受限金额为 377.87 万元。公司在公告中同时称，公司一季度末实际资金及至今资金变动及流向情况还需进一步核实，公司将深入自查，待核实后及时公告。

上交所的问询函也随之而至。对于公司因不能及时筹措到分红款而暴露出的资金安全、信息披露及内控等方面的重大风险隐患，上交所于 2019 年 7 月 24 日晚间下发问询函，要求公司董监高、公司控股股东及实际控制人应当勤勉尽责，履行信息披露义务并充分揭示风险；并要求相关中介机构应当认真履职，及时开展核查工作，并发表明确的专业意见。问询函第一个问题直指资金问题，要求公司对货币资金、负债、与控股股东及其关联方的资金往来等情况进行认真自查，并进行补充披露。对于资金问题，问询函要求公司年审会计师对问询函所提问题逐项进行核查并发表意见。问询函还要求公司独立董事对上述事项是否有损上市公司及中小股东利益发表意见，要求必要时聘请外部审计机构和咨询机构对有关问题进行核查。

在交易所问询函的追问下，公司对担保问题也不敢保证全部合规了。

公司表示，对于担保情况，经与控股股东、实际控制人及其关联方进行沟通发现，因涉及公司较多，需要对每一笔往来的实质和内容进行客观判断后才能得出结论，上述工作尚需要进一步核实。公司将进一步自查并全面核实公司的资金情况以及与控股股东、实际控制人及其关联方的资金往来和担保情况，若自查发现违规情况，将采取有效措施，追回公司利益，并对责任人严肃处理。

但公司在 2019 年 4 月 20 日的公告中还称，截至当年 3 月 31 日，公司及子（孙）公司无对公司全资或控股子（孙）公司以外的对外担保，也不存在逾期担保情况。但公司在当年 5 月 14 日就爆出了违规担保事项。根据公告，2018 年 1 月 11 日，控股股东 FR 药业集团有限公司（简称"FR 集团"）控股子公司河南省 SH 酒实业有限公司委托 ZZNY 担保公司为其在郑州银行北环路支行的融资借款提供担保，从而从郑州银行借款 3 000 万元。同时签署协议约定公司实控人朱某某、FR 集团、FR 药业向 ZZNY 担保公司提供反担保。但该担保未经公司内部决策程序，也未及时披露。

可能正是这笔违规担保，让公司惹上诉讼。天眼查信息显示，2019 年 6 月 25 日，由河南省郑州市中原区人民法院发布的 ZZNY 担保股份有限公司、SH 实业追偿权纠纷其他民事裁定书显示，ZZNY 担保股份有限公司为申请人，SH 实业、FR 药业、FR 集团以及 FR 药业董事长朱某某作为被申请人。最后法院裁定，冻结四位被申请人名下银行存款 1 001.92 万元或查封、扣押其同等价值的其他财产。

实际上，该公司 2018 年年报中披露的利息收入与公司货币资金金额的高度不匹配以及存贷双高的特征，或许早就预示了其货币资金存在的不确定性。财报数据显示，该公司 2018 年四个报告期期末货币资金余额分别为 10.87 亿元、13.85 亿元、14.01 亿元和 16.56 亿元，而该公司 2018 年利息收入只有 600 万元多一点。此外，该公司财报数据还呈现出存贷双高的典型特征，2019 年一季度末，该公司在账面拥有 18.16 亿元货币资金和高达 30.33 亿元应收账款及应收票据的情况下，却要向银行短期借款 25.29 亿元。

值得注意的是，公司年审会计师事务所为 2019 年时正在风口浪尖上的 RH 会计师事务所。

案例思考：

1. 基于资产负债表分析该公司"货币资金"项目构成是怎样的？
2. 基于案例资料分析公司"货币资金"实际情况。
3. 分析公司处于担保与被冻结的"货币资金"的性质。

（二）货币资金的特点

①有着极强的流动性，在企业经济活动中，有一大部分经营业务涉及货币资金的收支，也就是货币资金在企业持续经营过程中随时有增减的变化；②货币资金收支活动频繁；③在 定程度上货币资金的收支数额的大小反映着企业业务量的多少、企业规模的大小；④通过货币资金的收支反映企业收益和损失以及经济效益。

（三）货币资金的变动分析

对货币资金的分析一般应该关注以下两个方面：

1. 企业货币资金变动的主要原因

第一，销售规模的变动。企业销售商品或提供劳务是取得货币资金的重要途径。当销售规模发生变动时，货币资金存量规模必然会发生相应的变动，并且两者具有一定的相关性。

第二，信用政策的变动。销售规模的扩大是货币资金增加的先决条件。如果企业改变信用政策，则货币资金存量规模就会因此而变化。例如，在销售时，如果企业奉行较严格的收账政策，收账力度较大，货币资金存量规模就会大一些。

第三，为大笔现金支出做准备。企业在生产经营过程中，可能会发生大笔的现金支出，如准备派发现金股利、偿还将要到期的巨额银行贷款、集中购货等，为此企业必须提前做好准备，积累大量的货币资金以备需要，这样就会使货币资金存量规模变大。

第四，资金调度。企业管理人员对资金的调度会影响货币资金存量规模，如：在货币资金存量规模过小时，通过筹资活动可提高其规模；而在存量规模较大时，通过短期证券投资的方法对存量货币资金加以充分利用，就会降低其规模。

2. 分析货币资金规模及变动情况与货币资金比重及变动情况是否合理

货币资金存量过低，不能满足日常经营所需；存量过高，既影响资产的利用效率，又降低资产的收益水平。因此，企业货币资金存量及比重是否合理应结合以下因素进行分析：

第一，企业货币资金的目标持有量。企业货币资金目标持有量是指既能满足企业正常经营需要，又避免现金闲置的合理存量。企业应根据其目标持有量，控制货币资金存量规模及比重。

第二，资产规模与业务量。一般来说，企业资产规模越大，业务量越大，处于货币资金形态的资产可能就越多。

第三，企业融资能力。如果企业有良好信誉，融资渠道畅通，就没有必要持有大量的货币资金，其货币资金的存量与比重就可以低些。

第四，企业运用货币资金的能力。如果企业运用货币资金的能力较强，能灵活进行资金调度，则货币资金的存量与比重可维持在较低水平上。

第五，行业特点。处于不同行业的企业，由其行业性质所决定，其货币资金存量与比重会有差异。

（四）货币资金质量分析

货币资金质量主要涉及货币资金的运用质量、货币资金的构成质量以及货币资金的生成质量。因此，对企业货币资金质量的分析主要从以下几个方面进行：

1. 货币资金规模的恰当性——分析货币资金的运用质量

为维持企业经营活动的正常运转，企业必须保有一定量的货币资金余额。判断企业日常货币资金规模是否恰当，就成为分析企业货币资金运用质量的一个重要方面。那么，企业货币资金的规模（余额）应为多少才合适？由于企业的情况千差万别，货币资金的最佳规模并没有一个标准的尺度，需要企业根据自己的实际情况来调整，但总的原则是既要满足生产经营和投资的需求，又不能造成大额现金的闲置。一般而言，企业货币资金的恰当规模主要由下列因素决定：

（1）企业的资产规模和业务收支规模。

（2）企业的行业特点。

（3）企业对货币资金的运用能力。

（4）企业的外部筹资能力。

此外，需要考虑的因素还有：企业近期偿债的资金需求，企业的盈利状况和自身创造现金的能力，宏观经济环境变化对企业融资环境的影响，等等。

2. 货币资金的币种构成及其自由度——分析货币资金的构成质量

企业资产负债表上的货币资金金额代表了资产负债表日企业的货币资金拥有量。在企业的经济业务涉及多种货币、企业的货币资金包含多种货币的条件下，不同货币币值的不同未来走向决定了相应货币的"质量"。此时，对企业保有的各种货币进行汇率趋势分析，就可以确定企业持有的货币资金的未来质量。

此外，有些货币资金项目由于某些原因被指定了特殊用途，这些货币资金因不能随意支用而不能充当企业真正的支付手段。在分析中，可通过计算这些货币资金占该项目总额的比例来考察货币资金的"自由度"，这样将有助于揭示企业实际的支付能力。

例如，2016 年格力电器年报中对其他货币资金进行的附注说明如下：①公司其他货币资金中开票、保函保证金 6 077 539 766.88 元，信用证保证金 30 738 026.07 元；②公司存放中央银行款项中法定存款准备金为 2 703 513 915.69 元。加上现金流量表"支付其他与投资活动有关的现金"项目中所列示的定期存款净增加额 15 479 979 000.00 元，被限定用途的货币资金共计约 242 亿元。这正是造成货币资金期末余额（956 亿元）与现金流量表中期末现金及现金等价物余额（713 亿元）之间差异的主要原因。

3. 货币资金规模的持续性——分析货币资金的生成质量

货币资金（主要指现金部分）通常被誉为企业的"血液"，因而财务分析者非常关注企业货币资金规模的持续性。企业的货币资金规模发生变化，主要基于以下几个原因：

（1）企业经营活动引起货币资金规模变化。通常情况下，企业经营活动中有两个主要方面会影响企业的造血功能：第一，销售规模以及信用政策的变化；第二，企业采购规模以及议价能力的变化。

（2）企业投资活动引起货币资金规模变化。无论是投资还是收回投资，所引起的货币资金规模的变化往往是"一次性"的，主要受各年度企业战略规划与实施情况的影响，通常会呈现出一定的波动性。

（3）企业筹资活动引起货币资金规模变化。在分析中，我们可以依据企业提供的现金流量表展开相应的货币资金质量分析，考察企业货币资金的生成质量，判断企业货币资金规模的持续性及其合理性，为预测企业未来的货币资金规模走势提供更加科学的依据。

（4）货币资金管理分析。第一，企业在对国家有关货币资金管理规定的遵守质量较差的情况下，企业的进一步融资也将发生困难，货币资金质量会下降。第二，从企业自身货币资金管理角度来进行分析。企业在收支过程中的内部控制制度的完善程度以及实际执行情况，则直接关系到企业的货币资金运用质量。

二、交易性金融资产

交易性金融资产是企业从二级市场购入、可以随时出售的股票、债券、基金等金融资产。它是企业对暂时闲置资金的一种理财安排，主要以从价格变动中获利为目的，具有变现能力强的特点。交易性金融资产是企业的"准现金"资产，它对企业的现金流量起着"缓冲"或"蓄水池"的作用。因此，鉴于交易性金融资产的持有功能，其质量的评价主要考虑其盈利性，盈利能力越高越好，以同期银行存款利率为底线。具体指标计算可以将交易性金融资产获得的投资收益额除以交易性金融资产总投资额。由于交易性金融资产频繁买卖，各期交易性金融资产投资数额不等，因此，可根据一定期间各时点的交易性金融资产进行加权平均，计算出交易性金融资产的投资报酬率。

三、应收款项

应收款项主要包括应收账款和其他应收款，两者产生的原因不同，所以分析时也应分别进行。

（一）应收账款

应收账款是企业提供商业信用而产生的。单纯从资金占用角度讲，应收账款的资金占用是一种最不经济的行为，但这种损失往往可以通过扩大销售而得到补偿。所以，应收账款的资金占用又是必要的。对应收账款的分析，应从以下几方面进行：

1. 关注企业应收账款的规模及变动情况

在其他条件不变时，应收账款会随销售规模的增加而同步增加。如果企业的应收账款增长率超过营业收入、流动资产和速动资产等项目的增长率，就可以初步判断其应收账款存在不合理增长的倾向。对此，应分析应收账款增加的具体原因是否正常。

2. 分析会计政策变更和会计估计变更的影响

会计政策变更是指企业对相同的交易或事项由原来采用的会计政策改变为另一会计政策的行为。在一般情况下，企业每期应采用相同的会计政策，但在制度允许的某些情况下，也可以变更会计政策。如果涉及应收账款方面的会计政策变更，应收账款就会发生变化。

链接 2-13　　　　　　**案例 2-3　浙江华策影视股份有限公司**
关于应收款项会计估计变更的公告

浙江华策影视股份有限公司于 2017 年 3 月 31 日召开第三届董事会第十二次会议，审议通过了《关于修改公司部分治理制度和会计估计的议案》之子议案《关于应收款项会计估计变更的议案》，本次应收款项会计估计变更事项不需要提交股东大会审议，具体如下。

一、会计估计变更概述

随着公司市场占有率不断提高，业务规模不断扩大，销售收入迅速增长，公司应收账款相应增加，但公司主要客户为国内各大卫视和视频网站，应收账款风险可控，坏账率较低。同时，公司和其他公司联合投资的影视剧项目，在由公司负责发行时，公司一般根据实际回款情况定期向其他投资方支付发行分成款项。为匹配公司业务发展规模及业务特性，真实反映公司经营业绩，为投资者提供更可靠、更准确的会计信息，参考行业情况，结合监管要求，根据《企业会计准则》和公司目前的实际情况，公司对应收款项会计估计变更如下：

（一）变更日期

自 2017 年 1 月 1 日起实施。

（二）变更原因

为了更客观、公正地反映公司的财务状况和经营成果，便于投资者进行价值评估与比较分析，根据《企业会计准则》等相关规定，结合公司实际情况，公司拟变更按信用风险特征组合计提坏账准备的应收款项中，采用账龄分析法计提坏账准备的会计估计。

（三）变更前采用的会计估计

1. 单项金额重大并单项计提坏账准备的应收款项。

2. 按信用风险特征组合计提坏账准备的应收款项。具体组合及坏账准备的计提方法。

3. 单项金额不重大但单项计提坏账准备的应收款项。

对应收票据、应收利息、长期应收款等其他应收款项，根据其未来现金流量现值低于其账面价值的差额计提坏账准备。

（四）变更后采用的会计估计

1. 单项金额重大并单项计提坏账准备的应收款项。

2. 按信用风险特征组合计提坏账准备的应收款项。其他组合及坏账准备的计提方法。

3. 单项金额不重大但单项计提坏账准备的应收款项。

对应收票据、应收利息、长期应收款等其他应收款项，根据其未来现金流量现值低于其账面价值的差额计提坏账准备。

4. 联合投资并由公司负责发行的影视剧项目的应收账款。

对于多方联合投资并由公司负责发行的影视剧项目，如公司承担无法收回应收账款的全部风险，需垫付联合投资方的分成款项的，则将项目全部应收账款按前述1~3项规定计提；如公司未承担前述责任（或类似责任），根据相关协议约定公司按实际回款金额向联合投资方结算支付分成款项的，则按照公司投资或收益比例计算的应收账款按前述1~3项规定计提。

二、本次会计估计变更的影响

1. 根据《企业会计准则第28号——会计政策、会计估计变更和差错更正》的相关规定，本次会计估计变更采用未来适用法进行会计处理，不追溯调整，公司将自2017年1月1日起，采用新的应收款项会计估计，不会对拟披露的2016年度财务状况和经营成果产生影响。

2. 根据《深圳证券交易所创业板上市公司规范运作指引》等相关规定，本次会计估计变更属于董事会决策权限，不需要提交股东大会审议。

3. 分析企业是否利用应收账款进行利润调节

企业利用应收账款进行利润调节的案例屡见不鲜，因此，分析时要特别关注：①不正常的应收账款增长，特别是会计期末突发性产生的与营业收入相对应的应收账款。如果一个企业在平时的营业收入和应收账款都很均衡，而唯独第四季度特别是12月份营业收入猛增，并且与此相联系的应收账款也直线上升，我们就有理由怀疑企业可能通过虚增营业收入或提前确认收入进行利润操纵。②应收账款中关联方应收账款的金额与比例。利用关联方交易进行盈余管理，是一些企业常用的手法。如果一个企业应收账款中关联方应收账款的金额增长异常或所占比例过大，应被视为企业利用关联方交易进行利润调节的信号。

4. 要特别关注企业是否有应收账款巨额冲销行为

一个企业巨额冲销应收账款，特别是其中的关联方应收账款，通常是不正常的，或者是在还历史旧账，或者是为今后进行盈余管理扫清障碍。

5. 应收账款质量分析

应收账款是企业在销售商品、提供劳务时所取得的一种债权，其产生原因是企业想要增加销售、减少存货。因此，应收账款本身不具有盈利性，其质量分析内容应包括应收账款转化为货币的数量及时间两个方面。因为应收账款既可能转化为现实的货币，也可能会转化为坏账，形成坏账损失。若应收账款能在确定的时间内转化为与其账面余额等额数量货币的可能性越大，则应收账款的质量越好；反之，则越差。对应收账款的质量分析，可以从以下几个方面进行：

（1）对应收账款的账龄进行分析。

应收账款拖欠的时间越长，发生坏账的可能性越大，即账龄越长，应收账款质量越差。

（2）对债权的构成进行分析。

应收账款的质量不仅与应收账款的账龄有关，而且与债务人的构成有关。债务人的构成方面主要应关注债务人的基本情况及集中度（应收账款的集中度）。

因此，第一，可以通过对债务人的构成情况分析来判断应收账款的质量。债务人是实力雄厚、信誉良好的企业，应收账款收回的保证程度较高，即应收账款质量较好；反之，应收账款质量较差。

第二，应收账款集中度指企业应收账款债务人（客户）欠款金额的比例，比例高，集中度就高。应收账款集中度越高，发生坏账的风险越高。如果客户过于集中，企业的生产经营可能存在潜在的经营风险，一旦某一客户生产经营状况恶化，会对企业业绩造成很大冲击。比如，APEX 公司占四川长虹近 90% 的应收账款对长虹的影响，LS 公司坏账对 PLT 公司业绩的影响以及 JL 公司坏账对 WKJH 公司业绩的影响。

（3）通过对坏账准备的提取情况进行分析，判断应收账款的质量。

通常情况下，应收账款质量越差，计提的坏账准备数额应越大，因此，计提坏账准备较多的应收账款，其质量也较差。有时，盈利企业可能会多提坏账准备以储存部分利润，亏损企业也可能会多提坏账准备为来年扭亏为盈做准备，这种情况下并不表明其应收账款质量较差；微利企业可能会少提坏账准备以避免亏损，这种情况下也不表明其应收账款质量较好。因此，应根据企业的具体情况加以分析。

（4）对应收账款的周转速度进行分析。

应收账款周转速度用应收账款周转率和周转天数衡量。应收账款周转率越高，周转天数越少，表明应收账款收回的时间越短，其质量越好；反之，表明应收账款收回的时间越长，其质量越差。

链接 2-14　　　案例 2-4　LS 公司坏账对 PLT 公司业绩的影响

PLT 成立于 2005 年 12 月，2015 年 6 月成功登陆 A 股中小板上市。该公司是专业为企业提供涵盖供应链方案设计及优化、采购分销、库存管理、资金结算、通关物流以及信息系统配套支持等环节的一体化供应链管理服务商。

PLT 供应链管理服务主要集中于电子信息行业及医疗器械行业，在继续深耕供应链服务的同时，结合主要业务，向融资租赁、跨境电商等领域延展。PLT 的营业收入按产品可区分为两部分，占主要部分的是供应链管理服务收入，其次是其他业务。PLT 供应链管理服务收入 2017 年较前两年有明显增长，增幅可观，主要是其业务交易总量较之前年份大比例提升所致。2015 年以来 PLT 毛利率水平稳步提升，说明公司的竞争力在走强；期间费用率的持续走低也说明公司的管理水平在提高，费用控制严格，成效初显；但净利率水平却在 2017 年大幅走低，增收不增利，为什么呢？

根据 2017 年年报披露，其前五名客户销售额 33.82 亿元，占年度销售总额的 62.82%；前五名供应商采购额 39.01 亿元，占年度采购总额的 78.83%。可见 PLT 的采购和销售集中程度较高。PLT 的供应商和客户合作时间较长、基本稳定，且多为定制化服务，相互依赖性较强，但如果供应商和客户的业务发生变化或者与 PLT 的合作关系发生变化，则可能对其生产经营产生较大影响。根据年度报告披露，PLT 2017 年对 LS 移动智能信息技术（北京）有限公司（以下简称"LS 移动智能"）的应收账款和其他应收款计提大额的坏账准备，高达 80%；对 LS 移动智能单一客户计提的应收款坏账准备金额高达 1.45 亿元，是当期净利润的 2.13 倍，对当期净利润产生重大影响，这也解释了上面为什么增收不增利的问题。

相关分析也认为：PLT 面临的流动性风险较小，但是如果相关客户经营情况和财务状况出现重大变化，可能会使 PLT 面临货款无法收回的问题，导致无法按时支付供应商款项及其他款项，从而产生流动性风险。

事实上，早在 2016 年 11 月 6 日，LS 控股 CEO 贾某某就在发布的致全体员工的信中称，公司发展节奏过快，近几个月供应链压力骤增，加上一贯伴随 LS 发展的资金问题，导致供应紧张，对手机业务持续发展造成极大影响。之后 LS 风波不断，负面新闻缠身。

链接 2-15　案例 2-5　云南白药集团公司 2015—2017 年应收账款质量分析

云南白药集团有限公司（以下简称"云南白药"）是云南省的大型综合制药企业，以中药药品的研发、批发和零售为主，是中国知名的制药企业。根据云南白药的资产负债表，该公司从 2015 年到 2017 年期末的应收账款分别为 10.5 亿元、10.1 亿元和 12.3 亿元（资料来源于云南白药 2015—2017 年年度财务报表及年度报告），分别占总资产的比例是 5.48%、4.12% 以及 4.45%，云南白药坏账准备计提的方法为账龄分析法，具体见表 2-23。

表 2-23　云南白药坏账准备计提比例

账龄	坏账准备计提比例/%
1 年以内（含 1 年）	5
1~2 年	30
2~3 年	60
3 年以上	100

下面以云南白药 2015 年到 2017 年连续三年的资料为基础，从应收账款集中度、规模、账龄、坏账计提比例以及应收账款周转效率等几个方面对该企业的应收账款质量进行分析：

1. 应收账款集中度分析

云南白药 2015 年到 2017 年前五名应收账款债务人债务情况如表 2-24 所示。

表 2-24   前五名应收账款债务人债务情况

时间	金额合计/万元	占应收账款总额的比例/%	坏账准备的期末余额合计/万元
2015 年	21 082.60	18.51	1 054.13
2016 年	21 769.08	20.06	1 088.45
2017 年	28 882.29	21.70	1 444.11

根据表 2-24 可知，云南白药在 2015—2017 年欠款前五名债务人的所欠账款占应收账款总额的比例有一定程度的上升，表明集中度在变高，同时三年的坏账准备的期末余额也呈逐年上升的趋势。这说明随着云南白药市场的发展，该企业的应收账款的集中度越来越高，且单笔交易对云南白药的影响越来越大，提示应收账款的质量有可能有一定程度的下降。

2. 应收账款坏账准备计提比例分析

云南白药 2015 年到 2017 年的坏账准备计提情况如表 2-25 所示。

表 2-25   云南白药 2015—2017 年应收账款坏账准备计提情况

时间	应收账款/万元	坏账准备/万元	计提比例/%
2015 年	113 440.33	7 666.82	6.76
2016 年	108 501.99	7 298.34	6.73
2017 年	133 047.40	9 666.37	7.27

根据表 2-25 可知，坏账计提比例总体增加，说明应收账款的风险加大，应收账款质量有所下降。

3. 应收账款账龄分析

查阅云南白药 2015—2017 年年报相关资料，计算得到表 2-26、表 2-27、表 2-28。

表 2-26   2015 年云南白药应收账款账龄分析

账龄	应收账款/万元	比重/%	坏账准备/万元	比重/%	计提比例/%
1 年以内（含 1 年）	109 792.02	96.78	5 489.60	71.60	5
1~2 年	1 705.76	1.50	511.73	6.67	30
2~3 年	692.66	0.61	415.60	5.42	60
3 年以上	1 249.90	1.10	1 249.90	16.30	100
合计	113 440.33	100.00	7 666.82	100.00	6.76

表 2-27   2016 年云南白药应收账款账龄分析

账龄	应收账款/万元	比重/%	坏账准备/万元	比重/%	计提比例/%
1 年以内（含 1 年）	105 761.30	97.47	5 288.06	72.46	5
1~2 年	631.07	0.58	189.32	2.59	30
2~3 年	721.63	0.67	432.98	5.93	60
3 年以上	1 387.98	1.28	1 387.98	19.02	100
合计	108 501.98	100.00	7 298.34	100.00	6.73

表 2-28　2017 年云南白药应收账款账龄分析

账龄	应收账款/万元	比重/%	坏账准备/万元	比重/%	计提比例/%
1 年以内（含 1 年）	127 243.50	95.64	6 362.18	65.82	5
1~2 年	3 403.57	2.56	1 021.07	10.56	30
2~3 年	293.02	0.22	175.81	1.82	60
3 年以上	2 107.31	1.58	2 107.31	21.80	100
合计	133 047.40	100.00	9 666.37	100.00	7.27

根据表 2-26—表 2-28 可知，2015 年到 2016 年的应收账款总额呈下降趋势，但在 2017 年陡然上升，这三年的应收账款都显示账龄为 1~3 年的应收账所占比重较小，一年以内的应收账款所占比重最大，其次是账龄三年以上的应收账款所占比重，其坏账准备占比也呈现同样的变化规律。以上数据说明了该公司的账期较长，显然，应收账款的质量在降低。

4. 应收账款周转效率分析

云南白药 2015 年到 2017 年连续三年的应收账款周转效率如表 2-29 所示。

表 2-29　云南白药 2015—2017 年应收账款周转效率

项目	2015 年	2016 年	2017 年
当期销售净收入/万元	2 073 812.62	2 241 065.44	2 431 461.40
期初应收账款余额/万元	55 488.01	105 773.51	101 203.64
期末应收账款余额/万元	105 773.51	101 203.64	123 381.03
应收账款周转率/次	25.72	21.66	21.65
应收账款周转天数/天	13.99	16.62	16.63

从表 2-29 可以看出，云南白药应收账款周转率从 2015 年到 2017 年呈现逐渐递减的趋势；同时，周转天数逐渐增加，说明该公司应收账款的管理效率在下降，应收账款质量在降低。

5. 应收账款与销售收入、利润、现金流量的关系分析

云南白药 2015 年到 2017 年连续三年的应收账款与销售收入、利润、现金流量的关系如表 2-30 所示。

表 2-30　云南白药 2015—2017 年应收账款等相关项目的比较分析　　　　单位:%

项目	2015 年	2016 年	2017 年
应收账款变动率	21.91	-4.32	90.62
销售收入变动率	8.50	8.06	10.22
利润总额变动率	6.60	5.67	10.49
现金流量净额变动率	-85.32	-224.77	-1 148.88
经营活动产生的现金流量净额占比	-61.28	36.95	37.35

注：经营活动产生的现金流量净额占比是指占现金流量净额的比重。

从表 2-30 可以看出，第一、三年应收账款变动率增加，收入增加，导致利润变动率增加，现金流量净额变动率却下降；第二年的趋势则是，应收账款变动率降低，收入变动率增加，导致利润变动率上升，现金流量净额变动率下降。以上数据提示：云南白药应收账款收现能力在下降，应收账款质量在降低。

6. 应收账款坏账损失占比分析

云南白药 2015 年到 2017 年应收账款坏账损失分析如表 2-31 所示。

表 2-31　应收账款坏账损失的占比分析

单位：万元

年份	2015 年	2016 年	2017 年
终止确认的应收账款	0.00	73 040.49	75 027.04
本期核销的应收账款	350.90	253.42	413 227.30
坏账损失	350.90	73 293.91	488 254.34
应收账款总额	113 440.33	108 501.99	133 047.40
坏账损失率	0.003	0.676	3.67

根据表 2-31 中的信息可以看出，云南白药的坏账损失逐年大额攀升，坏账损失率逐渐增加，由此可以看出，云南白药应收账款质量在逐年降低。

7. 核算计提方法的谨慎性分析

由表 2-26—表 2-28 中的数据可以看出，云南白药从 2015 年到 2017 年计提的坏账准备呈现上升的趋势，由此可说明，该公司对应收账款的谨慎性在提高，在一定程度上是可以提高应收账款质量的。

综上可知，从 2015 年到 2017 年云南白药的应收账款总额呈逐年递增趋势，规模逐渐增大；应收账款债务人前五名在应收账款总额中所占的比重越来越大，集中度越来越高；坏账损失逐渐增加，应收账款的风险加大；账龄为三年以上的应收账款的占比逐年增加，账期逐渐变长；同时云南白药应收账款周转率逐渐下降，周转天数逐渐增加；应收账款收现能力在下降。可见，云南白药应收账款质量不容乐观，但可喜的是云南白药对坏账准备的计提在增多，说明公司的谨慎性在提高。

分析结论：

对云南白药应收账款质量进行分析后，我们发现云南白药存在以下问题：应收账款的集中度越来越高，单笔交易对云南白药的影响越来越大；坏账比例逐渐增加，应收账款的风险加大；三年以上的应收账款所占比重大，账期长；应收账款周转率从 2015 年到 2017 年呈现逐渐递减的趋势，周转天数逐渐增加等。因此，为提高云南白药应收账款质量，应该从以下几个方面进行：

第一，加强云南白药应收账款内控管理。

从对云南白药应收账款的质量分析来看，该公司对应收账款的内控管理较弱，我们认为，云南白药应该建立完善的内控制度。提高公司的资本风险意识，采取适当、合理、有效的应收账款管理措施和对策，加强企业内部管理，增强抗风险能力。

第二，适当分散应收账款债务人。

根据以上资料分析，云南白药应收账款的集中度较高，由于应收账款的集中度越高，质量越差。因此，云南白药管理者应妥善分配债务人，降低债权人账户密度，从而降低债权人账款的收回风险，提高应收账款质量。

第三，加强应收账款质量管理效率。

根据资料分析可知，云南白药的应收账款周转率逐年降低，同时周转天数也在逐渐增多，应收账款质量下降。因此，企业应适当减少应收账款账面余额，加快应收账款周转，增加可使用现金流量，同时增加内部资金的创造性功能，从而加强应收账款质量。

由于国际国内市场的激烈竞争，信贷销售已成为企业成功的必要手段，但低值的应收账款将不可避免地影响公司的可持续经营业绩。因此，云南白药应尽量缩短应收款项的回收期，避免发生坏账损失，提高企业应收账款质量。

第四，降低坏账损失。

云南白药应抓好对应收账款的管理，采取必要可行的措施，制定合理的管理办法，有效防止坏账的发生，加强对客户信用的管理及监督，降低收账风险，减少坏账损失。

（二）其他应收款

其他应收款是指企业发生非购销活动而产生的应收债权。该款项具体包括应收的各种赔款、罚款，应收出租包装物租金，存出保证金，应向职工收取的各种垫付款项，以及不符合预付款性质而按规定转入其他应收款的预付账款等。在实务中，一些上市公司为了某种目的，常常把其他应收款作为企业调整成本费用和利润的手段。在进行财务分析时，投资者对"其他应收款"项目应予以充分的注意。其他应收款分析应关注以下几方面：

（1）其他应收款的规模及变动情况。如果其他应收款规模过大，或有异常增长现象，如其他应收款余额远远超过应收账款余额，其他应收款增长率大大超过应收账款增长率，就应注意分析是否有利用其他应收款进行利润操纵的行为。

（2）其他应收款包括的内容。分析时，投资者要注意：第一，是否存在将应计入当期成本费用的支出计入其他应收款；第二，是否存在将本应计入其他项目的内容计入其他应收款。

（3）关联方其他应收款余额及账龄。分析时，投资者应结合报表附注，观察是否存在大股东或关联方长期、大量占用上市公司资金，造成其他应收款余额长期居高不下的现象。

链接 2-16   案例 2-6   YG 投资 10 亿元其他应收款去向成谜

YG 投资 2014 年 8 月 27 日晚间发布半年度业绩报告称，2014 年半年度净亏损 1.48 亿元，上年同期亏损 8 426.77 万元，亏损幅度扩大；另外，上半年营业收入为 15.2 亿元，也较上年同期减少 6.17%。

大众证券报财信网记者注意到，就在中期业绩亏损幅度加剧的同时，母公司当期其他应收款余额竟高达 10.88 亿元，而母公司与子公司合并报表中的其他应收款规模约 2 667 万元，两者之间差额约为 10.62 亿元。

"上市公司的其他应收款远比合并报表的规模大，说明上市公司其他应收款的主要债务人，是纳入合并范围内的子公司，也就是说，这 10.62 亿元的应收账款均为子公司拆借。"国内某会计师事务所会计师表示。

上述会计师说："其他应收款是属于企业主营业务以外的债权，与主营业务产生的债权相比较，其数额不应过大。如果数额过大，应对其进行质量分析。该公司上半年营业收入也才 15 亿元，但是对子公司的其他应收账款一项已经超过了 10 亿元，真是不可思议。"

财务专家马某某曾表示，"其他应收款"科目有时候是一个万能的科目，企业可以用它隐藏短期投资，截留投资收益；可以用它来隐藏利润，少交税金；可以用它来转移资金，如大股东占用上市公司资金，高管卷款而逃；可以用它来私设小金库，将款项源源不断地转移到账外；可以用它来隐藏费用，在盈利水平不佳时可能直接通过其他应收款列支费用。

四、存货

存货在企业流动资产中占有较大比重，是企业最重要的流动资产之一。因此，投资者应特别重视存货的分析。存货分析主要包括存货构成分析和存货质量分析。

（一）存货的构成及规模恰当性分析

企业存货资产遍布于企业生产经营全过程，种类繁多，按其性质可分为材料存货、在产品存货和产成品存货。存货构成分析既包括各类存货规模与变动情况分析，也包括各类存货结构与变动情况分析。

（1）存货规模与变动情况分析。它主要是观察各类存货的变动情况与变动趋势，分析各类存货增减变动的原因，这需要结合报表附注中有关存货的披露内容，需要了解企业存货各具体项目之间的构成比例进行深入分析。

（2）存货结构是指各种存货资产在存货总额中的比重。

（二）存货质量分析

存货是企业的一项重要流动资产，是企业创造盈利的媒介。但它通常要占用企业大量的资金，会给企业带来持有成本（机会成本、仓储成本等）和持有风险（过期风险、降价风险等）。因此，如何提升存货的市场竞争力，加速存货周转，降低存货持有量并保持存货价值，既是存货管理的关键因素，也是评价存货质量的主要方面。

由于存货组成类别不同，其各自的持有功能也存在差异。总体上，存货的质量主要体现在其增值能力及周转速度上。存货转化为货币或应收账款的数额超过其账面余额越多、时间越短，其质量越好。存货的质量分析和评价可以从以下几个方面来进行：

1. 存货的盈利性——考察毛利率水平及走势

尽管存货的种类繁多、功能各异但其最终价值都需要通过销售才能实现，因此存货转化为货币或应收账款的数额是否超过其账面余额以及超过多少，是评价其质量高低的关键。存货的增值能力可用毛利率来衡量，存货的毛利率越高表明其增值能力越强，内在质量越高，反之则越低。

2. 存货的周转性——考察存货周转率

一般情况下，存货的周转速度越快，表明其销售情况越好，存货的质量越高，贬值的可能性越小。反之，存货的周转速度慢，仓库存放的时间越长，则出现变质、被新一代产品替代的可能性越大，从而导致其贬值的可能性越大。在周转一次产生的毛利水平相对不变的情况下，在其他条件相同时，企业存货周转速度越快，一定时期的盈利水平也就越高。

3. 存货的保值性

从存货在会计报表附注中的披露可以看出企业存货价值的贬损情况。除了企业利用存货跌价准备进行盈余管理的特殊情况外,一般情况下,某类存货计提的减值准备越多,说明存货的价值贬损越大,存货的质量越差;反之,某类存货计提的减值准备越少,说明存货的价值贬损越小,存货质量越好。

但需要注意的是:在通过对存货跌价准备计提的分析来考察存货的保值性时,应首先对计提的合理性进行判别;此外,还要关注报表附注有关存货担保、抵押方面的说明。如果企业存在上述情况,这部分存货的保值性就会受到影响。

4. 存货的时效状况

存货的时效状况对存货质量影响很大,如食品的保质期、出版物的内容更新速度、技术发展速度等。超过时效的存货可能会变得一文不值。

链接 2-17   案例 2-7   中粮糖业 2015—2017 年存货质量分析

中粮糖业是中粮集团控股的一家上市公司,经营范围包括国内外制糖、食糖进口、港口炼糖、国内食糖销售及贸易、食糖仓储及物流、番茄加工业务,是保障国内食糖供给的坚强基础。该公司在国内外具有完善的产业布局,拥有从国内外制糖、进口及港口炼糖、国内销售及贸易、仓储物流并管理中央储备糖的全产业运营模式。在国内甘蔗、甜菜制糖领域,中粮糖业拥有较强的竞争力。

根据上述存货质量分析思路,结合中粮糖业 2015—2017 年年度财务报表及年度报告相关资料,下面对该公司存货质量进行分析:

1. 中粮糖业存货的品种构成分析

2017 年中粮糖业的存货品种构成见表 2-32。

表 2-32   2017 年中粮糖业存货品种构成

项目	期末账面余额/元	期初账面余额/元	期末所占比重/%	期初所占比重/%
原材料	596 779 699.58	724 620 883.20	13.80	11.59
在产品	103 963 255.90	144 410 459.57	2.40	2.31
库存商品	3 576 335 499.35	4 384 183 706.93	82.69	70.11
消耗性生物资产	16 041 169.13	13 845 242.49	0.37	0.22
在途物资	12 727 759.78	957 035 209.03	0.29	15.31
低值易耗品	6 407 265.97	3 511 480.64	0.15	0.06
包装物	9 902 775.25	17 074 046.36	0.23	0.27
委托加工物资	2 747 624.14	8 197 093.33	0.06	0.13
合计	4 324 878 049.10	6 252 878 121.56		

从存货分类表中可以看出,库存商品所占的比重最大,并且期末所占的比重高于期初,占比越高,说明该公司存货资金占用水平越高,流动性越差,可能存在存货滞销状况,说明该企业存货质量有一定下降。

2. 存货的管理效率分析

（1）存货周转率分析（见表2-33）。

表2-33　存货周转率　　　　　　　　　　　　单位：次/年

时间	存货周转率
2015 年	2.552 6
2016 年	2.200 8
2017 年	3.062 8

从表2-33可知，2015—2017年该公司存货周转率呈上升趋势，说明该公司的管理效率提高，存货的质量随之提高，从而导致存货的盈利水平提高。

（2）存货跌价准备占存货价值的比重分析（见表2-34）。

表2-34　2015—2017年中粮糖业存货跌价准备　　　　　　　单位：元

| 项目 | 2017 年 | |
	跌价准备	账面价值
原材料	15 417 456.75	581 362 242.83
在产品		103 963 255.90
库存商品	60 471 922.64	3 515 863 576.71
消耗性生物资产		16 041 169.13
周转材料		
建造合同形成的已完工未结算资产		
在途物资		12 727 759.78
低值易耗品	133.38	6 407 132.59
包装物	1 040 594.42	8 862 180.83
委托加工物资		2 747 624.14
合计	76 930 107.19	4 247 947 941.91
存货跌价准备占存货价值比重	1.81%	

| 项目 | 2016 年 | |
	跌价准备	账面价值
原材料	4 147 445.58	720 473 437.62
在产品		144 410 459.57
库存商品	8 488 198.89	4 375 695 508.04
消耗性生物资产		13 845 242.49
周转材料		
建造合同形成的已完工未结算资产		
在途物资		957 035 209.03
低值易耗品		3 511 480.64
包装物	1 290 692.86	15 783 353.49
委托加工物资		8 197 093.35
合计	13 926 337.33	6 238 951 784.23
存货跌价准备占存货价值比重	0.22%	

表2-34(续)

项目	2015 年	
	跌价准备	账面价值
原材料	6 647 490.36	134 545 136.65
在产品	3 462 242.84	171 293 220.49
库存商品	17 522 283.77	3 749 925 472.83
消耗性生物资产	13 682 072.60	12 489 035.93
周转材料		
建造合同形成的已完工未结算资产		
在途物资		208 272 591.04
低值易耗品		3 357 509.14
包装物	196 130.06	10 847 261.80
委托加工物资		440 060.27
合计	41 510 219.63	4 291 170 288.15
存货跌价准备占存货价值比重	0.97%	

从连续三年的数据可以看出，存货跌价准备占存货的价值比重是 2016 年最低，2017 年呈上升趋势，说明 2016 年是存货质量最高的一年，而 2017 年该公司的管理效率下降，存货的保值性不好，存货的质量也随之降低。

3. 存货的核算方法分析

据年报，该企业发出存货的计价方法采用加权平均法和个别计价法计价。存货的盘存制度为永续盘存制。笔者认为采用个别计价法是不合适的，虽然它是比较准确的一种方法，但是该公司的存货数量较大，采用个别计价法工作任务重，困难很大，因此采用加权平均法即可。

综上分析可知，该公司存货的管理机制、存货的周转率上升是做得好的，存货的质量有一定的制度保证，但是存货的品种构成、减值损失以及核算方法是不够完善的，库存商品在增加，减值上升，存货质量有一定程度下降，造成对存货的不利影响。针对存在的问题，结合存货水平分析发现：2016—2017 年存货的变化主要系食糖采购及产品库存量较期初减少所致；2017 年度，中粮糖业下属部分公司处于停工状态，中粮糖业对停工公司确认减值损失达 1.27 亿元。

五、长期股权投资分析

长期股权投资是指投资方对被投资单位实施控制、产生重大影响的权益性投资，以及对其合营企业的权益性投资，而不涉及不具有控制、共同控制和重大影响，且在活跃市场中没有报价、公允价值不能可靠计量的权益性投资。长期股权投资通常包括三种权益性投资：对子公司的投资（单独控制或实质性控制）、对合营企业的投资（共同控制）以及对联营企业的投资（重大影响）。

长期股权投资，一方面，可以扩大企业的经营范围，分散企业经营风险并获取股利，另一方面，它是企业实现其战略的一种安排。长期股权投资的直接收益是其带来的投资收益或损失，而间接收益或隐形收益则是企业战略管理成本的降低。长期股权投资的质量可用投资收益率来衡量，即将其带来的投资收益与其投资成本相比，还可以进一步根据其带来的现金流量分析其投资收益质量。此外，长期股权投资的变现能力和升值情况以及战略管理成本的高低也是其质量评价的内容。总之，长期股权投资的收益率越高，变现能力越强，升值空间越大，或者通过长期股权投资使企业整体战略管理成本降低幅度越大的，其质量越好；反之，其质量越差。

此外，长期股权投资减值准备计提的情况，也可在一定程度上反映该项目的质量。长期股权投资减值准备是针对长期股权投资账面价值而言的，计提了减值准备就意味着，长期股权投资要么无法按照预期收益水平带来收益，要么无法按照账面价值收回投资成本。总之，计提了减值准备的长期股权投资项目的保值性堪忧，质量会受影响。未来是否会继续发生减值，则需要对被投资企业的持续经营能力和盈利能力做进一步的分析与判断。

但由于减值准备在什么时间计提、计提多少等均存在主观人为因素，为企业操纵利润提供了很大空间。对该项目的会计处理充分体现了谨慎性原则，这样也会影响长期投资项目的质量。

六、固定资产

固定资产是指同时具有以下特征的有形资产：为生产产品、提供劳务、出租或经营管理而持有；使用寿命超过一个会计年度。一般而言，固定资产属于企业的劳动资料，代表了企业的扩大再生产能力。固定资产具有占用资金数额大、资金周转时间长的特点，对其进行分析应从以下几个方面入手：

（一）固定资产规模与变动情况分析

固定资产原值反映了企业固定资产规模，其增减变动受当期固定资产增加和当期固定资产减少的影响。对固定资产原值变动情况及变动原因的分析，可根据报表附注和其他相关资料进行。

（二）固定资产结构与变动情况分析

固定资产按使用情况和经济用途，可以分为生产用固定资产、非生产用固定资产、租出固定资产、未使用和不需用固定资产、融资租入固定资产等。固定资产结构反映固定资产的配置情况，合理配置固定资产，既可以在不增加固定资金占用量的同时提高企业生产能力，又可以使固定资产得到充分利用。在各类固定资产中，生产用的固定资产，还有正在使用中的固定资产，特别是其中的机器设备，与企业生产经营直接相关，在固定资产中占较大比重。非生产用固定资产主要指职工宿舍、食堂、俱乐部等非生产单位使用的房屋和设备，其增长速度一般低于生产用固定资产的增长速度，其比重的降低应属正常现象。

（三）固定资产折旧分析

《企业会计准则》和《企业会计制度》允许企业使用的折旧方法有平均年限法、工作量法、双倍余额递减法、年限总和法，其中后两种方法属于加速折旧法。不同的折旧方法由于各期所提折旧不同，会引起固定资产价值发生不同的变化。固定资产折旧方法的选择对固定资产的影响还隐含着会计估计对固定资产的影响，如对折旧年限的估计、对固定资产残值的估计等。

固定资产折旧分析应注重以下几方面：

（1）分析固定资产折旧方法的合理性。

（2）分析企业固定资产折旧政策的连续性。

（3）分析固定资产预计使用年限和预计净残值确定的合理性。

（四）固定资产减值准备分析

固定资产减值准备分析主要从以下几方面进行：

（1）固定资产减值准备变动对固定资产的影响。

（2）固定资产可回收金额的确定。这是确定固定资产减值准备提取数的关键。

（3）固定资产发生减值对生产经营的影响。固定资产发生减值使固定资产价值发生变化，既不同于折旧引起的固定资产价值变化，也不同于其他资产因减值而发生的价值变化。固定资产减值是因为有形损耗或无形损耗造成的，如因技术进步已不能使用或已遭毁损不再具有使用价值和转让价值等，此时虽然固定资产的实物数量并没有减少，但其价值量和企业的实际生产能力都会相应变动。如果固定资产实际上已发生了减值，企业不提或少提固定资产减值准备，不仅虚夸了固定资产价值，同时也虚夸了企业的生产能力。

链接 2-18   案例 2-8   固定资产减值对公司未来发展的影响

江苏友利投资控股股份有限公司于 2017 年 1 月 24 日召开了第九届董事会第三十次会议和第九届监事会第二十次会议，会议审议通过了《关于 2016 年度计提固定资产减值准备的议案》。根据相关规定，现将具体情况公告如下：

一、本次计提固定资产减值准备的情况概述

根据《企业会计准则》的有关规定，为真实反映江苏友利投资控股股份有限公司的财务状况及经营成果，公司聘请北京天健兴业资产评估有限公司于 2017 年 1 月份对江阴友利氨纶科技有限公司、江苏双良氨纶有限公司、江阴友利特种纤维有限公司氨纶生产相关固定资产价值出现的减值迹象进行了减值测试，按资产类别进行了测试，报告显示：截至 2016 年 12 月 31 日，资产账面价值为 50 472.25 万元，可回收价值为 15 616.00 万元，减值 34 856.25 万元，减值率为 69.06%。本次计提固定资产减值准备计入公司 2016 年年度报告。

公司本次计提固定资产减值准备尚须经会计师事务所审计，最终数据以经会计师事务所审计的财务数据为准。

二、本次计提固定资产减值准备的原因

1. 产能过剩，产品同质化、行业价格大幅下降

2016 年国内氨纶产能增速加快，同比增速达到 16%，较 2015 年的 6% 有明显提升，年内行业负荷虽较 2015 年同期有所回落，但由于新产能释放增量带动，2015 年国内氨纶产量达到 45.7 万吨，增速约 9.1%。2015 年国内氨纶行业有效产能 60.35 万吨。2016 年国内氨纶年产能将达 69.6 万吨左右。2015 年国内氨纶需求量在 40.4 万吨，同比增幅约 4.9%，2016 年国内氨纶需求量基本维持在 2015 年的水平上，产能过剩加剧。2016 年上半年，以 40D 氨纶为例，市场主流商谈价格由 33 000 元/吨跌至 28 000 元/吨，跌幅为 15% 左右。

2016 年上半年，随着氨纶市场价格不断下滑，利润面也进一步收窄，转盈为亏。2016 年 1 月 40D 氨纶平均利润在 1 342 元/吨左右，6 月平均利润在 -853 元/吨左右，较 1 月相比减少 -164% 左右，行业亏损面日益加剧，氨纶厂家处境艰难，行业昔日的景气度连连下降。

2. 公司生产工艺落后，成本比重大

20 世纪 80 年代末期，国内已开始引进东洋纺干法纺丝生产工艺。日清纺干法纺丝生产工艺是在东洋纺干法纺丝生产工艺的基础上改良发展起来的，在生产细旦丝、提高产品弹性伸长等方面，日清纺工艺具有一定的优越性。由于新工艺的出现，东洋纺、日清纺的工艺已落后，目前已被连续纺干法纺丝生产工艺（连续聚合、高速纺丝）取代。连续纺干法纺丝生产工艺与东洋纺、日清纺的生产工艺相比，具有产量高、公用工程消耗少、单位生产成本低的优势，其产品具有品质均匀稳定、弹性伸长好、断丝强度高等显著特点，可用于生产细旦、有光、耐高温、抗菌、耐氯等高技术功能性差别化氨纶。近年来国内各大氨纶生产厂家新建和扩能均采用连续纺干法纺丝生产工艺。

3. 2016 年年底公司已停产了部分车间，公司亏损严重

因氨纶市场低迷，为减少亏损，江苏双良氨纶有限公司于 2016 年 12 月 7 日起一车间开始停产，年设计产能 4 200 吨；江阴友利特种纤维有限公司于 2016 年 12 月 12 日起二车间开始停产，年设计产能 7 000 吨。

三、本次计提固定资产减值准备对公司的影响

本次计提各项资产减值准备，将减少公司 2016 年度合并净利润 29 139.31 万元，本次资产减值准备的计提不影响公司于 2017 年 1 月 24 日披露的《2016 年业绩预告》对公司 2016 年度经营业绩的预计。

公司本次计提的资产减值准备未经会计师事务所审计，最终数据以会计师事务所审计的财务数据为准。

上市公司计提固定资产减值准备往往出于各种原因，不同的原因体现了企业不同的发展过程和特点，因此，对固定资产减值准备计提情况的分析，可以在一定程度上了解企业业务发展的前景，以便做出相应的决策。

七、无形资产

（一）无形资产概述

无形资产是指企业拥有或控制的没有实物形态的可辨认非货币性资产，主要包括专利权、非专利技术、商标权、著作权、土地使用权、特许权等。无形资产分为可辨认无形资产和不可辨认无形资产。可辨认无形资产包括专利权、非专利技术、商标权、著作权、土地使用权等；不可辨认无形资产是指商誉。企业自创的商誉，以及未满足无形资产确认条件的其他项目，不能作为无形资产。换句话说，企业控制的全部无形资源，并没有都在资产负债表上体现出来，如人力资源、品牌、市场营销网络和渠道、企业文化等便没有体现出来。

（二）无形资产分析

对无形资产的分析，可从以下几个方面进行：

（1）无形资产规模分析。无形资产尽管没有实物形态，但随着科技进步特别是知识经济时代的到来，对企业生产经营活动的影响越来越大。在知识经济时代，企业控制的无形资产越多，其可持续发展能力和竞争能力就越强，因此企业应重视培育无形资产。

（2）无形资产价值分析。在资产负债表中无形资产项目披露的金额仅是企业外购的无形资产；自创的无形资产在账上只体现为金额极小的注册费、聘请律师费等费用作为无形资产的实际成本。即在资产负债表上所反映的无形资产价值常有偏颇之处，无法真实反映企业所拥有的全部无形资产的价值。因此，分析人员在对无形资产项目进行分析时，要详细阅读报表附注及其他有助于了解企业无形资产来源、性质等情况的说明，并要以非常谨慎的态度评价企业的真正价值。

（3）无形资产质量分析。虽然无形资产可以为企业带来一定收益，但具有不确定性。在许多情况下，无形资产质量恶化是可以通过某些迹象来判断的：①某项无形资产已被其他新技术替代，使其为企业创造经济利益的能力受到重大不利影响；②某项无形资产的市价在当期大幅度下跌，并在剩余摊销年限内不会恢复；③其他足以证明某项无形资产实质上已经发生减值的情形。

（4）无形资产会计政策分析。这种分析主要有无形资产摊销分析。无形资产摊销金额的计算正确与否，会影响无形资产账面价值的真实性。因此，在分析无形资产时应仔细审核无形资产摊销是否符合会计准则的有关规定。此外在分析时还应注意企业是否有利用无形资产摊销调整利润的行为。

（5）无形资产计提减值准备的分析。在分析无形资产时应注意分析企业是否按照会计准则规定计提无形资产减值准备以及计提的合理性。如果企业应该计提无形资产减值准备而没有计提或者少提，不仅会导致无形资产账面价值的虚增，而且会虚增当期的利润总额。一些企业往往通过少提或不提无形资产减值准备，来达到虚增无形资产账面价值和利润的目的。因此，财务分析人员对此现象应进行分析与调整。

本章小结

资产负债表是反映企业在某一特定时点财务状况的会计报表。本章在介绍资产负债表分析的内容、作用的基础上，有针对性地介绍了资产负债表分析的要求及步骤，重点介绍了企业资产负债表总体分析及具体项目分析的路径及方法。本章内容主要包括：

（1）资产负债表分析的重要意义在于通过对企业不同时点资产负债表的比较，使人们对企业财务状况的发展趋势做出判断，了解企业筹集和使用资金的能力，了解企业资产的流动性和财务弹性，进而判断企业的偿债能力、支付能力和企业对资产的使用效率和资产质量、负债的适应性、所有者权益的质量，进而能从总体上对资产负债表的质量有一定的判断和认识。

(2) 资产负债表分析主要包含三个层次的分析：一是总体一般分析，包括资产、负债、所有者权益的总体分析；二是资产负债表具体项目的分析，包括资产负债表各项具体项目的变动、构成分析及质量分析；三是资产负债表整体质量分析，即在具体项目质量分析的基础上，对资产整体质量、所有者权益整体质量、资产负债表整体对称性进行的分析。

(3) 在以上三个层次分析的基础上，可以对企业资产负债表做出一定的判断和认识。

(4) 本章在讲解理论分析的基础上，结合分析特点及要求，分别给出了分析的方法及应用指标。

本章重要术语

资产负债表　资产　负债　所有者权益　会计恒等式　资产规模　资产结构
资本结构　营运资金需求量　资产质量　营运资金管理效率　资产存在性
资产盈利性　资产周转性　资产保值性　资产变现性　所有者权益质量

习题·案例·实训

一、单选题

1. 资产负债表的作用是（　　）。
   A. 反映企业某一时期的经营成果　　B. 反映企业某一时期的财务状况
   C. 反映企业某一时点的经营成果　　D. 反映企业某一时点的财务状况

2. 在财务分析中最常用的分析法是（　　）。
   A. 比率分析法　　　　　　　　　　B. 因素分析法
   C. 趋势分析法　　　　　　　　　　D. 比较财务报表

3. 对一般企业来说，账龄在 1 年内的应收账款在其应收账款总额中所占比例越大，其应收账款的（　　）通常就越高。
   A. 盈利性　　　B. 周转性　　　C. 灵活性　　　D. 时效性
   E. 保值性

4. 一般，营运资本需求量越大，说明企业的营运资金管理效率（　　）。
   A. 越高　　　　　　　　　　　　　B. 越低
   C. 没有变化　　　　　　　　　　　D. 无法判断

5. 在进行趋势分析时，通常采用的比较标准是（　　）。
   A. 计划数　　　　　　　　　　　　B. 预定目标数
   C. 以往期间实际数　　　　　　　　D. 评估标准值

6. 下列（　　）不会影响速动比率。

    A. 应收账款   B. 固定资产   C. 短期借款   D. 应收票据

7. 一般认为，应付票据和应付账款的规模代表企业利用商业信用推动其经营活动的能力，也可以在一定程度上反映出企业在行业中的（　　）。

    A. 经营规模   B. 采购能力   C. 议价能力   D. 发展能力

8. 某企业全部资本为 500 万元，则企业获利 40 万元，其中借入资本 300 万元，利率 10%，此时，举债经营对投资者（　　）。

    A. 有利   B. 不利   C. 无变化   D. 无法确定

9. ABC 公司 2022 年的资产总额为 1 000 000 万元，其中 620 000 万元为固定资产；该公司流动负债为 250 000 万元，非流动负债为 150 000 万元。那么，从固定资产规模与资产负债率角度来看，ABC 公司所在的行业最有可能是（　　）。

    A. 服务业   B. 造船业   C. IT 产业   D. 文化教育

10. 短期借款的特点是（　　）。

    A. 风险较大   B. 弹性较差

    C. 利率较高   D. 满足长期资金需要

11. 存货发生减值是因为（　　）。

    A. 采用先进先出法   B. 采用后进先出法

    C. 可变现净值低于账面成本   D. 可变现净值高于账面成本

12. 在通货膨胀条件下，存货采用先进先出法对利润表的影响是（　　）。

    A. 利润被低估   B. 利润被高估

    C. 基本反映当前利润水平   D. 利润既可能被低估也可能被高估

13. 一般不随产量和销售规模变动而变动的资产项目是（　　）。

    A. 货币资金   B. 应收账款   C. 存货   D. 固定资产

14. 如果资产负债表上存货项目反映的是存货实有数量，则说明采用了（　　）。

    A. 永续盘存法   B. 实地盘存法

    C. 加权平均法   D. 个别计价法

15. 所有者权益不包括（　　）。

    A. 实收资本   B. 资本公积

    C. 盈余公积   D. 公允价值变动损益

16. 资产负债表中的"未分配利润"项目，应根据（　　）填列。

    A. "利润分配"科目余额

    B. "本年利润"科目余额

    C. "本年利润"科目和"利润分配"科目余额计算后

    D. "盈余公积"科目余额

17. 下列说法中，正确的是（　　）。

    A. 对于股东来说，当全部资本利润率高于借款利息率时，负债比例越高越好

    B. 对于股东来说，当全部资本利润率高于借款利息率时，负债比例越低越好

C. 对于股东来说，当全部资本利润率低于借款利息率时，负债比例越高越好

D. 对于股东来说，负债比例越高越好，与别的因素无关

二、多选题

1. 我国一般将财务比率指标分为四类，它们是（　　）。

    A. 获利能力比率　　　　　　　　　　B. 资本结构比率

    C. 偿债能力比率　　　　　　　　　　D. 营运能力比率

    E. 发展能力比率

2. 财务报告分析的基本方法有（　　）。

    A. 比较分析法　　　　　　　　　　　B. 差量分析法

    C. 比率分析法　　　　　　　　　　　D. 因素分析法

    E. 本量利分析法

3. 企业的不良资产区域主要存在于（　　）。

    A. 其他应收款　　　　　　　　　　　B. 周转缓慢的存货

    C. 闲置的固定资产　　　　　　　　　D. 长期待摊费用

    E. 账龄较长的应收账款

4. 某公司当年的经营利润很多，却不能偿还到期债务。为查清其原因，应检查的财务比率包括（　　）。

    A. 资产负债率　　　　　　　　　　　B. 流动比率

    C. 存货周转率　　　　　　　　　　　D. 应收账款周转率

5. 分析企业货币资金规模的合理性，要结合企业以下因素一起分析（　　）。

    A. 投资收益率　　　　　　　　　　　B. 资产规模与业务量

    C. 筹资能力　　　　　　　　　　　　D. 运用货币资金能力

6. 进行负债结构分析时必须考虑的因素有（　　）。

    A. 负债规模　　　　　　　　　　　　B. 负债成本

    C. 债务偿还期限　　　　　　　　　　D. 财务风险

7. 从理论上看，企业的全部资产都是有价值的，均能够变换为现金。然而，实践中有些资产是难以或不准备迅速变换为现金的，这样的资产有（　　）。

    A. 厂房建筑物　　B. 机器设备　　C. 运输车辆　　　D. 商誉

8. 资产负债表分析的目的有（　　）。

    A. 了解企业财务状况的变动情况

    B. 了解企业资产运用的效率

    C. 了解企业筹集和使用资金的能力

    D. 对企业财务状况的发展趋势做出判断

9. 货币资金存量变动的原因可能有（　　）。

    A. 资金调度　　　　　　　　　　　　B. 信用政策变动

    C. 销售规模变动　　　　　　　　　　D. 为大笔现金支出做准备

10. 关于企业货币资金存量规模及比重是否合适，分析评价应考虑的因素有（　　）。

    A. 行业特点   B. 企业融资能力

    C. 资产规模与业务量   D. 货币资金的目标持有量

11. 正常经营企业资产与负债对称结构中的保守结构的特点有（　　　）。

    A. 企业风险极低   B. 资金成本较高

    C. 筹资结构弹性弱   D. 企业风险极大

12. 应收账款变动的原因可能有（　　　）。

    A. 销售规模变动   B. 信用政策改变

    C. 收账政策不当   D. 收账工作执行不力

13. 在物价上涨的情况下，使存货期末余额从高到低排列的计价方法有（　　　）。

    A. 加权平均法   B. 个别计价法

    C. 先进先出法   D. 成本与可变现净值孰低法

14. 采取保守的固流结构政策可能出现的财务结果是（　　　）。

    A. 资产的流动性高   B. 资产风险降低

    C. 资产风险提高   D. 盈利水平下降

15. 资产负债表中的货币资金具体存在形式包括（　　　）。

    A. 库存现金   B. 银行存款

    C. 银行汇票存款   D. 信用证保证金

    E. 信用卡存款

16. 关于企业资产结构的影响因素，下列项目表述正确的有（　　　）。

    A. 管理水平越高，占用的流动资产会越多

    B. 一般而言，企业规模越大，占用的流动资产就会越多

    C. 一般而言，企业流动负债越多，占用的流动资产就会越多

    D. 不同行业的企业资产结构不同，同一行业内部的企业资产结构有相似性

    E. 企业资产结构随着经济周期的变化而变化

17. 下列项目中，属于速动资产的有（　　　）。

    A. 现金   B. 应收账款   C. 固定资产   D. 存货

三、判断题

1. 利用分析方法时还应结合考察分析企业的诚信状况等非财务信息资料才能得出正确的答案。（　　　）

2. 财务分析主要采用量化方法，因此，只要收集公司财务报表的数据信息，就可以完成财务分析。（　　　）

3. 货币资金属于非盈利性资产，因而企业持有量越少越好。（　　　）

4. 资产负债率较低，说明企业的财务风险较小。（　　　）

5. 如果企业生产经营活动正常，其他应收款的数额应该大于应收账款。（　　　）

6. 如果企业的资金全部是权益资金，则企业既无财务风险也无经营风险。（　　　）

7. 在流动负债的变动结构分析中，如果短期借款的比重趋于上升，则流动负债的结构风险趋于增大。（　　）

8. 流动资产周转速度越快，需要补充流动资产参加周转的数额就越多。（　　）

9. 企业的应收账款增长率超过销售收入增长率是正常现象。（　　）

10. 资产负债表中某项目的变动幅度越大，对资产或权益的影响就越大。（　　）

11. 如果本期总资产比上期有较大幅度增加，表明企业本期经营卓有成效。（　　）

12. 只要本期盈余公积增加，就可以断定企业本期经营是有成效的。（　　）

13. 资产负债表结构分析法通常采用水平分析法。（　　）

14. 固定资产比重越高，企业资产的弹性越大。（　　）

15. 资产结构变动一定会引起负债结构发生变动。（　　）

16. 一个经济效益好，资产质量总体上优良的企业，也可能个别资产项目质量很差。相反，一个面临倒闭、资产质量总体上很差的企业，也可能会有个别资产项目质量较好。（　　）

17. 资产负债表与利润表是通过未分配利润发生联系的。（　　）

18. 现金流量表与利润表没有哪个项目相同，因此，他们没有数据联系。（　　）

19. 对应长期股权投资增加的投资收益质量最高。（　　）

20. 一般来说，运营资金需求量增加，预示该公司竞争力增强，资产管理能力越强。（　　）

21. 一般来说，应付票据的债务压力大于应付账款。（　　）

22. 从股东的角度分析，资产负债率高，节约所得税带来的收益就大。（　　）

23. 存货发出计价采用后进先出法时，在通货膨胀情况下会导致高估本期利润。（　　）

24. 在进行同行业比较分析时，最常用的是选择同业最先进平均水平作为比较的依据。（　　）

25. 企业放宽信用政策，就会使应收账款增加，从而增大了发生坏账损失的可能。（　　）

26. 企业要想获取收益，必须拥有固定资产，因此运用固定资产可以直接为企业创造收入。（　　）

四、思考题

1. 请思考，当一个企业营运资金较多时是否说明企业的支付能力就一定强？

2. 资产负债表分析应当包含哪些内容？

3. 如何认识资产结构对资产负债表分析的重要性？

4. 如何对存货质量进行分析？

5. 如何对应收账款质量进行分析？

6. 资产质量具有的特征主要有哪些？

五、计算分析题

A 公司 20×6 年年末、20×7 年年末的资产负债表中有关数据如表 2-35 所示。

表 2-35　比较资产负债表　　　　　　　　单位：万元

项目	20×6 年	20×7 年	20×7 年相比 20×6 年	
			变动值	变动率/%
速动资产	30 000	28 000		
存货	50 000	62 000		
流动资产合计	80 000	90 000		
固定资产净值	140 000	160 000		
资产合计	220 000	250 000		
流动负债	40 000	46 000		
长期负债	20 000	25 000		
负债合计	60 000	71 000		
实收资本	130 000	130 000		
资本公积	18 000	27 000		
未分配利润	12 000	22 000		
所有者权益合计	160 000	179 000		
负债及所有者权益合计	220 000	250 000		

要求：

（1）将以上比较资产负债表填写完整；

（2）分析总资产项目变化的原因；

（3）分析负债项目变化的原因；

（4）分析所有者权益项目变化的原因；

（5）指出该公司应该采取的改进措施。

六、案例分析

SDML 财务困境

2017 年 2 月 3 日新浪财经报道：从 2016 年 10 月份开始，SDML 一系列公告从利好到减持再到巨亏，高潮迭起，过山车式戏弄监管层。SDML 去年 10 月 27 日预告 2016 年扭亏为盈，把股价吹上去后，大股东张某某一路疯狂减持，甚至超过 5% 都忘了公告，被证监会发了监管函。然后春节回来就发修正公告，表示之前算错了，去年没盈利，亏损超过 4.8 亿元，即将要被 ST。这到底是怎么回事，让我们先来回顾一下这几年来 SDML 的财务数据。

从 2013 年到 2016 年，截至 2016 年第三季度，SDML 都是盈利的，但是从全年来看，只有 2014 年是盈利的，2013 年、2015 年、2016 年第四季度累计亏损 9.77 亿元至 11.27 亿元。（收集该数据时，2016 年年报尚未公布。）

对于这样的问题，公司表示，业绩修正原因为：受国内外经济形势影响，公司经营业绩大幅下滑，对存货、应收款项、商誉等相关资产计提了减值准备；2016 年市场需求有所复苏,但仍处在低位运行,受油价波动和原材料价格波动影响,虽然产销量较 2015 年度增长,但是产品销售价格大幅下滑且价格波动频繁,导致公司经营业绩受到重大影响。

但是,据市场推测,SDML 很可能在其他季度就已经亏损了,只不过在第四季度才集中释放。虽然第四季度巨亏,但来年的一季报又是盈利的,这样会缓冲巨亏对股价的影响,至少股东在减持股份时可以获得更好的价格,好看的报表数据使得 SDML 在银行借款方面也容易一些。2017 年 4 月,SDML 的股票已经被 ST,如果继续亏损,即将面临退市。

到底这个公司的财务状况如何?我们分析了 2015 年的财务报告,得出了以下数据:

这家公司的资产负债比高达 56.62%,而同行业的其他公司负债率一般在 20% 左右,所以他们的负债比太高,高负债风险很大。

更为严重的是,在这高达 33 亿元的负债中,只有不到 1 500 万元是非流动负债,也就是长期负债,其他全是流动负债,也就是一年内要偿还的短期负债,这是很要命的。对于这些高额负债,每年需要支付很高的银行利息。数据表明 SDML 每年要支付将近 5 000 万元的财务费用以作为负债的利息。

再看资产的结构,SDML 这家公司的非流动资产比重为 63.82%,比重太大,流动资产占比太小,资产结构不合理。非流动资产一般都是厂房和设备,很难变现流通,这样的企业是绝对的重资产运营,负担太重。相比较之下,同行业其他公司都是流动资产大于非流动资产的,本文中举例的另外两家公司,流动资产占总资产的比例都在 60% 左右,与 SDML 刚好相反。

为了弄清资产结构,我们对固定资产和流动资产分别进行分解,并做详细分析,通过与另外两家同行业公司相比较,来判断 SDML 有哪些问题(见图 2-1)。

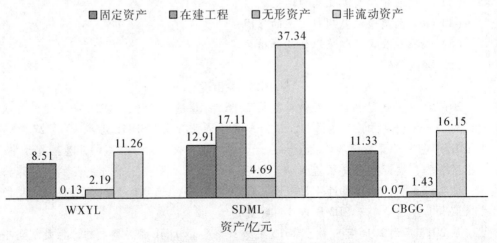

图 2-1　三家公司的资产结构

在图 2-1 中,对三家公司的固定资产进行了分解对比,可以发现 SDML 的在建工程金额巨大,超过 17 亿元,这个指标在其他两家公司几乎可以忽略。在建工程是已经购买的土地和在建的厂房设备,但还没有竣工和投入使用,在建工程在未投入使用和变成固定资产之前，不能给公司带来效益，反而是沉重的经济负担。

在流动资产中，有一个重要的指标叫速动资产，是指流动资产中可以迅速转换成现金或已属于现金形式的资产，通常主要指流动资产扣除存货和预付账款，或者说，速动资产包括货币资金、应收账款和应收票据，图 2-2 显示了三家公司的流动资产构成。

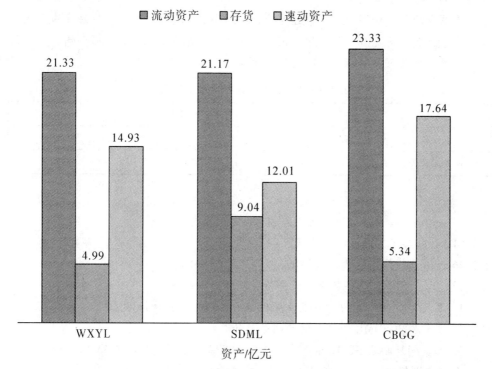

图 2-2　三家公司的流动资产构成

看一个公司的运营能力、偿债能力和资金周转能力，主要看流动资产，更准确地说，是看速动资产，由于存货在流动资产中变现速度较慢，有些存货可能滞销，无法变现，所以存货水平对企业的资金周转有很大的影响。从图 2-2 中可以看出，SDML 的存货要高于另外两家公司，而速动资产少于其他两家公司。

再来看三家公司的流动比率和速动比率，比较一下他们的偿债能力。经过计算，得到表 2-36 中的数据。

表 2-36　三家公司的流动比率和速动比率

项目	WXYL	SDML	CBGG
流动比率	3.69	0.64	2.75
速动比率	2.83	0.37	2.12

流动比率是流动资产和流动负债的比例，用来衡量企业流动资产在短期债务到期以前，可以变为现金用于偿还负债的能力。流动比率一般要大于 2。一般说来，比率越高，说明企业资产的变现能力越强，短期偿债能力亦越强；反之则弱。速动比率是速动资产和流动负债的比例，速动比率一般要大于 1。由此可见，WXYL 和

CBGG 的流动比率和速动比率都是合理的，而 SDML 的流动比率和速动比率都低于正常指标，说明 SDML 的短期偿债能力太弱。

通过资产负债表的比较分析，我们可以发现三家公司期末存货比期初减少的比例分别为：WXYL 29.7%、SDML 11.31%、CBGG 21.57%。由此可以看出，SDML 期初和期末的存货数额都是最高的，说明在库存管理上非常欠缺。同时，期初和期末库存减少的数额，不管是金额还是比例，SDML 都是最小的。存货过高占用太多的资金，造成公司资金运转困难。因此，可以肯定的是，SDML 在库存周转率上的表现，跟另外两家公司相比，也会非常差（见表 2-37）。

表 2-37　三家公司的存货周转情况

项目	WXYL	SDML	CBGG
存货周转次数/次	3.04	1.56	4.04
存货周转天数/天	118.51	231.46	89.22

存货周转次数 = 营业成本/平均存货

存货周转天数 = 365/存货周转次数

SDML 的存货周转次数最低，一年只周转 1.56 次，也就是周转一次需要 231.46 天，这样的周转次数远远低于 CBGG 的 4.04 次。

通过以上 SDML 财务数据，请分析并思考以下问题：

1. 本案例对 SDML 的财务报表分析运用了哪些报表分析方法？

2. 本案例中 SDML 的主要财务问题是什么？

3. 本案例反映出 SDML 资产负债表哪些项目存在问题？存在什么问题？

七、实训任务

根据本章学习内容和实训要求，完成下面的实训任务 3。

（一）实训目的

1. 熟悉资产负债表的结构和内容。

2. 运用资产负债表分析的原理与方法，掌握资产负债表分析内容及分析路径。

3. 掌握资产负债表总体分析、质量分析的原则与分析内容、思路及方法，了解资产负债表具体项目分析的原则与分析方法。

4. 运用资产负债表总体分析的原则、思路及方法，对目标分析企业的资产、负债及所有者权益进行总体分析、质量分析。

（二）实训任务 3：目标分析企业资产负债表分析

要求根据资产负债表分析原理、思路、内容及方法，基于上一章实训任务 1、实训任务 2 目标分析企业及被比较企业的资产负债表分析结果，进一步分析如下内容：

1. 对目标分析企业进行资产规模分析，包括资产规模一般分析及资产规模合理性对比分析，并得出相应结论。

2. 对目标分析企业进行资产结构分析，包括资产结构一般分析及资产结构合理性对比分析，并得出相应结论。

3. 对目标分析企业进行资产质量分析，包括资产存在性、盈利性、周转性、变现性及保值性进行分析，并得出相应结论。

4. 对目标分析企业进行负债分析，包括负债的构成分析及变动分析，并得出相应结论。

5. 对目标分析企业进行所有者权益分析，包括所有者权益变动分析、构成分析及所有者权益质量分析，并得出相应分析结论。

6. 对目标分析企业资产负债表对称性进行对比分析，并得出相应分析结论。

7. 查阅目标分析企业年度报告等相关资料，根据分析思路、内容及方法，对该企业存货质量、应收账款质量进行分析。

链接 2-19　　　　　　　第二章部分练习题答案

一、单选题

1. D　2. D　3. B　4. B　5. A　6. B　7. C　8. B　9. B　10. A

11. C　12. B　13. D　14. B　15. D　16. C　17. A

二、多选题

1. ACDE　2. ACD　3. ABCDE　4. BCD　5. BCD　6. ABCD　7. ABCD

8. ABCD　9. ABCD　10. ABCD　11. ABC　12. ABCD　13. ABC

14. ABD　15. ABCDE　16. CD　17. AB

三、判断题

1. √　2. ×　3. ×　4. √　5. ×　6. ×　7. √　8. ×　9. ×　10. ×

11. ×　12. √　13. ×　14. ×　15. √　16. √　17. √　18. ×　19. ×　20. ×

21. ×　22. √　23. ×　24. √　25. √　26. ×

五、计算分析题

（1）将比较资产负债表填写完整（见表 2-38）。

表 2-38　比较资产负债表　　　　　　　　单位：万元

项目	20×6 年	20×7 年	20×7 年比 20×6 年	
			变动值	变动率/%
速动资产	30 000	28 000	-2 000	-6.67
存货	50 000	62 000	12 000	24
流动资产合计	80 000	90 000	10 000	12.5
固定资产净值	140 000	160 000	20 000	14.29
资产合计	220 000	250 000	30 000	13.64
流动负债	40 000	46 000	6 000	15
长期负债	20 000	25 000	5 000	25
负债合计	60 000	71 000	11 000	18.33
实收资本	130 000	130 000	0	0

表2-38(续)

项目	20×6 年	20×7 年	20×7 年比 20×6 年	
			变动值	变动率/%
资本公积	18 000	27 000	9 000	50
未分配利润	12 000	22 000	10 000	83.33
所有者权益合计	160 000	179 000	19 000	11.88
负债及所有者权益合计	220 000	250 000	30 000	13.64

（2）分析总资产项目变化的原因。

从总资产变动来看：总资产有较快的增长。总资产增长的主要原因是固定资产增长较快，流动资产中存货有较大的增长，可能是新设备投产引起的。但速动资产下降，说明购买固定资产和存货等使企业现金和有价证券大量减少。

（3）分析负债项目变化的原因。

从负债变动来看：长期负债增加，是企业筹措资金的来源之一。流动负债增长，速动资产下降，会使企业短期内偿债能力下降。

（4）分析所有者权益项目变化的原因。

从所有者权益变动来看：实收资本不变，企业扩充生产能力，投资人没有追加投资，资金主要来源于负债和留存收益的增长；盈余公积和未分配利润大幅度增长，说明留存收益是企业权益资金的主要来源。

（5）指出该公司应该采取的改进措施。

总之，该企业 20×7 年与 20×6 年相比，规模有了较大的扩充。筹措资金的主要来源是内部积累，辅之以长期贷款，情况比较好，但是企业短期偿债能力下降，应加速存货周转，适当增加现金持有量，以便及时偿还短期借款。

六、案例分析

1. 主要运用了比较分析法及比率分析法。

2. 有很多问题值得分析讨论，案例中主要分析了资金和资产结构的问题给公司带来的麻烦。

3. 通过以上的财务数据对比，我们可以看出，SDML 有着以下几大问题：

（1）负债比过高，背负着高额的债务，每年财务费用很高，需要支付大量银行利息。

（2）固定资产太多，其中不产生效益的在建工程占很大比例。

（3）流动资产比例过低，而且流动资产中的存货太多，变现能力弱，速动资产少。

（4）存货周转时间太长，每年的存货周转次数远低于同行业其他企业。通过分析，从公司运营的困难，可以看出其资产结构的不合理，引用国内某著名供应链管理专家的话，把资金转变成固定资产和库存容易，把固定资产和库存转变成资金就难了。

第三章

利润表分析

经济发展是质和量的有机统一。推动经济实现质的有效提升和量的合理增长是高质量发展的内在要求。党的二十大报告提出："推动经济实现质的有效提升和量的合理增长。"这充分体现了我们党推动高质量发展的坚定决心，为今后一个时期的经济发展指明了方向。大到国家，小到企业，高质量发展都是首要任务；要把经济发展的质和量有机统一起来，实现协同并进。就企业而言，要树立"以质量论英雄、以发展论成败"的鲜明导向，全力以赴地用实际行动交出一套干干净净的资产负债表、漂漂亮亮的利润表、明明白白的股东权益表，就是落实党的二十大报告中对高质量发展的要求。

对企业利润表科学有效的分析，不仅可以判断企业本期的经营成果，还可以预测企业今后的盈利能力和发展趋势，以便使报表使用者判断净利润的质量和风险以及预测净利润的持续性，从而做出正确的决策。做好利润表分析，坚持质量第一、效益优先，全面提升企业创造价值的能力和水平，使企业高质量发展的底盘更稳、后劲更足、成效更显，坚定不移走上发展可持续、资本可补充、价值可循环之路，也是我们会计人员的责任之一。

■ 学习目标

1. 熟悉利润表的作用和具体结构、项目。
2. 掌握收入及成本费用项目的分析方法。
3. 掌握利润质量分析方法。
4. 掌握利润表水平分析、垂直分析和趋势分析、结构分析的基本原理。

王总是某药品公司的总经理兼法定代表人。一天，当他看到公司年终财务结算报表时，大为光火，立马叫来了主管销售的李副总。他指着利润表对李副总吼道："现在整个公司都在进行严格的成本控制，而公司今年的销售费用却比去年增加了近一倍，说明你分管的这部分工作出了大问题，我决定扣发你和整个销售部门的年终奖金！"

本来兴致勃勃、期待被褒奖一通的李副总瞬间蒙了，愣了片刻之后，他也如火山般爆发了："王总，您只看到销售费用比去年增加了，但我们整个团队带来的销售收入的增长幅度远远大于销售费用的增长幅度，我们是有功的，您一贯这么刚愎自用，这工作没法干了……"于是李副总领着一众销售骨干绝尘而去，公司遭受了巨大的损失。

于是王总知道了，对于利润表而言，通常不能拿绝对数说事儿。

第一节　利润表的原理

一、利润表的概念

（一）利润表的概念

利润表是反映企业一定会计期间（如月度、季度、半年度或年度）生产经营成果的财务报表。利润表是一种动态的时期报表。利润表的列报必须充分反映企业经营业绩的主要来源和构成，有助于使用者判断净利润的质量及其风险，有助于使用者预测净利润的持续性，从而做出正确的决策。

计算利润的简单公式为：

$$利润 = 收入 - 费用$$

对利润表的分析通常是从下到上、从结果到原因，即从净利润开始，逐步往上分析找到产生这个净利润结果的原因。对报表使用者而言，需要对连续多期的利润表进行分析，以判断企业经营的变动性和未来发展趋势，从而做出正确的决策。

（二）利润表的意义和作用

（1）可以从总体上了解企业收入和费用、净利润（或亏损）等的实现及构成情况。

（2）可以提供不同时期的比较数字，可以分析企业的获利能力及利润的变化情况和未来发展趋势。

（3）可以了解投资者投入资本的保值增值情况，评价企业经营业绩。

（4）可以评价公司的经营成果，考核公司经营管理者的工作业绩。

利润表作用的发挥，与利润表所列示信息的质量直接相关。利润表信息的质量则取决于企业在收入确认、费用确认以及其他利润表项目确认时所采用的方法。

二、利润表的格式及结构

（一）利润表的格式

利润表一般由表首、表身和补充资料三部分组成。其中，表首主要说明报表的名称、编制单位、报表日期、货币名称和计算单位等。表身是利润表的主体部分，主要反映收入、费用和利润各项目的具体内容和相互关系。利润表各项目在"本期金额"和"上期金额"两栏分别填列。补充资料列示了一些在利润表主体部分中未能提供的重要信息或未能充分说明的信息，这部分资料通常在报表附注中列示。

（二）利润表的结构

利润表主要揭示企业一定时期（月、季、年）的经营成果，因此属于动态报表。利润表的结构主要有单步式和多步式两种。

1. 单步式利润表

单步式利润表是将本期所有的收入加在一起，然后再把所有的费用加在一起，再将其简单地相减得出当期的利润总额，而不考虑收入与费用的配比关系。其基本格式如表 3-1 所示。

表 3-1 利润表（单步式）

编制单位： 年 月 日 单位：元

项目	行次	本月数	本年累计数
一、收入			
主营业务收入			
其他业务收入			
投资收益			
营业外收入			
收入合计			
二、费用			
主营业务成本			
税金及附加			
销售费用			
其他业务支出			
管理费用			
财务费用			
投资损失			
营业外支出			
所得税费用			
费用合计			
三、净利润			

2. 多步式利润表

（1）多步式利润表基本概念。

多步式利润表将企业的收益和费用按性质分类，并以不同的方式将它们结合起来，提供各种各样的中间信息。多步式利润表的结构是按照企业收益形成的主要环节，通过营业毛利、营业利润、利润总额、净利润和综合收益四个层次来分步披露企业收益的，它详细揭示了企业收益的形成过程。

（2）多步式利润表格式。

多步式利润表格式如表3-2所示。

表 3-2　利润表（多步式）

单位名称：　　　　　　　　　年　月　日　　　　　　　　单位：元

项目名称	本期数	本年累计数
一、营业收入		
减：营业成本		
税金及附加		
销售费用		
管理费用		
财务费用		
其中：利息费用		
利息收入		
加：其他收益		
研发费用		
投资收益		
其中：对联营企业和合营企业的投资收益		
以摊余成本计量的金融资产终止确认收益（损失以"-"填列）		
净敞口套期收益（损失以"-"填列）		
公允价值变动收益		
信用减值损失（损失以"-"填列）		
资产减值损失（损失以"-"填列）		
资产处置收益（损失以"-"填列）		
二、营业利润（损失以"-"填列）		
加：营业外收入		
减：营业外支出		
三、利润总额		
减：所得税费用		
四、净利润		
（一）持续经营净利润（净亏损以"-"填列）		
（二）终止经营净利润（净亏损以"-"填列）		
归属于母公司所有者的净利润		
少数股东损益		
五、其他综合收益的税后净额		
（一）以后不能重分类进损益的其他综合收益		

表3-2(续)

项目名称	本期数	本年累计数
1. 重新计量设定受益计划净负债或净资产的变动		
2. 权益法下在被投资单位不能重分类进损益的其他综合收益中享有的份额		
（二）以后将重分类进损益的其他综合收益		
1. 权益法下在被投资单位以后将重分类进损益的其他综合收益中享有的份额		
2. 可供出售金融资产公允价值变动损益		
3. 持有至到期投资重分类为可供出售金融资产损益		
4. 现金流量套期损益的有效部分		
5. 外币财务报表折算差额		
6. 其他		
六、综合收益总额		
七、每股收益		
（一）基本每股收益		
（二）稀释每股收益		
加：年初未分配利润		
其他转入		
减：提取法定盈余公积		
提取企业储备基金		
提取企业发展基金		
提取职工奖励及福利基金		
利润归还投资		
应付优先股股利		
提取任意盈余公积		
应付普通股股利		
转作资本（或股本）的普通股股利		
转总部利润		
其他		
未分配利润		

三、利润表的编制

（一）利润表编制原理

利润表编制的原理是"收入-费用=利润"的会计平衡公式和收入与费用的配比原则。

取得的收入和发生的相关费用的对比情况就是企业的经营成果。会计部门定期（一般按月份）核算企业的经营成果，并将核算结果编制成报表，这就形成了利润表。

（二）利润形成步骤

计算利润时，企业应以收入为起点，计算出当期的利润总额和净利润额。其利润总额和净利润额形成的计算步骤为：

（1）以主营业务净收入减去主营业务成本、主营业务税金及附加来计算主营业务利润，目的是考核企业主营业务的获利能力。

主营业务利润=主营业务净收入-主营业务成本-主营业务税金及附加

其中：

主营业务净收入=主营业务收入-销售退回-销售折让、折扣

（2）从主营业务利润和其他业务利润中减去管理费用、营业费用和财务费用，计算出企业的营业利润，目的是考核企业生产经营活动的获利能力。

营业利润=主营业务利润+其他业务利润-管理费用-营业费用-财务费用

（3）在营业利润的基础上，加上投资净收益、营业外收支净额、补贴收入，计算出当期利润总额，目的是考核企业的综合获利能力。

利润总额=营业利润+投资净收益+营业外收支净额+补贴收入

其中：

投资净收益=投资收益-投资损失

营业外收支净额=营业外收入-营业外支出

（4）在利润总额的基础上，减去所得税，计算出当期净利润额，目的是考核企业最终获利能力。

（5）"每股收益"报表项目反映普通股股东所持有的企业利润或者风险。本项目分为基本每股收益和稀释每股收益。

四、利润表的局限性

一般而言，利润表的局限性有如下几点：

（1）由于采用货币计量，许多管理者幕后的投入对公司的获利能力有重大帮助或提升，却无法可靠地量化，因而无法在利润表中列示。

（2）由于资产计价是以历史成本为基础，而收入按现行价格计量，进行配比的收入与费用未建立在同一时间基础上，其利润是由现时收入和历史成本对比计算而成，影响了公司经营效果的真实性。在物价上涨的情况下，无法区别企业的持有收益及营业收益，常导致虚盈实亏的现象，进而影响企业持续经营能力。

（3）会计上采用权责发生制确认收入，这就造成了很多应收账款的产生，如果企业没有完善的风控制度和赊销政策，则很容易造成货款无法收回，使得利润表上收入和利润很好的公司却深陷资金链断裂的险境。

（4）利润表中没有包括未实现利润和已实现利润未摊销费用。在计算收入时由于受收入实现原则的影响，因此利润表只反映已实现的利润，不包括未实现的利润，如以后销售商品和提供服务的合同、分期收款销售商品等，而这部分又是会计信息使用者最为关心的事项。有些已支付尚未摊销的费用以及数额未确定的费用也未在利润表中反映。

综上所述，我们在分析利润表时，要结合利润表的附注，考虑利润表存在的局限性，以得出正确的分析结论。

延伸阅读　利润

为什么有的企业利润表连续多年净利润为正数，却宣布破产了？

其实这个问题很简单，就是利润不能当钱使，企业发不了工资，购买不了原材料，支付不了任何一笔账单，所以当现金流量长期枯竭时，企业就要倒闭了。实际上，这种情况就是传说中的"潜亏"，利润中有太多的水分，实际上，企业是亏损的。

那么，大家看利润表时，有没有思考过利润中到底含有多大比例的现金？有没有分析过利润中的非现金部分到底是什么？有没有分析过利润总额中有多少是营业利润，有多少是投资收益、营业外收入等非经营活动取得的利润？

如果思考过、分析过、比较过，就大致能够得出其利润质量。一个真正优秀的企业，其利润是可以大量变现的。

第二节　利润表总体分析

利润表分析是分析企业组织收入、控制成本费用支出实现盈利的能力，从而评价企业的经营成果。通过利润表分析，我们可以评价企业的可持续发展能力。

一、利润表分析概述

（一）利润表分析的概念

利润表分析，是以利润表为对象进行的财务分析。在分析企业的盈利状况和经营成果时，必须要从利润表中获取财务资料，而且，即使分析企业的偿债能力，也应结合利润表，因为一个企业的偿债能力同其获利能力密切相关。

分析利润表，可直接了解公司的盈利状况和获利能力，并通过收入、成本费用的分析，较为具体地把握公司获利能力的原因。对业主而言，它有助于分析公司管理收费的合理性及其使用效益。

（二）利润表分析的目的

对利润表进行分析，主要出于以下目的：

1. 反映和评价企业的经营成果和获利能力，预测企业未来的盈利趋势

由于利润受各环节和各方面的影响，通过利润表对不同环节的利润进行分析，可以使我们了解企业在一定会计期间费用的损耗情况以及企业生产经营活动的成果即净利润的实现情况，据此可以分析企业利润的构成和企业损益形成的原因。此外，通过比较企业不同时期或同一行业中不同企业的相关指标，我们可以了解企业的获利能力，预测企业未来的盈利趋势。

2. 解释、评价和预测企业的偿债能力

企业的偿债能力受到多种因素的影响，而获利能力强弱是决定偿债能力的一个重要因素。企业的获利能力不强，影响资产的流动性，会使企业的财务状况逐渐恶化，进而影响企业的偿债能力。

3. 帮助企业管理人员据此做出经济决策

企业的损益是各个部门工作成果的集中体现。通过对利润表的分析，企业管理人员可以发现企业在各个环节存在的问题，这有利于促进企业全面改进经营管理，促使

利润大增长。

4. 利润表分析的结果可为资金提供者的投资与信贷决策提供依据

由于企业产权关系及管理体制的变动，越来越多的人关心企业，尤其从经济利益的角度关心企业的利润。利益相关者通过对企业利润的分析，掌握企业的经营潜力及发展前景，从而做出正确的投资与信贷决策。

（三）利润表分析的内容

从财务报表分析中受益的主要是报表使用者即企业的利益关系人。他们进行报表分析，要获得对自己有用的信息。就利润表而言，从总体层面上说，其分析的内容如下：

1. 利润表主表分析

利润表主表的分析，主要是对各项利润数额的增减变动、结构增减变动及影响利润的收入与成本进行分析。

（1）利润额增减变动分析。这主要是对利润表的水平分析，从利润的形成角度，反映利润额的变动情况，揭示企业在利润形成过程中的管理业绩及存在的问题。

（2）利润结构变动情况分析。利润结构变动分析，主要是在对利润表进行垂直分析的基础上，揭示各项利润及成本费用与收入的关系，以反映企业各环节的利润构成、利润及成本费用水平。

（3）企业收入分析。企业收入分析的内容包括：收入的确认与计量分析，影响收入的价格因素与销售量因素分析，企业收入的构成分析，等等。

（4）成本费用分析。成本费用分析包括产品销售成本分析和期间费用分析两部分。产品销售成本分析包括销售总成本分析和单位销售成本分析，期间费用分析包括销售费用分析和管理费用分析。

2. 利润表附表分析

利润表附表分析主要是对利润分配表及分部报表进行分析。

（1）利润分配表分析。对利润分配表的分析，可反映企业利润分配的数量与结构变动，揭示企业利润分配政策、会计政策以及国家有关法规变动等方面对利润分配的影响。

（2）分部报表分析。对分部报表的分析，可反映企业在不同行业、不同地区的经营状况和经营成果，为企业优化产业结构，进行战略调整指明方向。

3. 利润表附注分析

利润表附注分析主要是根据利润表附注及财务情况说明书等提供的详细信息，分析说明企业利润表及附表中的重要项目的变动情况，深入揭示利润形成及分配变动的主观原因与客观原因。

利润表总体分析主要包括利润表各项目的增减变动分析和利润表各项目的结构变动分析。

二、利润表各项目的增减变动分析

利润表各项目的增减变动分析是对企业的盈利状况及其变化趋势所做的总体分析。增减变动分析一般采用比较分析法，通过编制比较利润分析表来进行横向分析。对企业利润的增减变动分析，既可以是短期分析也可以是长期分析。

短期分析即仅对最近两期利润表的数据进行比较，编制利润表水平分析表进行利润表水平分析。短期分析的意义在于最近两期提供的信息往往是报表使用者最为关心的信息。

长期分析即选取两年以上利润表的数据进行比较，编制利润表趋势分析表进行利润表趋势分析。选取两年以上的利润表的数据进行比较，可以更准确地反映企业发展的总体趋势，预测企业的发展前景，发现企业经营过程中取得的成绩，从而为报表使用者做出各种决策提供可靠的依据。

（一）利润表水平分析

利润表水平分析的实质是对利润的增减变动趋势进行水平分析。对利润表的水平分析，能计算企业不同时期利润表项目的绝对差异，从利润的形成方面反映利润额的变动情况，揭示企业在利润形成中的会计政策、管理业绩及存在的问题。

1. 利润表水平分析表的编制

利润表水平分析表的编制是通过对企业不同时期利润表项目的增减变动数额进行计算，揭示其变化幅度与方向，一般采用计算变动额和变动百分比两种方式。利润表水平分析表中的变动额和变动百分比可以按下列公式计算：

$$变动额 = 本期金额 - 上期金额$$

$$变动百分比 = 变动额 \div 上期金额$$

例3-1　A公司上年和本年度有关损益类科目的累计发生净额如表3-3所示，编制上年和本年A公司利润表水平分析表。

表3-3　A公司本年和上年度损益类科目累计发生净额　　　　单位：万元

项目	本年数	上年数
一、营业总收入	1 915 721	1 355 715
营业收入	1 915 721	1 355 715
二、营业总成本	1 798 815	1 297 105
营业成本	1 605 975	1 158 734
营业税金及附加	11 720	5 810
销售费用	55 512	48 575
管理费用	62 582	58 140
财务费用	42 546	11 776
资产减值损失	20 480	14 070
公允价值变动收益	3 738	-12 215
投资收益	-22 021	18 735
其中：对联营企业和合营企业的投资收益	-3 911	-8 037
汇兑收益	—	—
三、营业利润	100 020	65 129
加：营业外收入	1 779	3 023
减：营业外支出	1 457	1 391
其中：非流动资产处置损失	—	777

表3-3(续)

项目	本年数	上年数
四、利润总额	100 343	66 761
减：所得税费用	24 943	15 716
五、净利润	75 400	51 046

现根据以上资料编制 A 公司近两年的利润表水平分析表，如表 3-4 所示。

表 3-4　A 公司近两年的利润表水平分析表　　　　单位：万元

项目	本年数	上年数	变动额	变动率
一、营业总收入	1 915 721	1 355 715	560 006	41.31%
营业收入	1 915 721	1 355 715	560 006	41.31%
二、营业总成本	1 798 815	1 297 105	501 710	38.68%
营业成本	1 605 975	1 158 734	447 241	38.60%
营业税金及附加	11 720	5 810	5 910	101.73%
销售费用	55 512	48 575	6 936	14.28%
管理费用	62 582	58 140	4 442	7.64%
财务费用	42 546	11 776	30 770	261.28%
资产减值损失	20 480	14 070	6 410	45.56%
公允价值变动收益	3 738	−12 215	15 953	−130.61%
投资收益	−22 021	18 735	−40 756	−217.54%
其中：对联营企业和合营企业的投资收益	−3 911	−8 037	4 125	−51.33%
汇兑收益	—	—	0	
三、营业利润	100 020	65 129	34 891	53.57%
加：营业外收入	1 779	3 023	−1 244	−41.13%
减：营业外支出	1 457	1 391	66	4.73%
其中：非流动资产处置损失	—	777	−777	−100.00%
四、利润总额	100 343	66 761	33 582	50.30%
减：所得税费用	24 943	15 716	9 227	58.71%
五、净利润	75 400	51 046	24 355	47.71%
归属于母公司所有者的净利润	74 009	51 505	22 504	43.69%
少数股东损益	1 391	−459	1 851	−402.96%
六、每股收益	—	—		
基本每股收益（元/股）	0.36	0.25	0.11	43.71%
稀释每股收益（元/股）	0.36	0.25	0.11	43.71%
七、其他综合收益	2 075	29 064	−26 989	−92.86%
八、综合收益总额	77 475	80 109	−2 634	−3.29%
归属于母公司所有者的综合收益总额	77 624	78 948	−1 323	−1.68%
归属于少数股东的综合收益总额	−149	1 162	−1 311	−112.86%

2. 利润表的水平分析

在对 A 公司的利润情况进行分析时，要特别注意以下指标：

（1）营业利润分析。

营业利润是企业经营活动中营业收入与营业成本、费用的差额以及与资产减值损失、公允价值变动净收益、投资收益的总和。通常企业的营业利润越大，其经济效益越好。例如，A 公司在本年实现营业利润 100 020 万元，比上年增长了 34 891 万元，增幅为 53.57%。

从利润表水平分析表可以看出营业收入比上年增加了 560 006 万元，增幅为 41.31%，营业总成本增加 501 710 万元，增幅为 38.68%，营业收入的增幅要大于营业成本的增幅。就营业总成本的具体项目而言，财务费用比上年增加了 30 770 万元，增幅为 261.28%，在费用类的项目中高居榜首。此外，投资收益出现了损失，比上年减少了 40 756 万元，减幅为 217.54%，对营业利润的增长具有抵销作用。另外，营业税金及附加的增幅远远大于营业收入的增幅，具体情况有待进一步分析。

（2）利润总额分析。

利润总额是企业在一定时期内经营活动的税前成果，是反映企业全部财务成果的指标。

例如，A 公司在本年实现利润总额 100 343 万元，比上年的 66 761 万元增长了 33 582 万元，增幅为 50.3%。从利润表水平分析表中可以看到，利润总额大幅增长的原因是公司的营业利润增长了 34 891 万元，增长率为 53.57%。A 公司营业利润增长意味着公司获利能力增强，反映公司主营业务的经营管理取得了较好的业绩。A 公司营业外收入减少和营业外支出增加两个不利因素使利润总额减少了 1 310 万元，反映公司在对营业外支出的控制上存在不足。几个因素共同作用后，公司本年利润总额增加了 33 582 万元。因此，还应对营业利润做进一步分析。

（3）净利润分析。

净利润是可以供企业所有者分配或使用的财务成果。企业的净利润金额大，说明企业的经营效益好；反之，则说明企业的经营效益差。可见，净利润的增长是企业成长性的基本表现。

例如，A 公司在本年实现的净利润为 75 400 万元，比上年增长了 24 355 万元，增长率为 47.71%。从利润表水平分析表中可以看到，净利润增长的主要原因是本年利润总额比上年增长了 33 582 万元。虽然本年的所得税费用也比上年增长了 9 227 万元，但两者相抵后，本年的净利润仍然比上年增加了 24 355 万元。分析时，应该对利润总额的增长做进一步的分析。

（二）利润表趋势分析

利润表趋势分析表的编制是将利润表上连续数期有关项目选择某一年为基期进行比较，计算趋势百分比，反映利润表中的各项目近几年的变动情况，从而揭示经营成果的变化和发展趋势。若利润表中的主要项目出现异动，突然大幅度上下波动，各项目之间出现背离，或者出现恶化趋势，则表明公司的某些方面发生了重大变化，为判断公司未来的发展趋势提供了线索。趋势分析法至少要有 3 年的分析数据，一般以 5 年为佳。利用这些数据采用回归分析的方法可得到更为准确的预测结果。利润表趋势分析可以采用年均增长率作为分析指标。

1. 年均增长率

年均增长率=每年的增长率之和/年数。年均增长率其实是为了计算方便而人为设定的将几年合在一起计算的平均增长率，这就排除了个别年的特别情况。其计算公式为：

$$n\text{年数据的增长率}=[(\text{本期}/\text{前}n\text{年})^{1/(n-1)}-1]\times100\%$$

公式解读：报告期/基期为期间总增长率，报告期与基期跨越年份数进行开方，如7年则开7次方，7年资产总增长指数开方（指数平均化），再减1，计算其实际年均增长率。

另外要注意的是年数。有的说2003年到2010年应该是8年，其实我们说的年数应该是时点对应的年数，如年底至年底，或年初至年初。2003年至2010年应该是7年，即 $n=2010-2003=7$。

2. 具体分析方法

例 3-2 A公司前年度到本年度有关利润表的数据如表3-5所示。

表3-5 A公司近三年的利润表

单位名称：A公司 单位：万元

项目	本年度	上年度	前年度
一、营业总收入	1 915 721.00	1 355 715.00	1 166 755
营业收入	1 915 721.00	1 355 715.00	1 166 755
二、营业总成本	1 798 815.00	1 297 105.00	1 141 935
营业成本	1 605 975.00	1 158 734.00	1 031 804
营业税金及附加	11 720.00	5 810.00	1 721
销售费用	55 512.00	48 575.00	40 432
管理费用	62 582.00	58 140.00	49 555
财务费用	42 546.00	11 776.00	12 936
资产减值损失	20 480.00	14 070.00	5 486
公允价值变动收益	3 738.00	-12 215.00	2 458
投资收益	-22 021.00	18 735.00	-14 940
其中：对联营企业和合营企业的投资收益	-3 911.00	-8 037.00	-10 882
汇兑收益	—	—	—
三、营业利润	100 020.00	65 129.00	12 339
加：营业外收入	1 779.00	3 023.00	6 049
减：营业外支出	1 457.00	1 391.00	1 384
其中：非流动资产处置损失	—	777.00	275
四、利润总额	100 343.00	66 761.00	17 003
减：所得税费用	24 943.00	15 716.00	10 157
五、净利润	75 400.00	51 046.00	6 846
归属于母公司所有者的净利润	74 009.00	51 505.00	7 608
少数股东损益	1 391.00	-459.00	-763
六、每股收益	—	—	—
基本每股收益（元/股）	0.36	0.25	0.04

表3-5(续)

项目	本年度	上年度	前年度
稀释每股收益（元/股）	0.36	0.25	0.04
七、其他综合收益	2 075.00	29 064.00	-2 599
八、综合收益总额	77 475.00	80 109.00	4 247
归属于母公司所有者的综合收益总额	77 624.00	78 948.00	5 010
归属于少数股东的综合收益总额	-149.00	1 162.00	-763

现根据以上资料编制 A 公司近两年的利润表趋势分析表，如表 3-6 所示。

表 3-6　A 公司利润表趋势分析表

项目	本年比前年	
	变动值/万元	年均增长率/%
一、营业总收入	748 966	28
营业收入	748 966	28
二、营业总成本	656 880	26
营业成本	574 171	25
营业税金及附加	9 999	161
销售费用	15 080	17
管理费用	13 027	12
财务费用	29 610	81
资产减值损失	14 994	93
公允价值变动收益	1 280	23
投资收益	-7 081	21
其中：对联营企业和合营企业的投资收益	6 971	-40
汇兑收益		
三、营业利润	87 681	185
加：营业外收入	-4 270	-46
减：营业外支出	73	3
其中：非流动资产处置损失	-275	-100
四、利润总额	83 340	143
减：所得税费用	14 786	57
五、净利润	68 554	232
归属于母公司所有者的净利润	66 401	212
少数股东损益	2 154	—
六、每股收益		
基本每股收益（元/股）	0	—
稀释每股收益（元/股）	0	—
七、其他综合收益	4 674	—
八、综合收益总额	73 228	327
归属于母公司所有者的综合收益总额	72 614	294
归属于少数股东的综合收益总额	614	-56

第三章　利润表分析

分析：

（1）本年比前一年营业收入增加了 748 966 万元，年均增长率为 28%，说明企业销售业绩稳定向好，产品市场需求旺盛，具有一定的生命力。营业总成本仅增加了 656 880 万元，年均增长率为 26%，小于营业收入的增幅，其中销售费用和管理费用的年均增长率分别为 17% 和 12%，远远小于营业收入的年均增长率，说明企业有较高的管理效能。

（2）前一年到本年的营业利润、利润总额和净利润的年均增长率分别达到了 185%、143% 和 232%，说明企业有较强的盈利能力，成长性好。在前述收入稳定增长的同时，利润大幅度增长，说明企业成本控制较好，管理到位，同时净利润的增长幅度远远大于利润总额的增长幅度，这得益于国家的税收优惠政策的支撑和企业自身的税收筹划。

总体来看，从前年到本年，A 公司业务团队通过期货交易市场、现货市场以及终端营销相结合的多种贸易方式，组合销售策略、扩大销量、提高销售价，最终提高毛利率，使得营业利润稳定增长；公司通过提质增效控成本，使得成本下降；公司参股公司投资收益同比减亏 7 081 万元。主要产品价格上涨，公司抓住机遇，提升了主营业务的盈利能力。因此，该公司主营业务发展势头是良好的。

三、利润表结构分析

企业的利润表结构是指构成企业利润的各种不同性质的项目的比例。从质的方面来理解，其表现为企业的利润是由什么样的利润项目组成的。不同的利润项目对企业盈利能力有极不相同的作用和影响。从量的方面理解，其表现为不同的利润占总利润的比重。不同的利润比重对企业盈利能力的作用和影响程度也不相同。所以，在利润表结构分析中，不仅要认识不同的收入、费用项目对企业利润影响的性质，而且要掌握各自的影响程度。企业利润表中的利润一般都是通过收入与支出的配比计算出来的，所以分析利润表结构，既要分析利润表收支结构，也要分析其利润结构。

利润表结构分析是指在对利润表进行垂直分析的基础上，显示报表中各项目间的结构，揭示各项利润及成本费用与收入的关系，以反映企业各环节的利润构成和成本费用水平。它主要包括利润表的收支结构分析和利润表的盈利结构分析。

利润表纵向结构分析主要是通过利润垂直分析表的编制进行的。

（一）利润垂直分析表的编制

利润垂直分析表的编制，是将企业利润表中各项目的实际数与共同的基准项目实际数进行比较，计算各利润项目占基准项目的百分比，分析说明企业财务成果的结构及其增减变化的合理程度。具体方法通常是以利润表中的"营业收入"作为其他项目的对比基数，以营业收入净额为 100%，其余项目与之相比分别计算营业成本、各项费用、各项利润等指标各占营业收入的百分比，形成纵向结构百分比利润表，分析各项目对借款人利润总额的影响。因此，垂直分析表也称共同比利润表。

例 3-3　A 公司前年至本年利润情况如表 3-5，现编制其利润垂直分析表，如表 3-7 所示。

表 3-7　A 公司近三年的共同比利润表　　　　　　　　　单位:%

项目	本年度	上年度	前年度	平均占比
一、营业总收入	100	100	100	100
营业收入	100	100	100	100
二、营业总成本	94	96	98	95
营业成本	84	85	88	86
营业税金及附加	1	0	0	0
销售费用	3	4	3	3
管理费用	3	4	4	4
财务费用	2	1	1	2
资产减值损失	1	1	0	1
公允价值变动收益	0	−1	0	0
投资收益	−1	1	−1	0
其中：对联营企业和合营企业的投资收益	0	−1	−1	−1
汇兑收益	—	—	—	—
三、营业利润	5	5	1	4
加：营业外收入	0	0	1	0
减：营业外支出	0	0	0	0
其中：非流动资产处置损失	0	0	0	0
四、利润总额	5	5	1	4
减：所得税费用	1	1	1	1
五、净利润	4	4	1	3
归属于母公司所有者的净利润	—	—	—	—
少数股东损益	—	—	—	—
六、每股收益				
基本每股收益（元/股）	—	—	—	—
稀释每股收益（元/股）	—	—	—	—
七、其他综合收益	0	2	0	1
八、综合收益总额	4	6	0	4
归属于母公司所有者的综合收益总额	—	—	—	—
归属于少数股东的综合收益总额	—	—	—	—

（二）利润表纵向结构分析

1. 利润收支结构分析

利润收支结构反映企业一定时期内各项收入、支出与利润的关系，以及不同性质的收支与总收入和总支出的关系。

利润收支结构分析可以通过编制利润收支结构分析表，计算各收入项目占总收入的比重和各支出项目占总支出的比重，分析说明企业收支的水平及其稳定性、必要性、合理性。

从表 3-7 中可以看到，公司营业成本占营业收入的比重是最大的，达到了 80% 以上，营业成本占营业收入的比重三年间略有小幅波动，但总体来说呈稳定下降的趋势。营业利润占营业收入的比重波动较大，本年、上年公司营业利润占营业收入的5%，比前年的1%有大幅度的提升，说明企业在成本控制方面取得了成效，成本的降低导致本年利润的增加，这是本年利润变化的主要原因。从本年度与平均占比的指标对比，本年度的营业成本占比明显下降，而营业利润和净利润明显上升，说明相对于企业平均水平而言，当前年度成本控制较好。

2. 利润构成分析

如果对企业考察的重点是企业利润总额的构成情况，还可以编制企业利润构成分析表进行分析。

企业的利润由营业利润、营业外收支等组成，利润构成分析就是要分析构成企业利润的各个主要部分占利润总额的比重。根据盈利的性质，公司的利润来源包括经营业务带来的利润、投资获取的收益以及营业外收支净额。利润表的盈利结构分析是指通过计算利润表中各利润项目占利润总额的比重，分析其结构变动对企业经营业绩的影响，利润构成比率不同将直接影响到公司的盈利水平和盈利水平的稳定性和持久性。一般来说，营业利润占企业利润很大比重，主营业务利润更是形成企业利润的基础。营业利润所占比重越大，企业盈利水平的稳定性和可持续性越强。投资收益和非经常性项目收入对企业的盈利能力有一定的贡献，但在企业的总体利润中不应该占太大比例。如果企业的利润主要来源于一些非经常性项目，或者不是由企业的主营业务活动创造的，如处置非流动资产利得、短期证券投资收益、债务重组、政府补助、盘盈或捐赠等，那么这样的利润结构往往存在较大的风险，不能代表企业的真实盈利水平。因此阅读报表时，当企业的主营业务利润和其他业务利润都较高时，则可以反映出这是一个发展全面、盈利能力强、前景诱人的企业，对投资者和债权人都具有吸引力；当企业没有其他业务利润时，作为企业的管理者则应该考虑是否开展多元化经营，以广开财源，寻找新的利润增长点；当企业的其他业务利润为亏损时，怎样进行多元化经营则是企业应慎重考虑的问题。

企业利润构成分析表的编制以"利润总额"为基数即100%，将其他项目与利润总额进行比较，计算出百分比，进行利润表的纵向结构分析。

A公司利润构成分析表如表3-8所示。

表3-8 A公司利润构成分析表　　　　　　　　　　单位:%

项目	本年度	上年度	前年度
营业利润	99.68	97.56	72.57
加：营业外收入	1.77	4.53	35.57
减：营业外支出	1.45	2.08	8.14
其中：非流动资产处置损失	0	0.06	0.02
利润总额	100.00	100.00	100.00
减：所得税费用	24.86	23.54	59.74
净利润	75.14	76.46	40.26

从表3-8可以看出，本年、上年和前年营业利润均构成了利润总额的主要部分，但前年营业外收入贡献了一定比率的利润总额，上年、本年企业营业外收入相比前年

有了明显的下降，说明企业盈利水平的稳定性和可持续性在增强。

3. 盈利模式分析

对企业进行盈利模式分析主要就是对企业的收入结构、成本结构、企业相应的目标利润、企业经营策略、产品结构和市场构成，以及企业核心竞争力等和企业盈利相关的多方面因素进行分析。在纵向结构百分比利润表中，可以看出企业收入分别以何种比例用于补偿各种耗费和形成利润。同时，从表3-8中可以看出在利润中经营活动、投资活动和营业外收支等各占多大比重，从而分析企业各费用支出项目中存在的问题，以采取措施增强企业盈利能力。因此，我们需要结合更多的资料来进行盈利模式的分析。

第三节　利润表具体项目分析

利润表具体项目分析是从构成利润的主要项目入手，对重点项目进行分析。其目的是了解企业利润形成的主要因素和影响利润的主要原因，为企业的经营决策提供有用的参考依据。

一、收入类项目分析

（一）营业收入分析

营业收入是企业创造利润的核心力量，如果企业的利润大部分都来自营业收入，则说明企业的利润质量较高，因此营业收入的确认对财务报表分析有着重大影响。在对营业收入进行具体项目分析时要注意以下几点：

1. 营业收入的产品品种构成分析

对企业营业收入的品种结构进行分析，可以判断企业的收入是否主要来自主营业务收入。

人部分企业进行的都是多种产品的经营，对营业收入贡献比较大的商品或劳务是企业的主要业务。如果企业的利润主要来自主营业务收入，就说明企业的经营成果比较好，营业收入质量良好。

2. 营业收入的地区构成分析

对营业收入进行地区分析可以发现不同地区对营业收入的贡献程度。占总收入比重大的地区是体现企业过去业绩增长点的主要地区，需要重点发展和维持；而那些收入很少或者亏损的地区，应看是否要进行销售方面的改革或考虑成本效益原则，决定是否要继续该地区的发展。

3. 与关联方交易状况

如果公司为集团公司或上市公司，有的公司为达到某些调节利润的目的，会人为制造一些关联方交易。因此，要关注会计报表附注对于关联方交易的披露，应该注意关联方交易收入的比重，同时关注以关联方销售为主体形成的营业收入在以下方面的非市场化因素：交易价格、交易的实现时间、交易量。

4. 部门或地区行政手段对企业业务收入的贡献

地方或部门保护主义对企业业务收入的实现有着很大影响。有些行业或者企业是受政府保护的，这有利于其市场竞争和利润的实现。但这种保护能维持多久却无法保障，因此，在分析企业的营业收入时应注意地方或部门保护主义对企业收入的影响，如果企业受影响很大，说明其自身创造利润的能力不一定很强。

链接 3-2　　　　　延伸阅读　政府补助收入——巧妇无米也可做饭

邓亚萍在担任《人民日报》副秘书长兼"人民搜索"总经理时曾说过，我们本身代表的是国家，我们最重要的不是赚钱，而是履行国家职责。

在网上公布的"人民搜索"的 2010 年营业额是零，而利润总额却有 30 899 063.40 元。没有营业额怎么有利润？

没有收入的"米"也可做成利润的"饭"，因为还有各种政府补贴，以及其他途径的投资收益等。另外，债务重组也可以产生利润，以公允价值计量的资产增值也可产生利润，可见利润这碗"饭"来自四面八方。

5. 营业收入与资产负债表的应收账款配比

通过此配比我们可以观察公司的信用政策，是以赊销为主还是以现金销售为主。一般而言，如果赊销比重较大，应进一步将其与本期预算、与公司往年同期实际、与行业水平进行比较，评价公司主营业务收入的质量。

（二）公允价值变动收益

公允价值变动损益通常来自企业持有的投资类资产的会计计量模式的影响，其往往与企业的主营业务不相关，通常波动巨大。在正常经营条件下，公允价值变动收益不应该成为企业利润贡献主体的项目。即使在某一特定时期，其对利润的贡献较大，这种贡献也难以持久，同时不涉及现金流量，是一种未实现的收益（损失），在分析时需要谨慎使用相关数据。

（三）投资收益

从投资收益的确认和计量角度来看，在成本法下投资收益的确认不会引起现金流量的不足；在权益法下投资收益的确认会引起企业现金流量的困难，而企业还要将此部分投资收益用于利润分配。采用权益法确认的投资收益质量较差，分析时要着重注意。对于一次性的收益增加，如股权投资转让调节利润，在评价企业未来盈利趋势时要予以调整或剔除。

（四）营业外收入

营业外收入数额较大会使企业净利润增加，因而增加企业利润分配的能力。但是，其稳定性较差，企业不能根据这部分收益来预测将来的净收益水平。此外，如果营业外收入占利润总额的比例过大，说明企业的盈利结构出了问题，至少是增加了不稳定的因素。在分析营业外收入时，还应着重检查各项营业外收入明细项目增减的合法性和合理性。

例 3-4　A 公司是一家从事白砂糖及相关产品的制造销售、番茄加工及番茄制品的销售的企业，本年相关收入的构成如表 3-9 所示。

表 3-9　A 公司本年度收入构成情况

业务名称		营业收入/亿元	收入比例/%
按行业	贸易	145.81	77.13
	工业	83.07	43.94
	农业	0.723 878	0.38
	内部抵销	-40.56	-21.45
按产品	贸易糖	131.84	69.74
	自产糖	45.89	24.27
	加工糖	36.39	19.25
	番茄制品	13.22	6.99
	其他（农业、农资、电力等）	2.26	1.20
	内部抵销	-40.56	-21.45
按地区	国内	209.34	110.74
	国外	20.26	10.72
	内部抵销	-40.56	-21.45

从表 3-9 可以看出，按行业分，占 A 公司总收入比重大的业务是贸易，占到 77.13%，其次是工业；按产品分，销售额最多的产品是贸易糖，占比为 69.74%，其次是自产糖；按地区分，国内销售占比达 110.74%。国内销售的贸易糖类是企业过去业绩的主要增长点，也指明了企业未来的发展趋势，企业应主要立足于国内糖类贸易业务。相较国际贸易而言，国内贸易的稳定性较好，同时 A 企业的利润主要来自主营业务收入，这就说明企业的经营成果比较好，营业收入质量良好。

二、成本费用类项目分析

（一）营业成本

营业成本是指公司所销售商品或者所提供劳务的成本。对于大多数行业来说，主营业务成本是损益表中冲减利润最大的一项，因此需要重点分析。

对于营业成本的分析，首先要明确公司主营业务成本的构成和各部分比例，其次要逐项判断主要成本构成的变化趋势。不同行业的成本构成有很大的差异，要针对公司的行业特征来分析成本的合理性。要注意企业是否存在延期或提前确认营业成本以及随意变更成本计算方法的行为。企业可以通过这些行为人为地控制成本数据，从而操纵利润。

例 3-5　A 公司是一家从事白砂糖及相关产品的制造销售、番茄加工及番茄制品的销售的企业，本年相关成本的构成如表 3-10 至表 3-13 所示。

表 3-10　A 公司本年度收入成本比重　　　　　　单位：万元

项目	本年数	上年数
一、营业总收入	1 915 721.00	1 355 715.00
营业收入	1 915 721.00	1 355 715.00

表3-10（续）

项目	本年数	上年数
二、营业总成本	1 798 815.00	1 297 105.00
其中：营业成本	1 605 975.00	1 158 734.00
营业成本占收入的比重	84%	85%

表 3-11　A 公司本年度主营业务分行业、分产品、分地区情况

主营业务 分行业情况	营业收入 /万元	营业成本 /万元	毛利率 /%	营业收入比 上年增减/%	营业成本比 上年增减/%	毛利率比 上年增减/%
工业	830 671	678 952	18.26	28.67	29.42	-0.47
农业	7 239	5 671	21.66	8.05	6.79	0.93
贸易	1 458 121	1 309 356	10.20	46.62	42.23	2.78
小计	2 296 031	1 993 979	13.16	39.43	37.46	1.25
主营业务分产品情况						
贸易糖	1 318 412	1 216 185	7.75	32.57	32.10	0.33
自产糖	458 850	367 511	19.91	-2.72	-6.24	3.01
加工糖	363 942	291 993	19.77	1 139.87	1 337.20	11.02
番茄制品	132 205	103 969	21.36	-7.05	-7.03	-0.02
其他（农业、 农资、电力等）	22 622	14 321	36.69	150.72	145.98	1.22
小计	2 296 031	1 993 979	13.16	39.43	37.46	1.25
主营业务分地区情况						
国内	2 093 432	1 821 812	12.97	49.27	46.49	1.64
国外	202 600	172 167	15.02	-17.07	-16.80	-0.28
小计	2 296 032	1 993 979	13.16	39.43	37.46	1.25

表 3-12　产销量情况分析

主要产品	生产量 /万吨	销售量 /万吨	库存量 /万吨	生产量比 上年增减/%	销售量比 上年增减/%	库存量比 上年增减/%
自产糖	101.33	86.06	37.98	17.82	-11.15	67.23
番茄酱	24.96	20.62	22.95	21.01	-7.06	23.28

表 3-13　A 公司本年度产品成本构成情况

分产品情况	成本构成 项目	本期金额 /万元	本期占总 成本比例/%	上年同期 金额/万元	上年同期占总 成本比例/%	本期金额较上年 同期变动比例/%
自产糖	原料	221 564	80.07	217 226	87.55	2.00
	直接人工	9 654	3.49	9 649	3.89	0.06
	制造费用	17 448	6.31	15 947	6.43	9.41

表3-13（续）

分产品情况	成本构成项目	本期金额/万元	本期占总成本比例/%	上年同期金额/万元	上年同期占总成本比例/%	本期金额较上年同期变动比例/%
番茄酱	原料	51 408	61.96	56 526	62.99	-9.05
	直接人工	2 679	3.23	2 632	2.93	1.79
	制造费用	11 516	13.88	12 722	14.18	-9.48

从表3-10可以得出本年营业成本对营业收入的比率比上一年略有下降，说明企业的经营获利能力将出现上升的趋势，但趋势不够明显。根据表3-11，从A公司本年度主营业务分行业、分产品情况看，贸易糖对收入贡献最大，自产糖业务利润率最高；从分地区看，本年度A公司以国内业务为主且国内业务发展迅速；国外业务有所缩减，但国外业务毛利率高于国内业务。A公司相比上年度而言，本年度主要业务的收入增幅普遍略大于成本增幅，说明成本控制稳定向好。从A公司具体主营业务成本的构成和各部分比例来看，根据表3-12和表3-13可以看出，A公司的自产糖三项主要成本与上年同期相比稳中略降，而番茄酱在产量上升的同时原料投入金额却有一定幅度的下降，说明当年番茄丰收，而农产品原材料市场行情对产品成本的影响往往是一过性的，并不长久。另外番茄酱制造费用的整体下降，说明企业当期在间接费用的控制上有一定成效。

（二）税金及附加

税金及附加是指企业从事生产经营活动，按照税法规定应缴纳并在会计上可以从营业利润中扣除的税金及附加。分析该项目时应该将其与营业收入相对应分析，同时要确认税金的计算依据是否正确。该项目金额对营业利润的影响较小，可不作为分析重点。

（三）期间费用

期间费用包括销售费用、管理费用和财务费用。对期间费用的分析应注意以下问题：

1. 销售费用

对销售费用进行分析时，应该注意销售费用的构成，同时应该注意销售费用增减的原因。在企业业务发展的条件下，企业的销售费用一般不应降低；当按收入百分比计算的销售费用增加时，应关注因销售费用增加而带来的收入增加。同时应该注意有的企业会基于公司业绩的考虑，将巨额广告费列为长期待摊费用。

2. 管理费用

在企业的组织结构、业务规模等方面变化不大的情况下，企业的管理费用规模变化不会太大。如果发现在利润表中，出现收入项目增加但费用项目降低的情形，则存在调整利润的可能。一般来说，费用越低，收益越大，企业盈利就越多。对此，应当根据企业当前经营状况、以前各期间水平以及对未来的预测来评价支出的合理性，而不应单纯强调绝对值的下降。同时，企业的研发支出分界点比较复杂，容易为企业违规留下操作空间。因此，应该关注管理费用的重要项目。

3. 财务费用

在对财务费用进行分析时，应该注意以下几点：

（1）企业当年列支的利息支出是否确实属于当年损益应负担的利息支出，应特别注意需要资本化的利息费用，严格核实其资本化的条件是否满足。

（2）利息支出列支范围是否合规。注意审查各种不同性质的利息支出的处理是否正确。

（3）存款利息收入是否抵减了利息支出，计算是否正确。特别应注意升降幅度较大的月份，并分析其原因。

（4）企业列支的汇兑损益是否确已发生，即计算汇兑损益的外币债权、债务是否确实收回或偿还，调剂出售的外汇是否确已实现。

例3-6 仍以 A 公司为例，其本年度期间费用如表 3-14 所示。

表 3-14 A 公司本年度期间费用统计分析

项目	本期金额/万元	上期金额/万元	增减额/万元	增减比例/%
营业总收入	1 915 721	1 355 715	560 006	14
销售费用	55 511.61	48 575.44	6 936.16	14.28
销售费用占收入的比重/%	3	4		
管理费用	62 581.67	58 139.73	4 441.94	7.64
管理费用占收入的比重/%	3	4		
财务费用	42 546.33	11 776.42	30 769.91	261.28
财务费用占收入的比重/%	2	1		

变动说明：

（1）销售费用增加主要系糖销量同比增加以及运费、仓储费及工资增加所致。

（2）管理费用增加主要系职工薪酬同比增加 6 219 万元，股权激励计提费用同比增加 1 916 万元，停工损失同比减少 2 433 万元所致。

（3）财务费用增加主要系本年度用款需求大所致，公司贷款额度同比增加 30 亿元，加权平均贷款利率上浮 1.72%；汇兑损失 2 181 万元，同比增加 6 417 万元。

根据表 3-14 所示及相关说明，A 公司当年销售费用和管理费用绝对值虽比上年同期有所增加，但增加的原因合理，增加的幅度不大，且其占收入的百分比与去年同期相比还有所下降，所以该公司这两项费用控制较好；而财务费用发生的绝对值增幅较大且其占收入的百分比与去年同期相比还有所上升，究其原因是本年度用款需求大，贷款利率上浮，且发生了较大额度的汇兑损失，因此需要警惕财务风险的发生。

4. 资产减值损失

在分析资产减值损失项目时，要注意分析一次性大额的资产减值损失对利润的影响，警惕利用资产减值损失来进行利润调节，如转回减值准备或少提减值准备，或者过度计提减值准备等，同时要注意资产减值损失不涉及现金流量，分析时要注意审慎使用相关数据。

5. 所得税费用

具体分析所得税费用时，应注意以下几个方面：其一，递延所得税占所得税费用总额的百分比；其二，账面所得税费用占税前利润的百分比；其三，当期所得税费用；其四，资本收益。

6. 营业外支出

在分析营业外支出时，应着重检查其明细项目增减的合法性和合理性。但营业外支出能在一定程度上反映企业管理方面存在的问题，如违反法律、合同规定等，企业对于这些损失，力争控制到最低程度。另外，还应注意营业外支出的准确性和波动性，对于异常变动的项目要从总额中剔除。

三、利润类项目的分析

企业生产经营的最终目的就是要扩大收入，尽可能降低成本与费用，努力提高企业盈利水平，增强企业的获利能力。因此，收益能力的高低，即利润水平是衡量企业优劣的一个重要标志。

利润由四个主要部分组成：主营业务利润、营业利润、利润总额和净利润。

（一）主营业务利润

主营业务利润是企业生存发展的基础，代表了企业相对稳定的盈利能力。

主营业务利润是企业生产经营第一个层次的业绩。对此，首先可将主营业务利润与利润总额配比，一般应在 60% 以上，并结合行业、企业历史水平进行分析，评价企业的现有盈利能力、持久盈利能力以及企业当期利润的质量，进而再对其具体构成项目进一步分解评价。

（二）营业利润

营业利润是企业生产经营第二个层次的业绩，即企业通过生产经营获得利润的能力。对此，亦可将营业利润与利润总额配比，一般应该在 80% 以上，并结合行业、企业历史水平进行分析。当营业利润额较大时，要注意其他业务利润数额和用途；当营业利润额较小时，应着重分析主营业务利润的大小、多种经营的发展情况和期间费用的多少。

（三）利润总额

利润总额是企业生产经营第三个层次的业绩。利润总额代表了企业当期综合的盈利能力和为社会所做的贡献；同时，利润总额也直接关系到各种利益分配问题，如投资人、职工、国家（税收）。对于影响利润总额的非经营性因素应进一步分析和评价。从企业的角度来说，利润总额多多益善。

（四）净利润

净利润是企业的利润总额与所得税费用的配比结果，是企业生产经营的第四个层次，也是企业最终的业绩。净利润属于所有者权益，它也构成了企业利润分配的内容。对净利润进行分析，需要注意盈利质量的高低。利润表的质量分析以主营业务收入为起点，以净利润为终点。

例 3-7　仍以 A 公司为例，其近三年实现的利润额见表 3-15；近三年度利润构成情况见表 3-16。

表 3-15　A 公司近三年年度利润额　　　　　单位：万元

项目	本年数	上年数	前年数
一、营业利润	100 020	65 129	12 339
加：营业外收入	1 779	3 023	6 049

表3-15（续）

项目	本年数	上年数	前年数
减：营业外支出	1 457	1 391	1 384
其中：非流动资产处置损失	—	777	275
二、利润总额	100 343	66 761	17 003
减：所得税费用	24 943	15 716	10 157
三、净利润	75 400	51 046	6 846

表 3-16　A 公司近三年年度利润构成情况　　　　　单位：%

项目	本年度	上年度	前年度
一、营业利润	99.68	97.56	72.57
加：营业外收入	1.77	4.53	35.57
减：营业外支出	1.45	2.08	8.14
其中：非流动资产处置损失	0	0.06	0.02
二、利润总额	100.00	100.00	100.00
减：所得税费用	24.86	23.54	59.74
三、净利润	75.14	76.46	40.26

从前年度到本年度 A 公司实现的营业利润、利润总额和净利润的绝对值来看，本年度明显好于上年度和前年度；从营业利润与利润总额占比来看也呈现逐年增加的趋势，说明 A 公司利润的发展趋势逐年向好，本年度当期利润的质量较高。

第四节　利润质量分析

利润作为反映公司经营成果的指标，在一定程度上体现了公司的盈利能力，同时也是目前我国对公司经营者进行业绩考评的重要依据。但是，会计分期假设和权责发生制的使用决定了某一期间的利润并不一定意味着利润具有可持续性以及利润带来的资源具有确定的可支配性。此外，公司经营者出于自身利益的考虑，往往会运用各种手段调节利润、粉饰利润表，从而导致会计信息失真并误导投资者、债权人及其他利益相关者。因此，在关注公司盈利能力的同时，更要重视对公司利润质量的分析。

一、利润质量分析的概念及特征

（一）利润质量分析的概念

利润的质量是指企业利润的形成过程以及利润结果的质量。利润质量分析是指分析利润形成的真实性与合理性，以及对现金流转的影响。

（二）利润质量的特征

高质量的企业利润，应当表现为资产运转状况良好，企业所依赖的业务具有较好的市场发展前景，公司有良好的购买能力、偿债能力、交纳税金及支付股利的能力。利润所带来的净资产的增加能够为企业的未来发展奠定良好的资产基础。反之，低质量的企业利润，则表现为资产运转不灵，企业所依赖的业务具备主观操纵性或没有较好的市场发展前景，企业对利润具有较差的支付能力，等等。企业的利润构成、信用政策、存货管理水平及关联方交易都会影响企业的利润质量。因此，高质量的企业利润具有以下特征：

（1）一定的盈利能力。

（2）利润结构基本合理。

企业的利润结构应该与企业的资产结构相匹配，费用变化是合理的。利润总额各部分的构成合理，主营业务带来的利润具有持续性。

（3）企业的利润具有较强的获取现金的能力。

二、影响利润质量的主要因素分析

（一）利润实现过程的质量

对利润表进行质量分析，实质上就是对企业利润的形成过程进行质量分析。企业生产经营的最终目的就是要扩大收入，尽可能降低成本与费用，努力提高企业盈利水平，增强企业的获利能力。企业只有最大限度地获取利润才能保证企业持续不断地生产和经营，为投资者提供尽可能高的投资报酬。因此，收益能力的高低，是衡量企业优劣的一个重要标志。收入的质量分析、费用的质量分析参考第三节利润表具体项目分析。

（二）利润结构的质量

由多步式利润表的结构特点可知，企业经营与其收益结构有密切的关系。企业经营活动的组织、目标、范围和内容的调整变化会引起收益结构发生变化。因此，通过对利润表收益结构的分析，还可以了解企业的市场营销战略、发展战略和技术创新战略等是否合理，有无创新。例如，将几个经营期间的同种结构数据放在一起进行比较，可以看出企业经营活动的发展变化过程和各期收益的变化趋势，从中也大体可看出市场行情的走势、国家宏观政策的调整以及整个社会经济的运行环境。

公司的利润可以分为营业利润与非营业利润、税前利润与税后利润、经常业务利润与偶然业务利润、经营利润与投资收益、资产利润与杠杆利润。这些项目的数额和比率关系，会导致收入质量的不同，在预测未来利润时具有不同意义。因此，要分析以下比率关系。

1. 营业利润与非营业利润

营业利润的质量高于非营业利润。

营业活动是公司赚取利润的基本途径，代表公司有目的的活动取得的成果，而非营业利润则带有很大的偶然性。一个公司的营业利润应该远远高于其他利润（如投资收益、处置固定资产收益等）。非营业利润较高的公司，往往在自己的经营领域里处于下滑趋势，市场份额减少，只好在其他地方寻求收益。例如，通过投资股票市场、债券市场或期货市场获取收益，而这种市场的风险是很大的，影响因素复杂，收益很难保障。通过分析经营利润的比重，可以发现收益质量的变化。

具体分析的方法可以从绝对指标分析和相对指标分析两方面展开：

（1）绝对指标分析。

我们将企业的利润表按照其收益来源划分为营业利润（营业利润=经营性利润+投

资收益）和营业外业务收入（营业外业务收入＝补贴收入＋营业外收入－营业外支出）。通过上述收益的划分，我们将企业的利润构成情况大致分为以下六种类型，从而可以判定企业盈利能力的稳定性。

①正常情况：企业的经营性利润、投资收益、营业外业务收入都为正，或者经营性利润大于0、投资收益大于0、营业外业务收入小于0，致使当期收益为正。这说明企业的盈利能力比较稳定，状况比较好。

②如果经营性利润、投资收益为正，而营业外业务亏损多，致使当期收益为负数，表明虽然企业的利润为负，但是是企业的营业外收支所导致的，构不成企业的经常性利润，所以，并不影响企业的盈利能力状况，这种亏损状况是暂时的。

③如果经营性利润大于0，投资收益、营业外业务收入小于0，致使经营性利润＋投资收益小于0，当期收益小于0，说明企业的盈利情况比较差，投资业务失利导致企业的经营性利润比较差，企业的盈利能力不够稳定。

④如果经营性利润小于0，投资收益大于0，营业外业务收入大于0，致使企业的当期收益大于0，说明企业的利润水平依赖于企业的投资业务和营业外业务，其投资项目的好坏直接关系到企业的盈利能力，投资者应该关注其项目收益的稳定性。

⑤如果经营性利润小于0，投资收益小于0，营业外业务收入大于0，致使企业的当期收益大于0，说明企业的盈利状况很差，虽然当年盈利，但是其经营依赖于企业的营业外收支，持续下去会导致企业破产。

⑥如果经营性利润小于0，投资收益小于0，营业外业务收入小于0，致使企业的当期收益小于0。说明企业的盈利状况非常差，企业的财务状况堪忧。

例3-8 A公司最近三年利润情况如前表3-5，现按绝对指标分析方法分析A公司利润质量如下：

A公司前年的利润表上的数据为：经营性利润为27 279万元，投资收益−1 494万元，营业外收支净额4 665万元，利润总额为17 003万元。说明该企业生产经营比较正常，但对外投资较为失败。上年的年报数据：经营性利润为46 394万元，与前年相比上升，投资收益18 735万元，营业外收支净额1 632万元，利润总额66 761万元，上升较快。这说明企业的盈利能力上升较快，经营状况比较好。本年的年报数据：经营性利润为122 041万元，与上年相比上升，投资收益−22 021万元，营业外收支净额322万元，利润总额100 343万元，在投资收益为负数，且营业外收支净额减少的情况下，利润总额上升较快。这说明企业的盈利能力持续增长，经营状况比较好，但对外投资状况不佳。

同行业同背景的两家公司，相同年度的利润质量还可以进行对比分析。

例3-9 B公司与A公司同为制糖行业的大型公司（后面例题中B公司的背景资料相同），B公司本年利润情况如表3-17所示。

表3-17　利润表

编制单位：B公司　　　　　　　　　　　　　　　　　　　　　　　　单位：万元

项目	本年数
一、营业总收入	290 642.1
营业收入	290 642.1

表3-17（续）

项目	本年数
二、营业总成本	327 094.3
营业成本	259 800.9
营业税金及附加	1 889.6
销售费用	8 643.8
管理费用	32 298.2
财务费用	21 186.8
资产减值损失	3 274.9
公允价值变动收益	−21.6
投资收益	2 348.0
其中：对联营企业和合营企业的投资收益	0.0
汇兑收益	0.0
三、营业利润	−23 209.1
加：营业外收入	180.3
减：营业外支出	452.3
其中：非流动资产处置损失	0.0
四、利润总额	−23 481.0
减：所得税费用	−3 645.3
五、净利润	−19 835.7
归属于母公司所有者的净利润	−19 363.4
少数股东损益	−472.3
六、每股收益	
基本每股收益（元/股）	0.0
稀释每股收益（元/股）	0.0
七、其他综合收益	0.0
八、综合收益总额	−19 835.7
归属于母公司所有者的综合收益总额	−19 363.4
归属于少数股东的综合收益总额	−472.3

现按绝对指标分析方法分析 B 公司利润质量如下：

B 公司本年的年报数据：经营性利润为−25 557.1 万元，投资收益为 2 348 万元，营业外收支净额为−272 万元，利润总额为−23 481 万元。该公司经营性利润小于 0，投资收益大于 0，营业外业务收入小于 0，致使企业的当期收益小于 0。说明企业的盈利状况非常差，企业的财务状况堪忧。

按绝对指标分析方法分析，本年 A 公司与 B 公司相比，除了投资收益 A 公司不如 B 公司以外，经营性利润及利润总额等指标 A 公司都远超 B 公司，说明 A 公司的盈利状况和财务状况都优于 B 公司。

除了绝对指标之外，我们还需关注相对指标的情况。

（2）相对指标分析。

①毛利率走势。

$$毛利率 =（营业收入-营业成本）/营业收入$$

毛利率高，表明企业具有良好的财务状况。如果企业的毛利率在同行业中处于平均水平以上，且不断上升，就说明其核心竞争力强，具有一定的垄断地位，受行业周期性波动的正向影响，会不断提高产量。

毛利率低、下降，则意味着企业所生产的同类产品在市场上竞争加剧，销售环境恶化；如果企业的毛利率显著低于同行业的平均水平，则意味着企业的生产经营状况明显比同行业其他企业要差，其产品生命周期处于衰退期，核心竞争力下降，会计处理不当。

例3-10 A公司近3年毛利率走势如表3-18所示。

表3-18　A公司近3年毛利率走势

项目名称	本年数	上年数	前年数
营业收入/万元	1 915 721	1 355 715	1 166 755
营业成本/万元	1 605 975	1 158 734	1 031 804
毛利/万元	309 746	196 981	134 951.28
毛利率/%	16	15	12

近3年制糖行业平均毛利率分别为-10.6%、10.49%和10.32%（以上数据来源于前瞻产业研究院发布的《2018—2023年中国制糖行业产销需求与投资预测分析报告》），整个行业的产品生命周期属于上升阶段。如表3-18所示，A公司近3年的毛利率均高于行业平均值，且毛利及毛利率均呈现逐年上升的趋势，说明该企业财务状况良好，核心竞争力强，在行业中占有一定的垄断地位，企业发展前景较好。

B公司近3年毛利率走势如表3-19所示。

表3-19　B公司近3年毛利率走势

项目名称	本年数	上年数	前年数
营业收入/万元	290 642.1	358 882	313 842.3
营业成本/万元	259 800.9	304 833	267 532.9
毛利/万元	30 841.2	54 049	46 309.4
毛利率/%	11	15	15

如表3-19所示，B公司近3年的毛利率均高于行业平均值，但前2年毛利及毛利率均高于本年，且本年下降明显，说明该企业在制糖行业中占有一定的垄断地位，但发展势头不如A公司。

②销售费用、管理费用、财务费用、营业利润及其相关比率所包含的质量信息。

A．销售费用与销售费用率。

销售费用率反映了销售费用的有效性，用以下公式计算：

$$销售费用率 = 销售费用/营业收入$$

企业的产品结构、销售规模、营销策略等方面变化不大时，销售费用规模变化不会太大。因为变动性销售费用随业务量的增长而增长，固定性销售费用则不会有太大变化。

B. 管理费用与管理费用率。

管理费用率反映了管理费用的有效性，用以下公式计算：

$$管理费用率=管理费用/营业收入$$

企业的组织结构、管理风格、管理手段、业务规模等方面变化不大时，管理费用规模变化不会太大。因为变动性管理费用随业务量的增长而增长，固定性管理费用则不会有太大变化。

C. 财务费用与财务费用率。

财务费用率反映了财务费用的有效性，用以下公式计算：

$$财务费用率=财务费用/营业收入$$

财务费用与贷款规模、贷款利率、贷款环境相关，财务费用的规模反映了企业的理财状况。当企业的贷款主要用于补充流动资金和拓展经营活动时，财务费用率也可以说明企业的产品经营活动对贷款使用的有效性。

D. 资产减值损失/营业收入。

将资产减值损失和营业利润的数额相比较，可以用来判断资产减值损失对营业利润的影响程度。

$$资产减值损失率=资产减值损失/营业收入$$

当资产减值损失的规模发生变化时，发生减值的资产未来给企业带来的相应现金流量很可能会发生变化，但当期营业收入未必会发生相应变化：如果应收款项大幅度减值，当期的营业收入一般不会受到影响；如果长期股权投资、持有至到期投资发生减值，当期营业收入不会受到影响；如果存货、固定资产、无形资产、商誉等资产发生减值，说明该类资产的盈利能力降低，企业的营业收入可能会相应有不同程度的减少。

资产减值损失对利润质量的影响还有另外一个指标，那就是资产减值损失/营业利润。

如果资产减值损失对营业利润的影响程度较大，分析人员可以对资产减值损失确认及转回的合理性做进一步研究。

E. 公允价值变动收益与营业利润。

在分析时应当将公允价值变动收益与营业利润相比较，据以判断其对营业利润的影响程度。公式为：

$$公允价值变动收益占比=公允价值变动收益/营业利润$$

正常情况下，一般企业的公允价值变动收益对营业利润的影响应当较小，企业的营业利润应当主要来源于营业收入。

F. 投资收益与营业利润。

比较投资收益占营业利润的比重，以对企业营业利润受投资收益的影响程度做出判断。计算公式为：

$$投资收益占比=投资收益/营业利润$$

一般企业不能依赖不确定性极大的投资收益，而我国的一些企业在特定的会计期间会出现投资收益成为营业利润的主要来源的情况。分析人员应当注意比较投资收益占营业利润的比重，以便对企业营业利润受投资收益的影响程度做出判断。

G. 营业利润与营业利润率。

营业利润率反映了企业经营活动的基本盈利能力，用以下公式计算：

$$营业利润率=营业利润/营业收入$$

式中营业利润是以产品经营为主的企业在一定时期的财务业绩的主体。毛利率、营业费用、管理费用的质量综合反映到营业利润的变化上。

需要注意的是，有的公司一般会通过对"非经营性变化"进行会计调整的办法来达到在报表上使营业利润过高或过低的目的。

例 3-11 A 公司近 2 年相关利润结构指标如表 3-20 所示。

表 3-20　A 公司利润结构指标

项目名称	本年数	上年数	差异
营业收入/万元	1 915 721.00	1 355 715.00	560 006.00
销售费用/万元	55 512.00	48 575.00	6 937.00
管理费用/万元	62 582.00	58 140.00	4 442.00
财务费用/万元	42 546.00	11 776.00	30 770.00
资产减值损失/万元	20 480.00	14 070.00	6 410.00
公允价值变动收益/万元	3 738.00	-12 215.00	15 953.00
投资收益/万元	-22 021.00	18 735.00	-40 756.00
营业利润/万元	100 020.00	65 129.00	34 891.00
销售费用/营业收入	3%	4%	-1%
管理费用/营业收入	3%	4%	-1%
财务费用/营业收入	2%	1%	1%
资产减值损失/营业利润	20.5%	21.6%	-1.1%
公允价值变动收益/营业利润	4%	-19%	22%
投资收益/营业利润	-22%	29%	-51%
营业利润/营业收入	5%	5%	0%

与上年相比，本年的营业收入增幅较大，而销售费用、管理费用绝对值增加，增幅却不大，从而导致销售费用率和管理费用率的下降。这说明该公司对相应费用的利用效率有所提高。

该公司本年的资产减值损失占营业利润的 20.5%，比上年减少了 1.1%，变动幅度较小。当资产减值损失的规模未发生较大变化时，发生减值的资产未来给企业带来的相应现金流量也不会发生太大变化；但因占营业利润的比重较大对营业利润的影响较为明显，需要结合具体明细项目对资产减值损失确认及转回的合理性做进一步研究。

该公司本年的公允价值变动收益占营业利润的比重不大，是一个正收益，比上年有较大幅度的增长，对营业利润的影响较小，企业的营业利润应当主要来源于营业收入。本年度的投资收益占营业利润的 -22%，占有一定的比重且由于比上年减少了51%，降幅较大，其波动对营业利润造成了一定程度的影响。由于当年投资收益为大额负数，实质为投资损失，结合 A 公司年报明细，当年投资损失主要是由持有交易性金融资产、交易性金融负债产生的公允价值变动损益，处置交易性金融资产、交易性金融负债和可供出售金融资产取得的投资收益以及对外投资的会计核算方法的变更构成的，一方面说明当年投资收益质量不高，对营业利润造成了较大的负面影响，需要企业有关部门及人员引起重视；另一方面说明本年 A 公司的营业利润的主要来源是能够给企业带来持续稳定收益的主营业务，企业当期利润质量较高，盈利能力较强，说明企业具有长期稳定发展的潜力。

与上年相比，本年的营业利润占营业收入的比率没有变化，表明企业通过生产经营获得利润的能力，即企业的盈利能力未发生大的变化，企业的经营管理较为稳定。

表 3-21 为 A 公司与 B 公司本年相关指标的对比情况。

表 3-21　A 公司与 B 公司本年相关指标对比

项目名称	A 公司本年	B 公司本年	差异
营业收入/万元	1 915 721	290 642	1 625 079
销售费用/万元	55 512	8 644	46 868
管理费用/万元	62 582	32 298	30 284
财务费用/万元	42 546	21 187	21 359
资产减值损失/万元	20 480	3 275	17 205
公允价值变动收益/万元	3 738	−22	3 760
投资收益/万元	−22 021	2 348	−24 369
营业利润/万元	100 020	−23 209	123 229
销售费用/营业收入	3%	3%	0%
管理费用/营业收入	3%	11%	−8%
财务费用/营业收入	2%	7%	−5%
资产减值损失/营业利润	20.5%	−14.1%	34.6%
公允价值变动收益/营业利润	4%	0%	4%
投资收益/营业利润	−22%	−10%	−12%
营业利润/营业收入	5%	−8%	13%

从绝对值看，除了投资收益外，A 公司各项数值均高于 B 公司，其中 B 公司本年的营业利润为负数；从相对值看，A 公司的管理费用率及财务费用率均低于 B 公司，而营业利润率远高于 B 公司，说明 A 公司期间费用控制好于 B 公司，经营管理水平高于 B 公司，企业的当期利润质量较高，盈利能力强于 B 公司。

2. 经常业务利润和偶然业务利润

经常业务利润是通过经常性业务净利润与经常性业务净利润率指标来分析的，计算公式如下：

经常性业务净利润率＝经常性业务净利润/营业收入

式中，经常性业务净利润＝归属于上市公司股东的净利润−非经常性损益

它是净利润率指标的补充，剔除非经常性损益对净利润带来的影响，能够比较真

实客观地反映企业的实际业务盈利能力，是在分析企业业务盈利能力时常用的指标之一。

偶然业务利润是没有保障的，不能期望它经常地、定期地发生。偶然业务利润比例较高的公司，其收益质量较低。经常性业务收入因其可以持续地、重复不断地发生而成为收入的主力。

例 3-12 A 公司近 2 年相关利润指标如表 3-22 所示。

表 3-22　A 公司近 2 年经常性业务利润指标

项目名称	本年数	上年数
营业收入/万元	1 915 721	1 355 715
归属于上市公司股东的净利润/万元	74 009	51 505
减：非经常性损益/万元	-4 775	14 491
归属于上市公司股东的扣除非经常性损益后的净利润/万元	78 784	37 014
经常性业务净利润率/%	4	3

按前例所示，A 公司本年与上年营业利润占营业收入的比率没有变化，表面上看这两个年度企业的获利能力似乎相同，但剔除偶然业务利润的影响之后，根据表 3-22 所示，我们可以看出本年度 A 公司实际业务盈利能力和企业经营能力的稳定性是好于上年度的。

A 公司和 B 公司本年经常性业务利润分析对比见表 3-23。

表 3-23　A、B 公司本年经常性业务利润分析对比

项目名称	A 公司本年	B 公司本年
营业收入/万元	1 915 721	290 642
归属于上市公司股东的净利润/万元	74 009	-19 363
减：非经常性损益/万元	-4 775	8 790
归属于上市公司股东的扣除非经常性损益后的净利润/万元	78 784	-28 153
经常性业务净利润率/%	4	-10

根据表 3-23，我们可以看出本年度 A 公司的经常性业务净利润率远高于 B 公司，这说明剔除偶然业务利润的影响之后，A 公司的实际业务盈利能力是强于 B 公司的。

3. 内部利润和外部利润

内部利润是指依靠公司生产经营活动取得的利润，它具有较好的持续性。外部利润是指通过政府补贴、税收优惠或接受捐赠等，从公司外部转移来的收益。外部收益的持续性较差。外部收益比例越大，收益的质量越低。

4. 资产利润与杠杆利润

股东投资所获利润，可以分为资产利润和杠杆利润两部分。杠杆利润是因为总资产利润率高于借款利率而使股东增加的利润。当总资产利润率下滑时，由于借款利率是固定的，杠杆利润很快消失，甚至借款所获资产取得的收益尚不能弥补利息支出，使股东的资产利润被杠杆亏损所吞噬。因此，杠杆利润的持续性低于资产利润，杠杆

利润越多则报告收益质量越差。

（三）利润的内涵质量

利润的内涵质量主要是指利润所创造的资产项目的质量以及核心利润的现金获取质量，即利润所带来的净资产的增加能不能为企业的未来发展奠定良好的资产基础，以及企业的利润在多大程度上能转换为企业的现金流量。从利润形成的结果来看，企业利润各项目均会引起资产负债表项目的相应变化：企业收入的增加，对应资产的增加或负债的减少；费用的增加，对应资产的减少或负债的增加，同时还要体现企业当期现金的赚取能力。也就是说，对企业利润质量的分析，要关注企业利润各项目所对应的资产负债表项目的质量和现金流量表项目的质量；同时，对利润表进行质量分析也需要遵循对资产负债表和现金流量表质量分析的基本原则（参见资产负债表及现金流量表分析相关章节）。利润的内涵质量分析可以采用以下方法：

1. 信号识别法

利润质量分析是一项需要耗费大量精力的高成本的分析性活动。把精力集中于具有利润质量恶化表现的公司，可以降低这项成本，这就是信号识别法。

当企业出现以下危险信号时，说明企业利润质量下降的可能性极大。

常见的危险信号有：

（1）企业持续盈利，有足够的可供分配利润，但从来不进行现金股利的分配。这有两种可能：一是企业处于发展阶段，需要足够的现金支持；二是企业的利润只存在于利润表上，没有足够的现金来支付股利。如果是第二种情况，则企业可能同时在现金流量上表现一般，这就说明企业有可能存在虚增利润的情况，企业的利润质量存在问题。

（2）其他应收款隐瞒潜亏，其他应付款隐瞒利润。如果企业的购货和销售状况没有发生很大变化，企业的供货商也没有主动放宽赊销的信用政策，则企业应付账款规模的不正常增加、应付账款平均付账期的不正常延长，就是企业支付能力恶化、资产质量恶化、利润质量恶化的表现。另外，应收账款规模不正常增加，回款期不正常延长，企业为了实现销售目标，经常会通过赊销来创造利润。

（3）企业报告利润与经营性现金流量之间的差距日益扩大；报告利润与应税所得之间的差距日益扩大；企业过分热衷于融资机制，如与关联方合作从事研究开发活动，带有追索权的应收账款转让；出人意料的大额资产冲销。

（4）企业存货周转率过于缓慢。企业存货周转率过于缓慢，说明企业产品可能并不适应市场的需求，或者是企业产品存在质量问题，或者是企业销售能力太弱。总之，企业存货周转率过低会影响企业的盈利，从而影响企业的利润，是企业利润恶化的标志。

（5）未加解释的会计政策和会计估计变动，经营恶化时出现此类变动尤其应当注意。例如，企业随意变更固定资产的折旧方法、存货的计价方法等，这些都会影响企业的利润。因此，应该注意企业会计政策变更的内容并与利润结合起来，判断是否存在恶意调节利润的行为。

（6）未加解释的旨在"提升"利润的异常交易；公司已经取得了巨大的市场份额，并且增长速度比行业平均值更快。市场份额越大，比行业增长得更快就越困难。与销售有关的应收账款的非正常增长；与销售有关的存货的非正常增长；公司业绩太好，以至于难以让人相信。销售收入、利润和现金余额的全面上升，这可能都是创造性的存货搬移和持有引起的。

（7）管理当局具有使用利润调节（利润操纵）达到利润预期的历史；第四季度和第一季度的大额调整被出具"不干净意见"的审计报告，或更换 CPA（注册会计师）的理由不充分。一般而言，审计人员不会轻易地放弃客户，很有可能是管理当局准备降低利润质量，而审计人员不予配合。

链接 3-3　　　　　超链接：小知识——更换 CPA 的理由

更换 CPA 的理由包括"重新招标""大股东委派""合并或分立""时间或地域原因""前任在工作时间和人员安排上无法满足公司的需要""后任担任重大资产重组项目的审计师"。

上海一家汽车设计公司筹划二次上会，聘请了天健会计师事务所，但不久天健被换，更换的理由是"公司的高管与事务所的审计人员发生恋情，为了保证审计报告的独立性，公司将审计机构换成了安永"。

欧盟审计改革计划中有一条，要求企业每 6 年至 12 年更换一次审计机构，再次雇用同家审计公司须经过四年的冷却期。

2. 剔除识别评价法

剔除识别评价法也是企业利润的内涵质量分析的一个大类，具体包括：

（1）不良资产剔除法。

所谓不良资产，是指待摊费用、待处理流动资产净损失、待处理固定资产净损失、开办费、递延资产等虚拟资产和高龄应收账款、存货跌价和积压损失、投资损失、固定资产损失等可能产生潜亏的资产项目。如果不良资产总额接近或超过净资产，或者不良资产的增加额（增加幅度）超过净利润的增加额（增加幅度），就说明公司当期利润有水分。

（2）关联交易剔除法。

关联交易剔除法是将来自关联公司的营业收入和利润予以剔除，分析公司的盈利能力多大程度上依赖于关联公司的方法。如果某公司主要依赖于关联公司，就应当特别关注关联交易的定价政策，分析公司是否以不等价交换的方式与关联方进行交易以调节利润。

（3）异常利润剔除法。

异常利润剔除法是将其他业务利润、投资收益、补贴收入、营业外收入从公司的利润总额中扣除，以分析公司利润来源的稳定性。尤其应注意投资收益、营业外收入等一次性的偶然收入。

3. 现金流量分析法

现金流量分析法是将经营活动产生的现金流量、投资活动产生的现金流量、现金净流量分别与主营业务利润、投资收益和净利润进行比较分析，以判断公司的利润质量。这种分析重点关注营业利润、净利润与投资收益各自带来现金流量的能力。

一般而言，没有现金净流量的利润，其质量是不可靠的。

进行现金流量分析需要分析以下方面：

（1）营业利润带来现金流量的能力。

同口径营业利润＝营业利润+财务费用+折旧费用+长期资产摊销-所得税-投资收益

这一结果需要与经营活动现金流量净额做比较，可以用盈利现金比率来分析。计算公式为：

盈利现金比率＝经营活动产生的现金净流量/营业利润

营业利润代表当期经营成果，"盈利现金比率"则决定当期营业利润中有多大比例是现金。这一比率越高，营业利润中现金越多，货币资金再生产能力越强，也就意味着企业经营过程中获取现金的能力越强，营业利润质量越高，企业的经营状况也就越好。如果伴随着销售收入的增加，就说明企业应收账款管理水平高，销售渠道通畅。这也是所有企业想要达到的理想状况。

（2）营业收入现金含量的走向。

营业收入的现金含量是用销售收现率来衡量的。计算公式为：

销售收现率＝销售商品、提供劳务收到的现金/营业收入

该比率反映了企业的收入质量。一般来说，该比率越高收入质量越高。当比值小于1时，说明本期的收入有一部分现金没有收到；当比值大于1时，说明本期不仅收到了全部现金，而且还收回了以前期间的应收款项或预收款项增加。营业收入与销售收现率两个指标联袂走高，通常意味着企业的销售环境和内部管理都处于非常良好的状况。如果这两个指标同时走低，则企业的经营管理肯定存在问题。

例3-13　A公司近两年相关利润现金比率指标如表3-24所示。

表3-24　A公司近两年相关利润现金比率指标　　　　　　　单位：%

项目	本年	上年
盈利现金比率	263	-150
销售收现率	115	117
净利润现金比率	710	-277
投资收益收现率	-20	14

本年A公司盈利现金比率高达263%，说明企业经营过程中获取现金的能力强，营业利润的质量高；销售收现率大于1说明销售收入回笼现金情况良好；净利润现金比率高达710%，说明净利润中现金含量高，利润质量好。由于投资收益为负数，所以投资收益收现率为负值，但当年仍从投资收益中获取现金，应该是投资收益会计确认时间与具体收现时间之差造成的，对利润质量没有影响。反观上年度，因当年经营活动产生的现金流量净额为负数造成了盈利现金比率和净利润现金比率都呈现负值，说明当年相关利润质量不够理想，销售收现率大于1说明当年销售收入回笼现金情况较好；投资收益收现率仅达到14%，说明当年投资收益带来的利润质量一般。

结合两年的情况综合分析，需要考虑存在会计确认损益的时间和具体收现时间的时间差的问题。但总体而言，从现金流量的角度分析，A公司本年度利润质量明显好于上年度。

A公司和B公司本年相关利润现金比率分析如表3-25所示。

表 3-25　A、B 公司本年相关利润现金比率分析　　　　　　单位:%

项目	A 公司本年	B 公司本年
盈利现金比率	263	-300
销售收现率	115	122
净利润现金比率	710	436
投资收益收现率	-20	7

根据表 3-25，我们可以看出两家公司的销售收现率均大于 1，说明销售收入回笼现金情况良好。本年度除了投资收益收现率和销售收现率外，A 公司的其他现金比率指标均优于 B 公司。其中由于 B 公司亏损，A 公司盈利现金比率远远高于 B 公司，这说明经营过程中 A 公司获取现金的能力强于 B 公司，营业利润质量高于 B 公司。

综上所述，对企业进行利润表分析需要从利润表总体情况、具体项目以及利润表质量等方面全方位、多角度展开，这是一项综合性很强、技术要求较高的工作。其中，总体分析包括共同比利润表分析、利润表水平分析、趋势分析等；具体项目分析要立足于利润表主要项目，包括收入类项目、成本类项目和利润类项目；而利润表质量分析则是利润表分析的核心和重点，因为当年实现同样利润金额的两家企业会因为不同的利润质量状态而呈现出不同的资产运转状况、市场发展前景，购买能力、偿债能力、交纳税金及支付股利的能力等方面的差异，这就是所谓的不同企业的财务报告中的净利润中每一元的价值并不是相等的。对企业的利润质量水平的分析，一般从利润实现过程的质量、利润结构的质量以及利润的内涵质量三方面来展开。

链接 3-4　　　　知识链接：资产重组、债务重组与利润表质量分析

上市公司资产重组是指上市公司通过购买、出售、赠予资产等方式，对公司现有业务进行扩张、收缩或重新调整，实现上市公司的资产主体的重新选择和组合，优化公司资产结构，提高公司资产质量的一系列行为。

债务重组是指上市公司通过与债权人协商，对债务期限、偿还方式、债务转移或债权本息减免等达成共识，以改善公司资产负债结构的行为。

我们阅读利润表时，看到净利润的数值，要思考有多少利润是现金利润，有多少利润是应计利润，有多少利润是持有利润，有多少利润是虚拟利润。只有现金利润是"在手"利润，应计利润是"在林"利润，持有利润是"暂时"利润，在未来也可能是亏损，虚拟利润根本就是一个数字，比如债务重组的利润。

现金利润：到现金流量表的经营活动现金流量中去分析；

应计利润：结合应收账款和营业收入去分析；

持有利润：到以公允价值计量的资产价值波动中去分析；

虚拟利润：到负债方去寻找，看看哪些负债通过债务重组变成了"利润"。

利润表是反映企业一定时期经营成果的报表，它能够反映企业在一定期间内利润（亏损）的实现情况以及企业的盈利水平。利润表的分析方法有：结构分析法、比率分析法和趋势分析法。利润表结构分析法是用百分率表示利润表项目的内部结构。它反映该项目内各组成部分的比例关系，代表了公司某一方面的特征、属性或能力。利润表趋势分析法是将利润表内不同时期的项目进行对比，了解公司目前的利润情况，也可以分析其发展趋势。若利润表中的主要项目出现异动，突然大幅度上下波动，各项目之间出现背离，或者出现恶化趋势，则表明公司的某些方面发生了重大变化。

利润作为反映公司经营成果的指标，在一定程度上体现了公司的盈利能力，同时也是目前我国对公司经营者进行业绩考评的重要依据。但是，会计分期假设和权责发生制的使用决定了某一期间的利润并不一定具有可持续性，利润带来的资源不一定具有确定的可支配性。此外，公司经营者出于自身利益的考虑，往往会运用各种手段调节利润、粉饰利润表，从而导致会计信息失真并误导投资者、债权人及其他利益相关者。因此，在关注公司盈利能力的同时，应更重视对公司利润质量的分析。

本章以利润表为主线，介绍利润表分析的内容，包括利润表水平分析、利润表垂直分析、利润表趋势分析、利润表结构分析、利润表项目分析和利润表质量分析；重点阐述利润表总体分析及收入、费用和利润项目的分析，以及通过利润质量分析对企业盈利能力、营运能力进行分析的方法。

本章重要术语

利润表水平分析　利润表垂直分析　利润表趋势分析　利润表结构分析
利润表项目分析　利润表质量分析

习题·案例·实训

一、单选题

1. 反映企业全部财务成果的指标是（　　）。
   A. 主营业务利润　B. 营业利润　　　C. 利润总额　　　D. 净利润
2. 企业商品经营盈利状况最终取决于（　　）。
   A. 主营业务利润　B. 营业利润　　　C. 利润总额　　　D. 投资收益
3. 企业提取法定盈余公积金是在（　　）。
   A. 提取法定公益金之后
   B. 弥补企业以前年度亏损之后
   C. 支付各项税收的滞纳金和罚款之后
   D. 支付普通股股利之前

4. 企业用盈余公积金分配股利后，法定盈余公积金不得低于注册资本的下述比例（　　　）。

    A. 10%　　　　　　B. 20%　　　　　　C. 25%　　　　　　D. 50%

5. 产生销售折让的原因是（　　　）。

    A. 激励购买方多购商品　　　　　　　　B. 促使购买方及时付款

    C. 进行产品宣传　　　　　　　　　　　D. 产品质量有问题

6. 销售量变动对利润的影响的计算公式为：

    A. 销售量变动对利润的影响=产品销售利润实际数×（产品销售量完成率-1）

    B. 销售量变动对利润的影响=产品销售利润实际数×（1-产品销售量完成率）

    C. 销售量变动对利润的影响=产品销售利润基期数×（产品销售量完成率-1）

    D. 销售量变动对利润的影响=产品销售利润基期数×（1-产品销售量完成率）

7. 销售品种构成变动会引起产品销售利润变动，主要是因为（　　　）。

    A. 各种产品的价格不同　　　　　　　　B. 各种产品的单位成本不同

    C. 各种产品的单位利润不同　　　　　　D. 各种产品的利润率高低不同

8. 产品等级构成变化引起产品销售利润变动，原因是（　　　）。

    A. 等级构成变动必然引起等级品平均成本的变动

    B. 等级构成变动必然引起等级品平均价格的变动

    C. 等级构成变动必然引起等级品平均销售量的变动

    D. 等级构成变动必然引起等级品平均利润的变动

9. 产品质量变动会引起产品销售利润变动，是因为（　　　）。

    A. 各等级品的价格不同　　　　　　　　B. 各等级品的单位成本不同

    C. 各等级品的单位利润不同　　　　　　D. 各等级品的利润率高低不同

10. 如果企业本年销售收入增长快于销售成本的增长，那么企业本年营业利润（　　　）。

    A. 一定大于零　　　　　　　　　　　　B. 一定大于上年营业利润

    C. 一定大于上年利润总额　　　　　　　D. 不一定大于上年营业利润

11. 企业收入从狭义上是指（　　　）。

    A. 主营业务收入　　B. 营业收入　　　C. 投资收入　　　　D. 营业外收入

12. 与利润分析无关的资料是（　　　）。

    A. 利润分配表　　　　　　　　　　　　B. 应交增值税明细表

    C. 分部报表　　　　　　　　　　　　　D. 营业外收支明细表

13. 影响产品价格高低的最主要因素是（　　　）。

    A. 销售利润　　　B. 销售税金　　　C. 产品成本　　　D. 财务费用

14. 在各种产品的利润率不变的情况下，提高利润率低的产品在全部产品中所占的比重，则全部产品的平均利润率（　　　）。

    A. 提高　　　　　　B. 降低　　　　　　C. 不变　　　　　　D. 无法确定

二、多选题

1. 影响主营业务利润的基本因素有（　　　）。

    A. 销售量　　　　　B. 单价　　　　　C. 期间费用　　　D. 销售品种构成

E. 产品等级

2. 进行产品销售利润因素分析的主要步骤包括（　　　）。

　　A. 找出影响产品销售利润的因素

　　B. 将影响产品销售利润的因素分为有利因素和不利因素

　　C. 确定各因素变动对产品销售利润的影响程度

　　D. 按各因素变动对产品销售利润的影响程度排序

　　E. 对产品销售利润完成情况进行分析评价

3. 企业的收入从广义上讲应包括（　　　）。

　　A. 主营业务收入　　B. 其他业务收入　　C. 股利收入　　　D. 利息收入

　　E. 营业外收入

4. 销售净收入是指从销售收入中扣除（　　　）。

　　A. 销售退回　　　　B. 现金折扣　　　　C. 数量折扣　　　D. 商业折扣

　　E. 销售折让

5. 下列项目属于期间费用的有（　　　）。

　　A. 营业税费　　　　B. 制造费用　　　　C. 财务费用　　　D. 销售费用

　　E. 管理费用

6. 投资收入分析应包括的内容有（　　　）。

　　A. 利息收入分析　　　　　　　　B. 租金收入分析

　　C. 资产使用费收入分析　　　　　D. 处理固定资产的收入分析

　　E. 股利收入分析

7. 销售费用结构分析主要分析以下指标（　　　）。

　　A. 销售费用变动率　　　　　　　B. 销售费用变动额

　　C. 销售费用构成率　　　　　　　D. 百元销售收入销售费用

　　E. 百元销售收入销售费用增长率

8. 财务费用项目分析的内容包括（　　　）。

　　A. 借款总额　　　B. 利息支出　　　C. 利息收入　　　D. 汇兑收益

　　E. 汇兑损失

9. 影响直接材料成本的因素有（　　　）。

　　A. 产品产量　　　B. 材料单耗　　　C. 材料单价　　　D. 材料配比

　　E. 生产工人的技术熟练程度

三、判断题

1. 营业利润是企业营业收入与营业成本费用及税金之间的差额。它既包括产品销售利润，又包括其他业务利润，并在二者之和基础上减去管理费用与财务费用。　　　　　　　　　　　　　　　　　　　　　　　　　　　　　（　　　）

2. 息税前利润是指没有扣除利息和所得税前的利润，即等于营业利润与利息支出之和。　　　　　　　　　　　　　　　　　　　　　　　　　　　　　　（　　　）

3. 利润表附表反映了会计政策变动对利润的影响。　　　　　　　　　（　　　）

4. 企业的利润取决于收入和费用、直接计入当期利润的利得和损失金额的计量。　　　　　　　　　　　　　　　　　　　　　　　　　　　　　　　　（　　　）

5. 销售成本变动对利润有着直接影响，销售成本降低多少，利润就会增加多少。　　　　　　　　　　　　　　　　　　　　　　　　　　（　　）

6. 增值税的变动对产品销售利润没有影响。　　　　　　　　　　（　　）

7. 价格变动对销售收入的影响额与对利润的影响额不一定总是相同的。
　　　　　　　　　　　　　　　　　　　　　　　　　　　　　　（　　）

8. 价格变动的原因是多种多样的，但是，概括地说，价格变动无非是质量差价和供求差价两种。　　　　　　　　　　　　　　　　　　　　（　　）

9. 价格因素是影响产品销售利润的主观因素。　　　　　　　　　（　　）

10. 按我国现行会计制度规定，企业当期实现的净利润即为企业当期可供分配的利润。　　　　　　　　　　　　　　　　　　　　　　　　　（　　）

11. 企业成本总额的增加不一定意味着利润的下降和企业管理水平的下降。
　　　　　　　　　　　　　　　　　　　　　　　　　　　　　　（　　）

12. 当期单位产品销售成本与单位生产成本的差异主要受期初和期末存货成本变动的影响。　　　　　　　　　　　　　　　　　　　　　　　（　　）

13. 直接材料成本不只受材料的单位耗用量和单价两个因素影响。（　　）

14. 全部销售成本分析是从产品类别角度找出各类产品或主要产品销售成本的构成内容及结构比重。　　　　　　　　　　　　　　　　　　　（　　）

15. 运用水平分析法可以更深入地说明销售费用的变动情况及其合理性。
　　　　　　　　　　　　　　　　　　　　　　　　　　　　　　（　　）

四、计算分析题

1. 利润完成情况分析

华日公司 2022 年度有关利润的资料如表 3-26 所示。

表 3-26　华日公司 2022 年度简化利润表　　　　　　　单位：元

项目	计划	实际
主营业务利润	962 112	1 070 740
其他业务利润	38 000	32 000
投资净收益	70 000	75 000
营业外净收支	-33 944	-28 514
利润总额	1 036 168	1 149 226

要求：根据上述资料，运用水平分析法对该公司 2022 年度利润的完成情况进行分析。

2. 利润结构分析

欣欣公司 2022 年度利润表如表 3-27 所示。

表 3-27　2022 年度利润表

编制单位：欣欣公司　　　　　　　　　　　　　　　　　　　　单位：元

项目	2022 年度	2021 年度
营业收入	1 938 270	2 205 333
减：营业成本	1 083 493	1 451 109
营业税金及附加	79 469	92 624
主营业务利润	775 308	661 600
加：其他业务利润	5 488	4 320
减：管理费用	188 980	170 500
财务费用	69 500	58 000
营业利润	522 316	437 420
加：投资净收益	42 500	30 000
营业外收入	60 000	80 000
减：营业外支出	29 000	22 000
利润总额	595 816	525 420
减：所得税	196 619	173 389
净利润	399 197	352 031

要求：根据上述资料，对公司利润表进行分析。

3. 成本水平分析

某企业生产甲产品的有关单位成本资料如表 3-28 所示。

表 3-28　甲产品单位成本资料　　　　　　　　　　　　　　　单位：元

成本项目	2022 年实际成本	2021 年实际成本
直接材料	655	602
直接人工	159	123
制造费用	322	356
产品单位成本	1 136	1 081

要求：根据表 3-28，运用水平分析法对单位成本完成情况进行分析。

4. 销售成本完成情况分析

某企业 2021 年度和 2022 年度的产品销售成本资料如表 3-29 所示。

表 3-29　产品销售成本资料

产品名称	实际销售量 /件	实际单位销售成本/万元		实际销售总成本/万元	
		2021 年	2022 年	2021 年	2022 年
主要产品				19 100	18 000
其中：A	120	80	75	9 600	9 000
B	100	95	90	9 500	9 000
非主要产品				2 300	2 380
其中：C	20	70	75	1 400	1 500
D	10	90	88	900	880
全部产品				21 400	20 380

要求：根据表3-29，对该企业的全部销售成本完成情况进行分析。

五、业务题

1. 产品销售利润分析

弘远公司2021年和2022年的主要产品销售利润明细如表3-30所示。

表3-30　弘远公司2021年和2022年的主要产品销售利润明细　单位：万元

产品名称	销售数量/件		销售单价		单位销售成本		单位销售税金		单位销售利润		销售利润总额	
	2021年	2022年	2021年	2022年	2021年	2022年	2021年	2022年	2021年	2022年	2021年	2022年
A	400	390	60	60	49.327	49	3.6	3.6	7.073	7.4		
B	295	305	150	145	134.648	128.4	9	8.7	6.352	7.9		
C	48	48	50	50	44.76	45.787 5	3	3	2.24	1.212 5		
合计	—											

要求：（1）根据所给资料填表；

（2）确定销售量、价格、单位成本、税金和品种结构等各因素变动对产品销售利润的影响。

2. 销售费用分析

佳乐公司有关销售收入和销售费用的明细如表3-31所示。

表3-31　佳乐公司销售费用明细　　单位：元

序号	项目	2022年	2021年
1	工资	2 930 445	1 010 377
2	差旅费	3 876 044	1 805 062
3	运输费	4 540 432	6 139 288
4	包装费	1 530 240	168 243
5	销售佣金	2 900 000	—
6	仓储费	732 000	810 410
7	广告费	2 410 386	446 876
8	展览费	467 504	1 140 878
9	会议费	1 087 414	63 688
10	其他	959 120	370 420
11	销售费用合计	21 433 585	11 955 242
12	销售收入合计	1 345 687 440	997 868 434

要求：

（1）计算销售费用构成率；

（2）计算百元销售收入销售费用；

（3）评价企业销售费用情况。

六、案例分析

华能公司是一家上市公司，它主要生产小型及微型处理电脑，其目标市场主要为小规模公司和个人。该公司生产的产品质量优良，价格合理，在市场上颇受欢迎，销路很好，因此该公司也迅速发展壮大起来。公司当前正在做 2022 年度的财务分析，下一周，财务总监董某将向总经理汇报 2022 年度公司的财务状况和经营成果，汇报的重点是公司经营成果的完成情况，并要出具具体的分析数据。

张某是该公司的助理会计师，主要负责利润的核算、分析工作，董某要求张某对公司 2022 年度有关经营成果的资料进行整理分析，并对公司经营成果的完成情况写出分析结果，以供公司领导决策考虑。接到财务总监交给的任务后，张某立刻收集有关经营成果的资料，资料如表 3-32 至表 3-35 所示。

表 3-32　2022 年度利润表

编制单位：华能公司　　　　　　　　　　　　　　　　　　　　　　　单位：元

项目	2022 年度	2021 年度
一、主营业务收入	1 296 900 000	1 153 450 000
减：主营业务成本	1 070 955 000	968 091 000
营业税金及附加	14 396 000	6 805 000
二、主营业务利润	211 549 000	178 554 000
加：其他业务利润	−5 318 000	−2 192 000
减：存货跌价损失	2 095 000	
销售费用	2 723 000	1 961 000
管理费用	124 502 000	108 309 000
财务费用	−24 122 000	105 541 000
三、营业利润	101 033 000	−39 449 000
加：投资净收益	23 604 000	68 976 000
营业外收入	80 000	
减：营业外支出	3 113 000	1 961 000
四、利润总额	121 604 000	27 566 000
减：所得税	23 344 000	4 268 000
五、净利润	98 260 000	23 298 000

表 3-33　华能公司投资收益　　　　　　　　　　　　　　　　　单位：元

项目	2022 年	2021 年
长期股权投资收益	26 274 000	21 176 000
长期股权投资差额摊销	−2 400 000	−2 200 000
长期股权转让收益		50 000 000
短期投资跌价损失	−270 000	
投资收益合计	23 604 000	68 976 000

表 3-34　华能公司财务费用　　　　　　　单位：元

项目	2022 年	2021 年
利息支出	970 000	128 676 000
减：利息收入	26 854 000	25 320 000
汇兑损失	3 108 000	2 809 000
减：汇兑收益	1 480 000	756 000
其他	134 000	132 000
财务费用	−24 122 000	105 541 000

表 3-35　华能公司管理费用明细　　　　　　单位：元

项目	2022 年	2021 年
工资及福利费	64 540 000	64 320 000
劳动保险费	4 340 000	4 308 000
业务招待费	8 988 000	4 211 000
工会经费	1 150 000	1 048 000
折旧费	1 540 000	1 540 000
技术开发费	38 600 000	27 856 000
其他	5 344 000	5 026 000
管理费用	124 502 000	108 309 000

请运用案例中提供的信息，协助张某做好以下几项分析工作：

1. 运用水平分析法编制利润增减变动分析表。

2. 对公司 2022 年利润比上期增减变动情况进行分析评价。

3. 运用垂直分析法编制利润结构分析表。

4. 对公司 2022 年利润结构变动情况进行分析评价。

七、实训任务

根据本章学习内容和实训要求，完成实训任务 4。

（一）实训目的

1. 熟悉利润表结构。

2. 运用利润表分析的原理与方法，掌握利润表分析内容及分析方法。

3. 掌握利润表总体分析、质量分析的原则与分析内容、思路及方法，了解利润表具体项目分析的原则与分析方法。

4. 运用利润表总体分析的原则、思路及方法，对目标分析企业的收入、成本费用及利润进行总体、质量分析。

（二）实训任务 4：目标分析企业利润表分析

要求根据利润表分析原理、思路、内容及方法，基于实训任务 1、实训任务 2 目标分析企业及被比较企业的利润表分析结果，进一步分析以下内容：

1. 对目标分析企业收入要素进行分析，包括收入的变动及构成对比分析，并得出相应结论。

2. 对目标分析企业成本费用要素进行分析，包括成本费用变动及构成对比分析，并得出相应结论。

3. 对目标分析企业利润要素进行分析，包括利润变动及构成分析，并得出相应结论。

4. 对目标分析企业利润质量进行分析。

链接 3-5　　　　　　　第三章部分练习题答案

一、单选题

1. C　2. A　3. B　4. C　5. D　6. C　7. D　8. B　9. A　10. D

11. B　12. B　13. C　14. B

二、多选题

1. ABDE　2. ACE　3. ABCDE　4. ABDE　5. CDE　6. ACE　7. CDE

8. BCDE　9. ABCD

三、判断题

1. √　2. ×　3. ×　4. √　5. ×　6. √　7. √　8. √　9. ×　10. ×

11. √　12. √　13. √　14. ×　15. ×

四、计算分析题

1. 利润完成情况分析

运用水平分析法对企业 2022 年度利润的完成情况进行分析，如表 3-36 所示。

表 3-36　华日公司 2022 年度利润水平分析

项目	实际/元	计划/元	增减额/元	增减/%
主营业务利润	1 070 740	962 112	+108 628	+11.3
其他业务利润	32 000	38 000	−6 000	−15.8
投资净收益	75 000	70 000	+5 000	+7.1
营业外净收支	−28 514	−33 944	+5 430	+16.0
利润总额	1 149 226	1 036 168	+113 058	+10.9

从表 3-36 可以看出，该公司 2022 年度利润任务完成情况较好，利润总额实际比计划超额完成 113 058 元，即增长 10.9%，主要原因在于产品销售利润增加了 108 628 元，增长 11.3%，投资净收益增加了 5 000 元，增长了 7.1%，营业外支出减少了 5 430 元，降低了 16%，此三项共使利润增加了 119 058 元，但由于其他销售利润减少了 6 000 元，所以 2022 年度利润总额只增加 113 058 元。

2. 利润结构分析

对欣欣公司 2022 年度利润构成情况分析如表 3-37 所示。

表 3-37　2022 年度欣欣公司利润垂直分析　　　　　　　单位:%

项目	2022 年度	2021 年度
主营业务收入	100.00	100.00

表3-37(续)

项目	2022 年度	2021 年度
减：主营业务成本	55.90	65.80
营业税金及附加	4.10	4.20
主营业务利润	40.00	30.00
加：其他业务利润	0.28	0.20
减：管理费用	9.75	7.74
财务费用	3.59	2.63
营业利润	26.94	19.83
加：投资净收益	2.19	1.36
营业外收入	3.11	3.63
减：营业外支出	1.50	1.00
利润总额	30.74	23.82
减：所得税	10.14	7.86
净利润	20.60	15.96

从表3-37可以看出公司2022年度各项利润指标的构成情况：产品销售利润占销售收入的40%，比上年的30%上升了10%；营业利润为26.94%，比上年度的19.83%上升了7.11%；利润总额为30.74%，比上年度上升了6.92%；净利润为20.6%，比上年上升了4.64%。从公司的利润构成情况看，2022年度的盈利能力比上年度有所提高。

3. 成本水平分析

运用水平分析法对甲产品成本完成情况进行分析，如表3-38所示。

表3-38　甲产品单位成本分析

成本项目	2022 年实际成本/元	2021 年实际成本/元	增减变动情况		项目变动对单位成本的影响/%
			增减额/元	增减/%	
直接材料	655	602	+53	+8.80	+4.90
直接人工	159	123	+36	+29.27	+3.33
制造费用	322	356	-34	-9.55	-3.15
产品单位成本	1 136	1 081	+55	+5.08	+5.08

由表3-38可知，甲产品2022年单位销售成本比上年度增加了55元，增长5.08%，主要是直接人工成本上升了36元和直接材料成本上升了53元所致，但由于制造费用的下降，单位成本又下降了34元，最终单位成本较2021年增加55元，增长5.08%。至于材料和人工成本上升的原因，以及制造费用下降的原因，还应进一步结合企业的各项消耗和价格的变动进行分析，以找出单位成本升降的最根本原因。

4. 销售成本完成情况分析

(1) 计算全部销售成本增减变动额和变动率

全部销售成本降低额=20 380-21 400=-1 020（万元）

全部销售成本降低率=（-1 020）÷21 400×100%=-4.77%

企业全部销售成本比上年下降，降低额为1 020万元，降低率为4.77%。

（2）确定主要产品和非主要产品成本变动情况及对全部销售成本的影响

主要产品销售成本降低额＝18 000－19 100＝－1 100（万元）

主要产品销售成本降低率＝（－1 100）÷19 100×100%＝－5.76%

主要产品对全部成本降低率的影响＝（－1 100）÷21 400×100%＝－5.14%

非主要产品成本降低额＝1 500－1 400＝100（万元）

非主要产品成本降低率＝100÷1 400×100%＝7.14%

非主要产品对全部成本降低率的影响＝100÷21 400×100%＝0.467%

从以上分析可以看出，全部销售成本之所以比上年有所下降，主要是主要产品销售成本下降引起的。主要产品销售成本比上年降低了5.76%，使全部销售成本降低了5.14%。非主要产品的销售成本却比上年提高了，成本超支7.14%，使全部销售成本上升了0.467%。

（3）分析各主要产品销售成本完成情况及对全部成本的影响

A 产品销售成本降低额＝9 000－9 600＝－600（万元）

成本降低率＝（－600）÷9 600×100%＝－6.25%

对全部成本降低率的影响＝（－600）÷21 400×100%＝－2.8%

B 产品销售成本降低额＝9 000－9 500＝－500（万元）

成本降低率＝（－500）÷9 500×100%＝－5.26%

对全部成本降低率的影响＝（－500）÷21 400×100%＝－2.34%

A、B 两种产品的成本是下降的，是导致全部销售成本下降的主要原因。

五、业务题

1. 产品销售利润分析

（1）根据资料填表，如表3-39所示。

表3-39　弘远公司2021年和2022年的主要产品销售利润明细　　单位：万元

产品名称	销售数量/件		销售单价		单位销售成本		单位销售税金		单位销售利润		销售利润总额	
	2021年	2022年	2021年	2022年	2021年	2022年	2021年	2022年	2021年	2022年	2021年	2022年
A	400	390	60	60	49.327	49	3.6	3.6	7.073	7.4	2 829.2	2 886
B	295	305	150	145	134.648	128.4	9	8.7	6.352	7.9	1 873.84	2 409.5
C	48	48	50	50	44.76	45.787 5		3	2.24	1.212 5	107.52	58.2
合计	—	—	—	—	—	—	—	—	—	—	4 810.56	5 353.7

（2）对产品销售利润进行因素分析

分析影响产品销售利润的因素，首先要确定分析对象，即2022年产品销售利润与2021年产品销售利润的差异：5 353.7－4 810.56＝543.14（万元）。

根据上述五项因素的分析可以看出，产品销售利润增加543.14万元，是由于：（计算过程略）

①产品销售数量变动的影响61.281万元；

②产品销售价格变动的影响－1 525万元；

③产品销售成本变动的影响1 983.85万元；

④产品销售税金变动的影响91.5万元；

⑤产品品种结构变动的影响-68.491万元。

2. 销售费用分析

（1）销售费用的结构分析如表3-40所示。

表3-40　销售费用结构分析　　　　　　　　　单位:%

项目	产品销售费用构成			百元销售收入销售费用		
	2022 年	2021 年	差异	2022 年	2021 年	差异
工资	13.67	8.45	+5.22	0.22	0.10	+0.12
差旅费	18.08	15.10	+2.98	0.29	0.18	+0.11
运输费	21.18	51.35	−30.17	0.34	0.62	−0.28
包装费	7.14	1.41	+5.73	0.11	0.02	+0.09
销售佣金	13.53	—	+13.53	0.22	—	+0.22
仓储费	3.42	6.78	−3.36	0.05	0.08	−0.03
广告费	11.25	3.74	+7.51	0.18	0.04	+0.14
展览费	2.18	9.54	−7.36	0.03	0.11	−0.08
会议费	5.07	0.53	+4.54	0.08	0.01	+0.07
其他	4.48	3.10	+1.38	0.07	0.04	+0.03
销售费用合计	100.00	100.00	0.00	1.59	1.2	+0.39

（2）评价：

从销售费用构成来看，2022年差旅费和运输费占的比重最大，另外工资、销售佣金和广告费所占比重也较大。从动态上看，2022年运输费比重有大幅度下降，下降了30.17%，而广告费、工资比重则有所上升；2022年发生销售佣金的支出，且在销售费用结构中占较大比例。从百元销售收入销售费用来看，2022年为1.59%，比上年的1.2%增长了0.39个百分点，其中，除了运输费、仓储费和展览费有所下降外，其他项目都有增加。尤其是销售佣金增长得最多，达到0.22个百分点，销售佣金的支出对扩大销售收入的作用如何，还需进一步分析。

六、案例分析

1. 企业利润增减变动分析表如表3-41所示。

表3-41　利润水平分析表

项目	2022 年度 金额/元	2021 年度 金额/元	增减额 /元	增减率/%
一、主营业务收入	1 296 900 000	1 153 450 000	143 450 000	12.44
减：主营业务成本	1 070 955 000	968 091 000	102 864 000	9.78
营业税金及附加	14 396 000	6 805 000	7 591 000	111.55
二、主营业务利润	211 549 000	178 554 000	32 995 000	18.48
加：其他业务利润	−5 318 000	−2 192 000	−3 126 000	−142.61
减：存货跌价损失	2 095 000	—	2 095 000	—
销售费用	2 723 000	1 961 000	762 000	38.86
管理费用	124 502 000	108 309 000	16 193 000	14.95

表3-41(续)

项目	2022年度 金额/元	2021年度 金额/元	增减额 /元	增减率/%
财务费用	−24 122 000	105 541 000	−129 663 000	−122.86
三、营业利润	101 033 000	−39 449 000	140 482 000	356.11
加：投资净收益	23 604 000	68 976 000	−45 372 000	−65.78
营业外收入	80 000	—	80 000	—
减：营业外支出	3 113 000	1 961 000	1 152 000	58.75
四、利润总额	121 604 000	27 566 000	94 038 000	341.14
减：所得税	23 344 000	4 268 000	19 076 000	446.95
五、净利润	98 260 000	23 298 000	74 962 000	321.75

2. 利润增减变动情况评价：

从总体上看，公司利润比上年有较大增长，如净利润、利润总额和营业利润都有较大幅度的增加。增利的主要原因是：一是财务费用的大幅度下降，增利约1.3亿元；二是主营业务利润的增加，增利3 300万元。减利的主要原因是：一是投资损失减利4 500余万元；二是管理费用的增长，减利1 600余万元。因此，除了对主营业务利润和管理费用进一步分析外，重点应对财务费用和投资收益变动情况进行分析。

财务费用变动分析如表3-42所示。

表3-42 华能公司财务费用分析 　　　　　　单位：元

项目	2022年	2021年	增减额
利息支出	970 000	128 676 000	−127 706 000
减：利息收入	26 854 000	25 320 000	1 534 000
汇兑损失	3 108 000	2 809 000	299 000
减：汇兑收益	1 480 000	756 000	724 000
其他	134 000	132 000	2 000
财务费用	−24 122 000	105 541 000	−129 663 000

从表3-42可看出，公司财务费用2022年比上年下降约1.3亿元，其主要原因是利息支出减少、利息收入和汇兑收益的增加，三者合计共减少支出129 964 000元，同时汇兑损失增加299 000元，所以财务费用下降约1.3亿元。

投资收益变动分析如表3-43所示。

表3-43 华能公司投资收益分析 　　　　　　单位：元

项目	2022年	2021年	增减额
长期股权投资收益	26 274 000	21 176 000	5 098 000
长期股权投资差额摊销	−2 400 000	−2 200 000	−200 000
长期股权转让收益		50 000 000	−50 000 000
短期投资跌价损失	−270 000		−270 000
投资收益合计	23 604 000	68 976 000	−45 372 000

从表 3-43 可看出，2022 年公司投资收益较上年有大幅下降，原因是本年没有长期股权转让收益，而上年则有 5 000 000 元的收益，同时长期股权投资差额摊销和短期投资跌价损失使投资收益减少 900 000 元，但本年长期股权投资收益较上年增加 5 098 000 元。

3. 利润结构变动分析如表 3-44 所示。

表 3-44　利润垂直分析表　　　　　　单位：%

项目	2022 年度	2021 年度
一、主营业务收入	100.00	100.00
减：主营业务成本	82.58	83.93
营业税金及附加	1.11	0.59
二、主营业务利润	16.31	15.48
加：其他业务利润	-0.41	-0.19
减：存货跌价损失	0.15	
销售费用	0.21	0.17
管理费用	9.60	9.39
财务费用	-1.86	9.15
三、营业利润	7.80	-3.42
加：投资净收益	1.82	5.98
营业外收入	0	
减：营业外支出	0.24	0.17
四、利润总额	9.38	2.39
减：所得税	1.8	0.37
五、净利润	7.58	2.02

4. 利润结构变动情况评价如下：

从利润垂直分析表可以看出，2022 年度主营业务利润占主营业务收入的比重为 16.31%，比上年度的 15.48% 上升了 0.83%，其原因是主营业务成本下降，即成本下降是主营业务利润提高的根本原因；本年度营业利润的构成为 7.8%，比上年度的 -3.42% 上升了 11.22%，上升的原因除了主营业务利润的构成上升外，主要在于财务费用比重的大幅下降；利润总额的构成本年度为 9.38%，比上年度的 2.39% 上升 6.99%，上升的原因是营业利润构成比重的上升，但由于投资净收益构成比重下降，所以利润总额构成的上升幅度小于营业利润构成的上升幅度；净利润构成本年度为 7.58%，比上年度的 2.02% 上升 5.56%，净利润构成上升幅度小于利润总额构成的上升幅度，主要是实际缴纳所得税的比重下降所致。

第四章

现金流量表分析

经营成功的公司，各有差异化的战略和秘密。但经营失败的公司，有着共同的问题和征兆，通常就是现金链条断裂，导致公司财务危机，使公司走向灭亡。2008 年的国际金融危机中，财务报表上显示赢利的一些公司却最终走向破产，其大多是资不抵债、现金流量短缺而造成无法经营。由此可见，如果公司的现金流量不足，现金周转不畅、调配不灵，就会影响公司的盈利能力，进而影响到公司的生存和发展。公司的现金流量从某种意义上比收入和利润更为重要，也更真实，经营现金流量为负，说明公司处于现金短缺的状态。在日益崇尚"现金至上"的现代理财环境中，现金流量表分析对信息使用者来说显得更为重要。现金流量表内的信息与资产负债表和损益表内的信息相结合，可清楚反映出公司创造净现金流量的能力，更为清晰地揭示公司资产的流动性和财务状况。由此可见，财务人员应建立正确的价值观并具备辩证的、联系的分析思维，弘扬求真务实的工作作风，了解现金流量表的造假方法，把握现金流量表分析中的实际风险点，全面分析企业收益的质量问题，深刻认识财务造假后果的严重性，做一个诚信守法、坚守职业道德的财务人，保障大多数利益相关者的利益。企业本身应树立优良的商业精神和积极承担社会责任，从而维护公司的声誉，赢得投资者的信任。

■**学习目标**

1. 了解现金流量表的概念及作用。
2. 掌握现金流量表的内容、结构及编制方法。
3. 掌握现金流量的趋势分析和结构分析的内容及方法。
4. 掌握现金流量表具体（主要）项目分析的方法。
5. 掌握现金流量质量分析方法和现金流量信息的作用。
6. 了解利用自由现金流量法的企业价值评估。

现金流量之于公司，如同血液之于人体，公司缺乏现金，难免会出现偿债危机，最终走向倒闭。统计资料表明，发达国家破产公司中的80%，破产时账面仍是有盈利的，导致它们倒闭是因为现金流量不足。世界知名公司安然公司的破产曾引起全球范围的轩然大波，因为破产前，安然公司的财务报告显示，公司盈利连年增长，又怎么会在一夜之间破产呢？实际上，安然公司经营活动现金净流量为负数已经持续了相当长时间，公司完全是依靠出售资产、对外投资及做假账来实现巨额"盈利"的，强撑硬顶只能坚持一时，破产是必然的。我国也不例外，曾经是香港规模最大投资银行的百富勤公司和内地珠海极具实力的巨人公司，也都是在盈利能力良好但现金净流量不足以偿还到期债务时，引发财务危机而陷入破产境地的。

股神巴菲特在投资界里经常重复的一个商业投资理念是"自由现金流量充沛的公司才是好公司""伟大的公司必须现金流量充沛"，在他的经验里，自由现金流量比成长性更重要。他所在的公司伯克希尔就是很好的例子，公司在管理经营中格外重视现金流量，并且长期都保持着充沛的现金流量。只有手上握有足够的现金，当危机到来的时候才能够有效应对，充足的现金流量能在市场犯错误的时候买到物美价廉的好东西。由此可见，良好的盈利能力并非公司得以持续健康发展的充分条件，是否拥有正常的现金流量才是公司持续经营的前提。

第一节　现金流量表概述

一、现金流量表的概念

（一）现金流量表的基本概念

现金流量表，是以收付实现制为基础编制的，反映公司在一定会计期间现金和现金等价物流入和流出的财务报告，是一张动态报表。

（二）现金的概念

1. 库存现金

库存现金是指公司持有可随时用于支付的现金限额，存放在公司财会部门由出纳人员经管的现金，包括人民币现金和外币现金。它与会计核算中"现金"科目所包括的内容一致。

2. 银行存款

银行存款是指公司在银行或其他金融机构随时可以用于支付的存款，它与会计核算中"银行存款"科目所包括的内容基本一致。它们的区别在于：存在银行或其他金融机构的款项中不能随时用于支付的存款，例如不能随时支取的定期存款及质押、冻结的活期存款，不应作为现金流量表中的现金，但提前通知银行或其他金融机构便可支取的定期存款，则包含在现金流量表中的现金概念里。

3. 其他货币资金

其他货币资金是指公司存在银行有特定用途的资金或在途中尚未收到的资金，例如外埠存款、银行汇票存款、银行本票存款、信用证保证资金、在途货币资金等。

4. 现金等价物

现金等价物是指公司持有的期限短、流动性强、易于转换为已知金额现金、价值变动风险很小的投资，通常包括购买的在三个月或更短时间内到期或即可转换为现金的投资，如公司于 2022 年 12 月 1 日购入 2020 年 1 月 1 日发行的期限为三年的国债，购买时还有一个月到期，这项短期投资应被视为现金等价物。现金等价物虽然不是现金，但其支付能力与现金的差别不大，可被视为现金。

链接 4-1   **区分现金概念**

现金是对其他资产计量的一般尺度，会计上对现金有狭义和广义之分。狭义现金仅指库存现金，广义现金包括库存现金、银行存款和其他货币资金以及现金等价物。

现金 1：库存现金，这是我国公司在会计核算中使用的概念；

现金 2：库存现金和银行存款（包括支票账户和储蓄账户的存款）、流通支票及银行汇票，这是美国会计中采用的概念；

现金 3：现金 2 加上 3 个月内变现的有价证券，这是编制现金流量表时和涉及现金管理时采用的概念。

二、现金流量表的结构及项目

现金流量表由表头、主表和补充资料等组成，其中表头与一般财务报表相同。现金流量表主表分类别列示公司的现金流量，反映某一段时间内公司现金和现金等价物的流入和流出数量，包括经营活动的现金流量、投资活动的现金流量、筹资活动的现金流量，并且每一类项目还应分别对具体的现金流入和现金流出项目进行反映。对于有外币现金流量及境外了公司的现金流量折算为人民币的企业，现金流量表正表中还应单设"汇率变动对现金的影响"项目。

此外，公司在现金流量表中还应以补充资料的形式披露以下会计信息：

补充资料第一部分，采用间接法计算经营活动产生的现金流量净额。

补充资料第二部分，反映的是不涉及现金收支的重大投资和筹资活动。

补充资料第三部分，反映现金及现金等价物净变动情况。

一般企业现金流量表的格式如表 4-1 和表 4-2 所示。

表 4-1 现金流量表

编制单位：   2022 年   单位：元

项　　目	行次	金额
一、经营活动产生的现金流量		
销售商品、提供劳务收到的现金	1	
收到的税费返还	3	
收到的其他与经营活动有关的现金	8	

表4-1（续）

项　　目	行次	金额
现金流入小计	9	
购买商品、接受劳务支付的现金	10	
支付给职工以及为职工支付的现金	12	
支付的各项税费	13	
支付的其他与经营活动有关的现金	18	
现金流出小计	20	
经营活动产生的现金流量净额	21	
二、投资活动产生的现金流量		
收回投资所收到的现金	22	
取得投资收益所收到的现金	23	
处置固定资产、无形资产和其他长期资产所收回的现金净额	25	
收到的其他与投资活动有关的现金	28	
现金流入小计	29	
购建固定资产、无形资产和其他长期资产所支付的现金	30	
投资所支付的现金	31	
支付的其他与投资活动有关的现金	35	
现金流出小计	36	
投资活动产生的现金流量净额	37	
三、筹资活动产生的现金流量		
吸收投资所收到的现金	38	
借款所收到的现金	40	
收到的其他与筹资活动有关的现金	43	
现金流入小计	44	
偿还债务所支付的现金	45	
分配股利、利润或偿付利息所支付的现金	46	
支付的其他与筹资活动有关的现金	52	
现金流出小计	53	
筹资活动产生的现金流量净额	54	
四、汇率变动对现金的影响	55	
五、现金及现金等价物净增加额	56	

表4-2　现金流量表补充资料

项目	行次	金额
1. 将净利润调节为经营活动现金流量		
净利润	57	
加：计提的资产减值准备	58	
固定资产折旧	59	

财务报表分析
理论与实务

表4-2(续)

项目	行次	金额
无形资产摊销	60	
长期待摊费用摊销	61	
待摊费用减少（减：增加）	64	
预提费用增加（减：减少）	65	
处置固定资产、无形资产和其他长期资产的损失（减：收益）	66	
固定资产报废损失	67	
财务费用	68	
投资损失（减：收益）	69	
递延税款贷项（减：借项）	70	
存货的减少（减：增加）	71	
经营性应收项目的减少（减：增加）	72	
经营性应付项目的增加（减：减少）	73	
其他	74	
经营活动产生的现金流量净额	75	
2. 不涉及现金收支的投资和筹资活动		
债务转为资本	76	
一年内到期的可转换公司债券	77	
融资租入固定资产	78	
3. 现金及现金等价物净增加情况		
现金的期末余额	79	
减：现金的期初余额	80	
加：现金等价物的期末余额	81	
减：现金等价物的期初余额	82	
现金及现金等价物净增加额	83	

链接 4-2　　　　　现金流量表主表与补充资料之间的平衡关系

（1）主表"经营活动产生的现金流量净额"与补充资料二"将净利润调节为经营活动的现金流量"中的"经营活动产生的现金流量净额"相等；

（2）主表"现金及现金等价物净增加额"与补充资料三"现金及现金等价物净增加情况"中的"现金及现金等价物净增加额"相等。通过对这两个平衡关系的对比，可初步确认表内信息的准确性与可靠性。

三、现金流量表填列方法和编制方法

（一）现金流量表填列方法

（1）经营活动产生的现金流量；

（2）投资活动产生的现金流量；

（3）筹资活动产生的现金流量；

（4）汇率变动对现金及现金等价物的影响；

（5）现金流量表补充资料。

（二）现金流量表编制方法

1. 直接法和间接法

编制现金流量表时，列报经营活动现金流量的方法有两种，一是直接法，二是间接法。现金流量表主表中该项目是采用直接法来计算填列的，补充资料中该项目是采用间接法来计算填列的。在直接法下，一般是以利润表中的营业收入为起算点，调节与经营活动有关的项目的增减变动，然后计算出经营活动产生的现金流量。采用直接法编报的现金流量表，便于分析公司经营活动产生的现金流量的来源和用途，预测公司现金流量的未来前景。

编制现金流量表的时候，采用直接法列报经营活动现金流量，项目可以利用资产负债表和损益表的相关账务处理记录通过公式计算出来，或者编制收付实现制的分录来统计形成。但是对于财务信息化的单位而言，一般可考虑通过辅助核算项目来实现——对于每个现金流量项目的会计科目，发生一笔收支业务时，就确定该业务是属于哪个现金流量收支项目。然后，会计期间结账之后，按期间的现金流量科目相关的明细账及其上的现金流量收支项目即可统计出直接法下的现金流量表。

间接法是将直接法下的经营现金流量单独提取出来，以公司当期的净利润为起点根据不同的调整项目倒推出当期的经营活动现金净流量，并剔除投资活动和筹资活动对现金流量的影响。采用间接法编报现金流量表，便于将净利润与经营活动产生的现金流量净额进行比较，了解净利润与经营活动产生的现金流量存在差异的原因，从现金流量的角度分析净利润的质量。所以，我国公司会计准则规定公司应当采用直接法编报现金流量表，同时要求在附注中提供以净利润为基础调节到经营活动现金流量的信息。

对于间接法，将净利润调增为经营活动现金流量时，本质是剔除影响利润不影响现金收支的因素，主要包括：

（1）影响损益但不影响现金收支的业务：当期计提的减值损失（扣除转回的）计入了当期损益，减少当期净利，故作为调增项目。

（2）影响损益但是不属于经营环节的业务：如固定资产报废/处置净损益、公允价值变动损益、投资收益、不属于经营环节的财务费用，这部分要做逆向调整。

（3）与损益无关但影响经营现金变动的业务：通常指的是经营性应收、应付以及存货、递延所得税资产和负债的变动。这些项目变动表面上与损益无关，但实际是相关的。以存货为例，不考虑减值的期末存货额减去期初存货额的差额，增加的作为净利润调减项，而减少的作为净利润调增项。

经营性资产的减少意味着资产的变现即经营现金流量的增加，作为净利润调增项；反之，购入资产，意味着现金流出，作为调减项。

经营性负债的增多意味着借款的增加即经营现金流量的增加，作为净利润调增项；反之，借款的偿还，表明现金流出，作为调减项。

2. 工作底稿法、T形账户法和业务分析填列法

（1）工作底稿法：采用工作底稿法编制现金流量表，就是以工作底稿为手段，以利润表和资产负债表数据为基础，结合有关的账簿资料（主要是有关的明细资料和备

查账簿），对利润表项目和资产负债表项目逐一进行分析，并编制调整分录，进而编制出现金流量表。

采用工作底稿法编制现金流量表的基本程序是：

第一步，将资产负债表的期初数和期末数录入工作底稿的期初数栏和期末数栏。

第二步，对损益表项目和资产负债表项目本期发生额进行分析并编制调整分录。

第三步，将调整分录录入工作底稿中的相应部分。

第四步，对工作底稿法进行试算平衡，并编制正式现金流量表。

（2）T形账户法：采用T形账户法编制现金流量表是以间接法为基础，根据资产负债表年末数与年初数差额平衡，利润及利润分配表的未分配利润与资产负债表的未分配利润的差额对应平衡的原理，逐项过入和调整为现金流量表各项目开设的T形账户，最终依据T形账户余额编制准则所规定的按直接法编制的现金流量表。

（3）业务分析填列法。

业务分析填列法是直接根据资产负债表、利润表和有关会计科目明细账的记录，分析计算出现金流量表各项目的金额，并据以编制现金流量表的一种方法。

第一部分：经营活动产生的现金流量。

经营活动现金流入包含的内容：

第一项：销售商品、提供劳务收到的现金。

计算：

销售商品、提供劳务收到的现金＝营业收入＋本期发生的增值税销项税额＋应收账款（期初余额－期末余额）＋应收票据（期初余额－期末余额）＋预收款项项目（期末余额－期初余额）±其他特殊调整业务。

注意：上述计算式子中的应收款项都应是未扣除坏账准备的账面余额。

第二项：收到的税费返还。

它反映公司收到的返还的各种税费，如收到的减免增值税退税、出口退税、减免消费税退税、减免所得税退税和收到的教育费附加返还等。该项按实际收到的金额填列。

第三项：收到的其他与经营活动有关的现金。

经营活动现金流出包括的内容：

第一项：购买商品、接受劳务支付的现金。

第二项：支付给职工以及为职工支付的现金。

它是指从事生产经营活动的职工的薪酬，如生产工人的工资；不包括：①支付给在建工程人员的薪酬，这属于投资活动；②不包括支付给离退休人员的各种费用，这部分计入"支付的其他与经营活动有关的现金"项目。

第三项：支付的各项税费。

特别注意：

①不包括支付的计入固定资产价值的耕地占用税等；支付的耕地占用税应作为投资活动的流出量来反映。

②不包括各种税费的返还。

第四项：支付的其他与经营活动有关的现金。

第二部分投资活动产生的现金流量、第三部分筹资活动产生的现金流量可以通过资产负债表和发生额及余额表分析填列，在此不再详述。

（一）现金流量表分析的目的

现金流量表是财务报表的三张基本报表之一，反映的是公司一定期间现金流入和流出的情况，揭示了公司获取和运用现金的能力。现金流量表也是连接资产负债表和损益表的纽带，将现金流量表内的信息与资产负债表和损益表的信息相结合，能够挖掘出更多、更重要的关于公司财务和经营状况的信息，从而使人们对公司的生产经营活动做出更全面、客观和准确的评价。

现金流量表分析的目的受到分析主体和分析的服务对象的制约，不同的主体目的不同，不同的服务对象所关心的问题也存在差异。

（1）为投资者、债权人评估公司未来的现金流量提供依据。投资者、债权人从事投资与信贷的主要目的是增加未来的现金资源。"利润是直接目标，经济效益是核心目标。"因此在进行相关决策时，债权人必须充分考虑利息的收取和本金的偿还，而投资者必须考虑股利的获得及股票市价变动利益甚至原始投资的保障。这些因素均取决于公司本身现金流量的金额和时间。只有公司能产生有利的现金流量，才有能力还本付息、支付股利。

（2）便于投资者、债权人评估公司偿还债务、支付股利以及对外筹资的能力。评估公司是否具有这些能力，最直接的方法是分析现金流量。现金流量表披露的经营活动净现金流入的信息能客观地衡量这些指标。经营活动的净现金流入量从本质上代表了公司自我创造现金的能力，尽管公司可以通过对外筹资的途径取得现金，但公司债务本息的偿还有赖于经营活动的净现金流入量。因此，如果经营活动的净现金流入量在现金流量的来源中占有较高比例，则公司的财务基础就较为稳定，偿债能力和对外筹资能力也就越强。

（3）便于会计报表用户分析本期净利润与经营活动现金流量之间存在差异的原因，排除权责发生制下人为因素对会计信息的影响。

（4）便于会计报表用户评估报告期内与现金无关的投资及筹资活动。现金流量表除了披露经营活动、投资活动和筹资活动的现金流量，还可以披露与现金收付无关，但是对公司有重要影响的投资及筹资活动，这对于报表用户制定合理的投资与信贷决策，评估公司未来现金流量，同样具有重要意义。

（二）现金流量表分析的局限性

公司编制现金流量表的目的是为报表使用者提供某一会计期间公司赚取和支出现金的信息，其"平衡公式"可表述为：当期现金净增加额＝经营活动现金净流量＋投资活动现金净流量＋筹资活动现金净流量。直观地看，现金流量表就是对资产负债表中"货币资金"的期初、期末余额变动原因的详细解释，但是现金流量表受其编制来源、编制方法等因素的影响，使用中具有局限性，主要表现在：

（1）现金流量表的编制基础是收付实现制，即只记录当期现金收支情况，而不考虑这些现金流动是否归属于当期损益，甚至不考虑是否归公司所有。因此，公司当期经营的业绩与"经营活动现金净流量"并没有必然联系；而权责发生制下，公司的利润表可以正确反映公司当期赊销、赊购等应该确认的收入、结转的成本，从而确认其当期实际赚了多少钱——虽然可能有一部分钱没有收回来，但取得了在将来某个时候收回现金的权利。基于上述原因，不能简单地将"经营活动现金净流量"等同于"公司的经营业绩"，要结合利润表进行分析。

（2）现金流量表只是一种"时点"报表，一种反映某一时点的关于公司货币资金项目的信息表，而特定时点的"货币资金"余额是很容易被操纵的。

（3）现金流量表的编制方法存在问题。目前我国要求上市公司采用直接法编制现金流量表，但无法实现规模化的会计电算化，加上商业代理公司直接用本公司收到的现金采购商品，现金直接交易较多，用直接法编制现金流量表难度很大。如果采用间接法，通过对"净利润"数据的调整来编制"经营活动现金净流量"，不能真正核算出公司本期经营活动中货币资金的变动额，只是对利润表项目和资产负债表项目的简单调整，就不能真实反映现金流量的变化趋势。

（三）现金流量表分析的内容

公司编制的现金流量表是以一系列财务数据来反映公司的财务状况和经营成果的，对报表使用者来说，这些数据资料是原始的、初步的，还不能直接为其决策服务。现金流量表分析是对现金流量表上有关数据进行比较、分析和研究，从而使报表使用者了解公司的现金变动情况及原因，对公司未来的财务状况，做出有效的预测和决策。

现金流量表将现金流量分为经营活动现金流量、投资活动现金流量和筹资活动现金流量三大部分，基本上涵盖了企业发生的所有业务活动。这三个部分相互关联又具有各自的特点，分析时既要关注单个部分现金流量的表象及反映出的单个问题，又要重视个体与个体的相关性及个体对总体的影响。

现金流量表分析的内容主要包括以下方面：

（1）现金流量表总体分析（一般分析）。

①现金流量表趋势分析：分析公司现金净流量变动情况及趋势。

②现金流量表结构分析法——运用垂直分析法：分析公司产生现金流量的能力。

（2）现金流量表具体项目分析。

它是对影响公司现金流量的项目和变化幅度较大的项目进行分析。

（3）现金流量表质量分析。

这种分析主要从各种活动引起的现金流量的变化，及各种活动引起的现金流量占企业现金流量总额的比重等方面进行分析。

第二节　现金流量表总体分析

一、现金流量趋势分析

（一）现金流量趋势分析的意义

对现金流量表进行分析，一个重要的意义就是预测公司未来现金流量的情况。但是仅仅观察公司某一时期的现金流量表并不能准确判断公司财务状况和经营成果变动的原因，不能有效预测公司未来的现金流量状况，只有对连续数期的现金流量表进行比较分析，才能了解哪些项目发生了变化，并从中掌握其变动趋势，从整体上把握公司的发展方向，进而做出正确的决策。

现金流量表趋势分析，是通过观察连续几个报告期的现金流量表，对报表中的全部或部分重要项目进行对比，比较分析各期指标的增减变化，并在此基础上判断公司现金流入、流出的长期变动趋势，并根据此趋势预测公司未来现金流入、流出可能达到的水平，进而对公司未来发展趋势做出判断。对现金流量表趋势分析通常采用三种方法：定比分析法、环比分析法和平均增长率法。本书重点介绍平均增长率法。

（二）现金流量平均增长率法

采用现金流量平均增长率法，可以避免定比和环比分析中经营活动现金流量增长变动受经营活动短期波动因素的影响。这种方法通过计算连续三年的现金流量平均增长率，来反映在公司较长时期内的现金流量变化情况，从现金流量的长期增长趋势和稳定程度来判断公司现金流量趋势，可使报表使用者了解现金流量表有关项目变动的基本趋势及其变动原因。在分析各因素引起的现金流量时，判断引起变动的主要项目是什么，并判断这种变动的利弊，需要分清哪些是预算或计划中已安排的，哪些是因偶发性原因而引起的，并对实际与预算（计划）的差异进行分析，进而对公司未来发展趋势做出预测。

以 A 公司为例进行分析，A 公司近三年现金流量如表 4-3 所示，通过计算 A 公司现金流入流出、产生的现金流量净额和主要项目现金流量三年平均增长率分析公司现金流量三年的平均变动趋势。

表 4-3　A 公司现金流量趋势分析

报表项目	本年金额/万元	上年金额/万元	前年金额/万元	本年比前年	
				变动值/万元	平均增长率/%
一、经营活动产生的现金流量					
销售商品、提供劳务收到的现金	2 210 817.11	1 581 442.38	1 344 902.32	865 914.79	28.21
收到的税费返还	8 351.72	6 889.26	9 048.97	-697.25	-3.93
收到的其他与经营活动有关的现金	87 069.57	7 228.60	39 415.68	47 653.89	48.63
经营活动现金流入小计	2 306 238.40	1 595 560.24	1 393 366.97	912 871.43	28.65
购买商品、接受劳务支付的现金	1 512 385.84	1 471 787.95	1 164 288.25	348 097.59	13.97
支付给职工以及为职工支付的现金	87 164.18	75 550.79	67 808.73	19 355.45	13.38
支付的各项税费	96 216.02	42 100.64	34 902.46	61 313.56	66.03
支付的其他与经营活动有关的现金	74 936.04	147 667.59	54 905.58	20 030.46	16.83
经营活动现金流出小计	1 770 702.08	1 737 106.97	1 321 905.02	448 797.06	15.74
经营活动产生的现金流量净额	535 536.32	-141 546.73	71 461.94	464 074.38	173.75
二、投资活动产生的现金流量					
收回投资所收到的现金	277 807.12	190 000.00	519 752.00	-241 944.88	-26.89
取得投资收益所收到的现金	4 353.84	2 647.42	3 527.12	826.72	11.10
处置固定资产、无形资产和其他长期资产所收回的现金净额	4 511.90	3 243.22	2 937.96	1 573.94	23.92
处置子公司及其他营业单位收到的现金净额	—	—	—	—	
收到的其他与投资活动有关的现金	1 957.80	—	—		
投资活动现金流入小计	288 630.67	195 890.64	526 217.07	-237 586.40	-25.94
购建固定资产、无形资产和其他长期资产所支付的现金	54 656.73	71 367.06	35 539.46	19 117.27	24.01
投资所支付的现金	204 039.00	214 135.69	519 613.94	-315 574.94	-37.34

表4-3(续)

报表项目	本年金额/万元	上年金额/万元	前年金额/万元	本年比前年	
				变动值/万元	平均增长率/%
取得子公司及其他营业单位支付的现金净额	—	23 600.76	—		
支付的其他与投资活动有关的现金	—	—	—		
投资活动现金流出小计	258 695.73	309 103.51	555 153.40	−296 457.67	−31.74
投资活动产生的现金流量净额	29 934.94	−113 212.88	−28 936.33	58 871.27	
三、筹资活动产生的现金流量					
吸收投资收到的现金					
其中：子公司吸收少数股东投资收到的现金	—	—	—		
取得借款收到的现金	1 289 379.06	1 449 030.10	1 251 541.36	37 837.70	1.50
发行债券收到的现金					
收到其他与筹资活动有关的现金					
筹资活动现金流入小计	1 289 379.06	1 449 030.10	1 251 541.36	37 837.70	1.50
偿还债务支付的现金	1 482 562.25	1 276 140.10	1 200 180.83	282 381.42	11.14
分配股利、利润或偿付利息所支付的现金	63 202.86	32 042.84	24 901.96	38 300.90	59.31
其中：子公司支付给少数股东的股利、利润	87.83		—		
支付其他与筹资活动有关的现金	—	1 086.00	7.02		
筹资活动现金流出小计	1 545 765.11	1 309 268.94	1 225 089.81	320 675.30	12.33
筹资活动产生的现金流量净额	−256 386.05	139 761.16	26 451.55	−282 837.60	
四、汇率变动对现金及现金等价物的影响	−4 565.60	4 259.06	3 598.40	−8 164.00	
五、现金及现金等价物净增加额	304 519.60	−110 739.39	72 575.57	231 944.03	104.84

1. 经营活动现金流量平均增长分析

（1）公司经营活动中销售商品、提供劳务收到的现金年平均增长率为28.21%，与经营活动现金流入年平均增长率28.65%对比，两者同时保持高速增长，一方面说明公司经营活动的现金流入是稳定且健康的，另一方面也说明销售商品、提供劳务收到的现金是公司经营活动现金流入的决定因素。

（2）公司经营活动中购买商品、接受劳务支付的现金平均增长与经营活动现金流出平均增长基本保持一致，前者略低于后者，表明公司三年来经营活动现金流量高速增长。同时结合公司利润表可看出，公司经营活动中对购买商品、接受劳务等付现成本费用的控制力度较强，这也是引起经营活动产生的现金流量净额增长率远远高于经营活动现金流入的关键因素。

（3）公司经营活动产生的现金流量净额三年平均增长率为173.75%，远远超过经营活动现金流入流出的平均增长率。结合前面的分析，这一方面表明三年来经营活动现金流量增长势头强劲；另一方面也表明公司在保持经营活动现金流入高速增长的同时，加强了对付现成本费用的控制，使经营活动现金流入增长率高于现金流出增长率13个百分点，从而使经营活动产生的现金流量净额有较大幅度的增长。

综上所述，A公司经营活动现金流量是现金流量的主导，走势良好，现金流量状况健康稳定，该公司处于成熟期。该公司主营业务食糖业务收入近三年来显著提升，得益于国内市场食糖价格的不断上涨，公司较好把握了食糖市场销量逐年增长的行情，同时创新多种销售模式，良好的经营活动现金流入增强了公司的盈利能力。未来国际、国内市场糖价走势及市场需求量变化将直接影响该公司的经营前景。

2. 投资活动现金流量平均增长分析

（1）处置固定资产、无形资产和其他长期资产所收回的现金净额年平均增长率为23.92%，结合资产负债表固定资产、在建工程等长期资产变动来看，因公司加速内、外部资源整合，上年 A 公司启动"瘦身计划"，拟三年内完成"僵尸公司"的重组整合或退出市场的主体工作，逐步剥离非主业部分，公司旗下番茄、果业、农牧业等多项业务亏损，相关亏损资产都在处置范围之内，三年来资产处置收入呈上升趋势。另外整体亏损的番茄酱业务已成立子公司，后期或剥离。

（2）该公司收回投资所收到的现金的年平均增长率为-26.89%，表明自 2015 年开始理财资金滚动发生额同比减少。综合来看，投资活动现金流入量年平均增长率为-25.94%。

（3）购建固定资产、无形资产和其他长期资产所支付的现金年平均增长率为24.01%。2015 年 A 公司新建炼糖项目支出同比增加。本年，A 公司投资两亿元成立了全资子公司，并将所有番茄业务注入该公司，将原有的 6 家亏损或停产的番茄业务公司挂牌转让。

（4）投资所支付的现金年平均增长率为-37.34%，减少主要是理财资金滚动发生额同比减少。总体来看，投资活动现金流出平均增长率为-31.74%。投资活动产生的现金流量净额由负值转为正值并逐渐增加，可见公司致力于打造食糖全产业链，着力于加速内、外部资源整合。

3. 筹资活动现金流量平均增长分析

取得借款收到的现金平均增长与筹资活动现金流入平均增长保持一致，偿还债务支付的现金年平均增长率为 11.14%，增加主要是由于公司归还借款逐年增加，同时分配股利、利润或偿付利息所支付的现金年平均增长率为 59.31%。结合资产负债表分析，这说明公司通过经营活动产生的利润所分配给股东的现金股利在增加，也可认定经营活动净现金流量在增加。

4. 现金流量趋势分析应注意的问题

现金流量趋势分析，不能单纯就某个项目的变动进行孤立分析，要结合表中项目与项目之间、表与表之间有关项目的相互联系进行分析，只有这样才能全面准确地对公司现金流量的变化趋势进行分析评价。分析中应注意以下几点：

（1）经营活动现金流量趋势分析，要将现金的流入、流出的变动同利润表中营业收支变动结合起来；经营活动现金流量净额的变动同经营活动现金流入流出的变动结合起来。

（2）将投资活动现金流量趋势分析与资产负债表中固定资产、在建工程等长期资产的变动结合起来；投资活动现金流出趋势分析与筹资活动现金流入趋势分析相结合。

（3）将筹资活动现金流出趋势分析与经营活动现金流量净额趋势分析相结合。

（4）现金流量的趋势分析主要针对三至五年的资料进行分析，如果资料选择的年限过长，不仅加大工作量，而且与当期的相关性减弱。

二、现金流量结构分析

（一）现金流量结构分析的意义

现金流量结构是公司各种现金流入量、流出量及现金净流量占现金流入、流出及净流量总额的比例或百分比。现金流量结构分析法是指报表使用者为了达到分析公司经营状况和预测公司未来经营现金流量的目的，选择现金流量表中特定项目作为主体，以分析总体构成的一种方法。通过结构分析，报表使用者可以具体了解现金主要来自哪里、主要用于何处，以及净现金流量是如何构成的，并可进一步分析个体（项目），从而有利于报表使用者对现金流量做出更准确的评价。基本公式为：

$$比重＝某一类项目金额/总体金额$$

（二）现金流入结构分析

现金流入结构分析是对经营活动现金流入、投资活动现金流入、筹资活动现金流入等在全部现金流入中所占的比重进行分析。通过现金流入结构分析，报表使用者可以了解公司的现金来源，把握增加现金流入的途径，明确各现金流入项目在结构中的比重，分析存在的问题，为增加现金流入提供决策依据。

公司不可能长期依靠投资活动现金流入和筹资活动现金流入维持和发展，厚实的内部积累才是公司发展的基础。良好的经营活动现金流入才能增强公司的盈利能力，满足长短期负债的偿还需要，使公司保持良好的财务状况。

因此，经营活动的净现金流入占总现金来源的比重越高，则表明公司的财务基础越稳定，公司持续经营及获利能力的稳定程度越高，收益质量越好，抗风险能力也越强。反之，则说明公司现金的获得要依靠投资和筹资活动，财务基础薄弱，持续稳定获利的能力弱，收益质量差。

以 A 公司为例进行现金流入结构分析。由表 4-4 可以看出，A 公司三年来现金流入量中经营活动的现金流入所占比重最大，三年平均占比超过 50%，筹资活动现金流入所占比重次之，投资活动现金流入所占比重较低。销售商品、提供劳务收到的现金流入占比分别为 42.41%、48.8%、56.92%，呈逐年上升的趋势，主要受益于国内外食糖价格上涨，公司把握市场行情，依靠食糖产业链优势，使食糖销售总量及价格均有所增长；投资活动现金流入占比三年来呈下降趋势，分别为 16.59%、6.04%、7.38%，其中前一年占比比其他两年高的部分主要来自收回投资所流入的现金；筹资活动的现金流入全部都来源于取得的借款，并呈现出卜降的趋势。总体来看，本年经营活动的现金流入量较前年上升 10.14%，主导地位增强，该公司现金收入的增加主要依靠经营活动，其次来源于筹资活动中的借款，表明经营状况较好，财务风险较低，筹资活动现金流入超过总量的三分之一，但属于改善负债结构所必需的，现金流入结构较为合理。

表 4-4　A 公司现金流入结构垂直分析　　　　　　单位:%

项目	本年结构百分比	上年结构百分比	前年结构百分比	三年平均结构比
一、经营活动产生的现金流入				
销售商品、提供劳务收到的现金	56.92	48.80	42.41	49.90
收到的税费返还	0.22	0.21	0.29	0.24
收到的其他与经营活动有关的现金	2.24	0.22	1.24	1.30
二、投资活动产生的现金流入				
收回投资所收到的现金	7.15	5.86	16.39	9.59
取得投资收益所收到的现金	0.11	0.08	0.11	0.10

表4-4(续)

项目	本年 结构百分比	上年 结构百分比	前年 结构百分比	三年平均 结构比
处置固定资产、无形资产和其他长期资产所收回的现金净额	0.12	0.10	0.09	0.10
收到的其他与投资活动有关的现金				
收到的其他与投资活动有关的现金	0.05			0.02
三、筹资活动产生的现金流入				
吸收投资收到的现金				
其中：子公司吸收少数股东投资收到的现金				
取得借款收到的现金	33.20	44.72	39.47	38.75
发行债券收到的现金				
收到其他与筹资活动有关的现金				
现金收入合计	100.00	100.00	100.00	100.00

（三）现金流出结构分析

现金流出结构分析是对公司经营活动现金流出、投资活动现金流出和筹资活动现金流出在全部现金流出中所占比重进行分析。

通过现金流出结构分析，报表使用者可以了解公司的现金流向何方，明确各现金流出项目在结构中的比重，分析存在的问题，为控制现金流出提供决策依据。经营活动现金流出所占现金总流出的比重越高，表明公司生产经营越成熟，获利的能力会越强；反之，则说明公司生产经营处于起步成长或衰退阶段，获利的能力弱。

以 A 公司为例进行现金流出结构分析。由表 4-5 可以看出，A 公司三年来现金总流出中经营活动现金流出占比最高，三年平均比例为 41.35%；筹资活动现金流出占比次之，投资活动现金流出占比最低，与现金流入结构的状况有类似之处，属于正常的结构。筹资活动现金流出约占现金总流出的 40%，且绝大部分为偿还债务支付的现金，表明该公司偿债能力较强，结合现金流入结构分析，筹资活动现金流出比重高于筹资活动现金流入比重，表明公司有较强偿还前期债务的能力，公司经营状况和财务状况良好。

表 4-5　A 公司现金流出结构垂直分析　　　　　　　　单位:%

项目	本年 结构百分比	上年 结构百分比	前年 结构百分比	三年平均 结构比
一、经营活动产生的现金流出				
购买商品、接受劳务支付的现金	42.30	43.86	37.53	41.35
支付给职工以及为职工支付的现金	2.44	2.25	2.19	2.30
支付的各项税费	2.69	1.25	1.13	1.73
支付的其他与经营活动有关的现金	2.10	4.40	1.77	2.77
二、投资活动产生的现金流出				
购建固定资产、无形资产和其他长期资产所支付的现金	1.53	2.13	1.15	1.61

表4-5（续）

项目	本年结构百分比	上年结构百分比	前年结构百分比	三年平均结构比
投资所支付的现金	5.71	6.38	16.75	9.35
取得子公司及其他营业单位支付的现金净额		0.70		0.24
支付的其他与投资活动有关的现金				
三、筹资活动产生的现金流出				
偿还债务支付的现金	41.47	38.03	38.69	39.46
分配股利、利润或偿付利息所支付的现金	1.77	0.95	0.80	1.20
其中：子公司支付给少数股东的股利、利润				
支付其他与筹资活动有关的现金		0.03		0.01
现金流出合计	100.00	100.00	100.00	100.00

链接4-3　　投资和筹资活动的现金支出的不稳定性

在公司正常的经营活动中，现金流出具有稳定性，各期变化幅度通常不会太大，如出现较大变动，则需要进一步寻找原因。但投资和筹资活动的现金支出则可能起伏不定，因此，分析公司的现金流出结构很难采用一个统一标准，而只能通过分析不同的现金流出结构来了解公司的发展战略。

（四）现金流量净额结构分析

现金流量净额结构分析是对经营活动、投资活动、筹资活动以及汇率变动影响的现金流量净额占全部现金净流量的比重进行分析。通过现金流量净额结构分析，报表使用者可以了解公司的现金流量净额是如何形成与分布的，进而对经营活动、投资活动、筹资活动的现金流入与其现金流出进行比较，找出影响现金流量净额的因素，考虑改进公司现金流量状况。

一个正常经营的公司，现金流量净增加额应主要来源于经营活动，因为只有经营活动导致的现金净增加才是公司利润的真正来源。某一特定情况下，公司筹资活动或许会成为现金增加的主要来源，但这种情况不可能长期持续。同理，公司也不可能依靠变卖长期资产等投资活动导致的现金增加来满足现金需求。表4-6为A公司近三年现金流量净额结构。

表4-6　A公司现金流量净额结构分析　　单位:%

项目	本年结构百分比	上年结构百分比	前年结构百分比	三年平均结构比
经营活动产生的现金流量净额	175.86	127.82	98.47	174.75
投资活动产生的现金流量净额	9.83	102.23	-39.87	-42.13
筹资活动产生的现金流量净额	-84.19	-126.21	36.45	-33.85
汇率变动对现金及现金等价物的影响	-1.50	-3.85	4.96	1.24
现金流量合计	100.00	100.00	100.00	100.00

从表4-6中可以看出，A公司近三年经营活动现金流量净额分别约为全部现金流量净额的 0.98 倍、1.28 倍、1.76 倍。现金流量净额逐渐增大，表明现金净增加额主要是由于经营活动产生的，而且可以弥补投资活动和筹资活动现金流入的不足，也就是说投资活动所需现金和偿还到期债务的现金是由经营活动提供的。这反映出企业经营情况良好，收现能力强，坏账风险小，营销能力也不错。

上述分析还可以从现金的流入流出比中得到进一步证实。从表4-3中可以计算本年：

经营活动流入流出比 = 2 306 238.40÷1 770 702.08 = 1.3

投资活动流入流出比 = 288 630.67÷258 695.73 = 1.12

筹资活动流入流出比 = 1 289 379.06÷1 545 765.11 = 0.83

经营活动流入流出比为 1.3，表明本年度内公司经营活动每 1 元现金流出可换回 1.3 元的现金流入，表明公司获取现金的能力较强；投资活动流入流出比为 1.12，表明本年度内公司投资活动每 1 元现金流出能换回 1.12 元的现金流入，投资活动获利能力强；筹资活动流入流出比为 0.83，表明本年度内公司筹资活动每 1 元现金流出只能换回 0.83 元的现金流入，即偿还债务等所需现金要依赖于经营活动。

相较于上年，本年经营活动产生的现金流量净额增加主要是公司食糖销售回款增加大于采购付款所致。投资活动产生的现金流量净额增加主要是公司购买资产及理财资金同比减少所致。筹资活动产生的现金流量净额减少主要是本期偿还债务所致。上年相较于前年，经营活动产生的现金流量净额减少主要是本期食糖采购支出增加及公司托管永鑫华糖集团公司资金投入所致。投资活动产生的现金流量净额减少主要是本期收购江州糖业资产及营口太古 51% 股权所致。筹资活动产生的现金流量净额增加主要是本期借款同比增加所致。

（五）现金流量结构分析与经营周期理论

现金流量结构分析要结合企业所处的经营周期，企业处于不同的经营周期，其现金流量结构会有所不同，需要根据企业所处的经营周期确定分析的重点。

（1）对处于开发期的企业，经营活动现金流量可能为负，应重点分析企业的筹资活动，分析其资本金是否足值到位，流动性如何，企业是否过度负债，有无继续筹措足够经营资金的可能；同时判断其投资活动是否适合经营需要，有无出现资金挪用或费用化现象。对于开发过程中对外筹措的资金，应通过现金流量预测分析将还款期限定于经营活动可产生净流入的时期。

（2）对处于成长期的企业，经营活动现金流量应该为正，要重点分析其经营活动现金流入、流出结构，分析其货款回笼速度、赊销是否得当，了解成本、费用控制情况，预测企业发展空间。同时，要关注这一阶段企业有无过分扩张导致债务增加。

（3）对处于成熟期的企业，投资活动和筹资活动趋于正常化或适当萎缩，要重点分析其经营活动现金流入是否有保障，经营活动现金流入增长与营业收入增长是否匹配；同时关注企业是否过分支付股利和盲目对外投资，有无资金外流情况。

（4）对处于衰退期的企业，经营活动现金流量开始萎缩，要重点分析其投资活动在收回投资过程中是否获利，有无冒险性的扩张活动，同时要分析企业是否及时缩减负债，减少利息负担。

第三节　现金流量表具体项目分析

一、经营活动产生的现金流量分析

（一）经营活动现金流入项目分析

1. 销售商品、提供劳务收到的现金

此项目占经营活动的现金流入的绝大部分。经营活动所得现金的多少直接决定了公司取得现金流量的能力的大小。这部分数额较多是正常的，反之，则要严加关注。在经营活动现金流入中，销售商品、提供劳务所收到的现金占比重越高，表明公司经营活动越有成效，经营基础越好，获利能力也会越强。

将该项目与利润表中的营业收入总额相对比，可以判断公司销售收现率的情况。对于收现率的分析必须结合公司的营销政策进行，不能贸然下结论。

A 公司本年销售商品、提供劳务收到的现金占经营活动现金收入总量的 95.86%，说明公司主营业务活动流入的现金明显高于其他经营活动流入的现金，营销状况良好。公司经营活动现金流入量结构比较合理，经营活动现金流量的稳定程度高，质量也较好。

2. 收到的税费返还

该项目反映公司收到返还的增值税、所得税、消费税、关税和教育费附加等各种税费。此项目通常数额不大，甚至很多公司该项目数为零。只有外贸出口型公司、国家财政扶持领域的公司或地方政府支持的上市公司才有可能涉及该项目。对该项目的分析应当与公司的营业收入相结合，因为大多数税费返还都与公司的营业收入相关。应当注意该项目是否与营业收入相配比，有些公司虚构收入，但现金流量表中却又没有收到必要的税费返还，对此应引起关注。

A 公司本年收到的税费返还金额为 8 351.72 万元，占经营活动现金流入量的比重为 0.36%，属正常范围。

3. 收到的其他与经营活动有关的现金

该项目反映公司收到的罚款收入、租金等其他与经营活动有关的现金流入金额，此项目具有不稳定性，数额不应过大。

A 公司本年收到的其他与经营活动有关的现金流入为 87 069.57 万元，所占比重为 3.78%。

（二）经营活动现金流出项目分析

1. 购买商品、接受劳务支付的现金

该项目占经营活动的现金流出的绝大部分。该部分数额较多是正常的，但要与公司的生产经营规模（资产总额或流动资产）相适应。将其与利润表中的主营业务成本相比较，可以判断公司购买商品付现率的情况。同时考虑本项目与销售商品、提供劳务收到的现金配比，一般而言，本项目小于后者是正常的。在经营活动现金流出中，购买商品、接受劳务所支付的现金占比越高，越能表明企业经营活动开展正常，经营基础越好，获利的可能性越高。

A 公司本年该项目占经营活动现金流出量的 85.41%，主要用于购进大量食糖，销售商品、提供劳务收到的现金与该项目现金配比为 1.46，表明企业经营活动开展正常，销售回款良好，创现能力强，获利的可能性较高。

2. 支付给职工以及为职工支付的现金

首先，可以将其与公司历史水平比较。某些公司单从工资费用看，人工费用在成本中并没有占特别大的比重，但实际上，支付给职工以及为职工支付的现金的数额增长相当快，远远超过工资费用的增长幅度。

其次，将其与行业水平配比，以此衡量公司在人力资源管理方面的水平。

最后，可将其与职工人数配比，分析人均工资水平是否正常。特别注意公司为了操纵利润故意压低人工费用的造假行为。

以 A、B 两家公司为例进行分析，如表 4-7 所示，表面上看 A 公司支付给职工以及为职工支付的现金数额近三年呈逐年增长的趋势。与处于同行业、同期的 B 公司相比，A 公司支付给职工以及为职工支付的现金比率为 3.94%，低于 B 公司水平，说明相较于 B 公司，A 公司职工的收益较低。

表 4-7　本年 A 公司与 B 公司支付给职工以及为职工支付的现金情况

项目	A 公司	B 公司
支付给职工以及为职工支付的现金/万元	87 164.18	38 495.86
销售商品、提供劳务收到的现金/万元	2 210 817.11	353 363.75
支付给职工以及为职工支付的现金占销售商品、提供劳务现金比率/%	3.94	10.89

3. 支付的各项税费

公司支付的各项税费应当与其生产经营规模相适应。将支付的各项税费项目与利润表的营业税金及附加和所得税项目进行比较，我们可以对公司报告年度的相关税费支付状况做出判断。

A 公司本年支付的各项税费为 96 216.02 万元，占经营活动现金流出总量的 5.43%，且从前年开始支付的各项税费逐年增加，主要是由于企业生产经营规模逐年扩大。

二、投资活动产生的现金流量分析

（一）投资活动现金流入项目分析

1. 收回投资所收到的现金

本项目一般没有数额，或金额较小。如果金额较大，属于公司重大资产转移行为，此时应与会计报表附注披露的相关信息联系起来，衡量投资的账面价值与收回现金之间的差额，考察其合理性。

本年 A 公司收回投资所收到的现金为 277 807.12 万元，占投资活动现金流入总量的 96.3%，与前两年相比呈下降趋势，原因是理财资金滚动发生额同比减少。

2. 取得投资收益所收到的现金

该项目反映公司除现金等价物以外的对其他公司的长期股权投资等分回的现金股利和利息等。该项目的金额可用以判断公司是否进入投资回收期，通过分析可以了解投资回报率的高低。

第一，将取得投资收益所收到的现金与利润表的投资收益配比。公司能够通过投资收益及时收到现金，反映了公司对外投资的质量。一般而言，前者占后者的比重越大越好。

第二，确认投资收益的时间差。公司因股权性投资而分得的股利或利润，并不能在当年收到，一般是在下一年度才能收到。所以，分得股利或利润所收到的现金，通常包括收到前期分得的现金股利或利润。因此，在很多时候，本年现金流量表上取得投资收益所收到的现金往往需要和上年利润表中确认的投资收益配比，才能保证二者的口径一致，真实反映投资收益的收现水平。

3. 处置固定资产、无形资产和其他长期资产所收回的现金净额

该项目是对净额的反映。现金流量表中的大部分项目是按现金流入和现金流出分别反映的，但该项目例外，它反映的是上项资产处置的净额，即长期资产处置过程中发生的现金流入与现金流出之间的差额。

该项目一般金额不大。如果金额较大，属于公司重大资产转移行为。此时应与会计报表附注披露的相关信息联系，考察其合理性。如果该项目与"购建固定资产、无形资产和其他长期资产所支付的现金"数额均较大，可能意味着公司产业、产品结构将有所调整；否则，如果该项目与筹资活动中的"偿还债务支付的现金"项目数额均较大，可能表明公司已经陷入深度的债务危机中，靠出售长期资产来维持经营，未来的生产能力将受到严重影响。

本年 A 公司处置固定资产、无形资产和其他长期资产所收回的现金净额占投资活动现金流入总量的 1.6%，属于正常范围。

4. 处置子公司及其他营业单位收到的现金净额

该项目一般金额为零，如果有发生额，意味着公司当期处置了部分子公司或其他营业单位，这种重大资产转移行为往往表明公司的战略结构将发生改变。这也可能是由于公司深陷债务危机，只能靠变卖子公司的现金收入偿债。因此，对该项目的分析一定要结合公司的重大事项公告和会计报表附注中的有关说明进行。

（二）投资活动现金流出项目分析

1. 购建固定资产、无形资产和其他长期资产所支付的现金

一般而言，正常经营的公司此项目应当具有一定数额，其数额的合理性应结合行业、公司生产经营规模和公司经营生命周期，以及公司融资活动现金的流入来分析。如果该项目的金额小于处置固定资产、无形资产和其他长期资产所收回的现金净额，则表明公司可能正在缩小生产经营规模或正在退出该行业，遇到此种情况，应进一步分析是公司自身的原因，还是行业因素的影响造成的，以便对公司的未来进行预测。

现金流出的范围包括购建固定资产、无形资产和其他长期资产所支付的现金项目，不包括为购建固定资产而发生的借款利息部分，以及融资租入固定资产支付的租赁费，二者在筹资活动产生的现金流量中反映。

本年 A 公司购建固定资产、无形资产和其他长期资产所支付的现金占投资活动现金流出总量的 21.1%，为 54 656.73 万元，高于处置固定资产、无形资产和其他长期资产所收回的现金净额。

2. 投资所支付的现金

投资所支付的现金反映公司取得除现金等价物以外的对其他公司的权益工具、债务工具和合营中的权益投资所支付的现金，以及支付的佣金、手续费等附加费用，但取得子公司及其他营业单位支付的现金净额除外（该项目单独反映）。

该项目表明公司参与资本市场运作、实施股权投资能力的强弱。对该项目的分析应侧重于其是否与公司的战略目标相一致。

本年 A 公司投资所支付的现金占投资活动现金流出总量的 78.9%，与该公司整合产业链的目标是一致的。

3. 取得子公司及其他营业单位支付的现金净额

该项目反映公司购买子公司及其他营业单位购买出价中以现金支付的部分，减去子公司及其他营业单位持有的现金和现金等价物后的净额。

该项目反映公司扩张力度的强弱。该项目数额较大表明在公司扩张中占用了大量现金，要注意考虑现金支付对公司未来的影响：是公司现金充裕还是被迫接受这样的交易条款？这一现金支付行为会不会导致未来的资金紧张？

三、筹资活动产生的现金流量分析

（一）筹资活动现金流入项目分析

1. 吸收投资收到的现金

该项目反映公司以发行股票、债券等方式筹集资金实际收到的款项，减去直接支付的佣金、手续费、宣传费、咨询费、印刷费等发行费用后的净额。

该项目表明公司通过资本市场筹资的能力的强弱。分析该项目时需要考虑现金流入的性质、现金流入的范围。

2. 取得借款收到的现金

该项目是公司从金融机构借入的资金，其数额的大小，在一定程度上代表了公司的商业信用，能够反映公司通过银行筹资的能力的强弱。

第一，将项目与短期借款、长期借款相配比，要结合资产负债表，进一步分析增加的借款是短期的还是长期的。

第二，将该项目与购建固定资产、无形资产和其他长期资产所支付的现金等项目配比，以此对公司借款合同的执行情况做出分析和判断。

A 公司筹资活动现金流入全部为取得借款收到的现金，本年取得借款总额达 1 289 379.06 万元，表明 A 公司通过银行筹资的能力较强，同时，结合资产负债表可看出，短期借款明显高于长期借款。

（二）筹资活动现金流出项目分析

1. 偿还债务支付的现金

该项目只包括偿还债务支付的本金部分。将偿还债务所支付的现金与举债所收到的现金配比，二者配比的结果（是现金净流入还是现金净流出），能够反映公司的资金周转是否已经进入良性循环阶段。

本年 A 公司偿还债务支付的现金占筹资活动现金流出总量的 96%，筹资活动的主要现金流出为偿还债务所支付的现金，偿还债务所支付的现金与举债所收到的现金配比为 1∶0.87，表现为现金净流出。

2. 分配股利、利润或偿付利息所支付的现金

该项目代表了公司的现时支付能力，分析时主要考虑现金流出的时点：一是本项目既包括现金支付本期应付的股利或利润，也包括现金支付前期应付的股利或利润和预分的利润；二是本项目既包括公司的短期和长期借款的利息，又包括支付短期和长期债券的利息，如国债利息，而不论利息支出是资本化还是费用化。

A 公司分配股利、利润或偿付利息所支付的现金占筹资活动现金流出总量的百分比由 2% 增加到 4%，主要源于 A 公司分配现金股利增加。

四、汇率变动对现金及现金等价物的影响分析

公司发生外币业务，外币现金流量折算为记账本位币时，所采用的是现金流量发生日的即期汇率或近似汇率；而资产负债表日或结算日，公司外币现金及现金等价物净增加额是按资产负债表日或结算日的汇率折算的，这两者之间的差额即为汇率变动对现金的影响。随着世界经济一体化进程的加快，公司涉及外币业务将越来越多。如果汇率变动对现金的影响额较大，需要借助于会计报表附注的相关内容来分析其原因及合理性。

五、现金流量表补充资料的解读与分析

现金流量表除反映与公司现金有关的投资和筹资活动，还通过补充资料提供不涉及现金的投资和筹资活动方面的信息，使报表使用者能够全面了解和分析企业的投资、筹资活动。

（一）将净利润调节为经营活动的现金净流量

在将净利润调节为经营活动的现金净流量时需要调整的内容包括四大类项目：一是实际没有支付现金的费用，二是实际没有收到现金的收益，三是不属于经营活动的损益，四是经营性应收应付项目的增减变动。

补充资料调整的项目主要包括：

1. 计提的资产减值准备

计提的资产减值准备会增加当期的资产减值损失，资产减值损失列入利润表中，减少了当期利润，但并没有发生实际的现金流出。因此，为了将净利润调节为经营活动现金净流量，应将当期计提的资产减值准备加回到净利润中。

2. 固定资产折旧

公司计提固定资产折旧时，有些直接列入"管理费用""营业费用"等期间费用；有些则先计入"制造费用"，在公司产品完工和销售以后，依次被转入"生产成本""库存商品"和"主营业务成本"等账户，最终通过销售成本的方式体现出来。不管是哪种方式，公司的折旧费都会被列入当期利润表，减少当期利润。但计提固定资产折旧本身并没有发生现金流出，所以应在将净利润调节为经营活动现金净流量时加回。

3. 无形资产摊销和长期待摊费用摊销

无形资产摊销和长期待摊费用摊销时，记入了"管理费用"等费用账户，从而减少了利润。但摊销无形资产和长期待摊费用并没有发生现金流出，因此也属于非付现费用，在调整时应将其在本期的摊销额加回到净利润中。

4. 处置固定资产、无形资产和其他长期资产的损失

处置固定资产、无形资产和其他长期资产不属于经营活动，而是属于投资活动，但在计算净利润时已作为损失扣除，所以在以净利润为基础计算经营活动现金流量时应加回。当然，如果公司发生处置固定资产、无形资产和其他长期资产的收益，则在调整时应从净利润中扣除。

5. 固定资产报废损失

固定资产盘亏净损失同样不属于经营活动产生的损益，所以在以净利润为基础计算经营活动现金流量时应当加回。

6. 公允价值变动损失

该项目反映公司持有的交易性金融资产、交易性金融负债、采用公允价值模式计量的投资性房地产等公允价值变动形成的净损失。该部分损失在计算净利润时已作为损失扣除，但实际上并未发生现金支付，故在调整经营活动现金流量时应将其加回到净利润中。

7. 财务费用

公司发生的财务费用可以分别归属于经营活动、投资活动和筹资活动。属于投资活动、筹资活动的部分，在计算净利润时已扣除，但这部分发生的现金流出不属于经营活动现金流量的范畴，所以，在将净利润调节为经营活动现金净流量时，需要予以扣除（实际上在计算时是应当加回）。

8. 投资损益

投资损益是公司本期对外投资实际发生的投资收益与投资损失的差额，即投资净损益。投资损益是由投资活动引起的，不属于经营活动，所以在调节净利润时应将其进行调整。具体来说，投资净损失本不应从净利润中扣除，故应将其加回；投资净收益本不应加入利润中，故应将其扣除。

9. 递延所得税资产和递延所得税负债的变动

这两个项目分别反映公司资产负债表"递延所得税资产"和"递延所得税负债"项目的期初余额与期末余额的差额。具体来说，递延所得税资产的减少额和递延所得税负债的增加额已列入利润表中作为所得税费用的组成内容，但实际上当期并未减少现金，故应予以加回；相反，递延所得税资产的增加额和递延所得税负债的减少额则应减去。

10. 存货

如果某一期间期末存货比期初存货增加了，说明当期购入的存货除耗用外，还余留了一部分，即除了为当期销售成本包含的存货发生现金支出，还为增加的存货发生了现金支出，也就是说，实际发生的现金支出比当期销售成本要高，故应在调节净利润时减去。反之，若某一期间期末存货比期初存货减少了，说明本期生产过程耗用的存货有一部分是期初的存货，耗用这部分存货并没有发生现金支出，所以应加回到净利润中。

11. 经营性应收项目

经营性应收项目主要是指应收账款、应收票据、预付账款、长期应收款和其他应收款等经营性应收项目中与经营活动有关的部分，也包括应收的增值税销项税额等。如果某一期间经营性应收项目的期末余额比期初减少了，说明本期从客户处收到的现

金大于利润表中所确认的收入，有一部分期初应收款项在本期收到。所以应在调整经营活动现金时将经营性应收项目的减少数加回到净利润中。

12. 经营性应付项目

经营性应付项目包括应付账款、应付票据、预收账款、应付职工薪酬、应交税费和其他应付款等经营性应付项目中与经营活动有关的部分，以及应付的增值税进项税额等。如果某一期间经营性应收项目的期末余额比期初减少了，说明有一部分前期的欠款在本期支付，公司实际付出的现金大于利润表中所确认的销售成本，所以应在调整经营活动现金流量时将经营性应付项目的减少数从净利润中减去；反之，如果经营性应付项目的期末余额大于期初余额，说明本期实际的现金流出小于利润表中所确认的销售成本，所以应在调整经营活动现金流量时将经营性应付项目的增加数加回到净利润中去。

链接 4-4　　　　　将净利润调节为经营活动的现金净流量时的注意事项

（1）有关项目的数额要与其会计政策相对应。

（2）注意一些项目与资产负债表、利润表中相应项目之间的对应关系，如"计提的资产减值准备"的数额是否与利润表中的"资产减值损失"一致。

（二）不涉及现金收支的重大投资和筹资活动

这一部分反映公司一定会计期间内影响资产和负债，但不形成该期现金收支的所有投资和筹资活动的信息。这些投资或筹资活动是公司的重大理财活动，对以后各期的现金流量会产生重大影响，因此，应单列项目在补充资料中反映。

不涉及现金收支的重大理财活动（投资和筹资活动），虽不引起现金流量的变化，但可能在一定程度上反映公司目前所面临的现金流转困难或未来的现金需求。

1. 债务转为资本

该项目反映公司本期转为资本的债务金额。债务转为资本，一方面，意味着本期不需再为偿债支付现金；另一方面，会对公司未来的资本结构和生产经营产生影响。

2. 一年内到期的可转换公司债券

如果可转换公司债券转为资本，则不需发生偿债支付；若可转换公司债券转换失败，则会发生大量的偿债支出。

3. 融资租入固定资产

该项目反映公司本期融资租入固定资产的最低租赁付款额扣除应分期计入利息费用的未确认融资费用后的净额。该项目一方面意味着公司的筹资渠道较多，另一方面也意味着在未来的若干年内每年要发生固定的现金流出。

第四节　现金流量质量分析

一、现金流量质量分析的目的

现金流量的质量是指公司的现金能够按照公司的预期目标进行流转的质量。具有良好质量的现金流量应当具有如下特征：第一，公司现金流量的状态体现了公司发展战略的要求；第二，在稳定发展阶段，公司经营活动的现金流量应当与公司经营活动所对应的利润有一定的对应关系，并能够为公司的扩张提供支持。

通过对现金流量表进行分析，报表使用者能够判断公司现金流量的质量。公司的经营活动可视为一个现金流程，现金一方面不断流入公司，另一方面又不断流出公司，现金流量状况直接反映着公司作为组织有机体的健康状况。现金流量质量分析是评价现金流量对公司经营状况的客观反映程度，对改善公司财务与经营状况、增强持续经营能力提供相应的信息。

二、经营活动产生的现金流量质量分析——从绝对量分析

一般来说，当公司经营活动的净现金流量为正数时，表明公司所生产的产品适销对路、市场占有率高、销售回款能力较强，同时公司的付现成本、费用控制在较适宜的水平上；反之，若公司经营活动的净现金流量为负数，一般说明公司所生产的产品销路不畅、回款能力较差，或者成本、费用控制水平较差，付现数额较大。但我们也要辩证地看待经营活动现金流量为负数的情况。

即使经营活动产生的现金流量大于零，也还需要做进一步的分析。

1. 经营活动产生的现金流量大于零，但不足以补偿当期的非现金消耗性成本

这意味着公司通过正常的商品购、产、销所带来的现金流入量，能够支付因经营活动而引起的货币流出，但没有余力补偿一部分当期的非现金消耗性成本（如固定资产折旧等）。如果这种状态持续下去，从长期来看，公司经营活动产生的现金流量，不可能维持公司经营活动的货币"简单再生产"。因此，如果公司在正常的生产经营期间持续出现这种状态，对公司经营活动现金流量的质量仍然不能给予较高评价。

2. 经营活动产生的净现金流量大于零，并恰好可以补偿当期的非现金消耗性成本

这意味着公司通过正常的商品购、产、销所带来的现金流入量，能够支付因经营活动而引起的货币流出，而且有余力补偿全部当期的非现金消耗性成本（如固定资产折旧等）。在这种状态下，公司在经营活动中的现金流量方面的压力已经解除。公司经营活动产生的现金流量从长期来看，刚好能够维持公司经营活动的货币"简单再生产"，不能为公司扩大投资等发展提供货币支持。公司的经营活动要为公司扩大投资等发展提供货币支持，只能依赖于经营活动产生的现金流量的规模继续扩大。

3. 经营活动产生的现金流量大于零，并在补偿当期的非现金消耗性成本后仍有剩余

这意味着公司通过正常的商品购、产、销所带来的现金流入量，不但能够支付因经营活动而引起的货币流出，补偿全部当期的非现金消耗性成本，而且还有余力为公司的投资等活动提供现金流量的支持。因此在这种状态下，公司经营活动产生的现金流量已经处于良好的运转状态。如果这种状态持续下去，则公司经营活动产生的现金流量将对公司经营活动的稳定与发展、公司投资规模的扩大起到重要的促进作用。在这种状态下，公司经营活动的利润才具有含金量，对公司经营活动的稳定与发展、公司投资规模的扩大才能起到重要的促进作用。

综上所述，公司经营活动产生的现金流量，仅仅大于零是不够的。我们要想让公司经营活动产生的现金流量为公司做出较大贡献，必须在补偿当期的非现金消耗性成本后使其仍有剩余。

4. 经营活动产生的现金流量净额小于零

经营活动产生的现金流量净额小于零，意味着公司通过正常的供、产、销所带来的现金流入量，不足以支付因上述经营活动而引起的现金流出。公司正常经营活动所需的现金支付，则需要通过以下几种方式来解决：①消耗公司现存的货币积累；②挤占本来可以用于投资活动的现金，推迟投资活动的进行；③利用经营活动积累的现金进行补充；④在不能挤占本来可以用于投资活动的现金的条件下，进行额外贷款融资，以支持经营活动的现金需要；⑤在没有贷款融资渠道的条件下，只能用拖延债务支付或加大经营负债规模来解决。

如果这种情况出现在公司经营初期，我们可以认为是公司在发展过程中不可避免的正常状态。因为在公司生产经营活动的初期，各个环节都处于"磨合"状态，设备、人力资源的利用率相对较低，材料消耗量相对较高，经营成本较高，从而导致公司现金流出较多。同时为了开拓市场，公司有可能投入较大资金，采用各种手段将自己的产品推向市场，从而有可能使公司在这一时期的经营活动现金流量表现为"入不敷出"的状态。但是如果公司在正常生产经营期间仍然出现这种状态，说明公司通过经营活动创造现金净流量的能力下降，应当认为公司经营活动现金流量的质量差。

5. 经营活动产生的现金流量净额等于零

这意味着公司通过正常的供、产、销所带来的现金流入量，恰恰能够支付因上述经营活动而引起的现金流出，公司的经营活动现金流量处于"收支平衡"的状态。在这种情况下，公司正常经营活动虽然不需要额外补充流动资金，但公司的经营活动也不能为公司的投资活动以及融资活动贡献现金。

必须指出的是，按照公司会计准则，公司经营成本中有相当一部分属于按照权责发生制原则的要求而确认的摊销成本（如无形资产、长期待摊费用摊销，固定资产折旧等）和应计成本（如预提设备大修理费用等），即非付现成本。在经营活动产生的现金流量等于零时，公司经营活动产生的现金流量不可能为这部分非付现成本的资源消耗提供货币补偿。

如果这种状态长期持续下去，公司的"简单再生产"就不可能维持。因此如果公司在正常生产经营期间持续出现这种状态，就说明公司经营活动现金流量的质量不高。

三、投资活动产生的现金流量质量分析——从绝对量分析

（一）投资活动产生的现金流量净额小于零

这意味着公司在购建固定资产、无形资产和其他长期资产、权益性投资以及债权性投资等方面所流出的现金之和，大于公司因收回投资，分得股利或利润，取得债券利息收入，处置固定资产、无形资产和其他长期资产而流入的现金净额之和。通常情况下，公司投资活动的现金流量处于"入不敷出"的状态，投资活动所需资金的"缺口"可以通过以下几种方式解决：①消耗公司现存的现金积累；②利用经营活动积累的现金进行补充；③在不能挤占经营活动的现金的条件下，通过贷款融资渠道对外融资；④在没有贷款融资渠道的条件下，适度拖延债务支付时间或加大投资活动的负债规模。

在公司的投资活动符合公司的长期规划和短期计划的条件下，投资活动产生的现金流量净额小于零，表明公司扩大再生产的能力较强，也可能表明公司进行产业及产

品结构调整的能力或参与资本市场运作实施股权及债权投资的能力较强，是投资活动现金流量的正常状态。公司投资活动的现金流出大于流入的部分，将由经营活动的现金流入量来补偿。例如，公司的固定资产、无形资产购建支出，将由未来使用有关固定资产和无形资产的会计期间的经营活动现金流量来补偿。

（二）投资活动产生的现金流量净额大于或等于零

这意味着公司在投资活动方面的现金流入量大于或等于流出量。这种情况的发生，如果是公司在本会计期间的投资回收的规模大于投资支出的规模，就表明公司资本运作收效显著，投资回报及变现能力较强；如果是公司处理手中的长期资产以求变现，则表明公司产业、产品结构将有所调整，或者未来的生产能力将受到严重影响，已经陷入深度的债务危机之中。因此，必须对公司投资活动的现金流量原因进行具体分析。

公司投资活动的现金流出量，有的需要由经营活动的现金流入量来补偿。例如，公司的固定资产、无形资产购建支出，将由未来使用有关固定资产和无形资产的会计期间的经营活动现金流入量来补偿。因此，即使在一定时期内公司投资活动产生的现金净流量小于零，也不能对投资活动产生的现金流量的质量简单做出否定的评价。面对投资活动产生的现金净流量小于零的公司，首先应当考虑的是：公司的投资活动是否符合公司的长期规划和短期计划，是否满足公司经营活动发展和公司扩张的内在需要。

四、筹资活动产生的现金流量质量分析——从绝对量分析

筹资活动现金流量反映了公司的融资能力和融资政策，可以通过以下表现形式进行质量分析。

（一）筹资活动产生的现金流量净额大于零

这意味着公司在吸收权益性投资、发行债券以及借款等方面所收到的现金之和大于公司在偿还债务、支付筹资费用、分配股利或利润、偿付利息以及减少注册资本等方面所支付的现金之和。在公司起步到成熟的整个发展过程中，筹资活动产生的现金流量净额往往大于零，通常表明公司通过银行及资本市场筹资的能力较强。例如公司处于发展的起步阶段，投资需要大量的资金，而此时企业经营活动的现金流量净额又往往小于零，公司对现金的需求主要通过筹资活动现金流入来解决。因此分析公司筹资活动产生的现金流量大于零是否正常，关键要看公司的筹资活动是否已经纳入公司的发展规划，是公司管理层的主动行为，还是公司因投资活动和经营活动的现金流出失控不得已而为之的被动行为。

（二）筹资活动产生的现金流量净额小于零

这意味着公司筹资活动收到的现金之和小于公司筹资活动支付的现金之和。这种情况的出现，如果是公司在本会计期间集中发生偿还债务、支付筹资费用、分配股利或利润、偿付利息等业务，则表明公司经营活动与投资活动在现金流量方面运转较好，自身资金周转已经进入良性循环阶段，经济效益得到增强，从而使公司支付债务本息和股利的能力加强。如果公司筹资活动产生的现金流量净额小于零，是由于公司在投资和公司扩张方面没有更多作为造成的，或者是丧失融资信誉造成的，则表明筹资活动产生的现金流量质量较差。

五、现金及现金等价物净增加额的质量分析——从绝对量分析

（一）现金及现金等价物净增加额为正数

公司的现金及现金等价物净增加额为正，如果主要是由经营活动产生的现金流量净额引起的，通常表明公司经营状况好、收现能力强、坏账风险小；如果主要是投资活动产生的，是由处置固定资产、无形资产和其他长期资产引起的，则表明公司生产经营能力衰退，或者是公司为了走出不良境地而调整资产结构，须结合资产负债表和损益表做深入分析；如果主要是由筹资活动引起的，则意味着公司未来将支付更多的本息或股利，未来需要创造更多的现金流量净增加额，才能满足偿付的需要，否则公司就可能承受较大的财务风险。

（二）现金及现金等价物净增加额为负数

公司的现金及现金等价物净增加额为负数，通常是一个不良信息。但如果公司经营活动产生的现金流量净额是正数，且数额较大，而公司整体上现金流量净减少主要是固定资产、无形资产或其他长期资产投资引起的，或主要是对外投资引起的，则可能是公司为了进行设备更新或扩大生产能力或投资开拓更广阔的市场，此时现金流量净减少并不意味着公司经营能力不佳，而是意味着公司未来可能有更大的现金流入。同样情况下，如果公司现金流量净减少主要是由偿还债务及利息引起的，这就意味着公司未来用于偿债的现金将减少，公司财务风险变小，只要公司生产经营保持正常运转，公司就不会走向衰退。

根据表 4-3 对 A 公司本年现金流量质量进行分析。从表 4-3 可以看出，A 公司本年经营活动现金流量净额为 535 536.32 万元，与上年度比有所增加，同时与销售收入增长保持同步，表明公司经营活动获取现金的能力较强。同时，将 A 公司本年经营活动产生的现金流量净额（535 536.32 万元）与当年净利润（75 400 万元，来源：利润表）进行比较还可以看出，经营活动产生的现金流量净额是当年净利润的 7.1 倍，一方面表明公司净利润质量高，另一方面也再次显示经营活动现金流量质量很好。

从表 4-3 还可以看出，A 公司投资活动现金流量净额为 29 934.94 万元，表明公司投资活动现金流入远远大于公司投资活动现金流出，结合本年 A 公司资产负债表进行分析，投资活动现金流入大于流出是由于本年投资回收活动的规模大于投资支出的规模，主要是购置固定资产和无形资产减少，这符合公司的战略规划，表明公司正在整合产业链，同时也是收回投资所收到的现金同比增加所致，表明公司资本运作收效显著、投资回报及变现能力较强，投资活动现金流量不存在质量问题。

筹资活动产生的现金流量净额为 -256 386.05 万元，表明公司筹资活动现金流出远远大于公司筹资活动现金流入，与上年度方向相反，主要由于公司在本会计期间偿还债务、分配股利同比增加，表明公司自身资金周转已经进入良性循环阶段，公司债务负担已经减轻，经济效益趋于增强，因此，本年 A 公司筹资活动现金流量状况是正常的，不存在质量问题。

最后，从表 4-3 还可以看出，A 公司本年的现金及现金等价物净增加额为 304 519.61 万元，均以经营活动产生的现金流量净额为主，表明公司经营状况良好，收现能力强，坏账风险较低。综上所述，A 公司本年度现金流量质量整体性较好，呈良性循环发展。

六、现金流量质量指标分析——从相对量分析

（一）现金流量充足性分析

从相对量的角度分析现金流量的充足性，主要是为了了解经营活动产生的现金流量是否能够满足企业扩大再生产的资金需求，以及经营活动产生的现金流量对企业投资活动的支持力度和对筹资活动的风险规避水平。现金流量充足性分析常用指标：现金流量资本支出比率。

现金流量资本支出比率=经营活动产生的现金净流量/资本性支出额

其中，资本性支出额是指公司购建固定资产、无形资产或其他长期资产所发生的现金支出。

该指标评价公司运用经营现金流量维持或扩大经营规模的能力。该指标越大，说明公司内涵式扩大再生产的水平越高，利用自身盈余创造未来现金流量的能力越强，经营现金流量越好。当该比率小于 1 时，表明公司资本性投资所需现金无法完全由其经营活动提供，部分或大部分资金要靠外部筹资补充，公司财务风险较大，经营及获利的持续性与稳定性较低，经营现金流量的质量较差；当该比率大于 1 时，则说明经营现金流量的充足性较好，对公司筹资活动的风险保障水平较高，不仅能满足公司的资本支出需要，而且还可用于公司债务的偿还、利润的分配以及股利的发放。表 4-8 为 A 公司与 B 公司的现金流量资本支出比率。

表 4-8　A 公司与 B 公司现金流量资本支出比率

项目	本年	上年	前年	平均
A 公司现金流量资本支出比率	9.80	-1.98	2.01	3.28
B 公司现金流量资本支出比率	-2.84	1.20	0.20	-0.48

由表 4-8 可知，A 公司三年来现金流量资本支出比率平均为 3.28，高于 B 公司的平均水平-0.48，说明 A 公司利用盈余创造未来现金流量的能力较强，明显优于 B 公司，经营现金流量质量较好。相反 B 公司进行资本性投资所需资金无法由企业经营活动产生的现金流量提供，部分资金需要靠投资活动和筹资活动来支持，企业财务风险巨大。

（二）现金流量稳定性分析

现金流量的稳定性可以通过计算经营活动现金占比、经营现金流入量结构比率、经营现金流出量结构比率进行分析。

1. 经营活动现金占比

经营活动现金占比=经营活动现金流入/现金流入总量

该指标反映了企业经营活动中现金的主要来源。一般来说，经营活动现金流入占现金总流入比重高的企业，其经营状况较好，财务风险较低，现金流入结构较为合理。反之，如果该比率较低，则说明经营活动产生的现金流量较少，自身的造血功能较弱。表 4-9 为 A 公司与 B 公司的经营活动现金占比。

表4-9　A公司与B公司经营活动现金占比　　　　单位:%

项目	本年	上年	前年	平均
A公司经营活动现金占比	59.37	49.24	43.94	50.85
B公司经营活动现金占比	39.57	51.23	53.42	48.07

由表4-9可知，A公司正常经营活动所需的约一半资金是通过生产经营活动产生的，且平均水平高于B公司2.78%。这说明A公司经营获现能力较同行业的B公司强，且通过经营活动创造现金流入的能力逐年增强，B公司通过经营活动创造现金流入的能力却在逐年减弱，本年B公司相比A公司在现金流量结构上已经呈现明显的劣势。

2. 经营现金流入量结构比率

经营现金流入量结构比率＝销售商品提供劳务收到的现金/经营活动产生的现金流入量

该指标不仅说明了企业的主要经营业务对企业发展的贡献，还说明了企业催收账款和销售管理的能力。该比率越高，表明企业主营业务收入回收的效率越高，公司的经营现金流入结构越合理，经营现金流量的稳定性越强。如果该比率较低，则说明企业的经营现金流量是靠非主营业务支撑的，企业的经营现金流量的稳定性较差。表4-10为A公司和B公司的经营现金流入量结构比率。

表4-10　A公司与B公司的经营现金流入量结构比率　　　　单位:%

项目	本年	上年	前年	平均
A公司经营现金流入量结构比率	96	99	97	97
B公司经营现金流入量结构比率	97	93	95	95

由表4-10可知，A公司连续三年与同行业、同期的B公司比较，A公司经营现金流入量结构比率平均值高于B公司2个百分点，表明A公司经营现金流量的结构更为合理，稳定性也较强。

3. 经营现金流出量结构比率

经营现金流出量结构比率＝购买商品接受劳务支付的现金/经营活动产生的现金流出量

该比率反映了企业经营活动中资金的使用状况。该比率也应具有一定的稳定性，通过该比率，报表使用者可以判断公司经营支出结构是否合理，以及当期是否存在重大异常交易。报表使用者也可用该比率对企业的经营现金流量进行合理的预测，若该比率持续较低，则反映企业的经营现金流量不具有稳定性。表4-11为A公司和B公司的经营现金流出量结构比率。

表4-11　A公司与B公司的经营现金流出量结构比率　　　　单位:%

项目	本年	上年	前年	平均
A公司经营现金流出量结构比率	85	85	88	86
B公司经营现金流出量结构比率	83	82	82	82

由表4-11可知，A公司三年间，相较于同行业、同期的B公司而言，经营现金流出量结构比率均高于B公司，且平均值高于B公司4个百分点，说明A公司经营支出结构较B公司更为合理，同时其经营现金流量具有较强的稳定性。

（三）财务弹性分析

企业经营者和投资者等利益相关者都十分关注企业的支付能力。只有当企业当期经营活动和投资活动取得的现金流入能够支付本期应偿还的债务和日常经营活动必要开支时，才有可能存在多余的资金用于投资再生产和分派红利。如果经营活动和投资活动取得的现金收入还不足以维持日常开支时，那么就无法用于投资活动和分派股利。如果这种现象持续下去就意味着企业面临严峻的支付风险。一般用现金支付保障倍数来衡量财务弹性，表明企业用年度正常经营活动所产生的现金净流量来支付股利、利润或偿付利息的能力。

现金支付保障倍数=经营活动净现金流量/分配股利、利润或偿付利息所支付的现金

该指标越高，则意味着企业的现金股利、支付利润及利息占经营活动结余现金流量的比重越小，表明企业支付股利、利润及利息的现金越充足，企业支付现金股利、利润及利息的能力也就越强。表 4-12 为 A 公司和 B 公司的财务弹性对比分析。

表 4-12　A 公司与 B 公司的财务弹性对比分析

项目	本年	上年	前年	平均
A 公司经营活动产生的现金流量净额/万元	535 536.32	-141 546.73	71 461.94	
A 公司分配股利、利润或偿付利息所支付的现金/万元	63 202.86	32 042.84	24 901.96	
B 公司经营活动产生的现金流量净额/万元	-86 117	37 576	17 145	
B 公司分配股利、利润或偿付利息所支付的现金/万元	21 427	18 859	14 997	
A 公司现金支付保障倍数	8.47	-4.42	2.87	2.31
B 公司现金支付保障倍数	-4.02	1.99	1.14	-0.29

由于 A 公司上年经营活动净现金流量为负值，因此上年的现金支付保障倍数为负值，但本年和前年均为正值，大致趋势是增长的，这表明该公司经营活动现金净流入足以维持正常运营，支付现金股利、利润及利息的能力较强。同行业 B 公司现金支付保障倍数三年大致呈减少的趋势，本年下降的幅度较大，主要是由该公司本年经营活动净现金流量的大幅下降造成的，说明本年经营活动产生的现金净流入不足以维持企业正常运营，没有足够的资金用于扩大再生产和利润分配。

（四）现金流量成长性分析

分析现金流量的成长性主要从经营现金流量成长比率入手。

经营现金流量成长比率=本期经营活动产生的现金净流量/基期经营活动产生的现金净流量

该指标主要反映企业各期经营活动现金流量变化趋势及其具体的增减变动情况。一般来说，该比率越大，说明企业的成长性越好，经营活动现金流量的质量越高。

经营活动现金流量成长比率为 1，说明企业内部资金较前期没有明显增长，经营活动现金流量的成长能力不强。

经营活动现金流量成长比率大于 1，表明企业经营活动现金流量呈上升趋势，这显然有利于企业的进一步成长和扩大经营规模，也预示着企业发展前景良好。但不同的现金流量增长方式对企业具有不同的意义，相应地，经营活动现金流量的质量也存在较大的差异。

（1）负债主导型，即经营活动现金流量的增长主要得益于当期经营性应付项目的

增加。虽然企业通过延缓应付款项的支付,提高了经营活动现金净流量,但损害了企业信誉,也加大了以后的偿债压力。在这种现金流量增长方式下,经营活动现金流量的质量显然较差,其成长也是一种假象。

(2)资产转换型,即经营活动现金流量的增长主要依赖于当期经营性应收项目和存货的减少。降低本期应收款项,或者压缩本期期末存货规模,都会减少企业资金占用,从而提高企业经营效率和盈利质量。因此该方式下的经营活动现金流量质量仍然不高,其成长意义也并不大。

(3)业绩推动型,即经营活动现金流量的增长主要源于企业盈利能力的增强。其主要表现为本期主营业务收入大幅增加;其次是本期盈利质量的提高,主要表现为本期现销收入比例显著上升。这样的经营活动现金流量增长方式是企业业绩大幅提高和推动的结果,所以其经营活动现金流量质量较为理想,是企业经营活动现金流量的真正成长。

经营活动现金流量成长比率小于1,说明企业经营活动现金流量在逐步萎缩。在这种情况下,可以进一步深入分析出现这种状况是由于经营亏损还是由于企业经营性应收项目的增长。表4-13为A公司与B公司现金流量成长性对比分析。

表4-13　A公司与B公司现金流量成长性对比分析

项目	本年	上年	前年	平均
A公司经营现金流量成长率	3.78	-1.98	0.33	2.41
B公司经营现金流量成长率	-2.29	2.19	-0.19	-0.10

由表4-13可知,A公司经营现金流量成长率除上年外其他两年均高于B公司经营现金流量成长率,表明A公司现金流量成长性较B公司强。进一步分析可知,A公司三年平均经营现金流量成长率大于1,且高于同行业的B公司(B公司三年平均经营现金流量成长率小于1),主要源于A公司营业收入逐年增加,表明其经营活动现金流量质量较为理想,公司成长性较好。

本章小结

现金流量表作为公司财务手段中的重要内容,对其详细分析意义重大。在现金流量表中不仅可以充分了解企业盈利水平,而且在全面了解公司财务弹性的同时,有利于对公司的经济活动做出正确的评价。为了切实地发挥现金流量表的实际效用,我们必须深入地针对现金流量表的各个环节单元进行详细的了解,将现金流量表运用到每个环节当中,对现金流量表进行总量分析、具体项目分析、质量分析,为公司经营管理者、公司投资者和公司债权人的决策提供良好的数据理论保障。从价值评估的角度分析现金流量表,会使现金流量表分析的深度和广度都得到拓展。从深度上说,分析现金流量表不仅要用到传统分析方法,还需要和价值评估的理论、方法相结合,例如企业生命周期理论。从广度上说,不仅要分析现金流量表,还要结合其他的财务报表,例如资产负债表和利润表,进行综合的分析。

本章重要术语

现金　现金流量　现金流量净额　经营活动现金流量　现金流量结构
现金流量质量　现金流量充足性　现金流量稳定性　现金流量成长性
财务弹性

习题·案例·实训

一、单选题

1. 下列各项中，属于经营活动产生的现金流量的是（　　）。

    A. 销售商品收到的现金　　　　　　B. 发行债券收到的现金

    C. 发生筹资费用所支付的现金　　　D. 分得股利所收到的现金

2. （　　）在"支付给职工以及为职工支付的现金"项目中反映。

    A. 支付给企业销售人员的工资

    B. 支付的在建工程人员的工资

    C. 企业支付的统筹退休金

    D. 企业支付给未参加统筹的退休人员的费用

3. 应收票据贴现属于（　　）。

    A. 经营活动产生的现金流量　　　　B. 投资活动产生的现金流量

    C. 筹资活动产生的现金流量　　　　D. 不涉及现金收支的筹资活动

4. 企业偿还的长期借款利息，在编制现金流量表时，应作为（　　）项目填列。

    A. 偿还债务所支付的现金

    B. 分配股利、利润或偿付利息所支付的现金

    C. 补充资料

    D. 偿还借款所支付的现金

5. 编制现金流量表时，本期退回的增值税应在（　　）项目中反映。

    A."支付的各项税费"

    B."收到的税费返还"

    C."支付的其他与经营活动有关的现金"

    D."收到的其他与经营活动有关的现金"

6. 企业购买股票时，实际支付的价款中包含的已宣告但尚未领取的现金股利，应在（　　）项目反映。

    A."投资所支付的现金"

    B."收到的其他与投资活动有关的现金"

    C."支付的其他与投资活动有关的现金"

    D."收回投资所收到的现金"

7. 企业收回购买股票实际支付的价款中包含的已宣告但尚未领取的现金股利时，应在（　　）项目反映。

A. "投资所支付的现金"

B. "收到的其他与投资活动有关的现金"

C. "支付的其他与投资活动有关的现金"

D. "收回投资所收到的现金"

8. 企业发行股票筹集资金所发生的审计费用，要编制现金流量表时，应在（　　）项目反映。

A. "吸收投资所收到的现金"

B. "支付的其他与筹资活动有关的现金"

C. "偿还债务所支付的现金"

D. "分配股利、利润或偿付利息所支付的现金"

9. 融资租入固定资产发生的租赁费应在（　　）中反映。

A. 经营活动产生的现金流量　　　　B. 投资活动产生的现金流量

C. 筹资活动产生的现金流量　　　　D. 补充资料

10. 下列各项中，会影响现金流量净额变动的是（　　）。

A. 用原材料对外投资　　　　　　　B. 从银行提取现金

C. 用现金支付购买材料款　　　　　D. 用固定资产清偿债务

11. 下列项目会减少企业现金流量的是（　　）。

A. 购买固定资产　　　　　　　　　B. 长期待摊费用摊销

C. 固定资产折旧　　　　　　　　　D. 固定资产盘亏

12. 现金流量表中的现金流量正确的分类方法是（　　）。

A. 经营活动、投资活动和筹资活动

B. 现金流入、现金流出和非现金活动

C. 直接现金流量和间接现金流量

D. 经营活动、投资活动及收款活动

13. 现金流量表是以（　　）为基础编制的。

Λ. 现金　　　　　　B. 营运资金　　　C. 流动资金　　　D. 全部资金

14. 企业计提的折旧（　　）。

A. 在投资活动的现金流量中反映

B. 在筹资活动的现金流量中反映

C. 在经营活动的现金流量中反映

D. 因不影响现金流量净额，所以不在上述三种活动的现金流量中反映

15. 在编制现金流量表时，所谓的"直接法"和"间接法"是针对（　　）而言的。

A. 投资活动的现金流量　　　　　　B. 经营活动的现金流量

C. 筹资活动的现金流量　　　　　　D. 上述三种活动的现金流量

二、多选题

1. （　　）不会影响现金流量净额的变动。

A. 将现金存入银行　　　　　　　　B. 用现金对外投资

C. 用存货清偿债务　　　　　　　　D. 用原材料对外投资

2. 下列各项中，影响经营活动现金流量的项目有（　　　）。

    A. 发行长期债券收到的现金　　　　B. 偿还应付购货款

    C. 支付生产工人工资　　　　　　　D. 支付所得税

3. 下列各项中，影响投资活动现金流量的项目有（　　　）。

    A. 以存款购买设备　　　　　　　　B. 购买三个月到期的短期债券

    C. 购买股票　　　　　　　　　　　D. 取得债券利息和现金股利

4. 下列各项中，影响筹资活动现金流量的项目有（　　　）。

    A. 支付借款利息　　　　　　　　　B. 融资租入固定资产支付的租赁费

    C. 支付各项税费　　　　　　　　　D. 发行债券收到的现金

5. 下列各项中，属于经营活动产生的现金流量的是（　　　）。

    A. 支付的所得税款

    B. 购买机器设备所支付的增值税款

    C. 购买土地使用权支付的耕地占用税

    D. 支付的印花税

6. "投资所支付的现金"项目反映（　　　）。

    A. 企业取得长期股权投资所支付的现金

    B. 企业取得长期股权投资所支付的佣金

    C. 企业取得长期股权投资所支付的手续费

    D. 企业取得长期债权投资所支付的现金

7. "不涉及现金收支的投资活动和筹资活动"需列示（　　　）。

    A. "债务转为资本"　　　　　　　　B. "一年内到期的可转换公司债券"

    C. "融资租入固定资产"　　　　　　D. "从银行提取现金"

8. 企业"支付的其他与筹资活动有关的现金"项目反映（　　　）。

    A. 现金捐赠支出　　　　　　　　　B. 融资租入固定资产支付的租赁费

    C. 计提的资产减值准备　　　　　　D. 固定资产计提折旧

9. 现金流量表中的现金包括（　　　）。

    A. 库存现金　　　　　　　　　　　B. 银行存款

    C. 其他货币资金　　　　　　　　　D. 现金等价物

10. "收到的其他与经营活动有关的现金"项目反映（　　　）。

    A. 罚款收入

    B. 流动资产损失中由个人赔偿的现金收入

    C. 企业代购代销业务收到的现金

    D. 企业销售材料收到的现金

三、判断题

1. 我国《企业会计准则——现金流量表》在要求企业按间接法编制现金流量表的同时，还要求企业在现金流量表附注的补充资料中按直接法将净利润调节为经营活动的现金流量。　　　　　　　　　　　　　　　　　　　　　（　　　）

2. 作为现金流量表编制基础的现金是指现金及现金等价物。　　　（　　　）

3. 企业一定期间的现金流量可分为经营活动的现金流量、投资活动的现金流量和筹资活动的现金流量。 （ ）

4. 企业本期应交的增值税在利润表中的"主营业务税金及附加"项目反映。 （ ）

5. 企业销售商品，预收的账款不在"销售商品、提供劳务收到的现金"项目中反映。 （ ）

6. 融资租入固定资产支付的租赁费，在经营活动产生的现金流量中反映。 （ ）

7. "债务转为资本"项目应在现金流量表的补充资料中填列。 （ ）

8. 企业收到退还的所得税税金应在"收到的其他与经营活动有关的现金"项目中反映。 （ ）

9. 企业前期销售本期退回的商品支付的现金应在"支付的其他与经营活动有关的现金"项目中反映。 （ ）

10. 企业分得的股票股利可在"取得投资收益所收到的现金"项目中反映。 （ ）

四、简答题

1. 现金流量表与资产负债表、利润表有何关系？
2. 经营现金流量与净利润综合分析的作用何在？
3. 如何评价经营活动现金净流量的变化？
4. 借助现金流量指标如何透视盈利质量？
5. 现金流量表结构分析的意义何在？
6. 现金流量表趋势分析的意义何在？

五、计算分析题

1. 计算与分析

A 公司简易现金流量表如表4-14所示。

表4-14 现金流量表

编制单位：A 公司　　　　　　2022 年度　　　　　　单位：万元

项　　目	金额
一、经营活动产生的现金流量净额	66 307
二、投资活动产生的现金流量净额	-108 115
三、筹资活动产生的现金流量净额	-101 690
四、现金及现金等价物净变动	
补充资料：	
1. 将净利润调节为经营活动的现金流量	
净利润	B
加：计提的资产减值准备	1 001
固定资产折旧	15 639
无形资产摊销	116

表4-14(续)

项　目	金额
待摊费用的减少（减：增加）	−91
预提费用的增加（减：减少）	−136
处置固定资产、无形资产和其他资产的损失	0
固定资产报废损失	0
财务费用	2 047
投资损失（减：收益）	−4 700
存货的减少（减：增加）	17 085
经营性应收项目的减少（减：增加）	−2 437
经营性应付项目的增加（减：减少）	−34 419
其他	0
经营活动产生的现金流量净额	A
2. 现金净增加情况：	
现金的期末余额	27 558
减：现金的期初余额	D
现金净增加额	C

分析要求：

（1）填出表中 A、B、C、D 四项。

（2）A 公司当期经营活动现金净流量与净利润出现差异的原因。

2. 某公司发生如下经济业务：

（1）公司分得现金股利 10 万元；

（2）用银行存款购入不需要安装的设备一台，全部价款为 35 万元；

（3）出售设备一台，原值为 100 万元，折旧 45 万元，出售收入为 80 万元，清理费用 5 万元，设备已清理完毕，款项已存入银行；

（4）计提短期借款利息 5 万元，计入预提费用。

该企业投资活动现金流量净额为多少？

六、案例分析题

某汽车生产商是中国第一汽车集团有限公司控股的经济型轿车制造企业，是一家集整车、发动机、变速器生产、销售以及科研开发于一体的上市公司，主要生产"夏利""威姿""威乐""威志"系列轿车，"天内"牌系列汽车发动机、"天齿"牌变速器也是企业的拳头产品。其现金流量表如表 4-15 所示。

表 4-15　某汽车生产商现金流量表　　　　　　　单位：万元

项目	20×7 年	20×6 年	20×5 年
销售商品、提供劳务收到的现金	99 149	147 819	319 810
收到的税费返还	—	1 108	1
收到的其他与经营活动有关的现金	4 777	5 698	5 944
经营活动现金流入小计	103 926	154 625	325 756

表4-15(续)

项目	20×7年	20×6年	20×5年
购买商品、接受劳务支付的现金	171 199	218 128	357 257
支付给职工以及为职工支付的现金	80 716	88 769	108 336
支付的各项税费	6 688	10 737	14 799
支付的其他与经营活动有关的现金	13 729	55 022	25 661
经营活动现金流出小计	272 333	372 656	506 053
经营活动产生的现金流量净额	−168 407	−218 031	−180 298
收回投资所收到的现金	2 333	256 050	—
取得投资收益所收到的现金	19 076	47 551	41 625
处置固定资产、无形资产和其他长期资产所收回的现金净额	571	635	297 308
收到的其他与投资活动有关的现金	253	—	—
投资活动现金流入小计	22 232	304 236	338 933
购建固定资产、无形资产和其他长期资产所支付的现金	30 089	8 695	20 839
投资所支付的现金	27 644	—	—
支付的其他与投资活动有关的现金	74	1 221	5 137
投资活动现金流出小计	57 808	9 917	25 976
投资活动产生的现金流量净额	−35 576	294 319	312 957
取得借款收到的现金	224 722	113 840	349 900
筹资活动现金流入小计	224 722	113 840	349 900
偿还债务支付的现金	25 362	219 100	362 360
分配股利、利润或偿付利息所支付的现金	6 734	7 045	13 777
支付其他与筹资活动有关的现金	9 361	7 029	—
筹资活动现金流出小计	41 457	233 174	376 137
筹资活动产生的现金流量净额	183 265	−119 334	−26 237

案例思考:

1. 企业现金流量表分析包括哪些内容?

2. 企业现金流量表分析所用的基本方法是什么?

3. 企业现金流量质量应从哪些方面去分析?

七、实训任务

根据本章学习内容和实训要求,完成实训任务5。

(一) 实训目的

1. 熟悉现金流量表结构内容。

2. 运用现金流量表分析的原理与方法,掌握现金流量表分析内容及分析方法。

3. 掌握现金流量表总体分析、质量分析的原则与分析内容、思路及方法,了解现金流量表具体项目分析的原则与分析方法。

4. 运用现金流量表总体分析的原则、思路及方法,对目标分析企业的现金流入量、现金流出量及现金净流量进行总体分析、质量分析。

（二）实训任务5：目标分析企业的现金流量表分析

根据现金流量表分析原理、思路、内容及方法，基于实训任务1、实训任务2目标分析企业及被比较企业的现金流量表分析结果，进一步分析以下内容：

（1）对目标分析企业现金流入量进行分析，包括现金流入量的变动及构成对比分析，并得出相应结论。

（2）对目标分析企业现金流出量进行分析，包括现金流出量的变动及构成对比分析，并得出相应结论。

（3）对目标分析企业现金净流量进行分析，包括现金净流量的变动及构成对比分析，并得出相应结论。

（4）对目标分析企业现金流量的质量进行分析。

链接4-5　　　　　　　　第四章部分练习题答案

一、单选题

1. A　2. A　3. A　4. B　5. B　6. C　7. B　8. B　9. C　10. C
11. A　12. A　13. A　14. D　15. B

二、多选题

1. ACD　2. BCD　3. ACD　4. ABD　5. AD　6. ABCD　7. ABC
8. AB　9. ABCD　10. AB

三、判断题

1. ×　2. √　3. √　4. ×　5. ×　6. ×　7. √　8. ×　9. ×　10. ×

四、简答题

1. 资产负债表无法说明企业的资产、负债和所有者权益为什么发生了变化。利润表无法提供经营、投资、筹资活动引起的现金流入、流出的信息。现金流量表可用于评价企业经营业绩、衡量财务资源和财务风险以及预测未来前景等，能弥补资产负债表和利润表的不足。

2. （1）以实际发生为基础既避免了权责发生制的不足又可以与资产负债表、利润表的相关项目相互联系、检验。（2）作为盈利能力的参照指标具有较强的稳健性。（3）现金存量与其他资产存在方式相比更容易检查和验证。（4）更能体现公司的综合盈利水平和偿债能力，透视出盈利质量。

3. 经营活动产生的现金流量小于零、大于零但不足以补偿当期的非付现成本、大于零并在补偿当期的非付现成本后仍有剩余。另外可结合企业经营生命周期评价经营活动现金净流量的变化是否正常。

4. 利润是按权责发生制计算的，反映当期的财务成果不代表真正实现的收益，盈利企业仍然有可能发生财务危机，高质量的盈利必须有相应的现金流入做保证。

5. 计算企业各项现金流入量占现金总流入量的比重以及各项现金流出量占现金总流出量的比重，可揭示企业经营、投资和筹资活动的特点及对现金净流量的影响方向和程度。

6. 通过观察现金流量连续几年的变动趋势，报表使用者可全面评价现金流量状况，避免因某期偶发事件对现金流量做出片面结论。

五、计算分析题

1.（1）A：66 307　　　B：72 198　　　C：-143 498　　　D：171 056

（2）分析：经营活动的现金净流量=本期净利润+不减少现金的经营性费用+不减少现金的非经营性费用+非现金流动资产的减少+流动负债的增加。原因：由公式可判断A公司在本期出现了不减少现金的经营性费用及非经营性费用、非现金流动资产变动、流动负债变动。

2. 分得股利或利润所收到的现金=10（万元）

处置固定资产而收到的现金净额=80-5=75（万元）

购建固定资产所支付的现金=35（万元）

投资活动现金流量净额=75+10-35=40（万元）

六、案例分析题

1. 分析内容包括：

（1）总体分析：①现金流量表趋势分析；②现金流量表结构分析。

（2）具体项目分析：对影响公司现金流量和变化幅度较大的项目进行分析。

（3）质量分析。

2. 分析方法包括：

（1）趋势分析：定比、环比分析法和平均增长率法；

（2）结构分析：现金流入、现金流出及现金流量净额结构分析；

（3）质量分析：从现金流量充足性、稳定性、财务弹性及成长性进行分析。

3. 从现金流量充足性、稳定性、财务弹性及成长性进行分析（见表4-16）。

表4-16　某汽车生产商现金流量分析

指标	年份			平均
	20×7	20×6	20×5	
现金流量资本支出比率	-5.60	-25.08	-8.65	-13.11
经营活动现金占比/%	29.62	27.00	32.11	29.58
经营现金流入量结构比率/%	95.40	95.60	98.17	96.39
经营现金流出量结构比率/%	62.86	58.53	70.60	64.00
现金支付保障倍数	-25.01	-30.95	-13.09	-23.01
经营现金流量成长比率	0.77	1.21	1.22	1.07

从表4-16可知该企业现金流量质量较差，经营及获利的持续性与稳定性较低，经营现金流量的充足程度不高，经营活动现金流量不够稳定，经营活动现金流量成长性差，财务风险较大。

第五章 | 所有者权益变动表原理及再认识

　　党的二十大报告指出："完善中国特色现代企业制度，弘扬企业家精神，加快建设世界一流企业。支持中小微企业发展。"完善现代企业制度需从完善财务制度入手，以财务制度为抓手向外辐射推动企业制度顺畅运行。而财务报告是否真实、完整、有效，是企业财务制度是否完善的直接表现。《企业会计准则第30号——财务报表列报》要求所有者权益变动表也作为必须编制及披露的主要财务报表之一，反映企业在会计期内的所有者权益具体组成项目的增减变动情况。所有者权益变动表中的净利润来源于利润表，直接计入所有者权益的利得和损失、所有者投入和减少的资本、利润分配、所有者权益内部结转各项目列示的信息，最终将详细描述资产负债表中所有者权益项目金额变动的内涵。编制所有者权益变动表是公司受托责任观和综合收益观的重要体现，所有者权益变动表的分析是资产负债表和利润表分析的重要补充。

■ **学习目标**

1. 了解所有者权益变动表的性质、作用及结构。
2. 理解所有者权益变动表中的各项目内涵及编制方法。
3. 了解所有者权益变动表和资产负债表、利润表数据的内在逻辑关系。
4. 要求结合会计知识进一步熟悉利润分配的具体原则和要求。
5. 了解所有者权益变动表的结构分析及趋势分析方法。

所有者权益增长的来源是"输血型"还是"盈利型"？

云南白药集团主营业务清晰，运营状况良好，主要分为药品、保健品、中药资源和医药物流四大板块，各个板块既独立担纲，又相互支撑，形成从选育、种植、研发、制造到健康产品及服务的全产业链市场价值体系，形成"三产"融会贯通、多板块互利发展的经济生态圈。

2018 年，云南白药连续第 13 年获得信息披露考评优秀评价，被评为第 11 届中国价值评选主板上市公司价值百强前 10 强，连续 25 年向股东和投资者回报红利，累计实现利税 385.39 亿元；入选福布斯全球企业 2 000 强、亚洲最佳上市公司 50 强、财富中国 500 强。表 5-1 为云南白药的所有者权益情况。

表 5-1 云南白药的所有者权益（2014—2018 年）

项目	2014 年	2015 年	2016 年	2017 年	2018 年
归属于母公司所有者权益/亿元	111.85	134.33	157.26	180.38	197.82
增长率/%		20.1	17.1	14.7	9.7
留存收益/亿元	88.97	111.41	134.37	157.48	174.93
增长率/%		25.2	20.6	17.2	11.1
（留存收益/归属于母公司所有者权益）/%	79.5	82.9	85.4	87.3	88.4

从表 5-1 中可以看出，云南白药所有者权益从 2014 年的 111.85 亿元逐年增加到 2018 年的 197.82 亿元，增长了 76.9%。结合云南白药的股价表现，采用复权后的价格，股价上涨了 24.6%。

思考：云南白药的所有者权益增加是"输血型"还是"盈利型"？为什么？

第一节 所有者权益变动表概念及作用再认识

一、所有者权益变动表的概念

所有者权益是投资者享有的企业净资产，是投资者投入的资本和企业经营过程中累积的资本总和。所有者权益变动表是全面反映一定时期所有者（或股东）权益的各组成部分的增减变动情况的报表。它不仅包括所有者权益总量的增减变动，还包括所有者权益增减变动的重要结构性信息。

二、所有者权益变动表的作用再认识

所有者权益变动表作为企业主要报表之一，具有以下几个方面的作用：
（一）是连接资产负债表和利润表的桥梁
由于历史成本、收入实现、谨慎性原则的限制，越来越多的已确认未实现的利得和损失不能在利润表中列示，只能直接列示在资产负债表中的所有者权益中，这种做法破坏了资产负债表与利润表之间的钩稽关系。如果要恢复这种钩稽关系，就必须对利润表遵循的会计原则进行改革，这就是说要重新构建会计理论框架，目前来说这是不能实现的。为了解决这个难题，所有者权益变动表担负起了成为资产负债表与利润表之间的桥梁的重任，通过所有者权益变动表搭建二者之间的钩稽关系，使财务报告体系中各要素之间继续保持紧密的联系。所以说所有者权益变动表是解决会计理论发展滞后于会计环境发展的问题的必要工具。

（二）详细报告企业净资产组成

随着我国经济的发展，资本市场不断完善和发展，绕过利润表在所有者权益表中列示的利得和损失将会越来越多。企业所有者对本身利益的重视必将要求他们需要详细了解自己在企业中的真实权益状况。所有者权益变动表有助于投资者准确找到所有者权益增减变动的根源，有助于投资者准确判断企业资产增值的真实情况，有助于投资者准确定位企业整体的财务状况和经营成果。

（三）进一步报告综合收益

综合收益，是指在某一会计期间与本企业之外的其他组织进行交易或发生的其他事项引起的全部所有者权益变动。综合收益的构成包括两部分：①利润表中报告的收入、收益、费用以及损失；②不属于净利润但影响所有者权益增减变动的收益和损失。例如，以公允价值计量且其变动计入其他综合收益的金融资产的未实现收益和损失就是不属于净利润但影响所有者权益的收益和损失。在所有者权益变动表中，净利润和直接计入所有者权益的利得和损失均需单独记录，这既可以体现企业的综合收益情况，又反映了企业综合收益的具体构成，这样提供的会计信息才更加完整、相关、有用。

第二节　所有者权益变动表分析原理

一、所有者权益变动表的内容构成

所有者权益变动表包括实收资本（或股本）、资本公积、其他综合收益、盈余公积、未分配利润的期初余额、本期增减变动项目与金额及其期末余额等。所有者权益变动表至少应当单独列示反映下列信息的项目：

（1）净利润；

（2）直接计入所有者权益的利得和损失项目及其总额；

（3）会计政策变更和差错更正的累计影响金额；

（4）所有者投入资本和向所有者分配利润等；

（5）按照规定提取的盈余公积；

（6）实收资本或股本、资本公积、盈余公积、未分配利润的期初和期末余额及其调节情况。

所有者权益变动表的格式见表5-2。

表 5-2 所有者权益变动表   会企 04 表

编制单位：   年度   单位：元

项　目	本　年　金　额						上年金额
	实收资本（或股本）	资本公积	减:库存股	盈余公积	未分配利润	所有者权益合计	
一、上年年末余额							略
加：会计政策变更							
前期差错更正							
二、本年年初余额							略
三、本年增减变动金额（减少用"－"号填列）							
（一）净利润							
（二）直接计入所有者权益的利得和损失							
1. 可供出售金融资产公允价值变动净额							
2. 权益法下被投资单位其他所有者权益变动的影响							
3. 与计入所有者权益项目相关的所得税影响							
4. 其他							
上述（一）和（二）小计							
（三）所有者投入和减少资本							
1. 所有者投入资本							
2. 股份支付计入所有者权益的金额							
3. 其他							
（四）利润分配							
1. 提取盈余公积							
2. 对所有者（或股东）的分配							
3. 其他							
（五）所有者权益内部结转							
1. 资本公积转增资本（或股本）							
2. 盈余公积转增资本（或股本）							
3. 盈余公积弥补亏损							
4. 其他							
四、本年年末余额							

二、所有者权益变动表的结构

所有者权益变动表由表头、正表两部分组成。

（一）表头

表头主要填写报表名称、编制单位、编制日期、货币单位等。

（二）正表

正表是所有者权益增减变动的具体表现。正表中清楚地记载了构成所有者权益的各组成部分当期的增减变动情况。所有者权益变动表是按以下形式编制的：

（1）所有者权益变动表是以矩阵的形式编制的。这样编制，一方面按照引起所有者权益变动的具体因素对一定时期所有者权益变动情况进行综合反映，全面列示导致所有者权益变动的交易或事项，改变了以往仅仅按照所有者权益的各组成部分反映所有者权益的变动情况；另一方面按照所有者权益各组成部分及其总额反映实际交易或事项对所有者权益的具体影响。

（2）列示所有者权益变动表的比较信息。根据财务报表列表准则的规定，企业需要提供所有者权益变动表的比较信息，因此，所有者权益变动表还将各项目再分为"本年金额"和"上年金额"两栏分别填列。

第三节　所有者权益分析

一、所有者权益具体项目分析

所有者权益的来源包括所有者投入的资本、留存收益以及直接计入所有者权益的利得和损失等。其中直接计入所有者权益的利得和损失，指的是不能计入当期收益，但会导致所有者权益发生增减变动，而又与所有者投入资本或者向所有者分配利润无关的利得和损失（如以公允价值计量且其变动计入其他综合收益的金融资产的公允价值变动损益应计入其他综合收益）。

（一）实收资本（或股本）

实收资本是指投资者根据合同或协议的约定作为资本投入企业的各种资产形成的价值，是企业实际收到的投资者投入的资本，它表明了所有者对企业的基本产权关系。

（二）资本公积

资本公积是投资者投入企业且超过注册资本部分的资本或者资产，以及直接计入所有者权益的利得和损失，其所有权归属于投资者。资本公积可以分成两类，一类是资本（股本）溢价，一类是其他资本公积。

其他资本公积主要是指直接计入所有者权益的利得和损失，这部分利得和损失不应计入当期损益，是会导致所有者权益发生增减变动但与所有者投入资本或者向所有者分配利润无关的利得或损失。

（三）盈余公积

盈余公积一般分为两种：一是法定盈余公积金，公司制企业的法定盈余公积按净利润的10%提取（非公司制企业也可按照超过10%的比例提取），法定盈余公积累计额达企业注册资本的50%时可以不再提取；二是任意盈余公积金，任意盈余公积主要是公司制企业按照股东大会的决议提取的。盈余公积是所有者权益的一个组成部分，是企业生产经营所需资金的一个来源，从形态上看，该项形成的资金可能是一定的货币资金，也可能是企业的实物资产。

盈余公积的主要用途如下：①弥补亏损；②转增资本（或股本）；③扩大企业生产经营。

（四）其他综合收益

其他综合收益是指企业根据其他会计准则的规定未在当期损益中确认的各项利得和损失。其他综合收益在资产负债表中作为所有者权益的构成部分，采用总额列报的方式进行列报，列示的总额是扣除所得税影响后的金额，附注应详细披露关于其他综合收益的各项目的信息，包括其他综合收益各项目及其所得税的影响、原计入其他综合收益当期转入损益的金额、各项目的期初和期末余额及其调节情况。其他综合收益包括以后会计期间不能重分类进损益和以后会计期间在满足规定条件时重分类进损益两类。

分析该项目时，尤其要关注的是以后会计期间在满足规定条件时将重分类进损益的其他综合收益项目中转进某期损益时，企业管理当局是否有调节该期利润的嫌疑。

（五）未分配利润

未分配利润可以用于以后年度分配，未做分配前，属于所有者权益的组成部分。它占有的所有者权益的比例越高，说明企业盈利能力越强。

未分配利润有可能会出现负数，负数表示企业发生亏损，需用以后年度的利润或者盈余公积来弥补。《中华人民共和国公司法》规定，在公司弥补亏损和提取法定盈余公积之前向股东分配利润的，股东必须将违反规定的利润退还给公司。这也就是说企业在向股东分配利润时，必须有正的未分配利润，企业亏损时不允许向股东分配利润。

（六）少数股东权益

少数股东权益简称少数股权。在母公司拥有子公司股份不足 100%，即只拥有子公司净资产的部分产权时，子公司股东权益的一部分属于母公司所有，即多数股权，其余一部分属外界其他股东所有，由于后者在子公司全部股权中不足半数，对子公司没有控制能力，故被称为少数股权。它反映的是在合并资产负债表中除母公司以外的其他投资者在子公司的权益，表示其他投资者在子公司所有者权益中所拥有的份额。

少数股权主要由两个部分组成：一是由投资者投入的资本，包括实收资本（或股本）和资本公积；二是企业在生产经营过程中通过积累形成的留存收益，包括盈余公积和未分配利润。

二、结构分析

所有者权益变动表结构分析是指所有者权益的各构成项目金额占所有者权益总额的比重及其变动情况的分析。它能反映企业所有者权益各构成项目的分布情况及其合理性程度，预测其未来的发展趋势，揭示目前企业的资本实力和风险承担能力，反映企业的内部积累能力和对外融资能力，从而间接反映企业目前的经营状况和未来经济发展潜力。

影响所有者权益结构的因素主要有以下几种：

（一）利润分配政策

在企业经营业绩一定的情况下，所有者权益结构直接受制于企业的利润分配政策。若企业采用高利润分配政策，就会把大部分利润分配给所有者，当期留存收益的数额必然减少，当期所有者权益结构的变动就不太明显；企业采取低利润分配或暂缓分配政策，留存收益比重必然会因此提高。

（二）所有者权益规模

所有者权益结构变动既可能是由所有者总量变动引起的，也可能是由所有者权益内部各项目本身变动引起的。实务中具体有以下三种情况：一是总量变动，结构变动；二是总量不变，结构变动；三是总量变动，结构不变。

（三）企业控制权

企业原来的控制权掌握在原所有者手中，如果企业通过吸收新的投资者追加资本投资来扩大企业资本规模，不但会引起所有者权益构成结构的变化，而且会分散原所有者对企业的控制权。如果老股东不想分散、稀释其对企业的控制权，在企业需要资金时就只能采取负债筹资的方式，这样既不会引起企业所有者权益结构发生变动，也不会分散老股东对企业的控制权。

（四）权益资本成本

所有者承担的风险高于债权人承担的风险，因此所有者要求的回报也要高于债权人。从成本的角度考察，权益资本成本往往高于债务资本成本，企业要降低资本成本，应尽量多利用留存收益。如果在所有者权益中加大留存收益比重，企业综合资金资本成本就会相对降低。

（五）外部环境因素

企业在选择筹资渠道和筹资方式时，往往不会完全依企业自己的主观意志而定，还受到经济环境、金融政策、资金市场状况、资本保全法规要求等因素的制约。这些因素影响企业的筹资渠道和方式，也必然影响到所有者权益结构。

例 5-1　A 公司所有者权益结构变动情况如表 5-3 所示。

表 5-3　A 公司所有者权益结构变动情况分析

项目	本年金额/元	去年金额/元	结构/%	
			本年	去年
实收资本（股本）	2 051 876 155.00	2 051 876 155.00	25.58	26.28
资本公积	4 730 951 576.19	4 731 235 134.60	58.99	60.60
盈余公积	208 767 308.22	177 707 077.97	2.60	2.28
未分配利润	1 059 048 963.47	851 322 556.61	13.20	10.90
所有者权益合计	8 020 280 057.56	7 807 283 659.18	100.00	100.00

从表 5-3 中可以看出，A 公司所有者权益中，股本和资本公积所占比重分别由 26.28%下降到 25.58%，以及由 60.60%下降到 58.99%；而未分配利润所占比重由 10.90%上升到 13.20%。

投入资本所占比重下降，主要原因是公司没有进行股本扩张。未分配利润所占比重上升，显然是由公司赢利形成的，可以满足公司维持和扩大再生产的资金需要，另外也预示着公司未来有充足的利润分配潜力。

所有者权益变动表是反映所有者权益的各组成部分当期的增减变动情况的报表。所有者权益变动表揭示了构成所有者权益的各组成部分的增减变动情况，有助于投资者准确地理解所有者权益增减变动的根源，表明了企业净资产增值的属性和含金量，可以使报表使用者对企业整体的财务状况和经营成果有一个准确的定位判断。我国现行的所有者权益变动表对实收资本、资本公积、盈余公积、未分配利润等资产负债表权益项目的增减变动进行了详细列示。所有者权益变动表结构分析应考虑的因素有利润分配政策、所有者权益规模、企业控制权、权益资本成本和外部环境因素等。所有者权益还可以结合时间序列上的数据统计分析方法进行权益各项目变动规律的趋势分析。

本章重要术语

所有者权益变动表　　净资产　　实收资本　　资本公积　　盈余公积
未分配利润　利润分配　会计政策变更　利润分配政策　净利润

习题·案例·实训

一、单选题

1. 下列属于投资者投入的资本的是（　　）。

　　A. 留存收益　　　B. 所有者权益　　　D. 净流量　　　　C. 盈余公积

2. 所有者权益是指企业资产扣除负债后由股东享有的"剩余权益"，也称为（　　）。

　　A. 净资产　　　　B. 净流量　　　　C. 净收益　　　　D. 净负债

3. 盈余公积的项目不包括（　　）。

　　A. 法定盈余公积　　　　　　　B. 任意盈余公积

　　C. 法定公益金　　　　　　　　D. 一般盈余公积

4. 下列选项中，正确反映资产负债表中所有者权益报表项目的排列顺序的是（　　）。

　　A. 实收资本、盈余公积、资本公积、未分配利润

　　B. 实收资本、资本公积、盈余公积、未分配利润

　　C. 未分配利润、盈余公积、资本公积、实收资本

　　D. 盈余公积、资本公积、实收资本、未分配利润

5. 所有者权益变动表是反映企业在一定期间内有关（　　）的各组成项目增减变动情况的报表。

　　A. 资产　　　　B. 负债　　　　C. 所有者权益　　　D. 未分配利润

6. 所有者权益主要分为两部分：一部分是投资者投入的资本，另一部分是生产过程中资本积累形成的（　　）。

  A. 资本公积   B. 营业利润   C. 留存收益   D. 利润总额

7. 下列不影响当期所有者权益变动额的项目是（　　）。

  A. 利润分配   B. 所有者投入和减少的资本

  C. 净利润   D. 所有者权益内部结转

8. A公司本年净利润为1 000万元，分配股利时股票市价为10元/股，发行在外的普通股股数为1 000万股，股利分配政策为10送2股，则稀释后每股收益为（　　）。

  A. 8.33   B. 1   C. 0.83   D. 10

9. 下面不需要考虑筹资费用的是（　　）。

  A. 长期借款 B. 债券融资 C. 股权融资 D. 留存收益

10. 在所有者权益变动表中，直接计入所有者权益的利得和损失内容包括（　　）。

  A. 会计增长变更对当期利润的影响

  B. 以公允价值计量且其变动计入其他综合收益的金融资产

  C. 前期差错更正对所有者权益的影响

  D. 成本法下被投资方所有者权益的变动

二、多选题

1. 直接计入所有者权益的利得和损失，主要包括（　　）。

  A. 以公允价值计量且其变动计入其他综合收益的金融资产

  B. 权益法下被投资单位其他所有者权益变动的影响

  C. 所有者权益内部结转

  D. 进行利润分配

2. 所有者权益变动表包括（　　）、未分配利润的期初余额、本期增减变动项目与金额及其期末余额等。

  A. 实收资本（股本）   B. 资本公积

  C. 优先股   D. 盈余公积

3. 所有者权益内部结转包括（　　）。

  A. 资本公积转增资本   B. 盈余公积转增资本

  C. 盈余公积弥补亏损   D. 利润分配

4. 下列项目中，能同时引起负债和所有者权益发生变动的有（　　）。

  A. 企业宣告分配利润   B. 赊销形成的应收账款

  C. 企业发放股票股利   D. 以盈余公积派发现金股利

5. 所有者权益按其来源的不同分为（　　）。

  A. 所有者投入的资本   B. 直接计入所有者权益的利得

  C. 直接计入所有者权益的损失 D. 留存收益

6. 前期差错通常包括（　　）。

  A. 计算错误   B. 曲解事实产生的影响

  C. 应用会计政策错误   D. 疏忽产生的影响

三、判断题

1. 资本公积可以用于弥补企业亏损。（　　）

2. 所有者权益的来源包括所有者投入的资本、直接计入所有者权益的利得和损失、留存收益等。（　　）

3. 若发生未实现的损益，公司的价值就会增减，盈余公积也会随之增减，但未实现的损益不在年度利润表中披露，而是直接计入所有者权益。（　　）

4. 企业用盈余公积转增资本不会改变所有者权益规模。（　　）

5. 所有者权益变动表中反映了债权人拥有的权益，可据以判断资本保值、增值的情况以及对负债的保障程度。（　　）

6. 所有者权益变动表内的项目可以根据资产负债表和利润表的有关数据直接填列。（　　）

7. 库存股是指公司收回已发行的且尚未注销的不可以再次出售的股票。
（　　）

8. 所有者权益变动表中，所有者权益净变动额等于资产负债表中的期末所有者权益。（　　）

9. 对于创业期的公司赚的利润，应采用先用于企业发展再用于股东分配的财务理念。（　　）

10. 若出现未实现的损益，公司的资产价值就会增减，公积也会随之增减，但未实现的损益不在年度利润表中披露，而是直接计入所有者权益。（　　）

四、计算分析题

1. A 公司 2022 年实现净利 2 870 万元，股利分配 530 万元，增发新股 1 500 万股，M 公司是 A 公司的子公司，A 公司占股 45%，M 公司 2022 年盈利为 212 万元，试计算 A 公司所有者权益变动额。

2. 阐述所有者权益变动表与资产负债表的钩稽关系。

链接 5-1　　　　　　第五章部分练习题答案

一、单选题

1. B　2. A　3. C　4. B　5. C　6. D　7. D　8. C　9. D　10. B

二、多选题

1. AB　2. ABD　3. ABC　4. AD　5. ABCD　6. ABCD

三、判断题

1. ×　2. √　3. √　4. √　5. ×　6. ×　7. ×　8. ×　9. √　10. √

四、计算分析题

1. 解：根据净利润与所有者权益变动额的关系公式，有：

A 公司所有者权益变动额 = 2 870 − 530 + 1 500 + 2 122 870 − 530 + 1 500 + 212×45% = 3 935.4（万元）

2. 资产负债表报告的是某一时点的价值存量，利润表、现金流量表与所有者权益变动表反映的是两个时点之间的存量变化——流量。利润表反映了所有者权益变化的一部分，现金流量表则反映了现金的变化过程，所有者权益变动表反映的是资产负债表中所有者权益具体项目的变化过程。四张会计报表从存量与流量视角，用会计语言反映了企业会计期间的总体财务状况和经营业绩。

第六章

财务报表比率分析

党的二十大报告指出："加快国有经济布局优化和结构调整，推动国有资本和国有企业做强做优做大，提升企业核心竞争力。优化民营企业发展环境，依法保护民营企业产权和企业家权益，促进民营经济发展壮大。"因此，构建高水平社会主义市场经济体制的微观举措，就是既要提升国有企业竞争力，又要帮助民营企业实现可持续发展。财务报表比率分析不仅可以帮助投资者有效判断企业的竞争力强不强、盈利能力强不强、资产收益高不高、是否值得投资，还可以帮助企业股东和管理者及时发现经营管理过程中存在的问题，以改善企业财务结构，提高企业经营效率、偿债能力及盈利能力，促进企业持续稳定地发展。

■学习目标

1. 了解财务报表比率指标体系。
2. 掌握偿债能力指标分析体系，理解影响偿债能力指标的因素。
3. 掌握盈利能力指标分析体系，理解影响盈利能力指标的因素。
4. 掌握营运能力指标分析体系，理解影响营运能力指标的因素。
5. 掌握发展能力指标分析体系。

■导入案例

花样年控股荣获 2019 中国房地产上市公司综合实力百强：增长稳健、土储丰厚

2019 年 5 月 23 日，由中国房地产业协会、上海易居房地产研究院中国房地产测评中心联合开展的"2019 中国房地产上市公司测评成果发布会暨首届中国物业

服务企业上市公司测评成果发布"在中国香港隆重召开。花样年控股集团有限公司（01777.HK，以下简称"花样年"）凭借较强的综合实力，获"2019中国房地产上市公司综合实力100强（第66位）"荣誉。在同期首次举办的首届物业服务企业上市公司测评成果发布中，花样年旗下彩生活服务集团（01778.HK，以下简称"彩生活"）获"2019中国物业服务企业上市公司10强（第4位）"荣誉。

"中国房地产上市公司测评研究"，是由中国房地产业协会、上海易居房地产研究院中国房地产测评中心共同主持的，已连续开展11年，其测评成果已成为全面评判中国房地产上市公司综合实力及行业地位的重要指标。

中国房地产上市公司测评从运营规模、抗风险能力、盈利能力、发展潜力、经营效率、创新能力、社会责任、资本市场表现八大方面，采用收入规模、开发规模、利润规模、资产规模、短期偿债能力、长期偿债能力、相对盈利能力、绝对盈利能力、销售增长能力、利润增长能力、资本增长能力、资源储备、生产资料运营能力、人力资源运营能力、经营创新、产品创新、纳税责任、社会保障责任、慈善捐赠、企业在资本市场运行情况20个二级指标，采用房地产业务收入、租赁收入、房地产销售面积、持有型物业持有面积、资产总额、利润总额、现金流动负债比、市盈率（PE）、市净率（PB）、每股收益（EPS）等42个三级指标来全面衡量房地产上市公司的综合实力。经过客观、公正、专业和科学的测评研究，最终形成了2019年中国房地产上市公司100强榜单。

（资料来源：花样年控股荣获2019中国房地产上市公司综合实力百强：增长稳健、土储丰厚［EB/OL］.（2019-05-24）［2019-08-21］. https://finance.qq.com/a/20190524/007953.htm.）

第一节　财务报表比率指标体系

财务报表比率分析是对企业一定时期内的财务报表各项目的数据进行比较，通过计算相应比率指标，进一步评价和分析企业在报告年度内的财务状况和经营成果的一种方法。财务报表比率分析可以消除规模影响，对企业的财务状况和经营情况做纵向和横向对比分析，从而帮助投资者、债权人、企业管理层以及政府机构等各类信息使用者从不同角度分析企业的偿债能力、资本结构、经营效率、盈利能力、发展能力情况等，进而做出合理的决策。

财务比率指标的类型主要包括构成比率、效率比率和相关比率三类。

一、构成比率

构成比率是指某项指标的各组成部分在整体中所占的比重。它用以反映部分与整体之间的关系，即将财务报表中的某一重要项目（一般为资产负债表中的资产总额或权益总额）的数据作为分母，然后将报表中其余相关项目分别与这一项目相除，算出的相关比率揭示各项目的数据在公司财务中的意义。计算的基本公式为：

$$构成比率 = \frac{某个组成部分数值}{总体数值} \times 100\%$$

构成比率分析多用于资产负债表和利润表的分析。在分析资产负债表时，通常以资产总额、负债总额和所有者权益总额作为分母。比如，流动资产占总资产的百分比，长期借款占负债总额的百分比等。在分析利润表时，通常以营业收入作为基数，比如销售净利率、营业利润率指标等。

例6-1 根据本年A公司资产负债表，分析本年该公司资产构成情况。计算如表6-1所示。

表6-1 本年A公司资产构成比率
单位:%

项目	本年百分比
货币资金/流动资产	36.52
应收账款/流动资产	8.09
其他应收款/流动资产	8.26
存货/流动资产	39.66
其他流动资产/流动资产	3.34
流动资产合计/总资产	62.62
固定资产净额/非流动资产	66.52
无形资产/非流动资产	15.66
长期股权投资/非流动资产	8.03
商誉/非流动资产	5.61
非流动资产合计/总资产	37.38

从表6-1中可以看出，本年A公司的总资产中流动资产占62.62%，表明公司以流动资产为主。从流动资产的构成看，存货占比最高为39.66%，其次是货币资金占比，为36.52%，应收账款和其他应收款占比分别为8.09%和8.26%，表明流动资产质量有待提高，存货和应收款项占比偏高。

二、效率比率

效率比率是指某项财务活动中所费与所得的比率，反映投入与产出的关系。效率比率主要用来分析企业的经营效率和资产使用效率，据此评价企业资产的获利能力。

在分析企业资产的获利能力时，通常可以使用成本利润率、销售利润率和资本金利润率等获利能力指标，即将利润指标（一般选取净利润的数据）与销售成本、销售收入、资本金等项目进行对比，这些数据方便使用者从不同视角分析比较企业的获利能力的高低及其增减变化情况带来的影响。

反映企业资产的利用效率的指标是净资产收益率和总资产报酬率。计算公式如下:

$$净资产收益率 = \frac{净利润}{所有者权益}$$

$$总资产报酬率 = \frac{净利润}{总资产}$$

三、相关比率

相关比率是指在企业的经营活动中性质不同但相互联系的两个指标的比率。分析相关比率可以使报表使用者更加客观地从企业经济活动的角度认识企业的生产经营状况，同时可以有效分析企业具有相互关联的业务之间运行的具体情况。

相关比率是财务报表数据分析中非常重要的一类指标，分析的范围也比较广泛。比如，用以判断企业短期偿债能力的指标为流动比率，用以判断企业长期偿债能力的指标为资产负债率。其计算公式为：

$$流动比率 = \frac{流动资产}{流动负债}$$

$$资产负债率 = \frac{负债总额}{资产总额}$$

需要注意的是，流动比率并没有一个明确的评价标准，单个企业的流动比率也不能说明什么问题，只有在同行业中进行比率指标的对比分析，才能得出一个比较有意义的结论。

财务报表比率分析既可以进行横向分析（在同一时点分析某一行业的不同企业），也可以进行纵向分析（对某一企业分析其不同年度的财务情况和经营成果）。每一个比率指标因使用的项目不同，反映的企业财务及经营状况的问题也会不同，各类使用者需要根据自己分析企业的财务目的选取合适的侧重点以及相关比率指标进行分析。

这里需注意的是，单个比率分析一般只针对企业某个特定方面进行分析，比率的高低，也仅仅反映企业被评价项目的某一水平，不能全面地反映企业的经营状况和财务状况。对企业经营及财务状况进行整体分析时，需要使用更多的财务比率，同时借助科学的方法进行分析。

第二节　偿债能力财务比率分析

一、偿债能力的概念

偿债能力是指企业偿还各种到期债务的能力。偿债能力分析是企业财务分析的重要组成部分，有利于企业债权人、经营者、投资者等不同利益相关者了解企业的财务状况和财务风险，进而做出合理的决策。

二、偿债能力分析的内容

负债按照其偿还期限的长短可以分为短期负债和长期负债。短期负债也叫流动负债，是指将在 1 年（含 1 年）或者一个营业周期内偿还的债务，包括短期借款、应付票据、应付（预收）账款等。长期负债也叫非流动负债，是指偿还期限超过 1 年的债务，包括长期借款、公司债券、长期应付款等。因此企业的偿债能力分析也可以分为短期偿债能力分析和长期偿债能力分析。

（一）短期偿债能力分析

短期偿债能力是指企业在短期内（小于或等于1年）偿还债务的能力，一般是用流动资产来支付，所以对短期偿债能力的分析主要是分析企业流动资产对流动负债的保障情况，通常也称为流动性分析。短期偿债能力的强弱对于企业的正常经营、发展乃至生存都是至关重要的，它是经营者、投资人、债权人、供应商和客户都非常关注的一个财务指标。

（二）长期偿债能力分析

长期偿债能力是指企业偿还长期债务（通常大于1年）的能力，或者是企业长期债务到期时，企业盈利或资产对长期负债的保障能力。因此分析企业长期偿债能力除了要关注企业的资产和负债的规模以外，更要关注企业资产配置的获利能力。

三、短期偿债能力指标的计算分析

衡量短期偿债能力的指标主要包括营运资金、流动比率、速动比率、现金比率和现金流动负债比。

（一）营运资金

营运资金是指流动资产超过流动负债的部分，也称净营运资本。其计算公式为：

$$营运资金 = 流动资产 - 流动负债$$

当营运资金大于0时，表明企业的流动资产可以足额偿还流动负债；当营运资金小于或等于0时，表明企业没有足够的流动资产偿还流动负债。该指标越高，说明企业足额偿还流动负债的能力越强，企业面临的短期偿债风险就越小，债权人的安全性就越高。但是营运资金过高，说明企业有部分闲置资产没有发挥它的效用，从而影响了企业的获利能力。

营运资金是一个绝对数指标。它的优点是可以直观反映流动资产偿还流动负债后的剩余金额，缺点是不能用来比较分析不同规模、不同企业之间短期偿债能力的大小。

例6-2 A公司与B公司营运资金对比分析见表6-2。

表6-2 营运资金对比分析　　　　　　　　　　单位：亿元

项目	前年	去年	本年
流动资产	92.4	124.77	107
流动负债	85.16	106.44	85.6
营运资金	7.24	18.33	21.4
营运资金（B公司）	-2.59	-2.9	1.15

从前年到本年，A公司的营运资金从7.24亿元上升到21.4亿元，上升幅度较大，这说明A公司的短期偿债能力在不断增强。与B公司对比可以看出，B公司前年与去年营运资金均为负值，说明B公司流动资产不能保障流动负债的偿还，本年B公司营运资金有了大幅提升，说明B公司短期偿债能力有所上升，但与行业龙头A公司相比还相差甚远。

（二）流动比率

流动比率是流动资产与流动负债的比率，表示的是企业每一元流动负债可以有几元流动资产来保障。它是衡量企业短期偿债能力最常用的指标，计算公式如下：

$$流动比率 = \frac{流动资产}{流动负债}$$

由于企业的流动资产在偿还流动负债后还应有一定剩余，以保障企业日常经营活动中的其他开支需求，维持企业的继续经营，同时流动资产中的存货、应收账款等项目变现能力较弱，所以在过去很长一段时间里，国际上一般认为最低流动比率为 2 比较合理。但随着经济的发展，企业经营模式的改进，流动比率有下降的趋势。对于具体某个企业来说，应结合同行业标准进行评价。

例 6-3 A 公司流动比率的计算分析如表 6-3 所示。

表 6-3   A 公司流动比率的计算分析

项目	前年	去年	本年
流动资产/亿元	92.4	124.77	107
流动负债/亿元	85.16	106.44	85.6
流动比率	1.09	1.17	1.25
流动比率（B公司）	0.92	0.93	1.03

根据表 6-3 中的计算可以看出，A 公司前年到本年，流动比率从 1.09 上升至 1.25，但均低于国际公认标准 2。这说明 A 公司流动资产对流动负债的保障能力还有待提高，短期偿债能力有待提高。为了更准确判断该企业短期偿债能力的强弱，还应结合行业的平均水平进行分析。

与 A 公司相比，B 公司的流动比率更低，前年和去年均小于 1，本年略高于 1。这说明 B 公司流动资产对流动负债的保障能力太低，短期偿债能力是该企业短期内需要改善的地方。

（三）速动比率

速动比率又称酸性测试比率，是指速动资产与流动负债的比率，该比率用来衡量企业速动资产偿付流动负债的能力。其计算公式为：

$$速动比率 = \frac{速动资产}{流动负债}$$

其中，速动资产的计算公式为：

$$速动资产 = 流动资产 - 存货 - 预付账款$$

在这里需要注意，速动资产一般由货币资金、交易性金融资产、应收票据、应收账款等构成，或者可以看成是流动资产减去变现能力较差且不稳定的存货、预付账款之后的余额。

较高的流动比率并不意味企业有足够的现金能用来偿债，因为流动资产中有很大一部分是变现能力较差、价值不稳定的存货和预付账款。虽然有些企业流动比率很高，但是短期资产的流动性却较差，则企业的短期偿债能力就不是很理想。用速动比率来衡量企业短期偿债能力，消除了存货、预付账款等变现能力较弱的流动资产项目的影响，可以弥补流动比率指标的缺陷，能够更准确地反映企业的短期偿债能力。

一般认为，速动比率为 1 时比较合适。和流动比率一样，不同行业的速动比率差别比较大，在分析时还要结合其他因素进行评价。例如，以现金零售为主的商店，其应收账款较少，所以速动比率小于 1 就比较合理；但是对于以赊销为主的商贸型企业，其应收账款较多，速动比率大于 1 才比较合理。

例6-4 A 公司速动比率的计算分析如表6-4所示。

表 6-4 A 公司速动比率的计算分析

项目	前年	去年	本年
速动资产/亿元	48.09	53	63.1
流动负债/亿元	85.16	106.44	85.6
速动比率	0.56	0.50	0.74
速动比率（B 公司）	0.71	0.74	0.64

从表 6-4 中可以看出，A 公司前年与去年速动比率比较接近，分别为 0.56 和 0.50，去年速动比率下降是该企业流动负债增长幅度较大所致，本年该企业流动负债下降，其速动比率也上升至 0.74。2022 年食品制造业行业平均值为 0.77（数据来源于《2022 年企业绩效评价标准值》，下同），说明该公司速动资产对流动负债保障能力偏低，短期偿债能力还有待提高。

B 公司前年与去年的速动比率均高于 A 公司，本年速动比率下降，这主要是本年 B 公司存货大幅上升所致。存货大幅上升可能是因为产品滞销，也可能是因为产品市场占有率有所提高，具体原因还需要结合其他资料进一步分析。但是本年 B 公司的速动比率低于行业平均值，说明该公司速动资产对流动负债保障能力偏低，短期偿债能力较弱。

链接 6-1　　　　　　　　　**流动比率与速动比率分析陷阱**

传统的财务分析通常以流动比率和速动比率来衡量企业的短期偿债能力。然而这两个指标能否真实地说明企业的偿债能力？会不会误导财务信息需求者的判断？

有些企业的流动资产变现能力存在很大问题，以流动资产和速动资产计算出的流动比率和速动比率有时会在很大程度上误导投资者和债权人，导致投资失误和不能回收到期债务等情况的出现。

陷阱一：存货变现时间和能力

正常情况下，流动负债是用企业的现金而不是用流动资产来偿还的。但在流动比率分析公式中，分子是流动资产，使用流动资产变现更接近于现实，毕竟企业不是直接用流动资产偿付流动负债的，而是用流动资产变现。考虑到这个影响因素，流动比率公式的分子就应该由原来的流动资产变为非存货流动资产变现与存货变现之和。

在流动资产中，存货占据了相当一部分比例，因此流动比率的高低必然受存货数量多少的影响。当流动负债为一定量时，在其他流动资产变化较小的情况下，存货数量越多，流动比率就越高，而流动比率高并不能绝对说明公司偿还短期债务的能力强。

公司管理者在分析流动比率时，可以按照存货变现时间的长短，将存货划分为短期存货、中期存货及长期存货。变现时间在一年以下的为短期存货，变现时间在一年以上、三年以下的为中期存货，变现时间在三年以上的为长期存货，长期存货应属于公司不良资产。在计算流动比率时要将不良资产从流动资产中剔除。要用具备一定增值能力，并能够为公司发展作出贡献的经营资产作为流动资产，这样计算出的流动比率才具有一定的说服力。

陷阱二：商品存货周转速度与变现质量

流动资产的变现能力，不仅与销售毛利率和存货比重有关，还与周转率有关。周转速度越快，流动资产的变现能力就越强。在日常财务分析中，决策者往往只注重考核公司的存货周转率，而忽略了商品存货周转速度与变现质量。

存货周转率是营业成本与平均存货的比值。比值大，说明存货周转速度快，可以为公司贡献更多的收入和利润，而存货周转速度的快慢与公司赊销政策紧密相关。当公司本期赊销商品数量增多时，会导致营业成本加大，存货周转速度与全部采用现销时相比就会加快，这说明存货周转率指标中的营业成本对存货周转速度的快慢起着非常重要的作用，由此在分析公司流动比率时不仅要结合存货周转速度，而且还要分析商品存货的变现质量。

商品存货的周转速度与变现质量是一个公司能否在竞争中立足的重要标志，质量的高低不仅表现在与同行业相比商品存货周转速度的快慢上，而且还表现在能否足额收回货币资金的数量上。

理论上对商品存货周转速度与变现质量指标没有合理的界定范围，公司只有与同行业相比或与本企业历史水平相比才能得出合适范围。如果公司的流动比率指标与同行业平均水平相比属正常范围，同时商品存货周转速度快、变现质量高，就能够说明公司经营性资产质量高，商品存货发生损失的可能性较小，偿还短期债务有足够的高质量经营性资产作为保证。只要企业流动资产周转率快于企业流动负债周转率，即便流动比率小于1也不至于产生问题。

陷阱三：人为调节和经济衰退的影响

流动比率的分析不仅受到行业、季节、市场风险、价格、国家政策等因素的影响，也受到人为调节和经济衰退的影响。

人为调节是用现金偿还或者提前偿还短期借款，使流动资产和流动负债同时等额减少；经济衰退的出现会导致流动资产和流动负债大致相等地减少，尤其是在金融危机中。因此债权人在对债务人企业进行偿债能力分析时，更应该注意这种数据跳跃的现象。

因此，在运用流动比率、速动比率指标时，必须进行深入、细致的财务分析和综合评价，既要分析行业特点、企业规模，又要分析流动资产及流动负债的具体内容结构。只有这样，财务报表使用者及债权人才能对企业的短期偿债能力做出客观、准确的评价。

（四）现金比率

现金比率是指企业现金类资产与流动负债的比值，其计算公式如下：

$$现金比率 = \frac{货币资金 + 交易性金融资产}{流动负债}$$

现金类资产包括货币资金、交易性金融资产等，是企业流动资产中流动性最强的资产，可以直接用来偿债。因此现金比率表明企业随时偿付债务的能力，反映企业即时的流动性，比流动比率和速动比率更能准确地衡量企业的短期偿债能力。现金比率高说明企业即时偿付能力强，但是过高的现金比率，会给企业带来较高的机会成本，影响企业的盈利能力；现金比率低，则说明企业即时偿付能力弱。一般认为，该比率在 0.2 左右比较合理，保持这个水平，企业的即时支付能力不会有太大的问题，但是财务报表分析者还需结合企业实际情况和行业水平进行具体分析。

需要注意的是，企业的现金资产中会有一些具有特殊用途的货币资金，比如限定用途、不能随便动用的资金，银行限制条款中规定的最低存款余额以及银行对某些客户规定的补偿性限制余额等，这些货币资金不能用于偿还企业的短期债务，在计算现金比率时应被剔除。

例 6-5 A 公司现金比率的计算分析如表 6-5 所示。

表 6-5 A 公司现金比率的计算分析

项目	前年	去年	本年
现金类资产/亿元	20.96	11.25	39.16
流动负债/亿元	85.16	106.44	85.6
现金比率	0.24	0.11	0.46
现金比率（B 公司）	0.36	0.36	0.35

从表 6-5 中可以看出，A 公司前年现金比率为 0.24，去年下降至 0.11，本年上升至 0.46，除去年低于标准值 0.2 外，其余两年均高于 0.2，从现金比率角度来看，企业现金类资产对流动负债的保障能力较强，企业的即时支付能力较强。

B 公司前年与去年的现金比率均高于 A 公司，本年现金比率有小幅下降，但三年的数值均高于 0.2，说明 B 公司现金类资产对流动负债保障能力较强，企业的即时支付能力强。综合评价例 6-2 至例 6-5 中的四个指标可以看出，B 公司除现金类资产对流动负债的保障能力较强外，企业流动资产等对流动负债的保障能力均偏弱。也就是说，该企业的即时支付能力较强，但整体的短期偿债能力还需要增强。

使用营运资金、流动比率、速动比率和现金比率四个主要指标评估企业短期偿债能力，分析评价时应综合考察，不能孤立地使用某一指标进行评价，这样才能对企业的短期偿债能力做出全面、客观和准确的评价。

（五）现金流动负债比率

现金流动负债比率又称经营现金比率，是指企业在一定时期内经营活动产生的现金流量净额与流动负债的比值，其计算公式为：

$$现金流动负债比率 = \frac{经营活动现金流量净额}{流动负债}$$

前面讲到的四个衡量企业短期偿债能力的指标是从存量的角度对企业短期偿债能力进行分析，而现金流动负债比率是从流量的角度对企业短期偿债能力进行分析。

"经营活动现金流量净额"一般使用现金流量表中的"经营活动产生的现金流量净额"，其数额大小表示企业在特定的会计期间生产经营产生现金流量的能力，它是企业偿还短期负债的主要资金来源。现金流动负债比率反映了本期靠经营活动产生的现金净流量偿付流动负债的倍数。一般认为，该指标大于等于 1 时，说明企业有足够的生产能力偿还流动负债；如果小于 1，则表示企业无法靠自身经营所得偿还其流动负债，需要外部筹资或者变卖资产才能弥补到期债务。需要注意的是，该指标的值并不是越大越好，该指标的值大，说明企业流动资金利用不足，盈利能力欠佳。

例 6-6 A 公司现金流动负债比率的计算分析如表 6-6 所示。

表6-6　A公司现金流动负债比率的计算分析

项目	前年	去年	本年
经营活动现金流量净额/亿元	7.15	-14.15	53.55
流动负债/亿元	85.16	106.44	85.6
现金流动负债比率	0.08	-0.13	0.63
现金流动负债比率（B公司）	0.05	0.09	-0.21

从表6-6中可以看出，A公司前年与去年的现金流动负债比率均偏低，尤其是去年该指标为负数，与前年相关数据相比，主要是"支付的其他与经营活动有关的现金"出现了较大幅度的增加；本年该指标大幅上升，说明该企业短期偿债能力有所上升。2022年食品制造行业现金流动负债比率行业平均值为0.095。综合三年现金流动负债比率看，虽然A公司该指标值均小于1，三年平均值却远高于行业平均值，说明该企业经营风险在可控范围内，相对于行业来看还是比较理想的。

B公司三年的现金流动负债比率均很低，尤其是本年该财务比率竟然为负值，说明B公司无法靠自身经营偿还流动负债，经营风险高（尤其是本年）。

四、长期偿债能力财务比率分析

企业短期偿债能力分析主要侧重考察企业的流动资产对流动负债的偿付能力，因此要关注企业流动资产和流动负债的结构和规模。对于长期负债来说，企业借入长期负债是为了购买资产实现盈利和增值，这样才有能力偿还长期资产，因此分析企业长期偿债能力时不仅要考察企业的资产和负债的结构和规模，还要考察企业的获利能力。

衡量长期偿债能力的指标主要有存量指标和流量指标。存量指标主要包括资产负债率、产权比率、权益乘数、长期资产适合率。流量指标主要包括利息保障倍数、现金负债总额比率等。

（一）资产负债率

资产负债率，又称债务比率，是负债总额与资产总额的比率，其计算公式为：

$$资产负债率 = \frac{负债总额}{资产总额} \times 100\%$$

资产负债率是衡量企业偿债能力的一个重要指标，既反映了企业资产对负债的保障能力，又反映了企业的资本结构（企业全部资金中有多少是投资人投入的，又有多少是通过借债而筹集的）。资产负债率越高，说明投资人投入的资金越少，借入的资金在全部资产中所占的比重越高，资产对负债的保障能力越低，企业不能按时偿还负债的风险越高。

对债权人而言，资产负债率越低越好，这样企业的资产可以充分保障债务的安全性。对于股东而言，要根据资产预期报酬率和借款利率来决定资产负债率的高低，若前者大于后者，股东希望资产负债率越高越好，因为既可以获取利润，还可以使用财务杠杆获取预期报酬；若后者大于前者，股东希望资产负债率越小越好，因为借入的资金利息需要获取的利润来偿还。企业经营者会根据企业的节税收益和财务风险来权衡资产负债率的高低，当企业的获利能力较强，经营前景乐观时，较高的资产负债率不仅可以节税，还可以获得财务杠杆收益；当企业获利能力下降，经营前景不佳时，较低的资产负债率可以降低企业财务风险。

一般情况下，资产负债率的适宜水平在40%~60%，国际上公认的合理标准是60%。对于经营风险高的企业，应该适当降低财务风险，这时候就需要维持一个较低水平的资产负债率；对于经营风险低的企业，为了提高股东收益率，可以保持一个较高水平的资产负债率。

例6-7　A公司资产负债率的计算分析如表6-7所示。

表6-7　A公司资产负债率的计算分析

项目	前年	去年	本年
负债总额/亿元	87.3	122	87.9
资产总额/亿元	146.97	189.8	171
资产负债率	0.59	0.64	0.51
资产负债率（B公司）	0.58	0.59	0.56

从表6-7中可以看出，本年A公司的资产负债率比前年和去年略有下降，去年资产负债率高于0.6，较高的原因是企业借入了一笔长期负债。前年的资产负债率为0.59，本年的资产负债率为0.51，该公司的负债总额只占资产总额的一半，参考2022年行业均值0.58，说明A公司的资产负债率是比较合理的，该公司具有良好的长期偿债能力。

B公司三年的资产负债率总体来看与A公司相差不大，本年该比率略有下降，该公司的负债总额只有资产总额的一半多一点，说明B公司的资产负债率基本合理，虽然该公司短期偿债能力欠佳，但从长期来看，该公司资产可以保障负债的偿还。

（二）产权比率

产权比率，是企业负债总额与所有者权益总额的比率。它表明了股权资金对债权资金的保障程度，是衡量企业财务结构是否稳健的重要标志。其计算公式为：

$$产权比率 = \frac{负债总额}{所有者权益总额} = \frac{负债总额}{资产总额-负债总额} = \frac{资产负债率}{1-资产负债率}$$

产权比率更为直观地揭示了所有者权益对于负债的保障能力以及企业财务的稳健程度，可以看成资产负债率的另一种表达形式。产权比率越低，表明企业的所有者权益对负债的保障能力越强，企业的长期偿债能力越强，债权人承担的风险越小。产权比率过低，企业就会丧失由负债带来的财务杠杆收益，从而降低股东收益率；产权比率过高，企业的财务杠杆就会加大，从而增加企业财务风险。所以评价企业产权比率适宜与否时，要结合企业获利能力和偿债能力两个方面综合考量，也就是说要在保障企业偿债能力的前提下，尽可能地提高企业的产权比率。

例6-8　A公司产权比率的计算分析如表6-8所示。

表6-8　A公司产权比率的计算分析

项目	前年	去年	本年
负债总额/亿元	87.3	122	87.9
所有者权益总额/亿元	59.66	67.8	73.09
产权比率	1.46	1.80	1.20
产权比率（B公司）	1.37	1.45	1.25

从表 6-8 中可以看出，本年 A 公司的产权比率比前年和去年均有所下降，去年产权比率高于前年和本年，结合前例分析，去年产权比率较高的原因是企业借入了一笔长期负债。本年产权比率为 1.2，说明 A 公司的负债总额是权益总额的 1.2 倍。该数值小于行业均值水平，说明 A 公司具有良好的长期偿债能力，但同时也丧失了部分财务杠杆收益。

B 公司三年的产权比率总体来看与 A 公司相差不大，本年该比率略高于 A 公司，前年和去年均低于 A 公司，说明 B 公司的产权比率基本合理。

（三）权益乘数

权益乘数，又称财务杠杆比率，反映了资产总额对所有者权益总额的保障倍数，是杜邦财务分析体系中的重要分析指标。其计算公式为：

$$权益乘数 = \frac{资产总额}{所有者权益总额} = \frac{所有者权益总额 + 负债总额}{所有者权益总额} = 1 + 产权比率$$

$$权益乘数 = \frac{资产总额}{所有者权益总额} = \frac{资产总额}{资产总额 - 负债总额} = \frac{1}{1 - 资产负债率}$$

通过计算公式可以看出，权益乘数和产权比率是资产负债率的另外两种形式，这二者和资产负债率具有相同的性质，可以结合使用。权益乘数和产权比率是常用的衡量企业财务杠杆的指标。权益乘数越高，企业财务杠杆越高，财务风险就会越大。企业为了平衡财务风险，需要探求一个最佳的资本结构。

（四）利息保障倍数

利息保障倍数，又称已获利息倍数，是指企业生产经营产生的息税前利润与利息费用的比率。它是衡量企业支付利息能力的重要流量指标，反映了企业获利能力对负债产生的利息的保障能力，也是企业信用评级的重要指标。其计算公式为：

$$利息保障倍数 = \frac{息税前利润}{利息费用}$$

其中：息税前利润 = 净利润 + 所得税费用 + 利息费用

实际应用中，结合利润表中项目，息税前利润还可简化为：

$$息税前利润 = 利润总额 + 财务费用$$

利息费用是指企业当期全部费用化的利息，既包括费用化计入财务费用的部分，还包括资本化计入资产的部分。在实务中，用"财务费用"替代"利息费用"是存在一定误差的，其使用前提是无法准确获得资本化的利息费用。

长期债务不需要每年还本，但却需要每年付息。利息保障倍数反映了企业息税前利润相当于利息费用的多少倍，可以反映企业债务政策的风险大小。其数额越大，企业支付利息的能力越强，企业的偿债能力也越强。如果企业支付利息都存在问题，那么偿还本金就更不可能了。

若利息保障倍数小于 1，表明企业靠自身产生的经营收益不能抵付应付利息，企业的偿债能力弱；利息保障倍数等于 1，表明企业的经营收益正好可以偿还应付利息，税前利润为 0，企业的偿债能力依然存在问题，因为经营收益受经营风险的影响会产生波动，而利息支付却是固定的；利息保障倍数大于 1，表明企业的经营收益在抵付应付利息后，经营者还有剩余。利息保障倍数越大，企业偿还应付利息的可能性就越高，偿债能力越强。为确保企业偿付利息的稳定性，应选择连续的多个会计期间进行分析。

利息保障倍数的标准界限根据企业所处行业的不同而有所差异，一般认为标准值为3~4倍。

例6-9 A公司利息保障倍数的计算分析如表6-9所示。

表6-9 A公司利息保障倍数的计算分析

项目	前年	去年	本年
利润总额/亿元	1.7	6.676	10.03
财务费用/亿元	1.29	1.178	4.25
息税前利润/亿元	2.99	7.854	14.28
利息保障倍数	2.32	6.67	3.36
利息保障倍数（B公司）	1.33	1.17	-0.11

从表6-9中可以看出，去年A公司利息保障倍数最高为6.67，本年该公司利息保障倍数相比于前年上升了1.04，相比于去年下降了3.31，这是因为本年财务费用有大幅上升，但本年该指标正好处于标准值之间，说明A公司偿付利息的能力较强。结合2022年行业均值2.1来看，A公司偿付利息能力强，偿债能力表现优秀。

B公司与A公司相比，利息保障倍数太低，尤其是本年，由于利润为负，所以利息保障倍数也为负值，说明B公司偿付利息的能力较差。

（五）现金负债总额比率

现金负债总额比率，又称债务保障比率，是指年度经营活动产生的现金净流量与债务总额的比率。其计算公式为：

$$现金负债总额比率=\frac{经营活动现金净流量}{负债总额}\times100\%$$

该指标反映企业经营活动现金净流量偿付全部债务的能力。比率越高，说明企业偿还负债的能力就越强。一般认为，该比率维持在20%左右比较好。

例6-10 A公司现金负债总额比率的计算分析如表6-10所示。

表6-10 A公司现金负债总额比率的计算分析

项目	前年	去年	本年
经营活动现金净流量/亿元	7.15	-14.15	53.55
负债总额/亿元	87.30	122	87.90
现金负债总额比率	8.19%	-11.60%	60.92%
现金负债总额比率（B公司）	5.20%	9.46%	-20.95%

从表6-10中可以看出，本年A公司的现金负债总额比率最高达60.92%，去年为负值，前年为8.19%。这说明该公司本年经营能力大幅增长，偿债能力强。当然分析该指标是否合理还要结合市场利率或者A公司的实际利率进一步考量。

B公司与A公司相比，该财务比率指标差距较大，尤其是本年，由于经营活动现金净流量为负值，使得该指标也为负值，说明B公司经营能力较差，偿债能力也较弱。

第三节 盈利能力财务比率分析

一、盈利能力分析的目的

盈利能力通常是指企业在一定时期内赚取利润、创造价值、实现资本增值的能力。盈利能力至关重要，它直接关系到企业的生死存亡，因此无论是企业的经营者、投资人、债权人，还是其他利益相关者，都十分重视企业的盈利能力。

二、盈利能力分析的内容

盈利能力分析就是通过相关指标分析企业获取利润的能力，包括企业在一定时期内通过生产经营活动获取利润的能力分析和企业在较长时期内稳定地获取利润的能力分析。其内容主要包括以下几个方面：

（1）企业经营销售获利能力分析，包括营业毛利率、营业利润率、营业净利率、成本费用利润率、销售获现比率等。

（2）资本与资产获利能力分析，包括净资产收益率、总资产报酬率等。

（3）上市公司盈利能力分析，包括每股收益、每股股利、股利支付率、市盈率、市净率等。

三、盈利能力的影响因素

影响企业盈利能力的因素主要有以下几方面：

（一）资产管理水平

资产管理不仅影响着企业的营运能力，还影响着企业的盈利能力。资产管理一般分为资产规模、资产结构以及资产使用效率三个方面，有效的资产管理就是要确定适度的资产规模、合理的资产结构，在此基础上不断提高资产使用效率。一般情况下资产管理水平越高，企业的营运能力就越强，企业的盈利能力也会越强。

（二）营销能力

企业发展的基础是企业产生利润，而企业利润的产生主要依靠营业收入尤其是主营业务收入。企业的营销能力的高低直接影响了企业营业收入的多少。因此，要制定科学有效的营销策略，这样有助于企业形成良好的营业状况，为企业赢利提供基本条件。

（三）企业的利润构成

企业利润主要由三部分构成，分别是营业利润、投资收益和营业外收入。通常情况下营业利润应该是利润的主要来源。然而有些企业的利润主要是靠营业外收入提供的，这种情况是不能长久存在的。因此，企业的利润构成直接影响了企业长期的盈利能力。

（四）风险管理水平

收益与风险总是相伴相生的。企业在赚取利润的同时应该管理和控制好风险。风险过低，经营过于保守，会致使企业丧失很多赚钱的机会；风险太高，经营不安全，企业可能面临严重的危机，甚至危及其生存。这就需要企业在长久获利、稳定前进的同时，合理控制风险水平。

四、经营销售获利能力指标分析

（一）营业毛利率

营业毛利率是指企业一定时期的营业毛利和营业收入之间的比率。其计算公式为：

$$营业毛利率 = \frac{营业毛利}{营业收入} \times 100\%$$

$$= \frac{营业收入 - 营业成本}{营业收入} \times 100\%$$

营业毛利是营业收入减去营业成本后的差额，即销售收入扣除销售成本后还余多少可以补偿期间费用并最终实现企业利润。影响毛利的因素比较多，一般选取销售单价、销售数量、营业成本等主要因素对毛利进行定性分析，并明确相关部门的责任归属。

营业毛利率是反映企业获取利润能力的核心指标之一，其值越高，说明企业产品的获利能力越强，在市场上的竞争能力也越强。该指标具有比较明显的行业特征，比如高科技行业毛利率普遍较高，资源类行业的毛利率具有比较明显的周期性，同时也受到产业政策的影响。

（二）营业利润率

营业利润率是指营业利润与营业收入之间的比率。其计算公式为：

$$营业利润率 = \frac{营业利润}{营业收入} \times 100\%$$

营业利润率反映了企业通过经营获取利润的能力。营业利润中既包括企业依靠经营类生产资产取得的利润，也包括投资收益、公允价值变动收益等投资类资产取得的收益，因此营业利润率是对企业日常盈利能力的全面衡量。

（三）营业净利率

营业净利率是指净利润与营业收入之间的比率。其计算公式为：

$$营业净利率 = \frac{净利润}{营业收入} \times 100\%$$

营业净利率是在分析企业盈利能力时使用最多的一项指标，它反映企业每 1 元营业收入最终获得多少净利润，表明企业的销售收入获取税后利润的能力。营业净利率越高，说明企业的获利能力越强。

例 6-11 根据 A 公司利润表及其附表资料，结合营业利润率的公式，计算该公司的营业利润率，见表 6-11。

表 6-11　A 公司的营业利润率

项目	前年	去年	本年
营业收入/亿元	116.68	135.57	191.57
营业成本/亿元	103.18	115.87	160.60
营业利润/亿元	1.23	6.51	10.0

表6-11（续）

项目	前年	去年	本年
净利润/亿元	0.68	5.10	7.50
营业毛利率/%	11.57	14.53	16.17
营业利润率/%	1.05	4.80	5.22
营业净利率/%	0.58	3.76	3.92
营业毛利率（B公司）/%	14.75	15.07	10.60
营业利润率（B公司）/%	-1.50	-2.48	-7.98
营业净利率（B公司）/%	1.69	0.53	-6.81

从表6-11中可以看出，A公司在前年、去年、本年这三年中，营业利润率都在稳步上升，说明该公司产品的获利能力较为稳定且呈上升趋势。但是2022年食品制造业营业利润率的行业平均值为6.3%，A公司产品的获利能力稍弱，企业还需要调整战略提高企业主营产品的获利能力。

B公司与A公司相比，三项财务指标均不甚理想，三年营业利润率均为负值，说明B公司的产品获利能力太差。企业应该把经营重点放在改善产品获利能力上，提高产品在市场中的竞争能力。

（四）成本费用净利率

成本费用净利率指的是一定时期内企业净利润和成本费用总额之间的比率。该指标反映了企业所得与所费之间的关系，表明企业每花费1元的成本费用能创造多少元的净利润，它是衡量企业盈利能力的重要指标之一。其计算公式为：

$$成本费用净利率 = \frac{净利润}{成本费用总额} \times 100\%$$

成本费用净利率越高，说明企业成本费用控制得越好，获取利润支付的代价就越小，企业的盈利能力就越强。该指标有利于经营者探索降低成本费用的潜力，也有利于投资者从企业成本费用的角度考察企业的获利能力。成本费用净利率是反映企业成本效益的重要指标。

例6-12 根据A公司财务报表有关资料，分析该公司成本费用净利率及其变动情况，见表6-12。

表6-12 A公司成本费用净利率分析

项目	前年	去年	本年
净利润/亿元	0.68	5.1	7.5
成本费用总额/亿元	45.638	99.029	129.31
成本费用净利率/%	1.49	5.15	5.80
成本费用净利率（B公司）/%	1.66	0.53	-6.13

从表6-12中可以看出，A公司的成本费用净利率稳步上升，说明企业的成本费用政策制定得当，成本费用管理有效。结合2022年行业均值5.9%综合考量，A公司的成本费用管理还需要进一步改进，以提高企业整体资产的获利能力。

B公司的成本费用率表现极为不好，与A公司相差甚远，更是远低于行业均值，三年表现出下降趋势，说明该公司的成本费用没有得到很好的控制，企业获利需要支付较大的代价。

（五）销售获现比率

销售获现比率反映了企业通过销售获取现金的能力，是现金流量指标对商品经营盈利能力的补充。销售获现比率是销售商品、提供劳务收到的现金与营业收入之比。

$$销售获现比率 = \frac{销售商品、提供劳务收到的现金}{营业收入} \times 100\%$$

例 6-13 根据 A 公司财务报表有关资料，分析该公司销售获现比率及其变动情况，见表 6-13。

表 6-13　A 公司销售获现比率分析

项目	前年	去年	本年
销售商品、提供劳务收到的现金/亿元	134.49	158.14	221.08
营业收入/亿元	116.68	135.57	191.57
销售获现比率/%	115	117	115
销售获现比率（B 公司）/%	114	111	122

从表 6-13 可以看出，A 公司前年至本年销售获现比率没有较大的变动，说明该公司通过销售获取现金的能力没有发生较大变动，从其具体数值上来分析，该企业产品销售形势良好，主营业务创造现金的能力较强，信用政策制定合理，能及时收回货款，收款工作得力。

B 公司的销售获现比率优于 A 公司，尤其是本年 B 公司的销售获现比率比前两年有所提高。结合该企业其他获利指标可以分析出，B 公司产品销售政策制定合理，销售过程中因信用政策制定合理，能及时收回货款，收款工作得力，主营业务创造现金的能力很不错。

五、资产盈利能力指标分析

经营销售获利能力分析均是以营业收入为基础，就企业销售能力进行获利分析，主要对产出与产出之间的关系进行比较分析，没有考虑企业投入与产出之间的关系，不能全面反映企业的获利能力，因为高收入有可能是靠高投入获得的。因此，还需要从企业资产运用效率和资本投入报酬率的角度进一步分析企业的获利能力，这样才能公平地反映企业实际的获利情况。

（一）总资产报酬率

总资产报酬率又叫总资产收益率，是指企业一定时期内息税前利润与平均总资产的比率。它是反映企业资产综合利用效率的指标，也是衡量企业利用总资产获得利润能力的重要指标。其计算公式如下：

$$总资产报酬率 = \frac{息税前利润}{总资产平均余额} \times 100\%$$

其中：息税前利润 = 利润总额 + 利息支出

总资产平均余额 = （资产总额期初余额 + 资产总额期末余额）÷2

总资产报酬率越高，说明企业总资产的使用效率越高、资产获利能力越强，能够以较少的资金投入获得较高的利润回报。分析总资产报酬率时，应当找出同行业先进企业水平或本企业历史最高水平进行比较，从而找出企业在经营过程中存在的差距和问题，调整企业经营策略，提高企业总资产使用效率。该指标也是决定企业资产结构的重要依据，如果其大于或等于借款利息率，企业可以进行负债融资，充分利用财务杠杆带来的效益。

（二）总资产净利率

总资产净利率是指企业一定时期内净利润与平均总资产之间的比率，它反映企业每投入 1 元资产能获得多少元的净利润。其计算公式如下：

$$总资产净利率 = \frac{净利润}{总资产平均余额} \times 100\%$$

$$= \frac{净利润}{营业收入} \times \frac{营业收入}{总资产平均余额} \times 100\%$$

$$= 营业净利率 \times 总资产周转率 \times 100\%$$

总资产净利率可以反映出企业治理水平，通过分析该指标，可以促进企业提高单位资产的获利水平，增强各利益相关者对企业资产使用的关注。该指标越高，资产使用越有效，成本费用的控制水平越好。总资产净利率具有很强的综合性，是影响所有者权益利润率的最重要的指标。该指标受到营业净利率和总资产周转率的影响。

例 6-14 根据 A 公司财务报表数据，计算并分析该公司总资产报酬率和总资产净利率变动情况，如表 6-14 所示。

表 6-14   A 公司利润表中的相关数据

项目	前年	去年	本年
财务费用/亿元	1.29	1.18	4.25
利润总额/亿元	1.7	6.68	10
息税前利润/亿元	2.99	7.86	14.25
总资产平均余额/亿元	145.4	168.39	180.4
净利润/亿元	0.68	5.1	7.5
总资产报酬率/%	2.06	4.66	7.92
总资产净利率/%	0.47	3.03	4.18
总资产报酬率（B公司）/%	3.77	3.52	−0.33
总资产净利率（B公司）/%	1.04	0.31	−2.81

可以看出本年 A 公司财务费用上升幅度大，这可能是去年借入长期借款所致，而本年该公司息税前利润和净利润也有了明显上升幅度，说明利用债权融资得到的资金很快形成了生产能力，给公司创造了利润。从前年到本年 A 公司总资产报酬率和总资产净利率呈现上升趋势，说明该公司单位资产的获利水平在不断提高。结合 2022 年行业均值 4.4% 来看，A 公司经营策略制定得当，总资产使用效率高，资产获利能力非常好。

前年 B 公司的总资产报酬率与总资产净利率均优于 A 公司，但是从去年开始，这两项财务指标大幅下降，与 A 公司的差距逐渐拉大，说明该公司经营策略制定失效，总资产使用效率低，资产的获利水平在大幅下降。

（三）净资产收益率

净资产收益率是指企业一定时期内净利润与平均净资产之间的比率，反映了企业投资者投入资本的获利能力，是投资者衡量投资报酬的主要财务指标。其计算公式为：

$$净资产收益率 = \frac{净利润}{净资产平均余额} \times 100\%$$

净资产收益率表明投资者每投入 1 元能收获多少利润，它是站在投资人的角度来考核企业的获利能力和投资回报的重要指标，因此是投资人最关心的指标。净资产收益率指标使用范围广，且不受行业限制，该指标越高，企业自有资本获利能力越强，资本保值增值的能力也越高。

例 6-15 根据 A 公司财务报表数据，计算并分析该公司净资产收益率。相关数据见表 6-15。

表 6-15　A 公司净资产收益率的计算分析

项目	前年	去年	本年
净利润/亿元	0.68	5.1	7.5
净资产平均余额/亿元	59.7	63.7	70.4
净资产收益率/%	1.15	8.01	10.70
净资产收益率（B 公司）/%	3.72	1.16	-13.06

从表 6-15 中可以看出，A 公司净资产收益率水平从前年的 1.15% 到本年的 10.70%，上升了 9.55%，上升趋势明显。结合 2022 年行业均值 4.4% 来看，该公司自有资本获利能力在不断增强，资本保值增值能力强。

与 A 公司相反，B 公司净资产收益率从前年开始呈现大幅下降趋势，并远远低于行业平均水平，说明该公司获利能力在大幅下降，资本保值增值能力弱。

六、上市公司盈利能力分析

上市公司因其股权流动、股票价格量化等特点，具有一些特殊的盈利能力分析指标，因此需要对其盈利能力指标单独进行分析。

（一）每股收益

每股收益是指企业本年净利润减去优先股股息后的余额与发行在外的普通股股数的比率。它反映了上市公司发行在外的普通股每股所能获得的净收益额。每股收益是衡量上市公司盈利能力和普通股股东获利水平的一项重要指标，与普通股股东的利益密切相关。每股收益包括基本每股收益和稀释每股收益。基本每股收益的计算公式是：

$$基本每股收益 = \frac{净利润 - 优先股股利}{发行在外的普通股股数}$$

式中，发行在外的普通股股数如果年度内发生增减变动，那么应采用"加权平均发行在外股数"。其计算公式为：

加权平均发行在外股数 = $\sum$［发行在外股票数额×（发行在外的时间÷当期报告期时间）］

一般情况下，已发行时间、报告期时间和已回购时间一般按照天数计算；在不影响计算结果合理性的前提下，也可以简化计算方法。

例 6-16 M 公司 2022 年年初发行在外的普通股为 2 000 万股；3 月 31 日发行新股 1 100 万股；11 月 1 日回购 300 万股，以备奖励公司高管用。该公司当年实现净利润 580 万元。计算 2022 年度 M 公司的基本每股收益。

发行在外的普通股股数 = 2 000+1 100×9÷12−300×2÷12 = 2 775（万股）

基本每股收益 = 580÷2 775 = 0.21（元）

如果企业发行了可转换债券、认股权证、股票期权，那么当这些证券的持有人行使了权力，将债券、期权转换为普通股后，就会减少每股收益，因此称之为具有稀释性的潜在普通股。

稀释每股收益指当公司存在稀释性潜在普通股时，应当调整发行在外的普通股加权平均数，并据以计算稀释每股收益。其计算公式如下：

$$稀释每股收益 = \frac{净利润 − 优先股股利}{发行在外的基本普通股股数 + 已转换稀释性潜在普通股}$$

例 6-17 假设 M 公司 2022 年 1 月 1 日发行 300 万份认股权证，行权价格 8 元，2022 年度净利润为 630 万元，发行在外普通股加权平均数为 1 500 万股，普通股平均市场价格为 10 元，则：

基本每股收益 = 630÷1 500 = 0.42（元）

已转换稀释性潜在普通股股数 = 300−300×8÷10 = 60（万股）

稀释的每股收益 = 630÷（1 500+60）= 0.40（元）

例 6-18 假设 M 公司 2022 年 1 月 1 日发行利率为 5% 的可转换债券，面值 2 000 万元。合同规定，该可转债每 100 元可转换为面值为 1 元的普通股 105 股。2022 年净利润 5 200 万元，当年发行在外的普通股加权平均数为 6 000 万股，所得税税率为 25%，则：

基本每股收益 = 5 200÷6 000 = 0.87（元）

净利润的增加 = 2 000×5%×（1−25%）= 75（万元）

普通股股数的增加 = 2 000÷100×105 = 2 100（万股）

每股稀释的每股收益 = (5 200+75)÷(6 000+2 100) = 0.65（元）

在分析每股收益时需注意，每股收益越高，说明企业的盈利能力越强，但这并不表示企业会分红，企业分红还需要结合企业的股利分配政策和现金流量综合考量。同时除了企业自身的盈利能力会提高每股收益，还要考虑国家宏观政策，如果国家出台了行业支持政策，一般情况下，该行业的整体盈利能力会大幅增长。

（二）每股股利

每股股利也称普通股每股股利，反映每股普通股获得现金股利的情况。其计算公式为：

$$每股股利 = \frac{普通股现金股利总额}{发行在外的普通股股数}$$

式中，由于股利发放只派发给年末持有普通股的股东，因此计算分母时采用年末发行在外的普通股股数，而不考虑全年发行在外的加权平均股数。每股股利反映的是上市公司普通股股东获得现金股利的情况，其值越高，普通股获取的现金报酬就越多。这里需要注意的是，上市公司股利分配情况不仅与企业的盈利水平和现金流量状况相关，还取决于上市公司的股利分配政策。

（三）市盈率

市盈率是指普通股每股市场价格和当期普通股每股收益的比值，即每股市价相当于每股收益的倍数。该指标可以判断上市公司股票的潜在价值。其计算公式如下：

$$市盈率 = 普通股每股市价 \div 每股收益$$

式中，"每股市价"一般是按全年普通股市价的平均价格计算，但是为了计算简便，在很多时候也可采用报告前一日的股价来近似计算。市盈率越高，表明企业发展前景越好，市盈率高时投资者对其持乐观态度，愿意出较高的价格购买股票，承担较大的投资风险。市盈率越低，说明该股票投资风险越小，投资价值越高，但也有可能是因为该公司发展前景不佳造成的。需要注意的是，市盈率指标不适用于不同行业的企业间的比较，通常新兴行业市盈率可能会比传统行业高，但这并不说明传统行业盈利能力差，不具有投资价值。

链接 6-2 <center>**如何用"市盈率"寻找优秀公司**</center>

市盈率指标的使用，从来不是一件简单的事。投资天才戴维斯根据市盈率变化规律发明了一条终身受益的投资法则，即低市盈率买入、高市盈率卖出以获取每股收益和市盈率同时增长的倍乘效益。这种投资策略被称为"戴维斯双击"，反之则为"戴维斯双杀"。股神巴菲特则在市盈率基础上以自由现金流量折现估算企业内在价值。

美国投资大师彼得·林奇擅于使用 PEG 指标。PEG 指标（市盈率相对盈利增长比率）是用公司的市盈率除以公司未来 3 年或 5 年的净利润复合增长率。PEG 把股票当前的价值和未来的成长联系了起来。如一只股票当前的市盈率为 35 倍——似乎高估了，但如果其未来 3 年的预期净利润复合增长率能达到 35%，那么这只股票的 PEG 为 1——这表明该只股票的估值能够充分反映其未来业绩的成长性。如果 PEG 大于 2，则表示公司的利润增长与市场估值预期不匹配，价值可能被严重高估。如果 PEG 小于 0.5，则说明公司的利润增长远超估值的预期，表明这只股票的价值可能被严重低估。

同时需要注意的是，用市盈率来对股票估值只适合于业绩稳定增长的优秀企业，而这样的企业在 A 股中不足 5%。实际上，真正值得投资者投资的股票可能仅仅几只而已，这无疑需要下一番苦功。

（资料来源：张斌. 如何用"市盈率"寻找优秀公司［EB/OL］.（2018-04-16）［2019-09-29］. https://baijiahao.baidu.com/s？id=1597896593233478364&wfr=spider&for=pc.）

（四）市净率

市净率是普通股每股市价与每股净资产的比率，反映了普通股股价相当于每股净资产的倍数。其计算公式为：

$$市净率 = \frac{每股市价}{每股净资产}$$

其中，$每股净资产 = \dfrac{期末股东权益 - 优先股权益}{期末发行在外的普通股股数}$

市净率指标主要用于投资分析。每股市价是股票的现值，是根据证券市场交易的结果来确定的价值；每股净资产是股票的账面价值，是根据股票的成本来计量的。一般假设认为资本市场是成熟的，那么每股市价高于每股的账面价值时，说明公司资产质量好，有发展潜力；反之则说明资产质量差，没有发展前景。

(五) 股利支付率

股利支付率也称股利发放率，是普通股每股股利和普通股每股收益的比率，反映普通股股东从每股收益中能分到多少股利。其计算公式为：

$$股利支付率 = \frac{普通股每股股利}{普通股每股收益}$$

股利发放率不仅直观地反映了普通股股东获得的投资收益，还综合反映了公司支付股利的能力和股利分配政策。股利支付率和企业的发展阶段、投资机会以及企业的股东结构有很大的关系。如果企业处于发展阶段，投资机会很多，那么企业就会采取一个较低的股利发放率；如果企业处于成熟期，投资机会较少，那么企业就会采取一个较高的股利发放率。如果企业的股东对现金股利要求比较高，那么企业的股利发放率可能会相对较高，反之则会比较低。因此，在利用该指标分析时需要结合企业的其他相关资料进行分析。

第四节　营运能力财务比率分析

一、营运能力的概念

营运能力主要是指企业营运资产的运行能力，也就是企业利用各项资产获取利润的能力，可以从效率与效益两个方面来考察。企业营运资产的效率主要是指资产的周转率或周转速度；企业营运资产的效益主要是指企业的产出量与资产占用量之间的比率。

分析企业营运能力，就是通过对反映企业资产营运效率与效益的指标进行计算与分析，评价企业资产的营运与管理能力，为企业提高经济效益指明方向。

二、营运能力分析的内容

按照资产的流动性，企业营运能力分析的内容主要包括三个方面，即流动资产营运能力分析、固定资产营运能力分析和总资产营运能力分析。流动资产营运能力分析主要是分析企业在经营管理活动中运用流动资产的能力。流动资产营运能力指标主要有应收账款周转率、存货周转率、流动资产周转率等。固定资产营运能力主要分析固定资产的使用情况和周转速度。总资产营运能力分析主要是对总资产周转速度的分析。总资产周转速度可以用来分析企业全部资产的使用效率，是企业全部资产利用效果的综合反映。

三、流动资产营运能力分析

(一) 应收账款周转率

应收账款周转率，又称应收账款周转次数，是指一定时期内营业收入与应收账款平均余额之间的比值，是反映应收账款流动性的指标。其计算公式为：

$$应收账款周转率 = \frac{营业收入}{应收账款平均余额}$$

$$应收账款平均余额=\frac{期初应收账款+期末应收账款}{2}$$

$$应收账款周转天数=\frac{360}{应收账款周转率}$$

如果是企业内部相关人员使用该指标分析，则应用赊销收入净额代替营业收入进行计算。营业收入应该减去销售退回、销售折让、销售折扣等计算净额。计算公式为：

$$应收账款周转率=\frac{赊销收入净额}{应收账款平均余额}$$

应收账款周转率是反映应收账款周转变现能力的重要财务指标，一般用来反映企业应收账款变现速度和管理效率。一般来说，应收账款周转次数越多，说明企业应收账款回收速度越快，发生坏账损失的可能性越小，企业管理工作的效率越高，企业资金的流动性越强，越有利于提高企业短期债务的偿还能力。

使用上述公式进行分析时需要注意几项前提条件：①该公式只适用于应收票据数额较少的情况（因为应收票据也是赊销收入的一部分），当应收票据数额较多时，应改用商业债权周转率进行分析；②应收账款的取值应是账面原值，也就是没有减除坏账准备的数额，因为企业周转和回收的应收账款是原值而不是净值；③要注意增值税的影响，应收账款中是包含销项增值税的，所以销售收入还应该乘以（1+增值税率）。

例 6-19 根据 A 公司财务报表数据，计算并分析该公司应收账款周转率。相关数据见表 6-16。

表 6-16 A 公司应收账款周转率的计算分析

项目	前年	去年	本年
营业收入/亿元	116.68	135.57	191.57
应收账款平均余额/亿元	10.88	9.88	8.32
应收账款周转率/次	10.72	13.72	23.02
应收账款周转天数/天	34	27	16
应收账款周转率（B 公司）/次	5.28	5.72	4.55
应收账款周转天数（B 公司）/天	68	63	79

从表 6-16 可以看出，A 公司应收账款周转率从前年到本年呈上升趋势，周转天数呈下降趋势，并且本年变化幅度更大。在营业收入不断上涨的情况下，应收账款在不断下降，这说明该公司销售商品时主要靠现金销售，应收账款平均余额不断下降也说明企业管理应收账款的措施是有效的。结合 2022 年行业均值 9.0 次综合考量，A 公司应收账款管理处于行业领先水平，企业资金流动性强。

B 公司应收账款周转率远远落后于 A 公司，略低于行业均值，说明该公司应收账款管理措施还有待改进，资金流动性还需要提高。

影响应收账款周转率的因素有许多，比如：大量使用赊销方式、大量使用现销方式、季节性影响、销售额大幅上升或下降等。在评价一个企业应收款项周转率是否合理时，要参考行业属性和行业平均指标。

（二）存货周转率

存货周转率也叫存货周转次数，是指一定时期内营业成本与存货平均余额的比率。

该指标可以反映存货的流动性，可以作为衡量企业存货管理水平的依据。其计算公式为：

$$存货周转率 = \frac{营业成本}{存货平均余额}$$

$$存货平均余额 = \frac{期初存货+期末存货}{2}$$

如果外部使用者没有办法获取营业成本的数据，也可以用营业收入代替：

$$存货周转率 = \frac{营业收入}{存货平均余额}$$

$$存货周转天数 = \frac{360}{存货周转率}$$

存货周转率和周转天数都是反映存货管理水平的指标。正常情况下，存货周转率越快，存货的流动性就越强，存货的利用效率越高，企业的获利能力就越强。反之，则说明存货有可能发生了滞销，存货的变现能力弱，存货管理水平差，企业经营能力出现了问题。有些企业有强烈的季节性，那么计算存货周转率时应该以季度或月度来计算平均存货余额。

但存货周转率过高的话，也可能是存货水平太低导致的，甚至有可能企业经常缺货。存货水平过低有可能是企业采购次数频繁，采购批量小，这样的话不能形成规模效应，致使企业采购成本过高。因此，制定合理的存货周转率应结合企业的行业特征、企业的销售管理策略以及企业存货结构综合考量。

存货周转率是分析和评价企业采购、生产、销售等环节管理水平的综合性指标，分析它的影响因素时，可以从存货的构成入手。存货包括原材料、在产品和产成品等项目，可以分别计算其周转率，分环节找出存货管理中存在的问题。除此之外，还需考虑存货的计价方法、企业的经营期间对存货管理的影响。尽可能地提高存货周转率，降低存货占用资金，提高企业经营管理水平。

例6-20 根据A公司财务报表数据，计算并分析该公司存货周转率。相关数据见表6-17。

表6-17　A公司存货周转率的计算分析

项目	前年	去年	本年
营业成本/亿元	103.18	115.87	160.6
存货平均余额/亿元	40.42	52.65	52.43
存货周转率/次	2.55	2.20	3.06
存货周转天数/天	141	164	118
存货周转率（B公司）/次	6.65	7.78	2.90
存货周转天数（B公司）/天	54	46	124

从表6-17中可以看出，A公司存货周转率去年比前年有所下降，主要是存货平均余额增长幅度较大导致，本年该指标呈现上升趋势，且上升幅度较大，因为本年该公司采取了合理的销售策略使得本年度销售收入大幅增加，存货周转率也得到了相应的提高。不过，结合行业均值6.8次综合考量，A公司存货周转率太低，存货管理方式急

需改进，但还要结合自身实际情况找出问题所在，对症下药。

前年与去年 B 公司的存货周转率均优于 A 公司，但是本年 B 公司的存货周转率却大幅下降，说明 B 公司在本年销售情况非常不理想，需要进一步分析下降原因。

存货周转率水平要结合行业特征和市场供应情况来综合考察。比如，电子产品行业（产品更新换代频繁）和乳制品行业（乳制品不易保存容易变质）要求存货周转率越高越好；而白酒和红酒行业（白酒和红酒放置时间越长升值空间越大）的存货周转率却是越低越好。除此之外，当企业预测到其生产的产品未来会供不应求，就会提前多存一些存货以待未来升值或避免未来因缺货而造成的收入损失。

综上，正确判断企业存货周转率的方法，需要将企业的存货周转率与该行业的平均水平进行比较。如果高于行业平均水平，说明企业产品竞争力强，企业运营水平高。反之则表明企业产品竞争力弱。

（三）流动资产周转率

流动资产周转率是指一定时期内企业营业收入与流动资产平均余额的比率。该指标反映了企业流动资产的周转速度，是从企业流动性最强的成本入手分析企业投入生产领域的资本的运作效率，以此寻找影响企业资本质量的主要因素。其计算公式为：

$$流动资产周转率 = \frac{营业收入}{流动资产平均余额}$$

$$流动资产平均余额 = \frac{流动资产期初余额 + 流动资产期末余额}{2}$$

$$流动资产周转天数 = \frac{360}{流动资产周转率}$$

企业投入一定资本在生产活动过程中，产出越大，那么资本的使用效率就会越高。所以，流动资产周转率越高，周转速度就越快，流动资产管理水平就越高；反之，周转速度就越慢，流动资产的利用效果就越差。分析流动资产周转情况时还应结合存货和应收账款等具体流动资产的周转情况，这样才能找到影响流动资产管理水平的具体原因。

例 6-21　根据 A 公司财务报表数据，计算并分析该公司流动资产周转率。相关数据见表 6-18。

表 6-18　A 公司流动资产周转率的计算分析

项目	前年	去年	本年
营业收入/亿元	116.68	135.57	191.57
流动资产平均余额/亿元	90.4	108.6	115.9
流动资产周转率/次	1.29	1.25	1.65
流动资产周转天数/天	279	289	218
流动资产周转率（B 公司）/次	1.06	1.07	0.73
流动资产周转天数（B 公司）/天	339	337	490

从表 6-18 中可以看出，A 公司流动资产周转率去年相比前年有所下降，根据上述分析应该是去年存货水平上升所致，本年该指标上升，且上升幅度较大。结合 2022 年行业均值 1.3 次来看，A 公司流动资产管理政策制定合理，这才使得公司本年流动资产

周转率有所上升，但是低于行业均值，说明企业流动资产管理还有需要改进的地方，流动资产管理水平还需进一步提高。

B 公司流动资产周转率远远落后于 A 公司，尤其是本年出现了大幅下降，说明 B 公司流动资产管理效率低，流动资产的经营利用效果非常不理想。

四、固定资产营业能力分析

固定资产周转率是指企业一定时期内营业收入与平均固定资产余额之间的比率，是反映固定资产周转快慢的重要指标。其计算公式为：

$$固定资产周转率 = \frac{营业收入}{平均固定资产余额}$$

$$平均固定资产余额 = \frac{期初固定资产净值 + 期末固定资产净值}{2}$$

$$固定资产周转天数 = \frac{360 天}{固定资产周转率}$$

固定资产周转率表示在一定期间内企业每 1 元固定资产能够产生多少营业收入。固定资产周转率越高，说明一定时期内企业固定资产提供的营业收入越多，企业固定资产的利用效率越高，越能说明固定资产结构分布合理、投资得当，管理水平越高，营运能力越强。反之，则说明企业固定资产利用效率越低，生产的产品越少，设备越有可能出现闲置，企业的营运能力越差。

例 6-22 根据 A 公司财务报表数据，计算并分析该公司固定资产周转率。相关数据见表 6-19。

表 6-19　A 公司固定资产周转率的计算分析

项目	前年	去年	本年
营业收入/亿元	116.68	135.57	191.57
平均固定资产余额/亿元	38.77	42.03	43.61
固定资产周转率/次	3.01	3.23	4.39
固定资产周转天数/天	120	112	82
固定资产周转率（B 公司）/次	2.02	2.15	1.77
固定资产周转天数（B 公司）/天	179	167	203

从表 6-19 中可以看出，A 公司的固定资产周转率从前年至本年不断上升，说明该企业固定资产提供的营业收入在不断提高，固定资产利用效率也在不断提高，固定资产投资得当，营运能力在不断提高。

B 公司固定资产周转率相比于 A 公司非常不理想，说明该公司固定资产利用效率较低，固定资产投资很不理想，营运能力较差。

分析固定资产周转率时，需要考虑固定资产净值因计提折旧而逐年减少、因更新重置而突然增加的影响；比较不同企业间的固定资产周转率时，还要考虑采用不同折旧方法对净值的影响。

五、总资产营运能力分析

总资产周转率，是指一定时期内企业营业收入与总资产平均余额的比率。它是衡量企业全部资产的管理水平和使用效率的一项重要指标。其计算公式为：

$$总资产周转率（周转次数）=\frac{营业收入}{总资产平均余额}$$

$$总资产平均余额=\frac{期初资产总额+期末资产总额}{2}$$

$$总资产周转天数=\frac{360}{总资产周转次数}=360\times\frac{总资产平均余额}{营业收入}$$

总资产周转率越高，说明企业总资产周转速度越快，资产的管理水平越高；反之，资产的管理水平越差。从周转率公式来看，提高企业销售收入，降低总资产占用额可以提高总资产周转率。同时总资产周转率还受到流动资产周转率和固定资产周转率的影响，当流动资产周转率和固定资产周转率越高时，总资产周转率也会越高。因此，分析总资产周转情况时还要结合流动资产和固定资产周转情况进行综合分析，这样才能找到问题的原因，从而更好地解决问题。

例 6-23 根据 A 公司财务报表的有关资料，计算并分析该公司总资产周转率的有关指标，见表 6-20。

表 6-20 A 公司总资产周转率的计算分析

项目	前年	去年	本年
营业收入/亿元	116.68	135.57	191.57
总资产平均余额/亿元	145.43	168.39	180.42
总资产周转率/次	0.80	0.81	1.06
总资产周转天数/天	450	444	339
总资产周转率（B 公司）/次	0.62	0.58	0.41
总资产周转天数（B 公司）/天	585	622	873

从表 6-20 中可以看出，A 公司总资产周转率从前年到本年逐年增高，本年比去年提高了 0.25 次，增幅为 30.86%。结合 2022 年行业均值 0.6 次综合考量，说明该企业总资产管理政策制定合理，总资产利用效率在不断提高，并处于行业领先水平，公司整体资产的营运能力也越来越好。

B 公司总资产周转率指标表现很不理想，与 A 公司相差甚远，并且呈逐年下降趋势，说明该企业总资产利用效率在大幅下降，公司整体资产的营运能力出现了较大问题。

第五节 发展能力财务比率分析

一、发展能力的概念

企业的发展能力，也称为企业的成长性，是指企业通过自身的生产经营活动，使用内部资金不断扩大积累而形成的发展潜能。企业发展能力衡量的核心是企业的资本实力和价值增长率。企业能否健康发展取决于多种因素，包括外部经营环境、企业内在素质及资源条件等。

二、发展能力分析的内容

（一）盈利能力分析

企业的盈利能力直接关系到企业的生存与发展，因此，企业盈利能力分析是企业发展能力分析的一项重要内容。企业盈利能力分析可以从企业产品的市场占有率情况和产品的竞争能力两个方面入手，在分析产品的竞争能力时还要同时分析企业采取的竞争策略。

（二）周期性分析

无论是行业还是企业，在发展过程中都呈现出明显的周期性。当企业处于不同发展阶段时，企业发展能力的指标分析可能会出现不同的计算结果。

三、发展能力指标分析

企业未来的发展能力决定了企业的价值，因此投资者特别关注企业的发展能力。通过分析企业的发展能力来评价企业的持续发展能力，有利于投资者做出正确的投资决策。考察企业发展能力主要分析营业收入增长率、净利润增长率、资本积累率、总资产增长率等指标。

（一）营业收入增长率

营业收入增长率是指企业一定时期营业收入增长额与上期营业收入总额的比率。它反映了企业营业收入的增减变动情况，是评价企业发展能力的一项重要指标。其计算公式如下：

$$营业收入增长率=\frac{本期营业收入增长额}{上期营业收入总额}\times100\%$$

$$本期营业收入增长额=本期营业收入-上期营业收入$$

例 6-24 A 公司前年、去年、本年营业收入见表 6-21，根据表 6-21 中数据计算该公司营业收入增长率。

表 6-21　A、B 公司营业收入　　　　　　　　　　　　　　单位：亿元

项目	前年	去年	本年
A 公司营业收入	116.68	135.57	191.57
B 公司营业收入	31.38	35.89	29.06

$$去年 A 公司营业收入增长率=\frac{1\ 355.7-1\ 166.8}{1\ 166.8}\times100\%=16.19\%$$

$$本年 A 公司营业收入增长率=\frac{1\ 915.7-1\ 355.7}{1\ 355.7}\times100\%=41.3\%$$

同理可以计算出 B 公司去年和本年营业收入增长率为 14.37% 和−19.03%。

分析 A 公司前年至本年营业收入增长率指标可以看出，该公司三年营业收入呈不断上涨趋势，尤其是本年营业收入大幅提高。结合 2022 年行业均值 13.1% 来看，该企业的产品价格合理，产品质量得到了市场的认可，产品市场占有率正逐年上涨，企业未来会有较好的发展前景。

而 B 公司的计算数据说明，该企业生产的产品，市场认可度较差，企业未来的发展前景堪忧。

分析企业营业收入的增长率时还需要考虑以下两个问题：

第一，营业收入增长的同时营业成本也会增长，如果营业成本增长率高于营业收入增长率，说明企业的净利润不会增长，并且企业的运营能力存在很大问题。这时就要分析企业哪个环节的成本费用过高而造成利润减少。

第二，营业收入的增长是由企业资产的增长引发的，如果营业收入增长率低于资产的增长率，说明企业的营业收入增长不会带来企业净利润的增长，那么企业的可持续发展能力是存在问题的。只有企业的营业收入增长率高于总资产增长率时，企业的发展能力才有较好的潜力。

（二）四年间营业收入平均增长率

个别年份营业收入因为一些特殊原因会发生短期波动，这种波动会影响到营业收入增长率。如果上期营业收入大幅下降，而本期又恢复正常，这样计算出的营业收入增长率会偏高，反之营业收入增长率会偏低。为了避免这种情况，一般需计算超过三年的营业收入平均增长率。同时，营业收入四年平均增长率表明企业营业收入连续四年间的增长情况，反映企业的持续发展态势和市场扩张能力。其计算公式如下：

四年间营业收入平均增长率 = $(\sqrt[3]{\overline{\text{本年营业收入}/\text{三年前营业收入}}} - 1) \times 100\%$

例 6-25 A 公司前年至本年营业收入见例 6-24，大前年该公司年末营业收入为 89.39 亿元，计算其四年间营业收入平均增长率。

$$\text{四年间营业收入平均增长率} = \left(\sqrt[3]{\frac{191.57}{89.39}} - 1\right) \times 100\% = 28.93\%$$

该指标能够反映企业的营业收入增长趋势和稳定程度，较好地体现企业的发展状况和发展能力，避免因特定因素引发的营业收入不正常增长而使报表分析者对企业的发展潜力做出错误判断。

（三）净利润增长率

净利润增长率是企业本期净利润增长额与上期净利润的比率。其计算公式如下：

$$\text{净利润增长率} = \frac{\text{本期净利润增长额}}{\text{上期净利润}} \times 100\%$$

$$\text{本期净利润增长额} = \text{本期净利润} - \text{上期净利润}$$

这里要分析净利润的构成因素，若企业的净利润主要由营业利润提供，则说明企业的盈利能力强，发展前景良好；但若是企业的净利润主要由营业外收入或其他项目提供，则说明企业的正常业务盈利能力欠佳，企业的持续发展能力需要提高。

例 6-26 A 公司前年、去年、本年净利润见表 6-22，根据表 6-22 中数据计算该公司净利润增长率。

表 6-22　A 公司净利润　　　　　　　　　　单位：亿元

项目	前年	去年	本年
净利润	0.685	5.105	7.54

$$去年净利润增长率=\frac{5.105-0.685}{0.685}\times100\%=64.5\%$$

$$本年净利润增长率=\frac{7.54-5.105}{5.105}\times100\%=47.70\%$$

该指标为正数，说明企业本期净利润增加，净利润增长率越大，说明企业收益增长得越多；净利润增长率为负数，则说明企业本期净利润减少，收益降低。从例6-26中可以看出，从去年开始，A公司净利润增长迅猛，企业发展态势强劲。

（四）总资产增长率

总资产增长率，是企业一定时期总资产增长额与期初资产总额的比率。该指标反映了企业一定时期内资产规模的增长情况。其计算公式为：

$$总资产增长率=\frac{本期总资产增长额}{期初资产总额}\times100\%$$

$$本期总资产增长额=期末资产总额-期初资产总额$$

总资产增长率是从资产规模的角度来考察企业的发展能力，表明企业资产规模的增长对企业发展的影响。其值越高，说明企业一定时期内资产规模增加的速度就越快。但分析该指标时，需要关注资产规模扩张的质量，以及企业的后续发展能力，避免盲目扩张。

例6-27 A公司前年、去年、本年资产总额见表6-23，根据表中数据计算该公司总资产增长率。

表6-23　A公司总资产　　　　　　　　　　　单位：亿元

项目	前年	去年	本年
资产总额	14.697	18.981	17.102

$$去年总资产增长率=\frac{18.981-14.697}{14.697}\times100\%=29.15\%$$

$$本年总资产增长率=\frac{17.102-18.981}{18.981}\times100\%=-9.90\%$$

从计算结果上看，去年A公司总资产增长率较高，而本年该指标为负数，分析资产负债表可以看出本年该指标大幅下降是偿还长期借款所致。与营业收入增长率和净利润增长率相比，营业收入增长率明显低于二者，说明企业有良好的持续增长发展能力。

正常情况下，总资产增长率越高，说明企业一定时期内资产规模增长速度越快。但是如果企业的营业收入增长率及净利润增长率远远低于总资产增长率，并且这种情况还在持续，则需要提高警惕。因此，企业经营者在关注总资产增长率增长时，还要关注资产规模扩张的质量，以及企业的可持续发展能力。

（五）资本保值增值率

资本保值增值率，是扣除企业客观因素后的本期末所有者权益总额与期初所有者权益总额的比率。该指标反映企业当期靠自身努力实现的资本增减变动的情况，它是衡量企业发展能力的一个重要指标。其计算公式为：

$$资本保值增值率=\frac{扣除客观因素后的本年末所有者权益总额}{年初所有者权益总额}\times100\%$$

一般认为，资本保值增值率越高，表明企业的资本保全状况越好，所有者权益增长越快，债权人的债务越有保障。该指标通常应当大于100%。

例6-28 A公司前年、去年、本年所有者权益见表6-24，根据表中数据计算该公司资本保值增值率。

表6-24　A公司所有者权益（1）　　　　　　　　　　单位：亿元

项目	前年	去年	本年
所有者权益总额	5.966	6.781	7.309

$$去年资本保值增长率=\frac{6.781}{5.966}\times100\%=114\%$$

$$本年资本保值增长率=\frac{7.309}{6.781}\times100\%=108\%$$

通过计算可以看出，去年A公司资本保值增值率高于本年水平，结合2022年行业均值104.2%来看，该企业两年的资本积累率均保持了持续增长，且高于行业平均值，这使得企业资本积累越来越多，企业可持续增长能力良好。

（六）资本积累率

资本积累率，是企业一定时期所有者权益增长额与期初所有者权益的比率，它反映了企业当期资本的积累能力，是评价企业发展能力的重要指标。其计算公式为：

$$资本积累率=\frac{当期所有者权益增长额}{期初所有者权益}\times100\%$$

当期所有者权益增长额=期末所有者权益-期初所有者权益

资本积累率越高，表明企业的资本积累越多，应对风险、持续发展的能力越强。

例6-29 A公司前年、去年、本年所有者权益见表6-25，根据表中数据计算该公司资本积累率。

表6-25　A公司所有者权益（2）　　　　　　　　　　单位：亿元

项目	前年	去年	本年
所有者权益总额	5.966	6.781	7.309

$$去年资本积累率=\frac{6.781-5.966}{5.966}\times100\%=13.66\%$$

$$本年资本积累率=\frac{7.309-6.781}{6.781}\times100\%=7.79\%$$

通过计算可以看出，去年A公司资本积累率高于本年水平，但两年的资本积累率均保持了持续增长，与2022年行业均值7.9%相比，结果表明企业资本积累越来越多，企业可持续增长能力良好。

投资者使用资本积累率衡量投入企业资本的保值性和增长性。该指标越高，表明企业资本积累越多，企业发展后劲越强劲；该指标越低，企业经过一年的经营并没有获得资本积累；该指标为负数，说明企业资本受到侵蚀，投资者利益受到了损害。资本积累率是对总资产增长率的补充，也是评价企业发展能力的重要指标。

（七）资本三年平均增长率

资本积累率反映的是企业当期的情况，因此分析时具有一定的滞后性，而资本三年平均增长率反映的是连续三年企业资本的积累情况，反映了企业的持续发展水平和稳步发展的趋势。其计算公式如下：

$$三年资本平均增长率=\left(\sqrt[3]{\frac{期末所有者权益总额}{三年前期末所有者权益总额}}-1\right)\times100\%$$

例 6-30 A 公司大前年、前年、去年、本年所有者权益见表 6-26，根据表中数据计算该公司资本三年平均增长率。

表 6-26　A 公司所有者权益（3）　　　　单位：亿元

项目	大前年	前年	去年	本年
所有者权益总额	59.75	59.66	67.81	73.09

$$三年资本平均增长率=\left(\sqrt[3]{\frac{73.09}{59.75}}-1\right)\times100\%=6.95\%$$

该指标越高，表明企业所有者权益得到的保障程度越高，企业可以长期使用的资金越充裕，抗风险和保持持续发展的能力越强。

四、可持续增长能力分析

可持续增长率是指企业保持目前的股权结构、经营效率（不改变销售净利率和资产周转率）和财务政策（不改变销售净利率和资产周转率）的情况下，其销售所能实现的增长速度。该指标与企业的融资和股利政策密切相关。其计算公式是：

可持续增长率=净资产收益率×（1-股利发放率）

例 6-31 A 公司本年净资产收益率为 10.7%，股利发放率为 2.32%，计算其可持续增长率。

可持续增长率=10.7%×（1-2.32%）=10.45%

通过计算可持续增长率，人们可以分析企业未来的发展趋势，可持续增长率越高，说明企业未来的获利能力越强；反之，则说明企业未来发展乏力，需要探索新的发展动力。

计算可持续增长率时，有五个假设条件：①不增发新股（包括回购股份），如果需要外部融资，采用债务融资方式；②企业维持当前的营业净利率，但有可能通过新增债务而增加利息支出；③企业维持当前的总资产周转率；④企业目前的资本结构是目标资本结构，并且打算继续维持下去；⑤企业维持目前的利润留存率，并且目前的利润留存率就是目标利润留存率。

在上述假设条件成立的情况下，可持续增长率等于销售的增长率。企业的这种增长率状态，称为可持续增长或平衡增长。

可持续增长的思想，不是说企业的增长不可以高于或低于可持续增长率，问题在于管理人员必须事先预计并且解决企业的增长率超过或低于可持续增长率所导致的财务问题。任何企业都应控制销售的增长，使之与企业的财务能力平衡，而不应盲目追随市场。企业的管理不能仅仅依靠公式，但是公式能够为人们提供简便的方法，帮助人们迅速找出企业潜在的问题。可持续增长率模型为人们对企业增长进行控制提供了一个衡量标准。

企业发展能力分析是企业财务报表分析的一个重要方面。企业发展的核心是企业价值的增长，但由于企业价值评估的困难，企业发展能力分析可以按价值驱动因素展开，可以分销售（营业）增长情况、资产扩张情况、资本扩张情况及股利扩张情况进行分析。在与财务报表分析其他内容的关系上，企业发展能力分析既是相对独立的一项内容，又与其他分析密切相关，在分析过程中要结合其他财务分析进行，同时企业发展能力分析还应特别注意定量分析和定性分析的结合。

本章小结

本章主要介绍了财务报表比率分析的相关内容，重点介绍了财务报表比率指标体系的相关指标的计算及分析方法。分别是：

（1）影响偿债能力指标的因素、相应指标的计算过程及分析；

（2）影响盈利能力指标的因素、相应指标的计算过程及分析；

（3）影响营运能力指标的因素、相应指标的计算过程及分析；

（4）影响发展能力指标的因素、相应指标的计算过程及分析。

本章重要术语

财务比率　流动比率　速动比率　现金比率　现金流动负债比率

资产负债率　产权比率　权益乘数　利息保障倍数　现金负债总额比率

营业毛利率　营业利润率　营业净利率　成本费用净利率　总资产报酬率

总资产净利率　净资产收益率　每股收益　每股股利　市盈率　市净率

股利支付率　应收账款周转率　存货周转率　流动资产周转率

固定资产周转率　总资产周转率　营业收入增长率

三年营业收入平均增长率　净利润增长率　总资产增长率

资本保值增值率　资本积累率　资本三年平均增长率　可持续增长率

一、单选题

1. A 企业的流动资产为 57 万元，资产总额为 187 万元，流动负债为 42 万元，负债总额为 98 万元，则该企业的营运资金是（   ）万元。

    A. 89   B. 15   C. 130   D. 56

2. 下列指标中不是反映企业偿债能力的指标是（   ）。

    A. 资产负债率   B. 存货周转率

    C. 速动比率   D. 现金比率

3. 对企业的长期偿债能力进行分析时，（   ）与资产负债率之和等于 1。

    A. 所有者权益比率   B. 权益乘数

    C. 利息保障倍数   D. 总资产报酬率

4. 年初资产总额为 1 340 万元，年末资产总额为 2 040 万元，净利润为 386 万元，所得税为 125 万元，利息支出为 53 万元，则总资产报酬率为（   ）。

    A. 34.7%   B. 33.3%   C. 42.1%   D. 27.6%

5. 上市公司盈利能力分析与一般企业盈利能力分析的区别，关键在于（   ）。

    A. 股票价格   B. 股利发放   C. 股东权益   D. 利润水平

6. 如果企业管理效率低下，有很多的闲置设备，则表明固定资产周转率（   ）。

    A. 高   B. 低   C. 不变   D. 波动幅度大

7. 若企业占用过多的存货和应收账款，一般不会直接影响企业的（   ）。

    A. 资金周转   B. 获利能力   C. 偿债能力   D. 长期资本结构

8. M 公司 2022 年的主营业务收入为 652 000 元，年初资产总额为 810 000 万元。年末资产总额为 760 000 万元，则该公司的总资产周转率为（   ）。

    A. 0.80   B. 0.83   C. 0.86   D. 0.75

9. 流动资产周转率增加不会引起的结果是（   ）。

    A. 企业盈利及偿债能力变强   B. 变现能力变强

    C. 周转天数变多   D. 周转速度变快

10. L 公司本年的主营业务成本是 254 000 元，存货周转率是 4 次，期初存货是 54 500 万元，则期末存货为（   ）元。

    A. 72 500   B. 63 500   C. 118 000   D. 98 000

11. 下列（   ）指标可以表明企业营业收入增减变动情况，评价企业发展能力。

    A. 现金比率   B. 可持续增长率

    C. 营业增长率   D. 总资产增长率

12. 明达公司去年年初净资产总额为 522 万元，年末为 578 万元，净利润为 145 万元，股利发放率为 12%，其可持续增长率为（   ）。

    A. 16%   B. 24.4%   C. 23.2%   D. 22.1%

13. 总资产增长率是指（　　　）。

    A. 企业一定时期总资产增长额与期初资产总额的比率

    B. 企业一定时期总资产增长额与上年同期资产总额的比率

    C. 企业总资产增长额与期初资产总额的比率

    D. 企业总资产增长额与上年同期资产总额的比率

14. 表明企业资产增减变动情况，评价企业发展能力的重要指标是（　　　）。

    A. 总资产增长率   B. 营业收入增长率

    C. 可持续增长率   D. 现金比率

15. 下列关于企业偿债能力指标的说法中，错误的是（　　　）。

    A. 流动比率高意味着短期偿债能力一定很强

    B. 营运资金为正，说明企业财务状况稳定，不能偿债的风险较小

    C. 可动用的银行贷款能够影响企业的偿债能力

    D. 资产负债率属于长期偿债能力指标

二、多选题

1. 下列财务比率中，可衡量企业长期偿债能力的指标有（　　　）。

    A. 利息保障倍数   B. 产权比率

    C. 权益乘数   D. 速动比率

2. 债权人对财务报表进行分析的目的有（　　　）。

    A. 为决定是否给企业贷款，需要分析贷款的报酬和风险

    B. 为了解债务人的短期偿债能力，需要分析其流动状况

    C. 为了解债务人的长期偿债能力，需要分析其盈利状况和资本结构

    D. 为决定采用何种信用政策，需要分析公司的短期偿债能力和营运能力

3. 影响企业短期偿债能力的表外因素有（　　　）。

    A. 未决诉讼形成的或有负债   B. 偿债能力的信誉

    C. 准备很快变现的长期资产   D. 可以使用的银行贷款

4. 下列（　　　）指标可以反映上市公司的盈利能力。

    A. 净资产报酬率   B. 市盈率

    C. 股利支付率   D. 总资产净利率

5. L公司近三年的总资产报酬率连续下降，造成此景况的原因可能是（　　　）。

    A. 产品市场占有率下降

    B. 存货成本上升但售价受市场制约几乎没变

    C. 替代产品大量上市且价格低廉

    D. 采用了新型技术

6. 企业总资产周转率不断上升，说明（　　　）。

    A. 企业资产管理水平提高

    B. 企业流动资产管理水平大大提高

    C. 企业产品市场占有率大大提高

    D. 企业采用了新技术

7. 对流动资产周转率的表述，正确的有（　　）。

    A. 流动资产平均占用额越低，营业收入越高，流动资产周转率越高

    B. 在营业收入一定的情况下，固定资产在总资产中占的比率越高，固定资产周转率越低，流动资产周转率越高

    C. 在营业收入一定的情况下，流动资产平均占用额越高，流动资产周转率越高

    D. 如果企业资产总额及其构成都保持不变，则固定资产周转率越高，流动资产周转率越高

8. （　　）可以反映流动资产周转速度。

    A. 流动资产周转率   B. 流动资产垫支周转率

    C. 存货周转率   D. 应付账款周转率

9. 企业发展能力的内容有（　　）。

    A. 偿债能力分析   B. 发展能力指标分析

    C. 可持续发展能力分析   D. 营运能力分析

10. 关于发展能力指标的计算公式，正确的有（　　）。

    A. 营业收入增长率＝本期营业收入增长额÷本年营业收入总额×100%

    B. 资本保值增值率＝扣除客观因素后的本年末所有者权益总额÷年初所有者权益总额×100%

    C. 资本积累率＝当期所有者权益增长额÷年初所有者权益总额×100%

    D. 可持续增长率＝净资产收益率×（1－股利发放率）

三、判断题

1. 由于速动资产去除了存货等变现能力较弱且不稳定的资产，速动比率比流动比率更能客观、准确、可靠地反映企业的短期偿债能力。　　　　（　　）

2. 流动比率越高，企业偿还短期债务的能力越强，说明企业有足够的现金或存款来偿还短期债务。　　　　（　　）

3. 用来衡量企业短期偿债能力的指标主要有资产负债率、速动比率、流动比率和利息保障倍数。　　　　（　　）

4. 如果企业的利润总额主要由投资收益贡献，则说明企业的主要经营业务在下滑，对企业利润的贡献在降低。　　　　（　　）

5. 站在股东的立场，当借款利息率低于总资产报酬率时，负债比例越小越好，否则负债比例越大越好。　　　　（　　）

6. 企业固定资产的利用效率越高，闲置设备越少，管理水平越高。（　　）

7. 成本费用率越高，表明企业为取得收益所付出的代价越小，企业成本费用控制得越好，企业的获利能力越强。　　　　（　　）

8. 企业的发展能力最终还要看盈利能力，企业盈利能力越强，发展潜力也越大。　　　　（　　）

9. 优化资产配置，使其更加合理，会提高资产的利用效率。　　　　（　　）

10. 在企业每年销售收入不断增长、销售利润不断提高时，如果企业管理当局把利润都分配了，企业的后续发展能力不会受到影响。　　　　（　　）

四、综合分析题

1. 长城公司某年度财务报表的部分数据信息如表 6-27 和表 6-28 所示。

表 6-27 资产负债表　　　　单位：万元

资产	期末数	期初数	负债和所有者权益	期末数	期初数
流动资产：			流动负债：		
货币资金	44 823.6	50 084.0	应付票据	18 940.0	12 089.3
应收票据	1 073.2	1 425.2	应付账款	56 849.6	55 016.6
应收账款	73 323.6	59 607.5	流动负债合计	192 713.1	187 923.1
存货	46 813.2	61 464.2	长期借款	3 032.5	
流动资产合计	183 536.8	182 463.1	负债合计	197 225.2	188 040.9
固定资产	80 284.7	70 343.3	未分配利润	7 818.2	6 578.4
非流动资产合计	131 804.4	118 197.1	所有者权益合计	118 116.0	112 619.3
资产合计	315 341.2	300 660.2	负债和所有者权益合计	315 341.2	300 660.2

表 6-28 利润表（简表）　　　　单位：万元

项　目	本期金额	上期金额
一、营业收入	218 202.4	189 563.6
减：营业成本	172 715.4	147 305.5
税金及附加	448.3	391.6
销售费用	21 159.5	19 336.2
管理费用	14 569.8	13 545.1
财务费用	2 927.5	3 788.0
资产减值损失	2 285.8	1 482.7
加：公允价值变动损益（损失以"-"号填写）		
投资收益（损失以"-"号填写）	1 982.4	1 245.9
二、营业利润	6 078.5	4 960.4
加：营业外收入	897.9	591.9
减：营业外支出	133.2	238.9
三、利润总额	6 843.2	5 313.4
减：所得税费用	982.7	677.5
四、净利润	5 860.4	4 635.9

要求计算该公司的以下各项指标：

（1）流动比率、速动比率、现金比率、资产负债率、利息保障倍数。

（2）应收账款周转率、存货周转率、流动资产周转率、总资产周转率。

（3）营业净利率、总资产净利率、净资产收益率。

（4）营业收入增长率、总资产增长率。

2. A 企业 2021 年和 2022 年的有关财务数据如表 6-29 所示。

表 6-29　A 企业的有关财务数据　　　　　　　单位：万元

项目	2021 年	2022 年
营业收入	12 000	20 000
净利润	780	1 400
支付股利	220	220
期末总资产	16 000	22 000
期末所有者权益	8 160	11 000

要求：计算 A 企业 2022 年的营业收入增长率、净利润增长率、总资产增长率、资本积累率及可持续增长率。

五、案例分析

浩云科技：2018 年营收净利高增长，"一核三线"全面打开成长空间

2019 年 4 月 17 日晚间，浩云科技（300448）发布 2018 年年报。年报显示报告期内，公司实现营业收入 7.65 亿元，同比增长 34.31%；营业利润 1.79 亿元，同比增长 34.04%；归母净利润 1.40 亿元，同比增长 26.12%。自前年上市以来，浩云科技营业收入复合增速 17.96%，归母公司净利润复合增速 28.49%，财务数据亮眼，向投资者交出一份靓丽的答卷。

业绩报告交满意答卷，多项财务指标持续改善：

分业务看，报告期内金融物联业务实现营业收入 4.82 亿元，同比增长 8.00%，奠定公司业绩基础。公共安全、智慧司法业务分别实现营业收入 1.38 亿元、0.69 亿元，同比增速分别达到 226.11%、94.78%，成为业绩增长双引擎。盈利能力方面，报告期内公司销售毛利率高达 46.46%，连续六年超过 40%；销售净利率 20.66%，较上市初期增长 6.51 个百分点。

截至 2018 年年底，公司在手现金及等价物 4.75 亿元，占期末总资产的 29.48%；报告期内经营活动现金流量净额 1.39 亿元，连续四年正增长。近几年，浩云科技通过稳健的并购不断切入"智慧物联"及"大数据运营"核心战略领域，虽逐渐形成一定商誉，但与同行业相比，商誉占比仍然维持在较低水平。2018 年公司商誉账面金额 1.06 亿元，在总资产中占比 6.59%，低于 IT 行业平均商誉占比近八个百分点。

靓丽的业绩是浩云科技不断追求技术进步、适应市场发展的必然结果。2018 年公司研发投入 4 838.67 万元，占营业总收入比重为 6.32%，研发投入保持持续增长；研发团队 246 人，占比 19.42%。高资金投入、重视人才储备，公司自研能力得到有效保障。浩云科技从强化自身研发团队、深化产学研结合两方面入手，技术储备不断丰富。

据工信部预测，2020 年中国物联网市场规模超万亿，发展势头迅猛。2018 年公司瞄准物联网发展契机，以原有终端产品、海量数据储备及物联网技术为基础顺势切入，制定了以智慧物联管理为核心，聚焦公共安全、智慧司法、金融物联三大领域的"一核三线"战略，将公司使命推向"构筑智慧和安全新世界"的新高度。

"扩大公共安全、智慧司法的市场占有率，深挖金融物联应用需求，构建各行业智慧物联管理解决方案"，浩云科技如是描述2019年发展策略。经过数年战略布局，浩云科技"一核三线"的战略架构脉络清晰，步伐坚定，"智慧物联管理平台4.0"能够兼容公共安全、智慧司法、金融物联三大领域客户的核心需求，产学研持续加码，各领域落地案例多点开花，公司成长空间被全面打开，业绩持续高速增长值得期待。

（资料来源：浩云科技：2018年营收净利高增长，"一核三线"全面打开成长空间［EB/OL］．（2019-04-22）［2019-10-08］．https://stock.hexun.com/2019-04-22/196901018.html？from＝rss.）

案例思考： 分析企业盈利能力时，除去财务数据，还有非财务数据需要研究分析，在本案例中非财务数据有哪些？分别隐含了哪些信息？

六、实训任务

根据本章学习内容和实训要求，完成实训任务6。

（一）实训目的

1. 熟悉企业财务比率指标体系及掌握指标的计算、基本分析评价。

2. 对选定的目标分析企业及被比较企业的财务报表运用财务指标分析体系，对比分析目标分析企业的偿债能力、获利能力、资产管理效率及发展能力进行系统分析。

（二）实训任务6：目标分析企业财务比率指标分析

1. 运用Excel工具正确计算目标分析企业及被比较企业的偿债能力指标，包括短期偿债能力指标及长期偿债能力指标，对比分析目标分析企业偿债能力，并得出相应评价结论。

2. 运用Excel工具正确计算目标分析企业及被比较企业的资产营运能力指标，对比分析目标分析企业资产营运能力，并得出相应评价结论。

3. 运用Excel工具正确计算目标分析企业及被比较企业的盈利能力指标，包括一般企业盈利能力指标和上市公司盈利能力指标，对比分析目标分析企业盈利能力，并得出相应评价结论。

链接6-3　　　　　　　　第六章部分练习题答案

一、单选题

1. B　2. B　3. A　4. B　5. B　6. B　7. D　8. B　9. C　10. A　11. C
12. C　13. A　14. A　15. A

二、多选题

1. BC　2. ABCD　3. ABCD　4. BC　5. ABC　6. ABC　7. AB　8. ACD　9. BC
10. BCD

三、判断题

1. √　2. ×　3. ×　4. √　5. ×　6. √　7. ×　8. ×　9. √　10. ×

四、综合分析题

1. （1）95.24%，70.95%，23.26%，0.63，3.34

（2）3.28，3.19，1.19，0.71

（3）0.03，0.02，0.05

（4）15.11%，4.88%

2. 66.67%，79.49%，37.5%，34.80%，10.73%

五、案例分析

1. "浩云科技不断追求技术进步、适应市场发展"说明浩云科技比较关注自身的技术研发，可以结合报表中的研发费用来考察浩云科技的研发投入，以此来判断浩云科技的核心竞争力在同行业中的水平，并可得出未来浩云科技的盈利能力。

2. 结合浩云科技2019年发展策略可以看出，浩云科技紧跟时代步伐，其生产的产品主要适用于公共安全、智慧司法、金融物联三大领域，这三个领域都是国家未来重点关注的领域，说明浩云科技的发展战略符合国家发展的大政方针，因此可以争取到一些对其有利的政策支持，这些都是可以提高企业盈利能力的宏观影响因素。

第七章

财务报表综合分析

习近平总书记在党的二十大报告中强调，"高质量发展是全面建设社会主义现代化国家的首要任务"。我国经济已转向高质量发展阶段，经济社会发展必须以推动高质量发展为主题。高质量发展要求着力构建高水平社会主义市场经济体制，一方面深化国有企业核心竞争力，加快国有经济布局优化；另一方面鼓励、支持非公有制经济发展，充分发挥市场在资源配置中的决定性作用，在政策引导下，优化民营企业发展环境，促进民营经济发展壮大。要了解企业发展的健康程度，可由企业的财务报表分析入门，每张财务报表、每项财务指标都从不同角度揭示了各自具体的经济意义和评价的侧重点。要想全面、完整地分析一个企业的财务状况和经营成果，必须把所有报表和财务指标结合起来进行分析，以形成一个整体的评价。财务报表综合分析就是将营运能力、偿债能力、盈利能力和发展能力等财务指标分析纳入一个有机的整体，系统、全面、综合地对企业的财务状况和经营成果进行解剖、分析和评价，从而对企业经济效益的优劣做出评价。

■学习目标

1. 熟悉财务报表综合分析的内容。
2. 掌握财务报表综合分析的方法。
3. 理解沃尔综合评分法的基本原理。
4. 熟悉企业经济增加值评价体系及应用。

■**导入案例**

四川长虹电器股份有限公司（以下简称"四川长虹"）成立于 1988 年 6 月 7 日，是由国营长虹机器厂独家发起并控股成立的股份制企业。1994 年 3 月 11 日，四川长虹在上海证券交易所（简称"沪市"）A 股上市，其股价于 1997 年 5 月曾一度高达 66.18 元/股，是当时沪市 A 股的龙头企业。然而，1999 年四川长虹的业绩猛然下降，净利润从 1998 年的 17.43 亿元降为 5.25 亿元。此后年度其业绩持续走低，净资产收益率甚至低于国债收益率，这意味着股东承担的风险比国债要高，但是却没有得到相应的回报。尽管四川长虹除 2004 年外其他所有年度的会计利润均为正数，但是相应的利润并没有考虑到股东投入的资本成本。资本的报酬率应该高于资本成本率，这时股东投入资本所获得的收益才能弥补资本成本支出，股东才能获得价值增值。

第一节　财务报表综合分析概述

一、财务报表综合分析的内涵

财务报表综合分析工作建立在对资产负债表、利润表、所有者权益变动表和现金流量表的详细解读，以及对企业偿债能力、营运能力、盈利能力和发展能力等单项指标具体分析的基础上。综合分析通过一系列专门方法的应用，可以全方位揭示企业的财务状况、经营成果和发展趋势，可以使利益相关者完成对企业在经营年度和管理者任期内经营绩效的分析评价，是财务分析主体把脉企业整体发展情况的重要手段。在实践工作中，我们还可以把综合分析的结论作为线索进一步进行各类有针对性的具体能力的单项分析。

从一般意义上理解，财务报表综合分析是以财务报表为基本依据，运用一系列财务指标对企业的财务状况、经营成果和现金流量情况加以分析和比较，并通过分析影响企业的财务状况、经营成果和现金流量的种种因素来评价和判断企业的财务和经营状况是否良好，并以此为依据预测企业的未来财务状况和发展前景。

综合分析和业绩评价是在单项能力分析的基础上，将单项能力的衡量指标结合起来，系统、全面、综合地对企业的财务状况和经营成果进行分析和评价，说明企业整体财务状况和经营业绩。因为只对企业进行单项分析并不能了解企业的整体状况，有些企业可能偿债能力很强，盈利能力和营运能力却一般，因此，进行综合分析与业绩评价有助于企业管理者明确企业管理中的优劣势，识别企业经营过程中的薄弱环节，并针对性地采取措施，增强企业竞争优势。

二、财务报表综合分析的特点

相对于单项分析来说，综合分析和业绩评价有以下几个特点：

1. 分析方法不同

单项分析通常把企业财务活动分成若干个具体的部分，逐个进行分析；而综合分析则是从整体的角度进行分析，具有概括性和抽象性，评价范围广泛。单项分析是综合分析和业绩评价的基础。

2. 分析的重点不同

单项分析时默认所有的评价指标是同等重要的，没有体现出它们之间的联系；综合分析和业绩评价的指标有主辅之分，分析时重点强调主要指标，在对主要指标分析的基础上再进行辅助指标的分析，各指标之间有层次关系，主辅指标应相互配合。

3. 分析的目的不同

单项分析的目的具有很强的针对性，例如，偿债能力分析的目的就是评价企业偿债能力，找出问题并给出解决方法，而综合分析和业绩评价的目的是要全面评价企业的财务状况和经营成果。

三、财务报表综合分析的意义

通过财务报表的综合分析，人们可以透视企业经济活动的内在联系，并与内部条件、外部环境相结合，深入考察，找出企业自身的优势和劣势，做出实事求是的评价，以便管理者进行决策。每个企业的财务指标都有很多，但每个单项财务指标本身只能说明问题的某一方面，且不同财务指标之间可能会有一定的矛盾或不协调性。例如，偿债能力很强的企业，其盈利能力可能会很弱，营运能力也可能较差。因此，只有将一系列的财务指标有机地联系起来，形成一套完整的体系，相互配合使用，才能对企业经济活动的总体变化规律做出本质的描述及系统的评价，才能对企业的财务状况和经营成果得出总括性的结论。财务报表综合分析的意义也正在于此，概括起来，其主要体现在以下几个方面：

1. 评估企业的财务实力

通过财务报表综合分析，人们可以评估企业的财务实力。财务实力是企业综合竞争力的重要组成内容，企业财务实力主要是通过财务报表所显示的资产实力、收益能力等体现出来的。对财务实力的评估决定着利益相关者是否愿与企业建立关系，而财务报表综合分析在评价企业财务实力时发挥着其他方法不可替代的作用。

2. 确定企业的偿债能力

财务报表的分析最初就是为了确定企业的偿债能力而进行的，诸如资产负债率、流动比率、速动比率等财务分析指标，它们在确定企业的偿债能力方面是非常有用的。这些指标可用于区分哪些企业的偿债能力强，哪些企业的偿债能力弱或没有偿债能力。对于那些丧失偿债能力的企业，早在出现问题的前五年，各种指标就已暗示它们产生较大失误的可能性。

3. 评价企业的盈利能力

财务报表综合分析能较客观地评价一个企业的盈利能力。保持企业有较强的竞争力的先决条件是企业具有较高且稳定的盈利能力，而盈利能力的大小通常用销售利润率、每股盈利（每股净收益）等指标加以衡量和预测。对企业投资者来说，盈利水平的高低将直接决定其投资的收益分配水平；对企业经营者来说，其主要的受托责任是获取较高的经营收益，而对于债权人，尤其是长期债权人来说，债务人潜在盈利能力的强弱决定了其偿债能力的强弱。通过财务报表综合分析来对企业的盈利能力做出综合的评价，对于企业的所有者、经营者和债权人做出正确的决策，都具有十分重要的意义。

4. 评价企业的管理效率

企业的总资产是由投资者投入企业的资本及债权人贷给企业的资金所形成的负债组成的，投资者将资产委托给经营者使用。投资者与债权人要了解资产管理效率或营运效率的情况，通常要借助各种资产周转率指标加以衡量和评价。财务报表综合分析包含评价企业管理效率的各类相关指标，能够对企业的管理效率做出客观、全面的评价，而这是通过简单的单项指标分析无法实现的。

5. 评估企业的风险和前景

企业的财务和经营风险、报酬率以及发展前景是利益相关者（包括股东、债权人、经营者、员工、供应商和客户）进行合理的投资、信贷和经营决策的重要依据。财务报表是体现企业的财务和经营风险、报酬率以及发展前景等主要信息来源的渠道，因此，进行财务报表分析对利益相关者评估企业并进行决策的意义是非常重大的。财务报表提供的有关企业的财务状况、经营成果和现金流量情况的定量财务信息，是企业的利益相关者评估一家企业的风险、收益及未来发展前景的重要依据。财务报表综合分析实际上就是这些利益相关者利用企业财务报表评估企业的现在风险和未来前景的一个重要手段。

四、财务报表综合分析的原则

由于各个企业的内部经济活动和外部经济环境均有所不同，影响企业经营与财务活动的因素很多，因此要成功地分析和把握企业总体的财务状况和经营成果，在进行财务报表综合分析时，应遵循一定的原则。

1. 综合性原则

为了综合分析企业的整体能力，评价指标的设置应符合综合性原则，即所设置的指标必须能够涵盖企业的盈利能力、偿债能力、营运能力及发展能力等各个方面。同时，综合性原则还要求指标体系必须能够提供多层次、多角度的信息资料，以满足企业相关信息使用人的信息需要。当然，财务报表分析的综合性原则还要求在设置指标体系时注重主辅指标的匹配性，在明确了主要指标与辅助指标的主辅地位后，不能平均分配重要性系数，而应构建一套主次分明的评价指标体系。

2. 定性分析与定量分析相结合原则

定量分析能为企业信息使用者的决策提供准确、可靠的数据，而定性分析取决于企业所处的外部环境。外部环境越复杂，越难以用定量分析来衡量，越需要进行定性分析。定性分析与定量分析必须结合运用，两者不可偏废。

3. 静态分析与动态分析相结合原则

企业财务报表既包含反映企业某一特定时点财务状况的静态数据，也包含反映企业某一会计期间经营成果、现金流量的动态数据。因此，在进行综合分析时应注意兼顾静态数据和动态数据，在对动态数据进行分析时，也要注意其对静态的财务状况的制约及对企业偿债能力的影响。

4. 信息资料充分原则

只有充分地占有分析所需的信息资料，才能得出正确的分析结论。因此，在财务报表综合分析时，一定要遵循信息资料充分性原则。任何不完整、不充分的信息内容都会直接影响财务报表综合分析作用的发挥，甚至会得出错误的分析结论。

五、财务报表综合分析的方法

财务报表综合分析方法主要有以下几种：

1. 杜邦分析法

杜邦分析法是一种典型的将财务目标与财务环节相互关联、综合分析的方法。它以净资产收益率为综合性的评价指标，并通过对净资产收益率的分解，找出企业各个环节对其的影响程度，从而综合评价企业的经营业绩与财务状况问题。

2. 沃尔综合评分法

沃尔综合评分法是指将选定的财务比率用线性关系结合起来，并分别给定各自的分数比重，然后通过与标准比率进行比较，确定各项指标的得分及总体指标的累计分数，从而对企业的综合水平做出评价的方法。

3. 经济增加值评价法

经济增加值是以经济增加值理念为基础的财务管理系统、决策机制及员工的激励报酬制度。它是基于企业的税后营业利润和产生利润所需资本投入总成本的一种企业绩效财务评价方法。

链接 7-1　　　　　　　　　**雷达图分析法简介**

雷达图法是日本企业界对企业综合实力进行评估而采用的一种财务状况综合评价方法。按这种方法所绘制的财务比率综合图状似雷达，故得此名。

雷达图是对客户财务能力分析的重要工具，从动态和静态两个方面分析客户的财务状况。静态分析将客户的各种财务比率与其他相似客户或整个行业的财务比率做横向比较；动态分析把客户现时的财务比率与先前的财务比率做纵向比较，这样就可以发现客户财务及经营情况的发展变化方向。雷达图把纵向和横向的分析比较方法结合起来，计算综合客户的收益性、成长性、安全性、流动性及生产性这五类指标。

（资料来源：百度百科.雷达图分析法 [EB/OL].[2019-10-11]. https://baike.baidu.com/item/雷达图分析法/4180703.）

链接 7-2　　　　　　　　　　**平衡记分卡**

20 世纪 90 年代初，美国哈佛商学院的 Robert S. Kaplan 和 David P. Norton 在研究"衡量未来组织的业绩"的课题时，提出了平衡计分卡方法。平衡记分卡在传统的财务评价的原有基础上引入了非财务评价标准，从财务维度、客户维度、内部经营过程、学习与成长四个方面选择相应的测评指标。其实施原理是：依据财务维度、客户维度、内部经营过程、学习与成长四个方面，划分出关乎公司短期成果和长远发展、内部状况和外部环境、经营业绩和管理业绩等多种因素，再依据公司的战略规划，设计出适当的指标体系，通过考核不同时段指标的实施程度，来衡量公司的战略落实状况，协助公司完成战略目标。

[资料来源：KAPLAN R S, NORTON D P. Using the Balanced Scorecard as a Strategic Management System [J]. Harvard Business Review, 1996（1）：1-2.]

美国学者迈克尔·波特于 1985 年在《竞争优势》中指出每个企业都是设计、生产、营销、支付和支持产品一系列活动的集合，企业的价值链以及实施单个活动的方式反映了企业的发展历程、战略、执行战略的方法以及企业活动本身的经济学原理。价值链由价值活动和利润构成，价值活动是企业开展的具备实体和技术独特性的活动，是企业为买方生产有价值产品的基础。利润是总价值和开展价值创造活动总成本之间的差异。企业价值活动分为主要活动和辅助活动两大类，主要活动包括内部后勤、生产作业、外部后勤、市场营销和服务，这些主要活动能直接创造价值并传递价值；辅助活动主要包括企业基础设施、人力资源管理、技术开发和采购，这些辅助活动与特定的主要活动关联，并支持着整个价值链。波特认为企业可以通过价值链来衡量竞争优势，价值链是一个动态的价值创造过程，每项活动之间不相同但相互关联。目前价值链分析法已被引入企业绩效评价中，从价值活动中构建了企业绩效评价指标，对企业绩效进行评价。

（资料来源：波特. 竞争优势 [M]. 陈丽芳，译. 北京：中信出版社，2014.）

第二节　杜邦财务分析法及应用

一、杜邦财务分析法概述

杜邦财务分析法，也称杜邦分析体系、杜邦方法，是美国化工集团——杜邦集团从 20 世纪 20 年代开始使用的一种财务分析方法。杜邦财务分析法利用各财务指标之间的内在关系，对企业财务状况及经济效益进行综合分析。这种系统性的分析方法主要侧重于对公司财务管理中三个至关重要的方面的管理，分别是：营运管理、资产管理、资本结构。杜邦财务分析法展示了各个重要的财务数据之间的内在联系，也可以说是对资本回报率进行了进一步解析。开展负债经营，合理安排企业的资本结构，可以提高净资产收益率。

杜邦分析法以净资产收益率为核心，将其分解为三个不同但又相互联系的指标，即销售净利率、资产周转率、权益乘数。这三个指标分别代表了对企业至关重要的三个方面的信息，即盈利能力、营运能力、财务杠杆。通过这种分析，使用者可以更加清晰地分析企业在这三个方面做得如何，同时避免因过分注重资产回报率而被单纯的高资产回报率蒙蔽，以致不了解企业的真实价值。

例如，一个高资产回报率的企业有可能同时是债台高筑的企业，其原因是企业为了提高资产回报率而进行高杠杆经营，这种经营方式在外部因素良好的情况下，如央行实行低利率，行业处于朝阳产业进而被政府支持，上下游企业违约风险小，等等，由于财务杠杆效应，企业可以在直接投资很少的情况下大大提高其净利润。然而，在高杠杆情况下，一旦外部环境出现变化，对企业造成的不确定性是巨大的，如应收账款降低 1 个百分点，在 5 倍杠杆的情况下企业净利润将会降低 5 个百分点，而在高额借款的情况下这将对企业造成极大的还款压力。这种情况下，杜邦分析法将清晰地显示这种风险，从而为利益相关者做出相对正确的判断提供参考。

链接 7-4　　　　　　　　　　**杜邦分析法应用的原因**

　　关于公司的理财目标，欧美国家的主流观点是股东财富最大化，日本等亚洲国家的主流观点是公司各个利益群体的利益得到有效兼顾。从股东财富最大化这个理财目标，不难看出杜邦公司把股东权益收益率作为杜邦分析法核心指标的原因所在。在美国，股东财富最大化是公司的理财目标，而股东权益收益率又是反映股东财富增值水平最为敏感的内部财务指标，所以杜邦公司在设计和运用这种分析方法时就把股东权益收益率作为分析的核心指标。另外，由于存在委托代理关系，股东和经营者会存在委托代理冲突，委托人和代理人之间会建立一种有效的激励和约束机制，在股东利益最大化的同时能实现经营者的利益最大化。在这种情况下，股东用杜邦分析主要关注权益收益率的大小，经营者则用杜邦分析法主要关注经营结果是否达到投资者要求的权益收益率，如果达到要求，经营者的收入、职位是否得到相应的回报。

　　（资料来源：MBA 智库百科.杜邦分析法［EB/OL］.［2019-10-11］. https://wiki.mbalib.com/wiki/杜邦财务分析体系.）

二、杜邦财务分析体系

　　杜邦分析法以净资产收益率为核心指标，并层层分解至最基本的会计要素，全面、系统、直观、综合地反映公司的财务状况。

$$净资产收益率 = \frac{净利润}{平均净资产} \times 100\%$$

$$= \frac{净利润}{平均总资产} \times \frac{平均总资产}{平均净资产}$$

$$= 总资产净利率 \times 权益乘数$$

$$总资产净利率 = \frac{净利润}{平均总资产} \times 100\%$$

$$= \frac{净利润}{营业收入} \times \frac{营业收入}{平均总资产}$$

$$= 营业净利率 \times 总资产周转率$$

$$净资产收益率 = 营业净利率 \times 总资产周转率 \times 权益乘数$$

　　因此，决定净资产收益率高低的因素主要包括营业净利率、总资产周转率和权益乘数三个因素。在揭示出这几组重要的关系后，还可以进一步往下层层分解，将企业的诸多方面都包含进去，形成一个综合的分析体系，这称为杜邦分析体系，如图 7-1 所示。

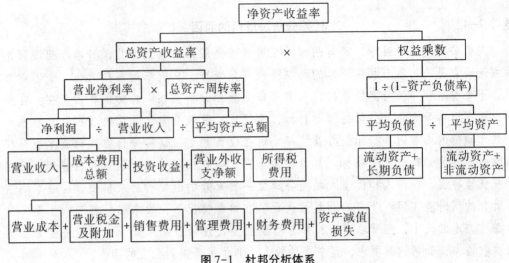

图 7-1　杜邦分析体系

杜邦分析体系为人们进行企业综合分析提供了极具价值的财务信息。

（1）净资产收益率是综合性最强的财务指标，是企业综合财务分析的核心。这一指标反映了投资者投入资本的获利能力，体现了企业经营的目标。从企业财务活动和经营活动的相互关系上看，净资产收益率的变动取决于企业的资本结构、资产运营能力和销售获利能力，所以净资产收益率是企业财务活动效率和经营活动效率的综合体现。

（2）总资产周转率是反映企业营运能力最重要的指标，是企业资产经营的结果，是实现净资产收益率最大化的基础。企业总资产由流动资产和非流动资产组成，流动资产体现企业的偿债能力和变现能力，非流动资产体现企业的经营规模、发展潜力和盈利能力。各类资产的收益性又有较大区别。所以，资产结构合理性以及营运效率是企业资产经营的核心问题，并最终影响企业的经营业绩。

（3）营业净利率是反映企业商品经营盈利能力最重要的指标，是企业商品经营的结果，是实现净资产收益率最大化的保证。企业从事商品经营，目的在于获利，其途径只有两条：一是扩大营业规模，二是降低成本费用。

（4）权益乘数反映了股东权益与资产总额之间的关系，在一定程度上能反映企业资本结构。同时它也是反映企业偿债能力的指标，是企业资本经营即筹资活动的结果，它对提高净资产收益率起到杠杆作用，即权益乘数越大，企业的负债程度越高。

三、杜邦财务分析法的应用

下面我们利用 A 公司资产负债表和利润表中的基本数据，来进行杜邦分析，如图7-2 和图 7-3 所示。

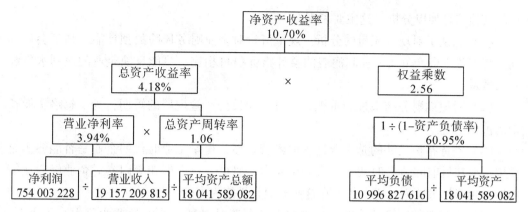

图 7-2 本年 A 公司杜邦分析

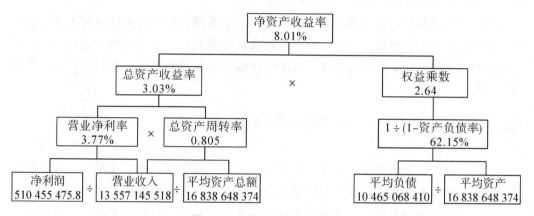

图 7-3 上年 A 公司杜邦分析

通过对比 A 公司上年和本年的杜邦分析图，我们可以看出，本年 A 公司的净资产收益率（10.70%）高于上年的净资产收益率（8.01%）。自上往下看，本年的权益乘数低于上年，主要原因是资产负债率由上年的 62.15% 下降到本年的 60.95%，可见负债程度有所下降，财务杠杆减少，使净资产收益率的增长幅度受限；另外，A 公司本年的总资产收益率为 4.18%，比上年总资产收益率 3.03% 增加了 37.95%，使得本年的净资产收益率保持了增长的趋势。进一步分析可以看出，A 公司营业净利率由上年的 3.77% 上升为本年的 3.94%，增加了 4.5%；同时总资产周转率由上年的 0.805 上升至本年的 1.06，增加了 31.68%。由此可见，A 公司净资产利润率的提升，一方面是由于营业净利润的稍微提高，另一方面是资产周转率的大幅提升。可见，A 公司在本年提高资产利用率方面取得了显著成就。

实践证明，将企业不同期间杜邦分析的数据进行对比分析，可以从总体上把握企业重要财务比率的变化结果及原因，从而帮助管理人员及时发现原因并找到解决问题的出发点。

四、杜邦财务分析法的局限性

从企业业绩评价的角度来看，杜邦分析法只包括财务方面的信息，不能全面反映企业的实力，有一定的局限性。在实际运用中，我们需要对此加以注意，必须结合企业的其他信息加以分析。这主要表现在：

（1）忽视了对现金流量的分析。现金流量对企业财务风险的预计能力强于会计利润，与来源于资产负债表和利润表的会计指标项目相比，更能反映企业的盈利水平和盈余质量。

（2）对短期财务结果过分重视，有可能助长公司管理层的短期行为，忽略企业长期的价值创造。

（3）财务指标反映的是企业过去的经营业绩，衡量工业时代的企业是否能够满足要求。但在目前的信息时代，顾客、供应商、雇员、技术创新等因素对企业经营业绩的影响越来越大，而杜邦分析法在这些方面是无能为力的。

（4）在目前的市场环境中，企业的无形资产对提高企业的长期竞争力至关重要，杜邦分析法却不能解决无形资产的估值问题。

（5）传统的杜邦分析体系利用了财务会计中的数据，但没有充分利用内部管理会计系统的有用数据资料展开分析。企业要提高营业净利率，扩大销售是途径之一，其根本途径还是控制成本。内部管理会计系统能够为成本控制提供更有利于分析的数据资料。

链接 7-5　　　　　　　　　　**对杜邦分析体系的改进的探讨**

传统杜邦分析体系存在"总资产"与"净利润"不匹配、未区分经营损益和金融损益、未区分经营负债和金融负债等诸多局限，故应基于改进的管理用财务报表重新设计财务分析体系。改进后的财务管理将企业在产品和要素市场上进行的活动称为经营活动，主要包括销售商品或提供劳务等营业活动及与营业活动有关的生产性资产投资活动；将在资本市场上进行的活动称为金融活动，主要指筹资活动以及多余资金的利用。这样便通过区分经营活动和金融活动来区分经营资产与金融资产和经营负债与金融负债，重新编制管理用资产负债表；区分经营损益与金融损益后分摊所得税，据此来编制管理用利润表；区分经营活动现金流量与金融活动现金流量来编制管理用现金流量表。根据各张报表之间的关系得到：

（一）改进的财务分析体系的核心公式

$$
权益净利率 = \frac{税后经营净利润}{股东权益} - \frac{税后利息费用}{股东权益}
$$

$$
= \frac{税后经营净利润}{净经营资产} \times \frac{净经营资产}{股东权益} - \frac{税后利息费用}{净负债} \times \frac{净负债}{股东权益}
$$

$$
= \frac{税后经营净利润}{净经营资产} \times \left(1 + \frac{净负债}{股东权益}\right) - \frac{税后利息费用}{净负债} \times \frac{净负债}{股东权益}
$$

= 净经营资产净利率 + （净经营资产净利率 - 税后利息率）× 净财务杠杆

根据该公式，权益净利率取决于三个驱动因素：净经营资产净利率（可进一步分解为税后经营净利率和净经营资产周转次数）、税后利息率和净财务杠杆。

（二）改进的财务分析体系的基本框架

根据管理用财务报表，改进的财务分析体系的基本框架如表 7-1 所示：

表 7-1　改进的财务分析体系的基本框架

主要财务比率	计算公式	相关指标的关系
1. 税后经营净利率	税后经营净利润/销售收入	净经营资产净利率＝税后经营净利率×净经营资产周转次数
2. 净经营资产周转次数	销售收入/净经营资产	
3. 净经营资产净利率	税后经营净利润/净经营资产	
4. 税后利息率	税后利息费用/净负债	
5. 经营差异率	净经营资产净利率－税后利息率	
6. 净财务杠杆	净负债/股东权益	
7. 杠杆贡献率	经营差异率×净财务杠杆	
8. 权益净利率	净经营资产净利率＋（净经营资产净利率－税后利息率）×净财务杠杆	
其他指标	经营营运资本周转次数、净经营长期资产周转次数、净经营资产权益乘数	

（资料来源：2019 年考试教材）

美国哈佛大学教授 Krishna G. Palepu 等认为传统杜邦财务分析体系本身缺乏对企业长期发展的规划。他们在著作《运用财务报表进行企业分析与估价》中，提出了在传统杜邦分析体系的基础上引入可持续增长率指标，专门对企业发展、财务资源、财务风险三者之间的关系做了详细说明，指出了在杜邦财务分析体系中引入可持续增长率的必要性与合理性，但是这一分析体系忽略了对现金流的考虑。美国波士顿大学教授 Li 等人在研究财务分析时，认为应将杠杆纳入体系中进行分析，且同时分解销售净利率。他们在《投资学》一书中提出将税收和财务费用因素引入杜邦体系，组成"五因素模型"。对该指标的分析有助于了解并调整企业资本结构的合理性，从而降低财务风险，增加企业利润。

（资料来源：PALEPU K G, HEALY P M, BERNARD V L. Business analysis and valuation：using financial statements［M］. 1 版. 北京：高等教育出版社，2005：43；LI J, MERTON R C, BODIE Z. Do a firm's equity returns reflect the risk of its pension plan？［J］. Journal of financial economics，2006，81（1）：237-143.）

第三节　沃尔评分法及应用

一、财务比率综合分析概述

在进行财务分析时，人们遇到的一个主要困难就是，计算出财务比率之后，无法找到衡量其高低的标准。与本企业历史比较，也只能看出自身的变化，却难以评价其在市场竞争中的优劣地位。为了弥补这些缺陷，1928 年亚历山大·沃尔出版的《信用晴雨表研究》和《财务报表比率分析》中提出了信用能力指数的概念，他选择了七个财务比率，即流动比率、产权比率、固定资产比率、存货周转率、应收账款周转率、固定资产周转率和净资金周转率，分别给定各指标的比重，然后确定标准比率（以行业平均数为基础），将实际比率与标准比率相比，得出相对比率，将此相对比率与各指标比重相乘，得出总评分，这就是沃尔评分法。它提出了综合比率评价体系，把若干个财务比率用线性关系结合起来，以此来评价企业的财务状况。

由于沃尔评分法将彼此孤立的财务指标进行了组合，做出了较为系统的评价，因此，其对评价企业的财务状况具有一定的积极意义。但是由于现代企业与沃尔时代的企业相比，已发生了根本的变化，因此无论是指标体系的构成内容，还是指标的计算方法和评分标准，都有必要进行改进和完善。沃尔评分法最主要的贡献就是将互不关联的财务指标按照权重予以综合联动，使综合评价成为可能。

二、沃尔评分法的基本步骤

运用传统沃尔评分法对企业进行综合分析的步骤如下：

（1）选择评价企业财务状况的财务比率指标，通常应选择能够说明问题的重要指标。一般认为，比率指标应涵盖企业的偿债能力、营运能力、盈利能力、发展能力等各方面，并从中选择有代表性的重要指标。例如：

流动比率＝流动资产÷流动负债
产权比率＝负债÷净资产
固定资产比率＝固定资产÷总资产
存货周转率＝营业成本÷存货平均余额
应收账款周转率＝营业收入÷应收账款平均余额
固定资产周转率＝营业收入÷固定资产平均余额
净资产周转率＝营业收入÷净资产平均余额

（2）根据各项财务比率的重要性程度的不同，分别确定其评分值，各项比率指标的评分值之和应等于100分。重要程度应根据企业的经营状况、管理要求、发展趋势及分析目的等具体情况而定。

（3）确定各项财务比率指标的标准值。财务指标的标准值一般可以行业平均数、企业历史先进数、国家有关标准或者国际公认数为基准来加以确定。

（4）计算企业在一定时期内各项比率指标的实际值。各项比率指标实际值的计算见本书有关项目。

（5）求各指标实际值与标准值的比率，称为关系比率或相对比率，公式如下：

关系比率＝实际值/标准值

（6）对各项财务比率分别计分并计算综合分数。

各项评价指标的得分＝各项指标的评分值×关系比率
综合分数＝∑各项评价指标的得分

（7）形成评价结果。在最终评价时，如果综合得分大于或接近100分，则说明企业的财务状况比较好；反之，则说明企业的财务状况比同行业平均水平或者本企业历史先进水平等要差。

三、沃尔评分法的应用

下面采用传统沃尔评分法对A公司本年的财务状况进行综合评价，其中财务指标沿用沃尔评分法的传统指标及其相应比重（见表7-2），总和为100分，标准值参考行业平均值确定。计算过程如下：

表 7-2　A 公司本年沃尔比率

序号	财务比率	比重 ①	标准值 ②	本年实际值 ③	关系比率 ④=③/②	指标得分 ⑤=④×①
1	流动比率	25	2	1.25	0.63	15.64
2	产权比率	25	1.50	1.34	0.89	22.33
3	固定资产比率	15	0.25	0.248 7	0.99	14.92
4	存货周转率	10	8	4.51	0.56	5.64
5	应收账款周转率	10	6	22.11	3.68	36.84
6	固定资产周转率	10	4	4.50	1.13	11.26
7	净资产周转率	5	3	2.62	0.87	4.37
	得分值					111.00

从表 7-2 的沃尔评分计算结果来看，A 公司本年综合评价得分为 111 分，说明公司的财务状况较好。其中，应收账款周转率和固定资产周转率超过标准值，是综合评分较高的主要原因。值得关注的是，公司的存货周转率指标和流动比率指标均低于标准值，短期偿债能力值得关注。

进一步，采用沃尔评分法对 A 公司和 B 公司上年、本年的财务状况进行综合评价对比，详见表 7-3。

表 7-3　A 公司和 B 公司的沃尔比率

序号	财务比率	比重	标准值	A 公司			B 公司		
				本年	上年	前年	本年	上年	前年
1	流动比率	25	2	1.25	1.17	1.09	1.03	0.93	0.92
2	产权比率	25	1.50	1.34	1.80	1.46	4.22	3.16	2.44
3	固定资产比率	15	0.25	0.248	0.235	0.268	0.223	0.242	0.300
4	存货周转率	10	8	4.51	2.17	2.72	2.21	7.52	10.23
5	应收账款周转率	10	6	22.11	17.00	9.90	4.63	4.77	5.25
6	固定资产周转率	10	4	4.50	3.03	2.96	1.77	2.20	1.84
7	净资产周转率	5	3	2.62	2.00	1.96	2.05	2.22	1.90
	得分值	—	—	111.00	100.73	84.60	114.85	105.34	99.41

从表 7-3 的沃尔评分法综合得分来看，B 公司三年的得分均高于 A 公司，并且二者得分差距逐年减少。分析具体指标，从产权比率来看，B 公司具有较大优势，且 3 年指标连续提升并均高于 A 公司，这是 B 公司综合评分高的主要原因。从存货周转率、固定资产比率指标来看，B 公司前年的指标得分高于 A 公司，随后逐年下降，本年 A 公司反超 B 公司；在流动比率、净资产周转率指标上，A 公司三年总体上略高于 B 公司；而在应收账款周转率这一指标上，A 公司远高于 B 公司，且差距不断拉大，在本年更是达到了 4.77 倍的差距；A 公司的固定资产周转率逐年提升，到本年达到 B 公司的 2.54 倍。综合分析可以看出，A 公司的运营效率相对较高，但由于产权比率偏低，综合评分结果并没有特别的优势，需要格外关注企业的财务风险。

四、沃尔评分法的局限性

在使用沃尔评分法进行综合分析时，应注意到方法本身的局限性对评价结果的影响。首先，它未能证明为什么要选择这七个指标，而不是更多些或更少些，或者选择别的财务比率。其次，它未能证明每个指标所占比重的合理性。最后，当某一个指标严重异常时，会对综合指数产生不合逻辑的重大影响。这个缺陷是由相对比率与比重相"乘"而引起的。财务比率增加一倍，其综合指数增加100%；而财务比率减少一半，其综合指数只减少50%。

在实务中，有些指标可能在低于标准值时才代表理想值，因此，在指标选择上，应注意评价指标的同向性，对于不同向的指标应进行同向化处理或选择其他替代指标，例如资产负债率就可以用其倒数的值来代替。另外，当某一个指标值严重异常时，会对总评分产生不合逻辑的重大影响。例如，当某一单项指标的实际值超出标准值很高时，会导致最后总分大幅度增加，掩盖了情况不良的指标，从而出现"一美遮百丑"的现象。因此，在实务运用时，可以设定各指标得分值的上限或下限，如按标准值的1.5倍确定分数上限，0.5确定分数下限。值得注意的是，沃尔评分法在指标权重分配以及统计性数据收集时具有一定的主观性，从而带来数据的不准确性和粗糙性。

五、沃尔评分法的改进建议

针对沃尔评分法的局限性，为了使沃尔评分法能更科学、更全面合理地评价企业绩效，本书提出了以下改进建议：

1. 评价指标的改进

评价指标应该全面、系统地反映企业真实情况。传统沃尔评分法在指标选取方面，仅选取了流动比率、存货周转率等偿债能力与营运能力指标，没有考虑企业的盈利能力和发展能力。评价指标应当兼顾企业的偿债能力、营运能力、盈利能力、发展能力。评价指标要基于企业各项能力，可以涵盖总资产收益率和销售净利率等盈利能力指标及营业收入增长率、总资产增长率等发展能力指标。

2. 各项指标赋值权重的改进

对于各项财务比率指标权重，我们要更谨慎、科学合理地在企业各项能力间进行分配，同时还要注意各指标之间的联系，同时可以选择一些科学的方法，如层次分析法等，提高指标分配的合理性和科学性。

3. 评价标准计算方法的改进

为了减少个别指标异常对实得总分造成不合理的影响，我们需要采取一些技术措施进行调整。其中标准比率以本行业平均数为基础，适当进行理论修正，也可以选择竞争对手指标值、国际同行的指标值或根据预测财务报表计算的指标值作为标准值。在给每个指标评分时，设定评分值的上限（正常值的1.5倍或2倍）和下限（正常值的一半），以减少个别指标异常对总分造成不合理的影响。此外，给分时采用"加"和"减"的关系来处理，以克服当某一指标严重异常时，会对总评分产生不合逻辑的重大影响。具体得分计算可改进为以下方法：

$$每分比率 = （行业最高比率 - 标准比率）/ （最高评分 - 评分值）$$

$$调整分 = （实际比率 - 标准比率）/ 每分比率$$

$$综合得分 = 评分值 + 调整分$$

第四节　经济增加值评价体系及其应用

一、经济增加值评价概述

经济增加值（economic value added，EVA）是由美国学者 Stewart 提出，并由美国思腾思特咨询公司（Stern Stewart & Co.）注册并实施的一套以经济增加值理念为基础的财务管理系统、决策机制及激励报酬制度。它是基于税后营业净利润和产生这些利润所需资本投入总成本的一种企业绩效财务评价方法。

经济增加值是指税后净营业利润中扣除包括股权和债务的全部投入资本成本后的所得。该评价体系的核心是明确了资本投入的成本，只有企业的盈利高于其资本成本（包括股权成本和债务成本）时，企业才能创造价值。

经济增加值＝税后净营业利润-平均资本成本占用×加权平均资本成本

其中：税后净营业利润衡量的是企业的经营盈利情况；平均资本成本占用反映的是企业持续投入的各种债务资本和股权资本；加权平均资本成本反映的是企业各种资本的平均成本率。

经济增加值评价体系为企业业绩评估提供了更好的评估标准。在现行经济条件下，大多数企业外部筹资主要来源于股权筹资和债务筹资，两种筹资方式都需要负担较高的资本成本，传统会计利润条件下，大多数企业都是盈利的，但实际上很多企业的会计利润明显小于企业全部的资本成本，尤其是初创型企业。EVA 明确指出企业股权业绩评价应当考虑包括企业股权成本和债务成本在内的企业所有的资本成本，进一步定义了股东利润，使股东财富衡量更准确。

尽管经济增加值的定义很简单，但它的实际计算却较为复杂。为了计算经济增加值，需要解决经营利润、资本成本和所使用的资本数额的计量问题，不同的解决办法，形成了不同的经济增加值。基本经济增加值是根据未经调整的经营利润和总资产计算的经济增加值。披露的经济增加值是利用公开会计数据进行十几项标准的调整计算出来的，这种调整是根据公布的财务报表及其附注中的数据进行的。典型的调整项目包括研究与开发费用，战略性投资，为建立品牌、进入新市场或扩大市场份额发生的费用，折旧费用。特殊的经济增加值是为了使经济增加值适合特定公司内部的业绩管理，进行特殊的调整后得到的。真实的经济增加值是对会计数据做出所有必要的调整，同时对公司中每一个经营单位都使用不同的更准确的资本成本，是公司经济利润最正确和最准确的度量指标。

二、经济增加值的分类和计算

（一）基本经济增加值

基本经济增加值的计算分为四个步骤：

（1）税后净营业利润的计算；

（2）资本成本的计算；

（3）资本成本率的计算；

（4）根据公式计算基本经济增加值。计算公式如下：

基本经济增加值＝税后净营业利润−加权平均资本成本×报表总资产

基本经济增加值的计算很容易。但是，由于"经营利润"与"总资产"是按照会计准则计算的，它们歪曲了公司的真实业绩，因此，基本经济增加值相对于会计利润是个进步，因为它承认了股权资金的成本。

（二）披露的经济增加值

披露的经济增加值是利用公开会计数据进行调整计算出来的，典型的调整项目有：

（1）研究与开发费用。经济增加值要求将其作为投资并在一个合理的期限内摊销。

（2）战略性投资。会计方法将投资的利息（或部分利息）计入当期财务费用，经济增加值要求将其在一个专门账户中资本化并在开始生产时逐步摊销。

（3）为建立品牌、进入新市场或扩大市场份额发生的费用。会计方法将其作为费用立即从利润中扣除，经济增加值要求把争取客户的营销费用资本化并在适当的期限内摊销。

（4）折旧费用。会计方法大多使用直线折旧法处理，经济增加值要求对某些大量使用长期设备的公司，按照更接近经济现实的"沉淀资金折旧法"处理。前期折旧少，后期折旧多。

（三）特殊的经济增加值

为了使经济增加值适合特定公司内部的业绩管理，还需要进行特殊的调整。这种调整要使用公司内部的有关数据，调整后的数值称为"特殊的经济增加值"。它是特定企业根据自身情况定义的经济增加值，是"量身定做"的经济增加值。它涉及公司的组织结构、业务组合、经营战略和会计政策，以便在简单和精确之间实现最佳的平衡。这里的调整项目都是"可控制"的项目，即通过自身的努力可以改变数额的项目。

（四）真实的经济增加值

真实的经济增加值是公司经济利润最正确和最准确的度量指标。它要对会计数据做出所有必要的调整，并对公司中每一个经营单位都使用不同的更准确的资本成本。

三、简化经济增加值的衡量

国资委颁布的《中央企业负责人经营业绩考核暂行办法》中关于经济增加值的相关规定如下：

（一）简化的经济增加值定义

经济增加值是指企业税后净营业利润减去资本成本后的余额。

经济增加值＝税后净营业利润−资本成本

＝税后净营业利润−调整后资本×平均资本成本率

税后净营业利润＝净利润+（利息支出+研究开发费用调整项−非经常性

损益调整项×50%）×（1−25%）

调整后资本＝平均所有者权益+平均负债合计−平均无息流动负债−平均在建工程

（二）会计调整项目说明

（1）利息支出是指企业财务报表中"财务费用"下的"利息支出"。

（2）研究开发费用指企业财务报表中"管理费用"项目下的"研究与开发费"和当期确认为无形资产的研究开发支出。对于勘探投入费用较大的企业，经国资委认定后，将其成本费用情况表中的"勘探费用"视同研究开发费用调整项按照一定比例（原则上不超过50%）予以加回。

（3）无息流动负债是指企业财务报表中"应付票据""应付账款""预收款项""应交税费""应付利息""应付职工薪酬""应付股利""其他应付款"和"其他流动负债（不含其他带息流动负债）"；对于"专项应付款"和"特种储备基金"，可视同无息流动负债扣除。

（4）在建工程在转为固定资产交付使用前，没有在本期给企业带来利润，金额太大会产生较大的资本成本，所以将财务报表中"在建工程"科目予以扣除。

（三）资本成本率的确定

在确定资本成本率时确认企业权益资本成本是一个难点，所以国资委参考长期贷款利率统一确定了：中央企业资本成本率为5.5%，对军工、发电等资产通用性较差的企业，资本成本率定为4.1%。资产负债率在75%以上的工业企业和80%以上的非工业企业，资本成本率上浮0.5个百分点。

（四）其他重大调整事项

发生以下情况之一，对于企业经济增加值考核产生重大影响时，国资委酌情予以调整：

（1）重大政策变化；

（2）严重自然灾害等不可抗力因素；

（3）企业重组、上市及会计准则调整等不可比因素；

（4）国资委认可的企业结构调整等其他事项。

对于除中央企业之外的其他公司，经济增加值会根据自身实际情况进行调整：除国资委规定之外还会涉及大型的受益期限较长的广告费用、营业外收支、计提的各类资产减值准备、商誉摊销、投资收益、递延税金等。

四、经济增加值评价的优点和缺点

（一）经济增加值评价的优点

（1）经济增加值考虑了所有资本的成本，更真实地反映了企业的价值创造能力；实现了企业利益、经营者利益和员工利益的统一，激励经营者和所有员工为企业创造更多价值；能有效遏制企业盲目扩张规模以追求利润总量和增长率的倾向，引导企业注重长期价值创造。

（2）经济增加值不仅仅是一种业绩评价指标，还是一种全面财务管理和薪金激励体制的框架。经济增加值的吸引力主要在于它把资本预算、业绩评价和激励报酬结合起来了。

（3）在经济增加值的框架下，公司可以向投资人宣传他们的目标和成就，投资人也可以用经济增加值选择最有前景的公司。经济增加值还是股票分析师手中的一个强有力的工具（便于投资人、公司和股票分析师之间的价值沟通）。

（二）经济增加值评价的缺点

（1）它仅对企业当期或未来1~3年价值创造情况进行衡量和预判，无法衡量企业长远发展战略的价值创造情况；

（2）经济增加值的计算主要基于财务指标，无法对企业的营运效率与效果进行综合评价；

（3）不同行业、不同发展阶段、不同规模的企业，其会计调整项和加权平均资本成本各不相同，计算比较复杂，影响指标的可比性（例如，处于成长阶段的公司经济增加值较少，而处于衰退阶段的公司经济增加值可能较高）。

（4）计算十分复杂。计算经济增加值时需要对会计科目进行调整，调整项目的多少直接影响计算结果的精确性。另外，股权资本成本的确定会受到多重因素影响，难以确定准确的资本成本。

本章小结

　　财务报表综合分析是在财务能力单项分析的基础上，将有关指标按其内在联系结合起来，从整体上，相互联系地全面评价企业的财务状况及经营成果。常用的财务报表综合分析方法有沃尔评分法、杜邦分析法和企业综合绩效评价。

　　沃尔评分法又称综合评分法，在财务报表分析中，它是在进行分析时，选定若干财务比率，将选定的财务比率指标用线性关系结合起来，并分别给定各自的分数比重，然后通过与标准比率进行比较，确定各项指标的得分及总体指标的累计分数，根据所得分数对企业某类或整体综合的业绩水平做出评价的方法。

　　杜邦分析法又称杜邦财务分析体系，是利用几种主要的财务比率指标之间的内在联系来综合分析企业的财务状况及经营绩效的方法。该方法是以企业净资产收益率为起点，将其分解为总资产净利润率与权益乘数的乘积，再将总资产净利润率分解为销售净利润率与总资产周转率的乘积，分析各指标间的相互影响作用关系，这样有助于深入揭示企业获利能力及权益乘数对净资产收益率的影响。

　　经济增加值是以经济增加值理念为基础的财务管理系统、决策机制及员工的激励报酬制度。它是基于企业的税后营业利润和产生利润所需资本投入总成本的一种企业绩效财务评价方法。

本章重要术语

财务报表综合分析　　　沃尔评分法　　　杜邦分析法　　　经济增加值

一、单选题

1. 杜邦分析法的核心指标是（　　）。

  A. 总资产净利率　　B. 营业净利率　　　C. 净资产收益率　　D. 资产周转率

2. 某公司当年实现营业收入 3 800 万元，净利润 480 万元，总资产周转率为 2，则总资产净利率为（　　）。

  A. 12.6%　　　　B. 6.3%　　　　　C. 25%　　　　　D. 10%

3. 夏华公司下一年度的净资产收益率目标为 16%，资产负债率调整为 45%，则其资产净利率应达到（　　）。

  A. 8.8%　　　　　B. 16%　　　　　C. 7.2%　　　　　D. 23.2%

4. 某企业的资产净利率为 20%，若产权比率为 1，则权益净利率为（　　）。

  A. 15%　　　　　B. 20%　　　　　C. 30%　　　　　D. 40%

5. 丙公司 2021 年的销售净利率比 2020 年提高 10%，权益乘数下降 5%，总资产周转次数下降 2%，那么丙公司 2021 年的净资产收益率比 2020 年提高（　　）。

  A. 2.41%　　　　B. 4.42%　　　　C. 8%　　　　　D. 2.13%

6. 把若干财务比率用线性关系结合起来，以此评价企业信用水平的方法是（　　）。

  A. 杜邦分析法　　　　　　　　B. 沃尔评分法
  C. 预警分析法　　　　　　　　D. 经营杠杆系数分析

7. 下列指标中，不能用来计量企业业绩的是（　　）。

  A. 投资收益率　　B. 经济增加值　　C. 资产负债率　　D. 现金流量

8. 某企业去年的营业净利率为 5.73%，资产周转率为 2.17，今年的营业净利率为 4.88%，资产周转率为 2.88。若两年的资产负债率相同，今年的净资产收益率相比去年，变化趋势为（　　）。

  A. 下降　　　　　B. 不变　　　　　C. 上升　　　　　D. 难以确定

9. 某公司 2022 年末的产权比率为 75%。若该公司年度末的所有者权益为 40 000 万元，则该公司 2022 年年末的资产负债率为（　　）。

  A. 45.95%　　　B. 48.72%　　　C. 50%　　　　　D. 42.86%

10. 某公司的总资产净利率为 10%，若产权比率为 1.5，则净资产收益率为（　　）。

  A. 15%　　　　　B. 6.67%　　　　C. 10%　　　　　D. 25%

11. B 公司 2022 年年末的负债总额为 120 000 万元，所有者权益总额为 480 000 万元，则产权比率是（　　）。

  A. 0.25　　　　　B. 0.2　　　　　C. 4　　　　　　D. 5

12. 经济利润最正确和最准确的度量指标是（　　）。

  A. 基本 EVA　　　B. 披露的 EVA　　C. 特殊的 EVA　　D. 真实的 EVA

13. 根据公司公开的财务报告计算披露的经济增加值时，不需纳入调整的事项是（　　）。

  A. 计入当期损益的品牌推广费　　　B. 计入当期损益的研发支出
  C. 计入当期损益的商誉减值　　　　D. 计入当期损益的折旧费用

二、多选题

1. 可以用来计算企业业绩的财务指标有很多，包括（   ）。

    A. 经济增加值   B. 现金流量   C. 每股收益   D. 市场价值

2. 从杜邦分析图中可以发现，提高净资产收益率的途径有（   ）。

    A. 使销售收入增长高于成本和费用的增加幅度

    B. 降低公司的销货成本或经营费

    C. 提高总资产周转率

    D. 在不危及企业财务安全的前提下，增加债务规模，增大权益乘数

3. 依据杜邦分析法，当权益乘数一定时，影响净资产收益率的指标有（   ）。

    A. 营业净利率   B. 资产负债率   C. 总资产周转率 D. 产权比率

4. 下列各项中，影响资产周转率的有（   ）。

    A. 企业所处行业   B. 经营周期   C. 管理力度   D. 资产构成

5. 对企业财务报表进行综合分析，采用杜邦分析体系时，主要分析了企业的（   ）。

    A. 综合能力   B. 盈利能力   C. 营运能力   D. 偿债能力

6. 下列各项中，与净资产收益率密切相关的有（   ）。

    A. 营业净利率   B. 总资产周转率 C. 总资产增长率 D. 权益乘数

7. 下列关于杜邦体系的说法，正确的有（   ）。

    A. 杜邦分析体系通过建立新指标进行全面分析

    B. 杜邦分析体系是通过相关财务比率的内在联系构建的综合分析体系

    C. 杜邦分析体系的核心指标是净资产收益率

    D. 对杜邦分析体系进行比较分析不仅可以发现差异，而且可以分析差异产生的具体原因

8. 计算披露的经济增加值时，下列各项中，需要进行调整的项目有（   ）。

    A. 研究费用   B. 争取客户的营销费用

    C. 资本化利息支出   D. 折旧费用

9. 根据公司公开的财务报告和公司内部的有关数据计算特殊的经济增加值时，需纳入调整的事项有（   ）。

    A. 通过自身的努力可以改变数额的项目

    B. 计入当期损益的争取客户的营销费用

    C. 对会计数据做出所有必要的调整

    D. 每一个经营单位基于各自不同的风险的资本成本

三、判断题

1. 综合分析可以分为流动性分析、盈利性分析及财务风险分析等部分。

                                                （   ）

2. 杜邦分析法的最核心指标是净资产收益率。   （   ）

3. 在其他条件不变的情况下，权益乘数越大，则财务杠杆系数作用就越大。

                                                （   ）

4. 在总资产利润率不变的情况下，资产负债率越高，净资产收益率越低。

（　　）

5. 流动资产周转率属于财务绩效定量评价中评价企业资产质量的基本指标。

（　　）

6. 依据杜邦分析原理，在其他因素不变的情况下，提高权益乘数，将提高净资产收益率。（　　）

7. 营业周期越短，资产流动性越强，资产周转相对越快。（　　）

8. 权益乘数的高低取决于企业的资本结构，负债比重越高，权益乘数越低，财务风险越大。（　　）

9. 产权比率就是负债总额与所有者权益总额的比值。（　　）

10. 财务报表分析主要为投资人服务。（　　）

四、综合分析题

R公司近两年有关财务数据资料见表7-4，请运用杜邦财务分析体系对其本年的财务状况进行综合评价。

表7-4　R公司近两年的财务数据　　　　单位：万元

项目	上年	本年
总资产平均余额	575 411.5	566 611
负债平均余额	112 558	119 536.5
净资产平均余额	462 853.5	447 074.5
营业收入	221 673	242 100
净利润	108 745	27 478
营业成本	180 154	183 001
销售费用	14 840	23 566
管理费用	11 228	12 702
财务费用	61	1 887
全部成本	206 283	221 156

链接7-6　　　　　　　　第七章部分练习题答案

一、单选题

1. C　　2. C　　3. A　　4. D　　5. A　　6. B　　7. C　　8. C
9. D　　10. D　　11. A　　12. D　　13. C

二、多选题

1. ABCD　　2. ABCD　　3. AC　　4. ABCD　　5. BCD
6. ABD　　7. BCD　　8. ABD　　9. AB

三、判断题

1. √　　2. √　　3. √　　4. ×　　5. ×
6. √　　7. √　　8. ×　　9. √　　10. ×

四、综合分析题

R 公司的财务比率指标如表 7-5 所示。

表 7-5 财务比率指标

项目	上年	本年
净资产收益率	23.49%	6.15%
权益乘数	1.243	1.268
资产负债率	19.565%	21.10%
总资产净利润率	18.90%	4.85%
营业净利润率	49.06%	11.35%
总资产周转率	0.385	0.427

第八章

大数据与财务报表分析

　　在党的二十大报告中，"数字中国"再次被习近平总书记提及。近年来，习近平总书记高度重视数字化发展，在多个重要场合谈及数字经济，并将其视为把握新一轮科技革命和产业变革新机遇的战略选择，事关国家发展大局。随着数字经济和数字社会的发展，数据已经成为五大生产要素之一。大数据革命正在对世界产生巨大的系统性影响，具有深远意义，数字化转型已经成为大势所趋。掌握丰富、高质量的基础数据是企业实现高质量发展的基础。会计数据要素是单位经营管理的重要资源，不仅能够帮助企事业单位更好地规划生产经营，更能有效地处理会计核算、会计报告、管理会计、内部控制等会计工作。将零散的、非结构化的会计数据转变为聚合的、结构化的会计数据要素，发挥其服务单位价值创造功能，是会计工作实现数字化转型的重要途径。

　　在全球经济一体化的背景下，企业更加重视会计数据的应用。大数据技术的应用能够提高企业对海量数据的处理和分析效率，助力企业深度挖掘和利用数据价值，实现对财务报表中各类信息的全面、深度分析，将企业财务报表分析工作推向新的广度和深度。企业利用大数据技术，可以在财务报表分析框架中融入事前分析、预警分析、预测分析，从以往传统的单一分析、阶段分析过渡到多样分析、实时分析，从而提高财务报表分析的客观性与准确性。企业财务人员和决策者在处理数据时要秉持客观公正、不偏不倚、精益求精的态度，理性分析而不带有主观意念，保证数据的真实性，全面分析企业内外部因素，客观地评价企业。

　■学习目标

1. 了解大数据的概念及特征。
2. 了解传统模式下企业财务报表存在的局限性。
3. 理解大数据对财务报表分析的影响。
4. 熟悉大数据背景下财务报表的分析框架及方法。

■导入案例

"大数据商业应用第一人"维克托·迈尔·舍恩伯格所著的《大数据时代》被认为是大数据研究的起点。他在书中前瞻性地指出，大数据的核心就是预测，大数据带来的信息风暴正在变革我们的生活、工作和思维，大数据将为人类的生活创造前所未有的可量化的维度。

企业的决策正从"应用驱动"向"数据驱动"转变，能够有效地利用大数据并将其转化为生产力的企业，将获得核心竞争力，成为行业引领者。财务学家John Argenti强调，导致企业失败的很重要的一个原因就是会计信息不足或会计信息系统存在缺失，而企业最主要的四项失败症状中也是以财务比率征兆为重。传统的财务报表分析仅对财务数据进行分析，因而无法确定源头数据准确与否，财务报表使用者很难真正把握企业经营成果，对于企业的发展前景可能产生误判。信息化时代，大数据繁兴，企业需进一步明确财务报表分析和大数据的关系，统筹兼顾地理清新形势下的财务报表分析的框架，变粗放、滞后的报表分析为创新、变革的企业的精益财务分析，推动企业精细化、信息化管理模式的应用。

[资料来源：央吉.大数据与财务报表分析框架研究 [J].财会学习，2018（28）：2.]

第一节　大数据概述

一、大数据的概念及特征

（一）大数据的概念

大数据（big data），是指无法在一定时间范围内用常规软件工具进行捕捉、管理和处理的数据集合，是需要新处理模式才能具有更强的决策力、洞察发现力和流程优化能力来适应的海量、高增长率和多样化的信息资产。

（二）大数据的特征

大数据具有四个主要特征（如图8-1所示）：

1. 数据量巨大（volume）

大数据的首要特征是其数据量巨大，往往由数十亿及以上的数据组成。这些数据包括结构化数据（例如传统数据库中的数据）、半结构化数据以及非结构化数据。与传统数据库相比，大数据的数据存储量增长非常快，一天之内的数据存储量可能就已经达到了几百亿或更高。

2. 处理速度快（velocity）

数据的增长速度和处理速度是大数据高速性的重要体现。与以往的报纸、书信等传统数据载体生产传播方式不同，在大数据时代，大数据的交换和传播主要是通过互联网和云计算等方式实现的，其生产和传播数据的速度非常快。另外，大数据还要求处理数据的响应速度要快，例如，上亿条数据的分析必须在几秒内完成。数据的输入、处理与丢弃必须立刻见效，几乎无延迟。

3. 数据类型繁多（variety）

数据来源的广泛性，决定了数据形式的多样性。大数据可以分为三类：一是结构化数据，如财务系统数据、信息管理系统数据、医疗系统数据等，其特点是数据间因果关系强，人们可以通过提取和清洗获得有用信息；二是非结构化的数据，特点是数据间没有因果关系，人们常常使用自然语言处理、图像、视频等技术对其进行分析、处理和挖掘；三是半结构化数据，如 HTML 文档、邮件、网页等，其特点是数据间的因果关系弱，人们需要应用机器学习等技术来提取有意义的信息。

4. 价值密度低（value）

大数据的核心特征是价值，价值密度的高低和数据总量的大小是成反比的，即数据价值密度越高、数据总量越小，数据价值密度越低、数据总量越大。任何有价值的信息的提取，依托的就是海量的基础数据。大数据以可观的数据量为代价，主要通过机器自动收集数据，与传统的人工搜集方式相比，存在大量的冗杂无效的信息，其价值密度相对较低。因此，使用者必须使用先进的算法工具（例如机器学习、深度学习）和数据科学技术以更迅速地在海量数据中完成数据的价值提纯，发掘其中所隐藏的巨大价值。

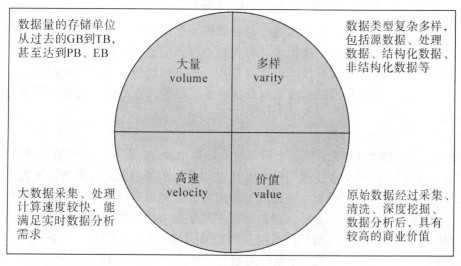

图 8-1　大数据的特征

二、大数据分析与传统数据分析的区别

传统数据分析模式只能收集、加工来源于企业内部的有限的结构化数据。与传统的数据处理方式相比，大数据的数据采集量达到了一定的规模，故大数据具有数据采集及时，数据较全面，数据具有连续性、易存性等特点，进而可以从更多方面以及更全面、真实地反映实际情况。研究大数据就是从庞大的网络数据中提取出能够解释和预测现实事件的数据，并通过直观的形式显示分析的结果，为使用者实时提供合理的解决方案。大数据分析与传统数据分析的对比如表 8-1 所示。

表 8-1　大数据分析与传统数据分析的差异

项目		传统数据分析	大数据分析
数据层面	数据来源	企业内部资料	企业内部、外部资料
	数据类型	结构化数据	结构化数据、半结构化数据、非结构化数据
	数据量	Peta Bytes（10^{15}）	Zetta Bytes（10^{25}）
分析层面	解决的问题	描述性分析：发生了什么？ 诊断性分析：为什么发生？	描述性分析：发生了什么？ 诊断性分析：为什么发生？ 预测性分析：可以做什么？ 处理方式分析：如何做得更好？
	反映方式	基于历史数据进行反映	提前反映，预测未来情况，优化决策

第二节　大数据对财务报表分析的影响

一、传统模式下企业财务报表分析存在的局限性

在传统模式下，企业财务分析通过财务软件与手工操作相结合的方式，将内部和历史数据作为基础编制静态财务报表，有关财务报表信息的真实性、及时性都受到了制约。这种方式与应用大数据技术获取财务数据的方式比较，从获取数据的来源到分析的方法均存在一定的局限性。传统财务报告模式已经无法完全满足企业管理与发展的需求。

1. 财务数据处理不及时

企业在生产经营过程中面临诸多内部风险和外部风险，包括经营风险、财务风险、市场风险、法律风险等。企业通过对内部数据和外部市场数据进行分析，从而采取有效措施规避或降低风险。由此可见，财务数据的及时处理对企业维持正常的运转至关重要，从数据获取、选择、分析，到最后数据转变为有价值的信息，每个环节都要及时地流转至下一个环节，以缩短数据信息处理的时间。在传统模式下，企业对财务数据的分析处理较为滞后、时效性不强。例如，要评价一家企业目前的生产、销售情况，主要是对基于历史数据编制的财务报表进行分析。按照会计分期编制的财务报表一般是年度报告或是中期报告，基本上都编制于生产经营业务发生后，是会计核算的最终产品。这样，获取数据的时间较长，影响企业会计信息利用的时效性，可能导致企业不能及时调整经营计划，面临原材料积压、销售不畅等问题。

2. 财务报表数据分析方法单一

在传统模式下，财务人员对企业财务状况和经营成果进行分析评价时通常只采用一种财务分析方法，只是针对单个指标进行分析评价。财务人员采用单一指标对数据进行收集、处理、分析，难以形成对企业的综合性评价，很可能误导财务报表使用者对信息的解读，导致企业经营决策失误。传统模式下财务报表分析方法中所使用的比率分析法是基于企业历史数据进行计算的，由于历史数据本身存在滞后性，由此得出的结论不能被视为分析企业未来财务状况的绝对标准。趋势分析法，是对各种数据资

料进行纵向对比,从而对企业未来的发展方向、趋势进行预测。此种方法基于实际数据分析,可靠性较强,但可能受到通货膨胀、国际市场供需状况改变等外部不确定因素的影响,从而导致预测结果出现偏差。此外,如果财务数据分析仅仅考虑定量分析,没有结合定性分析,则可能导致分析结果精准性降低,难以使企业管理者做出合理、科学的经营决策及预测。

3. 财务报表数据有效性受限

真实有效的财务数据对企业的未来发展有着重要的指导作用,有助于企业自身及时地调整经营管理策略,降低风险,获取更多的收益。同时,企业外部报表使用者通过分析企业财务报表数据,制定合理的投资决策,降低投资风险。然而财务报表的真实性可能受到企业实际经营发展状况的影响,企业出于自身利益考虑,可能进行财务造假,例如:企业如果需要筹措大量资金,吸引更多的投资者或债权人,企业就可能会通过虚增收入、减少成本来提高企业利润,粉饰企业财务报表,造成企业盈利的假象。另一种情形是,企业为了逃税,可能会通过增加成本费用和减少收入来降低所得税的应纳税额。上述两种情形中,只要企业故意掩饰,投资者、债权人或是税务部门就很难通过分析财务报表数据及时发现问题,导致利益受损。由此可见,在传统分析模式下,企业财务报表数据的可靠性难以得到保障。

4. 受主观人为因素影响

在传统模式下,大多数企业财务报表由财务人员依据经验来进行分析,财务人员对同一指标数值的判定缺乏统一的标准,会导致财务报表分析结果不一致。在进行会计计量时,财务人员通常根据主观判断选用不同的方法,例如,在进行存货计价时,可选择先进先出法、移动加权平均法、个别计价法等,从而导致财务报表中的相关数据产生差异。同时企业的财务决策主要基于经营管理者的主观判断,由于各个管理者的决策能力不同,他们有可能做出与企业实际经营状况不符的决策,影响企业未来的发展。例如,不同管理者对于风险收益偏好的态度不同,一部分管理者偏好高风险、高收益,另一部分则追求低收益、低风险,在数据获取不及时、不充足的情况下进行金融资产投资时,他们会做出不同的选择,直接影响企业的投资收益。此外,某些企业或个人为了掩盖经营中实际存在的问题或风险,在数据处理过程中可能人为篡改数据来操纵财务结果,从而导致数据质量下降或失真,影响财务报表分析的合理性、准确性。

二、大数据环境下财务报表分析的发展趋势

大数据时代,思维的变革促进了财务会计向管理会计转型,推动财务报表分析方法、技术、分析框架等方面产生变革。财务人员传统的工作模式也随之发生改变,更有助于提高管理决策水平,推动现代会计变革为新模式。在信息化数据呈指数级增长的背景下,企业应用大数据技术对海量数据进行高效、快速的筛选和分析,增强数据的可靠性、实用性,找出数据之间的相关关系和内在规律,并结合历史数据对企业未来发展做出预测,做出适合本企业的经营管理决策,提升企业财务数据分析、利用的效率,提高企业的经济效益。

大数据技术为财务报表分析提供了以下方面的支持:

1. 提高综合分析能力

大数据时代的到来，使会计的主要职能从反映过去向预测未来转变，从单一财务管理向综合财务管理过渡，也促使财务报表分析朝着综合管理的方向发展。传统的财务分析立足于对数据进行精确分析，这种数据分析方式更适用于数据量较小的情况。与大数据相比，这种方式下数据的完整性和时效性不强，财务报表使用者无法了解企业财务状况的全貌。当前，"精确"分析不再是财务工作的全部内容，全面系统的分析在未来财务分析工作中将发挥更为重要的作用。

大数据背景下的超级数据量和多样化的数据形式，已经超越了传统数据管理的范围，企业需要更新数据的查找、存储、分析、处理等方法。大数据技术的应用并非将简单的定量数据作为财务分析的基础，而是通过在海量数据中获取相关信息并进行处理和分析，最终获得更为科学与精准的财务结论，从而构建更为全面的企业财务数据分析框架。此时，财务报表对经济事项的反映不再局限于传统会计模式及领域，开始向采购、销售、研发等多个部门渗透；财务人员编制财务报表过程中，将与企业业务相关的所有数据进行收集、处理、分析，并为企业经营管理者、外部投资者等提供多样化可用信息。

大数据的运用使得财务报表涵盖了以往不属于传统财务管理范畴的业务，是对企业财务状况、行业背景、竞争能力、无形资产等信息进行全面评估。这不仅能够评估企业以往的经营管理成果，而且能够为财务分析过渡到事前预测、事中控制提供科学、有效的评价依据，加强企业的经营预测与财务分析能力。

2. 增强财务分析的实时性

随着信息化进程的进一步加速，实时财务报表的重要作用日益凸显。按照传统会计管理惯例，财务报表都是在生产经营业务发生后进行编制的，信息披露时限长，因此影响了企业财务信息分析的时效性。大数据的信息收集与处理技术可使财务报表实现即时或定期发布，有效地提高了会计信息利用的实时性与效率，例如，月末、季末编制的财务报表可以转化成即时可见的"日报表"，能够及时获取与产品库存、销售、成本、收入等相关的数据，从而使财务信息披露周期缩短，更加透明、可靠，满足不同报表使用者的需求，为其决策提供有效的信息。又如，投资者主要关注投资风险与收益，可根据实时更新的财务数据分析企业当前财务状况的好坏和盈利能力的强弱，决定是否进行投资；供应商、银行等债权人则关注企业的现金流量状况和偿债能力，通过实时分析企业财务报表，评估企业当前财务风险的高低，判断资金是否能够按时收回。财务人员通过分析应收账款、存货变化情况的好坏，判断企业的营运资金是否充足，以保障企业的正常经营。

3. 提供准确的财务分析信息

信息化时代数据来源的复杂性和数据类型的多样化势必改变原有的数据处理方式。通过大数据技术，财务人员可以从不同的数据维度和深度对数据进行分析，找出数据之间的内在联系及规律，在分析历史数据的基础上，进一步整合企业的财务资料和非财务资料，以获取有价值的、可预测企业未来发展趋势的信息。传统的财务报表分析主要基于企业内部静态的结构化数据，同时缺少大量的非结构化的重要信息，其中与决策相关的信息不能一一筛选出来进行分析，而且由于数据分类标准存在差异，将这些数据进行整合、利用的难度较大，效率较低。财务人员应用大数据技术能够直接地获取企业内部数据，还能够从供应商、客户、竞争对手、投资者等利益相关者处收集到海量的外部数据信息，包括财务信息和非财务信息。随着数据筛选、存储、处理技术的升级，传统的抽样式信息采集向高效的数据分析方式转变，财务人员能够有效地整合这些数据，减少编制财务报表过程中的错误，提高财务分析的效率及准确性。大数据技术还能使财务分析的范围得以拓展，使企业管理者做出科学、合理的决策。

4. 增强财务报表的可视性

随着企业获取的数据量的日益增加，大量的数据信息可读性较差。大数据技术可以将每一项数据作为单个元素显示，使海量的数据集形成数据图像，以多维数据的形式展现。这样财务人员可以对数据进行深入的研究。数据可视化技术应用于财务报表分析中，可以将财务数据和指标用交互式可视化图形的形式直接呈现在财务信息使用者面前，从多个维度展现企业的财务状况及变化趋势，使财务报表数字更加直观地传递重要的信息，有助于满足不同财务信息使用者的需求，使其快速了解企业经营情况，做出判断。

三、大数据时代企业财务报表分析面临的挑战

（一）数据安全保障问题

由于大数据技术需要处理海量数据，涉及的数据类型繁多，存在数据泄露的安全隐患。企业的财务会计数据需要借助网络平台和云平台等来完成存储、传输、处理，如果网络平台存在技术漏洞或安全隐患，极有可能导致数据被盗或丢失。企业内部关键的财务会计信息，例如财务状况、业务流程、人员构成等，如果使用不当，容易被篡改或窃取。财务数据一旦泄露，会严重影响企业正常的运营及发展，给企业带来无法挽回的损失。

（二）数据处理标准问题

财务会计数据来源于不同的平台、系统或部门，因此获取的数据在格式、结构、内容上存在较大差异。如果数据未能经过标准化处理，必然会影响到数据的质量和准确度，进而影响到财务分析的可靠性和财务报表的准确性。

（三）数据信息共享问题

大数据时代，企业财务转型是必然趋势，财务报表分析呈现多元化与多维化特征。企业内部能否摒弃以往孤立工作的理念，实现数据本身以及重要的数据分析结果跨部门及时分享，将直接影响财务分析全面性的高低。企业是否能将多种结构、不同格式的数据汇集到一个平台或数据库进行标准处理，决定了财务人员未来在出具实时财务报表及结果时能否有效整合企业财务信息及非财务数据，使财务报表分析在企业决策管理中更多地发挥预测性、前瞻性作用。

（四）人为干扰因素

大数据技术涵盖的知识领域范围较广，包含数据收集、筛选、存储、分析等多个方面，每个环节的工作者都需要具备相关的数据处理技术。企业财务人员或数据分析人员自身如果缺乏相应的专业素养，则可能对数据的计算方法、结果进行错误的分析，导致结论出现错误或偏差。

四、大数据对财务报表分析框架的影响分析

（一）传统财务报表分析的架构及特征

传统的财务报表分析体系主要侧重于对历史的财务数据进行分析，分析的内容主要包括资产负债结构、收入成本变化、资金周转率等因素，这些因素在一定程度上能够反映企业当前的经营及发展状况。但是传统财务报表分析忽略了影响企业运营的外部因素，例如：关联方关系、国家产业政策等因素。这些因素往往是导致财务报表分析结果与企业现实情况存在差异的原因。对财务指标的分析主要围绕偿债能力、营运能力、盈利能力和成长性四方面进行，由于数据更新不及时，这样的分析方式不能结合企业的外部市场环境及行业发展趋势来进行动态分析。此外，传统财务报表分析侧重于结果分析，忽略了过程性的分析；侧重于事后分析，忽略了事前预测和事中控制；忽略了对企业发展潜力、后续运营状况的预测与分析，导致财务报表无法有效地对企业的发展规划提供指导及建议。

（二）大数据背景下财务报表分析框架变更

随着大数据技术的应用，财务报表分析的内涵和外延有扩展的趋势，财务分析面临着新的发展机遇与挑战，财务分析的范围延伸到包含企业盈利能力、筹资结构、投资结构、利润分配、风险评估、财务预算等方面。财务分析经历了观察性分析、统计性分析、财务性分析三个阶段，目前正在向战略性分析过渡。传统模式下，以盈利能力、营运能力、偿债能力、发展能力为核心要素的财务报表分析框架已经无法满足对企业未来发展方向进行分析预测这一需求。因此，报表使用者需要借助大数据技术来优化财务报表分析框架，通过对大量数据、指标的分析对比，以动态趋势的视角分析企业现状及态势，同时还应具备战略的视角来分析企业财务状况。

大数据背景下财务报表分析框架的构建，主要包括以下几个方面：

1. 结合事前分析和事中控制

企业构建对自身发展起关键作用的数据指标体系，使其与关键要素相互关联，按流程制定标准化数据处理模型，设置不同的变量，获取不同指标下的分析结果，通过多次试算，找出与企业未来发展方向、目标一致的指标和目标值。模型如果发现异常指标可以发出预警，以便财务人员迅速发现问题。数据处理模型能够根据业务需求筛选数据并进行对标分析，对异常指标及问题进行深度剖析，找出原因及联动的相关因素，以便使企业快速地调整经营决策；通过不断修正、改进，使企业生产运营各个环节得以监控和调整，发挥事前预警和预测的功能，同时在此过程中结合事中控制和事后评价，使得财务分析工作更具前瞻性。例如：借助大数据技术可以设置一个完整的实时动态预警模型，财务人员能够观测当天、当月、当季的实际数据，可以和去年同期、当期的预算数据进行对比，根据需求设定目标值的波动范围。目标值一旦超出设定的范围，模型将发出预警，以便财务人员在分析过程中进行事中控制。

2. 阶段分析转为实时分析

通过高效的数据分析集成技术，企业可结合自身实际情况建立一套完善的智能化互联网数据收集与处理系统及实时财务分析体系，实现企业内部、外部数据实时共享。财务报表数据要与互联网传输的数据同步更新，以保证财务报表分析结论的准确性。当企业的资产负债、成本收入、现金流量等财务数据，或是外部数据如客户、供应商、

竞争者、投资者相关数据发生变化时，财务人员能够迅速地对这些数据信息进行加工和处理，找出其中的关联关系及发展趋势，从传统的阶段性财务分析转变为实时的财务分析，以主动发现价值的方式从内部管理流程、外部客户关系等多维度全面评价企业的财务状况、经营状况。这样的方式能展现数据信息的共享价值与战略价值。

3. 采用多样化的分析方法

传统模式下的财务报表分析方法比较单一，这些分析方法各自存在优势与劣势。财务人员根据单一指标对相关数据进行收集、筛选、分析，有可能出现以偏概全的问题，使财务报表使用者难以做出准确、合理的判断。大数据背景下，企业可从多渠道获取大量的关于业务、客户、企业内外部经营环境等方面的非财务数据，财务人员可建立大数据财务分析模型，将多种分析方法结合，以便从不同角度来验证报表分析的结果。首先，财务人员可将动态分析和静态分析结合，例如，将以历史数据为基础编制的静态财务报表数据，与通过大数据财务分析模型预测的企业未来的实时财务数据结合，即在对企业以往的财务状况分析的基础上，结合企业当前实际经营情况，科学地预测企业未来的发展方向，适时调整企业的战略规划。其次，财务人员可将定量分析和定性分析结合起来。传统模式侧重于定量分析，忽略了定性分析的作用。因此财务人员可在对企业内部数据进行定量分析的同时，融入定性分析，即找出企业外部经济、政治、法律环境等因素与企业财务业绩、经营情况之间的相关性，判断外部因素对企业产生的影响。例如，资产是企业维持经营活动的必备条件，财务人员在进行资产管理时，可结合定性分析法，全面掌握企业各项资产的情况，了解企业是否存在虚拟资产或不良资产，保障企业资产安全，以确保财务数据与实际情况相符。最后，财务人员在横向分析财务数据时，需要对比同行业其他企业的数据，同时也要对比同行业的平均数据。在大数据背景下，信息透明化，比较容易找到其他公司公开的财务信息。以毛利率为例，如果该行业的平均毛利率为 13.5%，与 C 企业同处于行业上游的另两家企业的毛利率分别是 15%、18%，而 C 企业的毛利率高达 65%，那么 C 企业自身存在虚增收入或是降低成本的可能性。财务人员通过对比分析，能够及时发现财务报表数据是否真实、可靠。

4. 多维度分析

大数据技术的应用使会计核算流程发生了明显的改变，财务报表分析能够反映公司在各种经济活动中产生的效益情况，能够更为精准地预测公司的发展状况及发展前景，为企业内部人员和相关利益者提供经营决策所需要的信息。大数据背景下，财务人员可以获取海量数据并且透过数据挖掘出隐藏的相关关系；同时可以进行快速计算而得出不同结果，以满足各方统计查询需求，这就为多维会计核算提供了技术支持，即把每一种信息当作一个维度。财务会计信息作为当年若干信息中的一种，每个维度的信息单独存储但相互之间存在关联。财务人员根据各方需求可以选择任意维度进行多维核算，进而编制不同口径的多维财务报表。在多维会计核算模式中，管理信息维度可以被任意改变，这就减少了管理信息需求与财务会计制度在一维空间的矛盾，既能满足对外财务报表的需求，也能满足对内管理决策的报表需求。

第三节 大数据背景下 A 公司财务报表分析

一、大数据背景下 A 公司财务报表分析思路

上市公司的财务报表反映了企业各项经济活动所产生的经济后果，从而揭示企业的经营状况和发展前景。大数据背景下的财务信息涵盖了传统的结构化信息、半结构化信息、非结构化信息，这些非结构化、半结构化信息将会直接影响财务报表使用者对公司经营业绩的预测与评价。财务人员通过应用大数据技术，实时收集、整理、分析各类数据，从中找出有效的关联数据信息进行处理和分析。

下面以 A 公司为例进行分析。A 公司在国内外具有完善的产业布局，经营范围包括国内外制糖、食糖进口、港口炼糖、国内食糖销售及贸易、食糖仓储及物流、番茄加工业务。在国内食糖销售及贸易与仓储及物流领域，A 公司是国内规模较大的食糖贸易商之一，在国内主销区有 21 家食糖仓储设施，仓储能力 200 万吨以上，是服务用糖企业、促进国内食糖流通的主力军。

本书 1~7 章对 A 公司财务报表按传统方法逐步进行了分析。这些分析侧重于事后分析，反映了 A 公司以往的财务状况、经营业绩。前文分别对 A 公司的三张财务报表进行分析，并结合比率分析法、比较分析法及因素分析法分析财务指标。比率分析法是最基本的方法，分析企业的偿付能力、盈利能力、运营能力。比较分析法，是通过同类财务指标在不同时期或不同情况的数量上的比较，说明企业经营管理活动的状况。因素分析法是在将一定的财务指标层层分解为若干个分项指标的基础上，对该财务指标的各影响因素的影响程度进行定量的分析，例如杜邦分析法。前文通过以上分析，从整体了解企业的经营状况和财务状况。然而 A 公司作为上市公司，公司股价、每股收益变动等受到内部、外部因素共同影响，我们只从财务报表中的一些结构化的数据（例如：利润、股利）是无法判断引起财务数据变化的因素的，还需要结合其他非结构化信息分析，例如：国家宏观经济政策、行业发展趋势、消费者偏好等因素。A 公司自身可获取广泛的数据源，可通过大数据技术建立数据分析平台，自动整合资源和数据，构建多层次、动态同步化的数据分析模型；并采用多样化的财务分析方法，及时分析公司财务数据，找出企业经营管理中存在的问题及其产生的原因，提出科学、合理的解决方案。同时管理者通过大数据可以模拟公司的未来营运数据，预测公司的营运风险，从而找到切实可靠的抗风险措施。

二、大数据背景下 A 公司运行绩效及影响因素分析

A 公司具有完善的组织架构、较为先进的管理体系，下面具体评估 A 公司的运行绩效。评估企业绩效的因素包括市场地位、革新、生产率、实物资源和财务资源、获利能力、管理者的绩效、员工的绩效与态度、社会责任等方面。

由前文分析可知，A 公司三年间收入、利润、现金流量净额均有较大幅度增加，盈利能力也一直良好，本书通过公司的盈利能力来评价公司绩效管理水平。本书将表现盈利能力的净资产收益率（ROE）作为衡量其运行绩效的一个指标。净资产收益率

是一个综合性极强、最具代表性的财务比率，它是杜邦模型的核心。净资产收益率正是反映了所有者投入资金的获利能力，可以反映企业筹资、投资、生产等各种经营活动的效率。

将 A 公司近三年的净资产收益率进行纵向比较（详见表 6-15），可得出净资产收益率自前年开始出现明显的上升，公司盈利能力持续提升。但通过结合内、外部因素分析可知，影响 A 公司运行绩效波动的主要因素包括：

1. 宏观经济政策调整带来的影响

2016 年国家对进口食糖保障措施进行立案调查，进口政策变得更为严苛，食糖进口关税大幅上升，进口量减少，导致 A 公司炼糖量下降，产能闲置。此后进口政策进一步收紧，食糖的进口关税被调高，导致企业经营成本上升。未来对于食糖进口政策的调整将会直接影响企业的原材料采购成本。

2. 生产成本的影响

我们自本年开始收集并对比分析过去 5 年整个行业国内人工成本及农业种植成本的数据，结果显示成本逐年增加，使 A 公司原材料采购成本持续上升，导致 A 公司销售净利率低于行业平均水平，公司面临的市场竞争压力增大。

3. 自然灾害的影响

A 公司从事农产品加工，生产原料主要有甜菜、甘蔗、番茄等农作物，这些农作物的生长受气候变化的影响较大。例如，南方的暴雨等灾害造成甘蔗大面积减产，影响甘蔗产量和含糖率，进而影响公司产糖量；北方霜冻天气也对番茄的产量和质量以及甜菜的含糖量等造成了较大的影响。这些自然灾害会影响产品质量、供应量，造成价格波动，降低消费者的忠诚度。这些自然因素都会影响公司的销售利润。

通过分析对比财务报表数据可知，A 公司的运营绩效存在的主要缺陷有：

第一，食糖产量和价格的波动对 A 公司食糖业务造成了较大的影响，产品产量控制、产业整合以及淘汰过剩产能等措施导致企业生产成本不断上升。

第二，企业资金管控不严，应收账款周转率低。通过横向对比三年来行业平均水平及行业领先企业的应收账款数据，我们可以看出，A 公司应收账款周转率比较低，应收账款周转速度较慢，可见该公司的应收账款管理存在问题。

三、A 公司提升运行绩效的解决方案

为了解决这些问题，该公司可采取的措施有：

1. 有效控制成本

A 公司在企业生产环节需要耗费大量的人力成本，可积极探索机械化作业模式，代替人工作业，提高生产效率和生产规模。A 公司番茄加工业务具有较大的特殊性，全球范围内适合种植番茄的区域较少，导致番茄加工业务的原料成本不断攀升。A 公司可利用大数据技术加强成本管理，预测番茄原料成本变动的趋势。如果产量下降或是国际市场供求关系变化等因素引起原料成本上升，A 公司可提前通过期货、远期合约对冲原料价格上涨的风险，控制材料成本，提高企业的利润。

2. 加强企业流动资金管理

A 公司的业务性质使得其需要通过赊销来占领更多市场，提高市场竞争力，该公司应加强应收账款的管理，加快应收账款回收速度。A 公司首先可通过大数据技术加

强客户信用档案管理，建立客户动态资源管理系统，分析企业客户的坏账率，对现有客户进行信用评级，制定相应的信用政策，确定赊销额度；其次，对每个客户设定最高赊销额、最长欠款期限，并设置总量预警指标，即对公司应收账款总额设定一个最高限额，不得突破，限额一旦被突破，系统立即发出预警，由公司及时进行处理。

本章小结

　　大数据时代下，传统财务报表分析已经不能完全适应企业发展的需要，运用大数据、云计算以及物联网等IT技术来辅助报表分析，为企业提供决策支持，已是不可逆的趋势。大数据技术可为企业财务分析进行事前预测和事中控制提供支持，使企业财务数据已经由简单的核算记录工具转化为影响企业经营决策的重要因素。大数据技术通过深度挖掘数据，能够为企业提供更多关系到其未来发展变化的实时动态。大数据时代下的财务报表分析应增加非财务信息的比例并将其量化，这些信息能够反映企业所处的社会、商业环境，企业可据此对业绩、前景、战略规划、决策等信息进行整合，充分发挥大数据时代企业财务报表的应用价值。当前企业所面临的一项紧迫任务是创建自身数据库，建立以采集、筛选和分析与企业相关的所有数据为主导的经营模式，搭建出多维、系统、动态的财务报表分析体系。

本章重要术语

　　大数据　结构化数据　半结构化数据　非结构化数据　静态财务报表　比率分析法　比较分析法　因素分析法　趋势分析法

习题·案例·实训

一、思考题

1. 传统财务报表分析方法存在哪些不足？
2. 大数据背景下财务报表分析工作应如何开展？
3. 大数据时代财务报表分析人员应具备哪些能力？
4. 如何获取财务报表数据？

二、案例分析题

　　D公司是一家以物流快递服务为主业且涉及金融、融资租赁等行业的大型企业，业务管理包括订单管理、仓储与配送、供应链管理等多个环节，涉及数据量较大。大数据分析有助于D公司了解全流程的每一个步骤，以便确定如何优化操作，减少时间和成本，并提高工作中的准确性。作为行业中的领军企业之一，D公司推出的物流大数据产品主要服务于自有大客户以及为电商客户提供决策支持。运用大数据计算和分析技术，D公司为客户提供物流仓储、精准营销、运营管理等方面的决策支持，方便客户整合优化物流业务，提高工作效率；自身还可以获取行业最新信息，不断拓展新业务。D 公司通过对大数据的挖掘，还能精准地预测未来商品订单数量的走势，合理进行库存管理，大大降低成本和提高时效。

从对该公司财务报表数据及财务指标的分析来看，D 公司正处在成长期，利润在逐步增加，获利能力也在逐渐增强，资本实力雄厚但自身资产利用率比较低，偿债能力较弱。财务人员能够指出公司目前所处的发展阶段及当前经营管理中存在的问题，但是并不能对上述问题提出有针对性的解决方案。

案例思考：

大数据背景下，结合 D 公司财务报表，分析如何解决其经营中存在的问题。

链接 8-1   第八章部分练习题答案

二、案例分析题

第一，要提高企业资产利用率、资产流动能力，先要盘活企业闲置资产，利用大数据分析技术，对企业数据库中所有资产数据进行使用时效和成本的分析，通过科学计算给出最优的解决方案。第二，要提高企业偿债能力，先要提高企业资产的质量，降低原材料及在产品等的库存，因为大量的库存会占用资金，降低变现能力；通过大数据技术可以对数据库中资产的优劣进行筛选，处理掉劣质资产，提高资产整体质量。第三，可以通过对数据的分析来确定库存需求和供应链中的库存水平，为企业库存设置合理的预警线，使其保持在预警线下；通过对运输需求进行实时追踪并进行预测，物流公司可以在时间上和空间上优化库存管理，以避免过量库存或缺货的问题。第四，将大数据分析工具用于市场调研和销售预测，获得有关特定区域、客户群体和产品类别的有价值的信息，这种信息可以指导公司制订准确的运输规划和货物配送计划，在满足客户需求的同时减少运输成本。

参考文献

［1］张新民，钱爱民. 财务报表分析 ［M］. 4 版. 北京：中国人民大学出版社，2017.

［2］王淑萍. 财务报告分析 ［M］. 4 版. 北京：清华大学出版社，2016.

［3］王化成. 财务报表分析 ［M］. 4 版. 北京：清华大学出版社，2016.

［4］胡玉明. 财务报表分析 ［M］. 大连：东北财经大学出版社，2012.

［5］李克红，薄雪萍. 财务分析 ［M］. 北京：清华大学出版社，2018.

［6］田秋娟，童立华，周谦. 财务分析 ［M］. 上海：立信会计出版社，2018.

［7］吴世农，吴育辉. CEO 财务分析与决策 ［M］. 2 版. 北京：北京大学出版社，2013.

［8］池国华. 财务分析 ［M］. 上海：立信会计出版社，2018.

［9］倪明辉. 财务报表分析 ［M］. 北京：机械工业出版社，2016.

［10］刘国峰，马四海. 企业财务报表分析 ［M］. 北京：机械工业出版社，2016.

［11］赵秀芳，胡素华. 财务分析 ［M］. 大连：大连理工大学出版社，2018.

［12］刘文国，王纯. 上市公司财务报表分析 ［M］. 上海：复旦大学出版社，2012.

［13］赵静. 格力电器的财务报表分析及发展对策建议 ［J］. 商业会计，2018（4）：103-105.

［14］吴有庆. 基于财务分析角度对利润表的思考 ［J］. 会计之友，2015（11）：29-31.

［15］夏青. 现金流量表在企业财务管理中的地位及应用 ［J］. 财经界（学术版），2017（23）：555-556.

［16］韩飞. 现金流量表分析与应用研究 ［J］. 会计师，2019（10）：8-9.

［17］弗里德森，阿尔瓦雷斯. 财务报表分析：第四版 ［M］. 刘婷，译. 北京：中国人民大学出版社，2016.

［18］弗雷泽，奥米斯顿. 财务报表解析 ［M］. 9 版. 北京：北京大学出版社，2013.

［19］雷淑琴. 上市公司现金流量质量分析：以一汽夏利为例［J］. 商业会计, 2019（4）：41-42.

［20］杨孝安, 何丽婷. 财务报表分析［M］. 北京：北京理工大学出版社, 2017.

［21］唐松莲. 财务报表分析与估值［M］. 上海：华东理工大学出版社, 2017.

［22］谢志琴, 武侠. 公司财务报表分析［M］. 北京：北京理工大学出版社, 2016.

［23］梁毕明, 徐芳奕, 陈凤霞. 财务分析［M］. 北京：高等教育出版社, 2016.

［24］赵和喜, 梁毕明. 财务分析［M］. 北京：高等教育出版社, 2018.

［25］徐芳奕, 梁毕明, 陈凤霞. 财务分析习题与案例［M］. 北京：高等教育出版社, 2017.

［26］KAPLAN R S, NORTON D P. Using the balanced scorecard as a st-rategic management system［J］. Harvard business review, 1996（1）：1-2.

［27］波特. 竞争优势［M］. 陈丽芳, 译. 北京：中信出版社, 2014.

［28］PALEPU K G, HEALY P M, BERNARD V L. Business analysis and valuation：using financialstatements［M］. 北京：高等教育出版社, 2005.

［29］LI J, MERTON R C, BODIE Z. Do a firm's equity returns reflect the risk of its pension plan?［J］. Journal of financial economics, 2006（1）：237-243.

［30］周颖. 运用杜邦分析法对企业财务报表综合分析［J］. 化工技术经济, 2004（3）：19-21.

［31］熊楚熊. 财务报表综合分析［J］. 财务与会计, 2009（20）：59-60.

［32］张佳禹. 大数据时代下的上市公司财务报表分析研究：以 A 公司为例［J］. 中国集体经济, 2018（4）：148-149.

［33］饶惠. 中粮糖业公司的运行绩效及影响因素分析［J］. 绿色财会, 2019（5）：14-18.

［34］吴勇, 何长添, 方君, 等. 基于大数据挖掘分析的财务报表舞弊审计［J］. 财会月刊, 2021（3）：90-91.

［35］俞红梅, 吴启高. 大数据时代财务报告及其未来模式研究［J］. 商场现代化, 2016（6）：231-233.

［36］黄鑫鑫. 大数据背景下企业财务分析优化对策［J］. 现代企业, 2022（11）：172-174.

［37］张肖飞, 冯新扬, 林友谅. 大数据与财务决策［M］. 北京：清华大学出版社, 2023.

附录 财务报表分析实训使用模板
（参考模板）

财务报表分析实训使用模板（参考模板）